힘 되는
논어 한 문장

미래를 준비하는 열두 살의 인생 지침서
힘 되는 논어 한 문장

초판 1쇄 인쇄 2015년 3월 16일 **초판 1쇄 발행** 2015년 3월 20일
지은이 신상필·김태영 | **그린이** 임종철
펴낸곳 북스마니아 **펴낸이** 임지호 **디자인** 디자인 해밀
주소 서울시 양천구 신목로5길 9 신정대림아파트상가 202호
전화 02-6378-8700 **팩스** 02-6280-8678
출판등록 2009년 10월 23일 **등록번호** 105-18-65598
ISBN 978-89-97329-09-0 73190
© 신상필, 김태영, 임종철 2015

*이 책은 저작권법에 따라 한국 내에서 보호받는 저작물이므로 무단 전재와 무단 복제를 금합니다.
*이 책의 전부, 혹은 일부를 인용하려면 반드시 저작권자와 북스마니아의 서면 동의를 받아야 합니다.

미래를 준비하는 열두 살의 인생 지침서

힘되는 논어 한 문장

신상필·김태영 글
임종철 그림

추천 | 진재교(성균관대학교 한문교육과 교수 / 사범대 학장)
조현설(서울대학교 국어국문학과 교수)

BOOK's 마니아

차례

마음 다스리기

1. 배려의 마음 복숭아나무와 자두나무는 말이 없지만…… | 불환인지불기지(不患人知不己知) | ● 14
2. 튼튼한 기초 기본이 알차고 튼실해야 성과도 좋은 법 | 본립도생(本立道生) | ● 17
3. 적정함 지나쳐도 모자라도 마찬가지 | 과유불급(過猶不及) | ● 20
4. 스스로 돌아보기 하루도 빠짐없이 잘못을 고민한 사람 | 오일삼성오신(吾日三省吾身) | ● 23
5. 지나친 욕심 버리기 황금알을 낳는 거위 | 욕속부달(欲速不達) | ● 26
6. 반성 자신의 허물을 바로잡을 수 있는 용기 | 과즉물탄개(過則勿憚改) | ● 29
7. 포기하지 않는 정신 자신의 한계를 넘는 것 | 중도이폐(中道而廢) | ● 32
8. 한결같음 내 삶의 오직 한 길 | 일이관지(一以貫之) | ● 35
9. 잘못을 고치기 감추려야 감출 수 없는 일 | 과이불개(過而不改) | ● 38
10. 검소함 자발적 가난 | 단사표음(簞食瓢飮) | ● 40
11. 반듯한 인성 뿌리 깊은 나무가 바람에 아니 흔들리듯 | 회사후소(繪事後素) | ● 43

말조심, 행동 조심

12. 약속과 실천 자기가 한 말을 지키지 않은 사자 | 선행기언(先行其言) | ● 48
13. 무서운 말 사람들의 말은 살펴 들어야 | 도청도설(道聽塗說) | ● 51

14. **외면과 내면의 조화** 아가씨가 되고 싶었던 고양이 | 문질빈빈(文質彬彬) | ● 54
15. **예절** 예의가 아니면 아무 일도 하지 마라 | 사물(四勿) | ● 57
16. **언행일치** 말 따로 행동 따로 | 언지불출(言之不出) | ● 60
17. **덧없는 말** 말로만 잡은 기러기 | 눌언민행(訥言敏行) | ● 63
18. **상황에 맞는 행동** 웃음도 울음도 때가 있는 법 | 교언영색(巧言令色) | ● 66

힘써 배우기

19. **새롭게 생각하기** 옛것을 익히면서도 새로운 것을 만들 줄 알아야지 | 온고지신(溫故知新) | ● 72
20. **인내와 노력** 성공을 위해 익숙함을 깨다 | 학여불급(學如不及) | ● 74
21. **공부의 기쁨** 아침에 도를 들으면 | 조문도 석사가의(朝聞道 夕死可矣) | ● 77
22. **배움의 자세** 말과 개미에게 얻은 지혜 | 불치하문(不恥下問) | ● 80
23. **즐기며 배우기** 배움의 즐거움 | 학이시습(學而時習) | ● 83
24. **성실함** 암기는 꼴찌, 청소는 일등 | 가위호학(可謂好學) | ● 86
25. **15세의 결심** 나는 자라서 어떤 사람이 될까 | 지학(志學) | ● 89
26. **배움의 행복** 몰입, 나를 잊는 순간 | 호지자 불여락지자(好之者 不如樂之者) | ● 93
27. **배움의 열정** 배우고 생각하며 물어보라 | 박학독지(博學篤志) | ● 96
28. **노력의 열매** 도끼날을 갈아 바늘을 만들 듯 | 절차탁마(切磋琢磨) | ● 99
29. **겸손한 마음** 누구에게나 배울 점은 있다 | 삼인행 필유아사(三人行 必有我師) | ● 102

부모님의 사랑

30. **부모의 사랑** 자식이 다칠까 걱정하는 부모님 마음 | 부모 유기질지우(父母 唯其疾之憂) | ● 106
31. **마음 헤아리기** 우리는 잘 모르는 부모님의 마음 | 유필유방(遊必有方) | ● 109
32. **공경** 다이아몬드보다 귀한 단잠 | 불경불효(不敬不孝) | ● 113
33. **부모의 나이** 잊기 쉬운 한 가지 | 부모지년(父母之年) | ● 116
34. **진정한 효도** 어머니를 생각하는 진정한 마음 | 색난(色難) | ● 119

소중한 친구

35. **봉사** 함께하는 사랑이 더 큰 결실을 맺는다 | 덕불고 필유린(德不孤 必有隣) | ● 124
36. **변치 않는 우정** 추위에도 시들지 않는 소나무처럼 | 세한연후 지송백(歲寒然後 知松栢) | ● 127
37. **속마음** 마음을 안다는 것 | 중오지 필찰(衆惡之 必察) | ● 130
38. **가려서 사귀기** 까마귀와 사귄 비둘기 | 익자삼우 손자삼우(益者三友 損者三友) | ● 132
39. **공정함** 온화하고 공평한 마음 | 화이부동(和而不同) | ● 135
40. **서로 돕기** 서로를 이끌어 준 친구 | 이문회우(以文會友) | ● 138

올바른 품성

41. **희생정신** 행동으로 옮긴다는 것의 의미 | 살신성인(殺身成仁) | ● 142
42. **올바른 역할** 모든 것을 품을 수 있는 사람 | 군자불기(君子不器) | ● 145
43. **굳센 기개** 빼앗을 수 없는 굳은 뜻 | 필부불가탈지(匹夫不可奪志) | ● 148

44. [칭찬과 배려] 군자와 소인의 차이 | 성인지미(成人之美) | ● 151

45. [나를 돌아보기] 남의 탓 | 구저기 구저인(求諸己 求諸人) | ● 154

46. [바른 말] 스승에게 바른말을 한 제자 | 불양어사(不讓於師) | ● 157

47. [자연의 마음] 자연도 마음에 따라 | 요산요수(樂山樂水) | ● 160

48. [이해심과 실천] 내 하기 싫으면 남도 마찬가지 | 물시어인(勿施於人) | ● 163

49. [의로운 행동] 용기란? | 견의불위무용(見義不爲無勇) | ● 166

50. [청렴한 마음] 세상에서 가장 귀한 보물 | 불이기도 불처(不以其道 不處) | ● 168

함께하는 삶

51. [본분 깨닫기] 나도 앞서갈 수 있는데…… | 군군신신(君君臣臣) | ● 172

52. [남을 사랑하는 마음] 자신보다 남을 위해 베푸는 삶 | 극기복례(克己復禮) | ● 174

53. [어려운 일을 먼저] 딱딱한 의자에 앉는 이유 | 선난후획(先難後獲) | ● 178

54. [미래를 대비] 먼 미래를 내다볼 수 있는 지혜 | 무원려 필유근우(無遠慮 必有近憂) | ● 181

55. [적당함] 욕심도 정도껏 | 방어리이행 다원(放於利而行 多怨) | ● 184

56. [헌신의 마음] 약하고 어린 사람을 위하는 마음 | 소자회지(少者懷之) | ● 187

57. [감동의 힘] 기쁜 마음으로 찾아오게 하는 방법 | 근자열 원자래(近者說 遠者來) | ● 191

58. [정직한 충고] 곧은 말을 하는 신하 | 사군물기(事君勿欺) | ● 194

59. [올바른 방향] 함께하기 어려운 이유 | 도부동 불상위모(道不同 不相爲謀) | ● 197

60. [사람이 먼저] 진정 버려서는 안 되는 것 | 불문마(不問馬) | ● 200

61. [능력을 키워라] 신분의 굴레에서 벗어나 성공을 이룬 박사 | 산천기사(山川其舍) | ● 203

62. [한 걸음 더 나가기] 사막에서 숲을 일군 여인 | 위산일궤(爲山一簣) | ● 206

63. [사명과 책임] 내가 보고, 또한 역사가 평가하리라 | 임중도원(任重道遠) | ● 209

신상필·김태영 선생님의 글

깊은 생각, 좋은 말씀으로 미래를 준비해요!

"구야! 글공부 그만하고 아침밥 먹어라."

아마도 공자의 어머니는 공자에게 이렇게 말했을 거예요. 왜냐하면 공자의 이름이 구이기 때문이에요. 그러니까 '공구'가 원래 이름이지요. 그런데 왜 공자라고 부를까요? 중국에서는 훌륭하신 분께 '선생님'이라는 뜻으로 '자'라는 말을 붙였거든요. 그래서 이름을 바로 부르지 않고 '공자', 그러니까 '공 선생님'하고 높여 부른 거예요. 맹자, 노자, 장자, 주자 모두 그런 분이지요.

공자는 제자들에게 깊은 생각이 담긴 좋은 말씀을 들려주었고, 언제나 이를 몸소 실천했어요. 그래서 제자들은 스승님의 말씀을 들으면 잘 적어 두었어요. 자신들이 스승님과 나누었던 대화도 함께 말이에요. 여러분이 수업 시간에 공책에 필기를 하는 거나 마찬가지예요. 이렇게 탄생한 게 바로 『논어』랍니다. 『논어』라는 제목은 바로 스승인 공자가 제자들과 '논의하고 말한' 내용을 기록해 놓은 책이라는 뜻이거든요.

공자는 기원전 551년에 태어나 기원전 479년까지 사셨어요. 그러니 공자의 말씀은 무려 2,500년이나 전해 내려왔다는 얘기예요. 한 사람의 말과 생각이 그렇게 오랜 시간 동안 전해질 수 있었다니 놀랍지요. 그만큼 마음에 담고 따를 만한 말이었다는 뜻이기도 해요. 비록 오래 전에 사셨던 분이지만 공자의 말씀에 요즘 사람들도 무릎을 탁 치며,

　'아, 그렇구나!' 하고 깨달음을 얻곤 해요. 어린이 여러분도 그럴 거예요.
　그런데 공자와 우리가 사는 시대가 워낙 다르다 보니 공자의 말씀을 이해하기 힘들 때가 있어요. 그래서 저희는 공자의 말씀과 함께 어린이 여러분이 읽기 쉬우면서도 도움이 될 만한 이야기들을 소개해 보았어요. 여러 가지 이야기를 읽으면서 공자가 전하려던 마음을 만날 수 있으면 좋겠어요. 그래서 나중에 여러분이 이야기 속 상황과 비슷한 경우를 만나게 되면, 공자의 말씀을 떠올리고 위로도 받고 지혜로운 선택도 하면 좋겠어요.
　그럼 이제부터 공자와 만나 좋은 시간을 가지길 바라요!

신상필 · 김태영

「힘 되는 논어 한 문장」을 추천하는 글

『논어』는 세계인의 고전입니다. 『논어』의 문장을 쉽게 풀이한 이 책은 어휘력을 넓히는 한자 익힘은 물론, 배려와 존중의 마음을 가지는데 기여합니다. 이 책을 통해 어린이들은 가정과 학교에서 쉽게 접하지 못하는 인성 함양과 사고력으로 앞으로의 인생 설계에 큰 도움을 받을 것입니다.

| 진재교(성균관대학교 한문교육과 교수/사범대 학장) |

『논어』는 동아시아의 고전입니다. 『논어』는 여전히 읽히는 책이고 『논어』의 문장은 매우 자주 인용이 됩니다. 『논어』를 알면 세상을 알 수 있습니다. 『논어』의 가르침을 실천하면 세계를 경영할 수 있습니다. 하지만 『논어』는 쉬운 책이 아닙니다. 한자를 잘 모르는 어린이들에게는 더 어려운 책입니다.

이 책은 어려운 『논어』를 쉽게 익히도록 만들었습니다. 이 책은 잘 이해되지 않는 『논어』의 문장들을 '이야기+『논어』한 문장' 형식으로 만들어 이해도 쉽고 기억도 쉽도록 만들었습니다. 중국의 옛이야기만이 아니라 서양의 여러 이야기까지, 옛이야기만이 아니라 우리 시대의 이야기까지 『논어』와 함께 엮어 『논어』의 문장이 쏙쏙 들어오도록 만들었습니다.

　이야기는 국어 교육의 가장 좋은 수단입니다. 이야기는 어린이의 상상력을 자극하여 창의적 사고를 하도록 돕습니다. 이야기를 통해 『논어』 문장을 익히면 연상 작용에 의해 문장이 머릿속에 새겨집니다.

　한자 교육도 저절로 따라옵니다. 어릴 때 배우고 외운 문장이 평생을 갑니다. 삶의 어려움에 처했을 때 마음속에 새겨진 한 문장이 우리를 살릴 수 있습니다. 그런 문장들이 『논어』에는 가득 차 있습니다.

　나는 『힘 되는 논어 한 문장』을 통해 우리 어린이들이 삶을 헤쳐 나가는 지혜의 근육을 키울 수 있을 것으로 믿습니다.

| 조현설(서울대학교 국어국문학과 교수) |

- 복숭아나무와 자두나무는 말이 없지만……
- 기본이 알차고 튼실해야 성과도 좋은 법
- 지나쳐도 모자라도 마찬가지
- 하루도 빠짐없이 잘못을 고민한 사람
- 황금알을 낳는 거위
- 자신의 허물을 바로잡을 수 있는 용기
- 자신의 한계를 넘는 것
- 내 삶의 오직 한 길
- 감추려야 감출 수 없는 일
- 자발적 가난
- 뿌리 깊은 나무가 바람에 아니 흔들리듯

마음 다스리기

1

1 배려의 마음

복숭아나무와 자두나무는 말이 없지만……

불환인지불기지 不患人之不己知 　내가 남을 알지 못함을 걱정하라

不 아닐불　患 근심환　人 사람인　之 어조사지　己 나기　知 알지

중국 한나라의 장군 이광은 활을 잘 쏘기로 유명했습니다. 한번은 사냥을 나갔다가 숲속의 바위를 호랑이로 착각해 시위를 당겼는데, 바위에 화살이 박혔다고 할 정도였지요.

그는 또한 흉노라는 이민족과의 전투에 수도 없이 참여해 많은 공을 세웠습니다. 그래서 이광은 흉노와 전쟁이 끊이지 않는 국경 지역의 태수를 맡게 되었습니다.

흉노는 날쌔고 용맹한 이광을 날아다니는 장군이란 뜻의 '비장군(飛將軍)'이라 부르며 한나라의 국경을 넘을 엄두조차 못 냈습니다.

하지만 이광은 자신의 백성과 부하들에게는 매우 너그러운 사람이었습니다. 자신의 공로를 부하들에게 돌리고, 황제의 하사품은 병사들과 함께 나누었습니다. 심지어 전쟁터에서 물과 식량이 부족해지면 병사들에게 먼저 양보할 정도였지요.

흉노 匈奴
기원전 3세기말부터 기원후 1세기까지 몽골 고원을 중심으로 활약한 유목기마민족

하사품 下賜品
임금, 혹은 윗사람이 아랫사람에게 선물로 주는 물건

　이런 이광의 모습을 보고 사람들은 그와 함께 전쟁에 나가 적과 싸우기를 바랐습니다. 하지만 안타깝게도 이광은 왕과 높은 신하들의 신임을 얻지 못하였고, 예순 살이 넘은 나이에 흉노와 전쟁을 치르다 그만 음모에 휘말려 안타깝게 생을 마감하고 말았습니다.
　이광의 불행을 지켜본 사람들은 부모가 죽은 것처럼 애처롭게 눈물을 흘렸습니다. 이광이야말로 자신들을 이해하고 알아주는 사람임을

사기史記
중국 상고 시대의 오제 때부터 기원전 1세기경 한 무제 때까지 중국과 주변 민족들의 역사를 기록한 역사서

알았기 때문입니다.

위대한 역사서 《사기》를 지은 사마천은 이광에 대해 이렇게 말했어요.

"복숭아나무와 자두나무는 말이 없지만, 그 나무 아래에는 저절로 작은 길이 나게 된다."

복숭아나 자두가 대단한 나무는 아니지만, 예쁜 꽃이 피고 달콤한 열매가 맺히면, 꽃을 구경하고 열매를 맛보려는 사람들의 발길이 이어져 자연스럽게 오솔길이 생긴다는 말입니다.

훌륭한 인품과 참된 재주를 가진 사람도 이와 같아서, 스스로 자랑하지 않아도 남들이 먼저 알아주게 마련입니다.

논어 한 문장

子曰, "不患人之不己知, 患不知人也."
자 왈 불 환 인 지 불 기 지 환 부 지 인 야

공자께서 말씀하셨습니다.
"남이 나를 알아주지 않음을 걱정하지 말고, 내가 남을 알지 못함을 걱정하라."

이광은 자신의 용맹함이나 너그러움을 스스로 자랑하지 않았지만, 살아서나 죽었을 때나 주변 사람들은 그의 훌륭한 인품과 공적을 인정하고 아껴주었습니다. 누가 자신을 알아주는지 아닌지에 신경을 쓰기보다는 주어진 상황에 걸맞은 능력과 인품을 갖추기 위해 노력해야겠습니다. 자기가 가진 좋은 점은 주변 사람들이 어느새 알아주니까요.

2 튼튼한 기초
기본이 알차고 튼실해야 성과도 좋은 법

본립도생 本立道生 ┊ 근본이 바로 서면 저절로 길이 생긴다

本 근본본　**立** 설립　**道** 길도　**生** 날생

♪ '기잉, 지잉, 끼이잉'

스위스의 음악 학교에 다니는 한 여학생은 바이올린의 활을 몇 번 놀려 보지도 못하고 집으로 돌아가야만 했습니다. 첫 수업부터 선생님은 여학생에게 '도오-, 레에-, 미이-'를 연주하게 한 뒤, 집으로 돌아가라고 했습니다. 어제도 그랬고, 오늘도 그랬고, 며칠이 지나도 마찬가지였습니다.

'스위스 메뉴인 아카데미'에 합격한 그 여학생은 이런 수업 방식을 도저히 이해하기 힘들었습니다. 한국에서 훌륭한 연주로 촉망을 받았기에 더욱 그러했지요.

하지만 선생님의 말씀은 단호했습니다. 그리고 숙제는 늘 '도레미'를 제대로 연주할 수 있을 때까지 연습해 오라는 것이었습니다. 그녀는 의기소침한 마음에 너무나 속이 상했지만 어쩔 수 없었습니다.

그런데 '도레미'의 기본음을 매일같이 연습해 나가자 조금씩 변화가

활
현악기의 현을 켜는 데 쓰는 도구

촉망囑望
잘 되리라 기대함

의기소침意氣銷沈
풀이 죽어 기운이 없는 모습

일어났습니다. 자신이 알고 있던 바이올린의 기본음과는 다른 '도레미파솔라시도'의 소리가 점점 명확하게 들리기 시작한 것이지요. 선생님이 집으로 돌려보낸 이유는 바로 바이올린 소리를 잘못 내고 있었기 때문이었습니다.

가장 기본이 되는 '도레미'조차 제대로 연주하지 못하면서 유학길에 올랐다는 사실에 깜짝 놀란 그녀는 매일같이 처음부터 다시 연습을 하였습니다. 소홀했던 여덟 개의 소리를 정확히 연주하기 위한 피나는 노력이었습니다.

그렇게 철저히 기본기부터 다져 나간 그녀는 전(全) 독일 음대 콩쿠르 1등, 퀸엘리자베스 콩쿠르 5위, 뮌헨 국제 콩쿠르에서 우승할 수 있었습니다.

폴란드 헬싱키대를 거쳐 지금은 독일의 국립 뮌헨음대에서 학생들을 가르치고 있는 바이올리니스트 이미경 교수님의 이야기입니다.

'바이올린을 켜는 자세를 바로 잡아야 올바른 음이 나온다.'는 이미경 교수님은 기본을 바로잡는 연습을 강조하며 가장 아름다운 연주를 들려주기 위해 오늘도 끊임없이 노력하고 있습니다.

콩쿠르 concours
음악이나 미술 등 예술 분야의 기능을 경쟁해 우열을 가리는 대회

논어 한 문장

君子 務本, 本立而道生.
군자 무본 본립이도생

군자는 근본에 힘쓰니, 근본이 바로 서면 길이 생긴다.

기본에 충실해야만 자신이 가고자 하는 길[道]이 열려 발걸음을 옮길 수 있습니다. 근본이 흔들리면 어느 분야에서나 다음 단계로 나아갈 수가 없습니다.
사소해 보이더라도 올바른 습관을 가지려는 기본적인 노력을 차근차근 해 나간다면 자신이 바라는 사람으로 성장하게 될 것입니다.

3 [적정함]
지나쳐도 모자라도 마찬가지

과유불급 過猶不及 ┊ 지나침은 모자란 것과 같다

過 지나칠과 猶 같을(오히려)유 不 아닐불 及 미칠급

전국책戰國策
중국 전한 때 유향이 전국 시대의 수많은 전략가들의 여러 계책들을 수집해 편집한 책

평정平定
적을 제압해 자기 아래에 둠

중국의 역사서인 《전국책》에 나오는 이야기입니다.
전국 시대 때, 초나라의 재상 소양이 위나라를 평정하고 다시 제나라를 정벌하려 한다는 소문이 널리 퍼졌습니다. 이에 위기를 느낀 제나라의 진진이라는 전략가가 소양을 찾아가 이야기를 하나 들려주었습니다.

"예전에 사람들이 모여 내기를 하였답니다. 뱀을 가장 먼저 그리는 사람이 남은 술을 모두 마시기로 말입니다. 몇 모금이라도 술을 더 마셔보겠다는 생각에 모두가 내기에 동참했지요. 그 가운데 솜씨 좋은 사람 하나가 멋들어지게 뱀 한 마리를 그려놓고 보니 다른 사람들은 한창 그림을 그리던 중이더랍니다. 그래서 뱀의 몸에 발까지 그려놓고 '술은 내 차지일세.' 하고 술병을 잡으려는데, 다른 사람 하나가 뱀을 완성하고는 '세상에 발 달린 뱀도 있다더냐?'라며 술병을 차지하더랍니다."

초나라가 위나라를 얻었으면 됐지 뱀의 발을 그린 사람처럼 되고 싶

으냐며 진진이 소양의 욕심을 은근히 꼬집어 말한 것이지요. 욕심이 지나치면 화를 입을 수도 있다는 뜻이에요. 진진의 이야기를 들은 소양은 결국 제나라로 향하던 초나라 군사를 되돌렸습니다.

원래 '뱀을 그리다 발을 더해 넣다.'라는 의미의 '화사첨족(畫蛇添足)'이라는 말인데, 흔히 쓸 데 없는 일을 더하다 실패하는 경우에 '사

족을 단다.'라고 말합니다.

넉넉하고 넘치는 것이 부족한 경우보다 나은 듯이 보이지만 여유도 부릴 때 부려야 하는 법이지요.

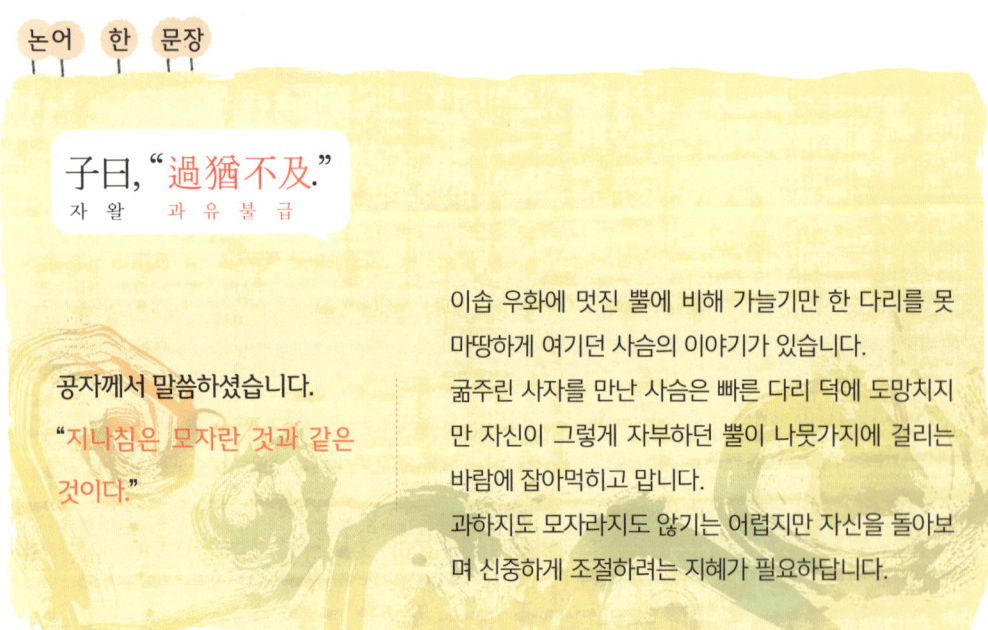

논어 한 문장

子曰, "過猶不及."
자 왈 과 유 불 급

공자께서 말씀하셨습니다.
"지나침은 모자란 것과 같은 것이다."

이솝 우화에 멋진 뿔에 비해 가늘기만 한 다리를 못마땅하게 여기던 사슴의 이야기가 있습니다. 굶주린 사자를 만난 사슴은 빠른 다리 덕에 도망치지만 자신이 그렇게 자부하던 뿔이 나뭇가지에 걸리는 바람에 잡아먹히고 맙니다.
과하지도 모자라지도 않기는 어렵지만 자신을 돌아보며 신중하게 조절하려는 지혜가 필요하답니다.

4 스스로 돌아보기
하루도 빠짐없이 잘못을 고민한 사람

오일삼성오신 吾日三省吾身 ︙ 매일 세 가지로 내 자신을 반성한다

吾 나오   日 날일   三 석삼   省 살필성   身 몸신

매일 학교와 학원을 오가며 여러분들은 "바쁘다 바빠."라는 말을 하고 있지는 않나요? 늘 시간이 부족하다는 생각이 들지요.

12월이 되면 '벌써 일 년이 지난 거야?'라고 놀라기도 합니다. 하지만 정작 '오늘 나는 어땠지?', '어떻게 하면 오늘보다 더 나은 내일을 만들까?' 하는 생각은 하지도 못한 채 떠밀리듯 지내기 일쑤입니다.

천둥 번개가 치는 날, 하늘에 연을 날려 번개가 전기의 일종임을 알아내고 피뢰침을 발명해 재난을 방지한 벤자민 프랭클린(1706~1790)이란 사람이 있었습니다.

그는 과학자이자 발명가로 '미국 건국의 아버지'로 불리는 정치인이며, 출판업자 겸 저술가이기도 합니다.

벤자민은 가난한 집안 환경 때문에 학교를 2년밖에 다니지 못했지요. 그의 아버지는 책 읽기를 좋아했던 벤자민에게 어울리는 일이라며 열두 살 때부터 인쇄소 일을 배우도록 했습니다.

저술가著述家
글이나 책을 쓰는 사람

　그는 이때 배웠던 경험을 바탕으로 출판 사업을 시작했습니다. 부지런하고 성실했던 그는 출판업을 비롯한 다양한 분야에서 많은 업적을 남길 수 있었습니다.

　벤자민의 성공 비결은 간단하지만 한결같았던 습관에 있었습니다.

　그는 인생에서 가장 중요한 13가지 덕목을 정해서 수첩에 적어두고, 스스로 잘 지키고 있는지 꾸준히 반성했습니다. 평생 동안 매일 13가지 덕목으로 자신을 되돌아보며 잘못을 고치려 했습니다.

　13가지 덕목은 바로 '절제, 침묵, 질서, 결단, 검약, 근면, 진실, 정의, 중용, 청결, 침착, 순결, 겸손'입니다.

　50년이 넘도록 계속된 습관 덕분에 그는 매일매일 어제보다 더 나은 자신을 만들어갈 수 있었답니다.

검약儉約
돈이나 물건을 아껴 쓰는 말

중용中庸
지나치거나 모자라지 않으며 한쪽으로 치우치지 않고 변함이 없는 상태

논어 한 문장

曾子曰, "吾日三省吾身, 爲人謀而不忠乎?
증자왈　오일삼성오신　위인모이불충호
與朋友交而不信乎? 傳不習乎?"
여붕우교이불신호　전불습호

증자가 말했습니다.
"나는 날마다 세 가지로 내 자신을 반성하였다. 남을 위해 일을 도와줄 때 정성을 다했는가? 친구와 사귈 때 성실했는가? 스승이 전해 준 것을 열심히 익혔는가?"

증자는 공자의 제자입니다. 그는 뛰어나지는 않았지만 꾸준하고 성실하기로 유명했습니다.
증자는 세 가지 덕목을 가지고 매일 스스로를 돌아보았습니다.
다른 사람을 위해 어떤 일을 할 때 진심을 다해 도와주었는지, 친구에게 성실한 벗이 되어 주었는지, 선생님께 배운 내용들을 잘 복습했는지 날마다 살펴보았습니다.
증자는 이렇게 자신의 잘못을 돌아보며 단점을 고쳐 나갔습니다. 비록 처음에는 부족한 점이 많았지만, 마침내 공자의 사상을 후대에 전달하는 중추적인 역할을 한 학자가 되었습니다.

5 지나친 욕심 버리기
황금알을 낳는 거위

- **욕속부달** 欲速不達 ▎ 빨리 하려고 서두를수록 잘 안 되는 법!

欲 하고자할 **욕**   速 빠를 **속**   不 아닐 **부(불)**   達 다다를 **달**

지극정성 至極精誠
온갖 힘을 다한 더할 수 없이 극진한 마음

옛날에 일을 열심히 하던 부지런한 농부가 있었습니다.

어느 날 농부는 신기한 거위 한 마리를 얻게 되었어요. 농부는 거위를 각별히 아끼며 지극정성으로 보살폈지요. 그도 그럴 것이 거위는 매일 아침이면 알을 하나씩 낳았는데 노란 빛이 반짝이는 황금알이었기 때문이에요.

농부는 날마다 거위가 낳는 황금알을 팔아서 점점 많은 돈을 벌었답니다. 더 이상 새벽부터 밤늦도록 열심히 농사를 짓지 않아도 될 만큼 살림살이가 넉넉해졌습니다.

그런데 농부는 언젠가부터 이런 생각이 들기 시작했습니다.

"이 거위는 왜 하필이면 알을 하나씩만 낳는 거지? 두세 개씩 낳아도 좋으련만."

더 큰 부자가 될 수도 있는데 하루에 오직 황금알 하나만을 낳는 거위가 불만이었지요.

    이런 생각으로 나날을 보내던 농부는 거위를 볼 때마다 점점 욕심이 커졌습니다.

    '한 번에 많은 알을 얻는다면 얼마나 좋을까?'

    이런 생각이 들자 농부는 더 이상 참을 수가 없었습니다.

    마침내 농부는 다른 생각을 할 틈도 없이 당장 거위의 배를 갈라 보았습니다.

    하지만 거위의 뱃속에는 아무것도 없었지요.

    허탈한 가운데 가까스로 정신을 차린 농부의 앞에는 더 이상 황금알을 낳지 못하게 된 죽은 거위만이 놓여 있었습니다.

허탈虛脫
온몸에 기운이 빠져 멍한 상태

농부는 욕심 때문에 결국 어이없는 결정을 내리고 말았지요. 더 큰 부자가 되려는 조급한 마음 때문에 소중한 거위만 잃고 말았습니다.

우리도 갖고 싶은 물건, 하고 싶은 일이 있어요. 하지만 당장 해결하고 싶은 마음에 급히 서두르다가 사실은 내게 더욱 소중한 무언가를 잃어버리는 건 아닐까요?

논어 한 문장

子曰, "無欲速, 無見小利. 欲速, 則不達, 見小利,
자왈 무욕속 무견소리 욕속 즉부달 견소리

則大事 不成."
즉 대 사 불 성

공자께서 말씀하셨습니다.
"빨리 하려고 하지 말고 작은 이익을 보지 말아야 한다. 빨리 하려고 하면 제대로 하지 못하고, 작은 이익을 보면 큰일을 이루지 못한다."

'바쁠수록 돌아가라'는 속담처럼, 급하게 허둥지둥 일을 처리하면 실수가 많아집니다. 또 눈앞의 작은 이익에만 관심을 두면 멀리 내다보아야 하는 큰 목표를 이루기 어렵지요.

조급한 마음, 지나친 욕심에 사로잡히지 않고 미래를 내다볼 줄 알아야겠습니다. 거위를 잃은 어리석은 농부가 되지는 말아야겠지요?

6 반성
자신의 허물을 바로잡을 수 있는 용기

과즉물탄개 過則勿憚改 ┆ 허물이 있으면 고치기를 꺼려하지 마라

過 허물(지나칠)과　則 곧 즉, 법칙 칙　勿 말 물　憚 꺼릴 탄　改 고칠 개

**경상북도** 경주는 신라의 역사가 담긴 고장입니다. 발길이 닿는 곳마다 수많은 유물과 옛사람들의 이야기를 접할 수 있어 노천박물관이라 불리지요.

신라 시대의 인물 가운데는 아버지 서현과 어머니 만명의 아들로 태어난 김유신을 손꼽을 수 있지요.

그는 열다섯 살에 화랑이 되어 용화향도를 이끌었으며, 많은 사람들이 그를 흠모하고 따랐습니다. 김유신은 재주가 출중하기도 했지만, 무엇보다 과감한 용기가 있는 사람이었습니다.

유신의 어머니는 아들을 엄하게 길러 아무하고나 사귀지 않도록 훈계하곤 하였습니다.

어느 날인가 기녀의 집에서 자고 돌아오는 아들을 본 어머니는 이렇게 말했습니다.

> **화랑花郎**
> 신라 때 만들어진 청소년 수양 조직. 신라가 삼국을 통일할 당시 화랑의 활약이 컸다.
>
> **용화향도龍華香徒**
> 신라 진평왕 때 화랑이었던 김유신이 이끌던 낭도 집단
>
> **출중出衆**
> 여러 사람 가운데 뛰어남

공명功名
공을 세워서 이름을 널리 알림

"어미는 네가 성장하여 공명을 세울 날만을 밤낮으로 기다렸는데, 너는 동네 불량한 아이들과 노닐면서 술집에나 드나든단 말이냐!"

그러고는 울음을 그칠 줄 몰랐습니다.

너무도 깜짝 놀란 유신은 눈물을 흘리는 어머니 앞에서 다시는 기녀의 집에 찾아가지 않겠노라고 굳게 맹세를 하였습니다.

그 후로 유신은 어머니와 한 약속을 단단히 지켰지요.

그러던 어느 날, 유신은 화랑들과의 고된 하루를 마치고 술에 취해

말에 의지한 채 집으로 돌아가는 길이었습니다.

>고삐
>말이나 소를 부리기 위해 재갈, 코뚜레에 잡아맨 줄

말 위에서 고삐를 잡고 잠깐 졸다가 눈을 떠보니 예전의 그 기녀가 자신을 기쁜 얼굴로 맞이하고 있었습니다. 자신도 모르는 사이에 타고 있던 말이 자주 다니던 익숙한 옛길로 그를 인도하였던 것이지요.

정신이 번쩍 든 유신은 말에서 내리더니 갑자기 차고 있던 칼을 빼 들고는 한 치의 주저함도 없이 타고 온 말의 목을 베어 버렸습니다. 그러고는 뒤도 돌아보지 않고 그 자리를 떠났습니다.

이후 김유신은 신라의 장군이 되었고, 고구려와 백제를 평정하여 삼국을 통일하는 업적을 이룰 수 있었습니다.

논어 한 문장

子曰, "主忠信, 毋友不如己者, 過則勿憚改."
자왈 주충신 무우불여기자 과즉물탄개

공자께서 말씀하셨습니다.
"충성과 신의를 다해야 하며, 내 자신보다 못한 사람을 벗으로 삼으려 하지 말고, 허물이 있으면 고치기를 꺼리지 말아야 한다."

사람들은 자신의 잘못을 알고도 뉘우치기보다는 감추거나 변명하려 합니다. 자신의 잘못을 고치는 것은 쉽지 않습니다.
때로는 김유신처럼 과감한 용기를 가지고 결단을 내려야 자신의 잘못을 고칠 수 있지요.

7 포기하지 않는 정신
자신의 한계를 넘는 것

중도이폐 中道而廢 ┆ 일하다가 힘들더라도 포기하지 마라

中 가운데 중　道 길 도　而 말 이을 이　廢 그만둘(폐할) 폐

훌라댄스
hula dance
허리를 격렬하게 흔드는 하와이 민속무용

　태평양 가운데 있는 섬 하와이. 맑은 햇살이 에메랄드 빛 바다를 비추고 와이키키 해변에 늘어선 야자나무 사이로 사람들이 훌라댄스를 추는 장면이 떠오르는 섬입니다. 누구나 평생에 한 번은 가보고 싶어 하는 곳이기도 하지요.

　이곳에 마이크 쿠츠라는 청년이 있습니다.

　그는 바다로 둘러싸인 섬에서 살던 사나이였기에 자연스레 바다를 좋아했답니다. 그래서 자신이 아끼는 그 바다에서 일렁이는 파도를 넘나들며 서핑을 즐겼지요. 어려서부터 실력을 쌓았으니 오죽이나 잘 탔겠습니까?

　하지만 누가 알았을까요. 열일곱 살 되던 1997년에 그만 뱀상어의 공격을 받아 자신의 오른 다리를 잃어버리고 말았답니다. 그 상황에서 해안으로 급히 나와 목숨을 건진 것만 해도 다행이었지요.

　뱀상어는 쿠츠가 타고 있던 서핑보드를 자신의 먹잇감인 돌고래로

생각해 공격을 했던 거지요. 이 일로 마이크 쿠츠는 의족을 달고 살게 되었습니다.

여러분이 이런 상황을 당했다면 아마도 하늘이 무너져 내리고 세상 모든 것을 잃어버린 참담한 마음이 아니었을까요? 어쩌면 다시는 바다를 쳐다보기도 싫었을지 모릅니다.

하지만 마이크 쿠츠는 자신이 좋아하던 바다에서 새로운 희망을 발견하고자 했습니다. 누구보다 좋아하던 바다를 저버리지 않기로 한 것입니다. 오히려 바다의 다양한 풍광과 변화무쌍한 모습을 사진에 담기 시작했지요.

풍광風光
경치. 자연이나 지역의 모습

월스트리트 저널
Wall Street Journal
1889년 미국에서 창간된 경제 전문 신문. 경제에 관한 한 세계에서 가장 영향력이 큰 신문 중의 하나다.

디스커버리
Discovery
과학, 역사, 자연 탐사 등을 전문으로 다루는 매체

이러한 그의 꿈은 '해양 전문 사진작가'로 이어졌고, 지금은 '월스트리트 저널'이나 '디스커버리' 같은 매체에서도 함께 일하고 싶어 하는 전문가로 거듭났습니다.

바다에서 잃어버릴 듯했던 희망을 다시 바다에서 찾은 것이지요. 더구나 지금은 의족인 오른 다리로 누구 못지않은 서핑 실력을 뽐낼 정도가 되었다고 합니다. 그는 이런 말을 했다고 합니다.

"아무리 절망적인 상황이라도 포기하지 않는 정신이 중요합니다. 저는 바다로 다시 돌아온 요즘이 가장 행복해요."

논어 한 문장

子曰, "力不足者, 中道而廢. 今女劃."
자왈 역부족자 중도이폐 금여획

공자께서 말씀하셨습니다.
"역량이 부족하다는 말은 중도에 그만두는 것이다. 지금 너는 스스로를 한계 짓고 있구나."

어느 날 공자의 제자인 염구가 말했습니다.
"선생님의 도는 훌륭하셔서 제가 가르침을 꺼리지 않지만, 제 역량이 부족합니다."
그러자 공자님이 대답하지요.
"너는 스스로를 한계 짓는구나."
힘들더라도 포기하지 말라는 말입니다.
우리는 흔히 "이 일은 너무 힘들군.", "이제 지쳤어. 도저히 더 이상은 못 하겠어."라는 말을 하면서 하던 일을 포기하곤 합니다.
하지만 가만히 생각해 보면 이런 말을 하면서 스스로 한계를 짓고 있는지도 모릅니다.
"그래, 조금만 힘을 내자, 난 잘 하고 있어!"라고 다독인다면 우리는 한계를 뚫고 나아갈 것입니다.

8 한결같음
내 삶의 오직 한 길

일이관지 一以貫之 하나의 이치로 모든 것을 꿰뚫다

一 한일 / 以 써이 / 貫 꿰뚫을관 / 之 어조사지

김구(1876~1949) 선생님은 우리나라 사람들이 가장 존경하는 인물 가운데 한 분입니다. 나라의 독립을 위해 평생을 바쳤기 때문입니다.

젊은 시절 선생님은, 변장한 채 여기저기를 기웃거리는 일본인을 명성황후를 시해한 범인으로 여기고 칼로 찔렀습니다. 그 사람이 범인이거나, 그렇지 않더라도 우리 백성을 괴롭힐 것이 분명하다고 생각했지요. 이 사건으로 선생님은 감옥에 갇혀 사형을 당할 뻔했으나, 고종 황제의 명으로 가까스로 목숨을 건졌습니다.

이후 선생님은 일본의 식민 통치 시기에 교육, 계몽 활동을 하다가 일본 경찰에 연행되어 고초를 겪었고, 1919년 이후에는 중국 상하이에서 대한민국임시정부 활동을 이어나갔습니다.

또한 이봉창, 윤봉길 의사의 거사를 지휘하며 일본으로부터 독립하기 위해 외교적, 군사적인 노력을 아끼지 않았습니다.

일제의 계속되는 탄압에 거처를 옮겨 다니고 때로는 저격을 받아 중

대한민국임시정부 大韓民國臨時政府
1919년 중국 상하이에서 우리나라의 독립 활동을 위해 김구, 이승만 등이 임시로 조직한 정부

이봉창 李奉昌
1932년 1월 8일 일본 도쿄에서 일본 천황인 히로히토에게 수류탄을 던졌으나 실패, 순국한 애국지사

윤봉길 尹奉吉
1932년 4월 29일 중국 상하이 홍커우 공원에서 열린 일본 천황 생일을 기념하는 식장에서 폭탄을 던져 일본군 대장을 죽이고, 일부 부상을 입히는 등 애국 활동을 하다 일본 경찰에 잡혀 순국한 애국지사

거사擧事
혁명과 같은 큰일을 일으킴

상을 입기도 했지만, 김구 선생님의 한결같은 바람은 우리나라의 독립이었습니다.

독립을 향한 열망이야말로 나라 잃은 슬픔과 고난을 이겨낼 수 있었던 힘이었고, 지금까지도 존경 받는 지도자로 우뚝 서게 만든 원동력이었습니다.

국가와 민족의 자주 독립에 대한 간절하고도 한결같은 의지는 저 유명한 말 속에 생생하게 살아 있습니다.

논어 한 문장

子曰, "參乎! 吾道 一以貫之."
자 왈 삼 호 오 도 일 이 관 지

공자께서 말씀하셨습니다.
"삼아! 나의 도는 하나로 꿰어져 있다."

공자님은 제자 증삼에게 자신의 도는 '충서(忠恕)' 한 가지라고 답했습니다. '충서'란 다른 사람을 언제나 성실하게 대하고[충(忠)], 이해하는 마음[서(恕)]입니다. 곧 어진 마음(仁)이라고 할 수 있습니다.
공자님의 도는 따뜻한 사랑의 마음을 실천하는 것이었습니다.
김구 선생님도 일제의 혹독한 탄압 속에서 일관되게 우리나라의 독립을 소망하셨습니다. 김구 선생님의 모든 말과 행동은 우리나라의 독립을 향한 굳은 신념에서 비롯된 것이었습니다. 마음에 품은 뜻을 평생 흔들림 없이 지켜나간 사람들의 자취는 우리의 이정표가 되어 줍니다.

"'네 소원이 무엇이냐.' 하고 하느님께서 물으신다면, 나는 서슴지 않고 '내 소원은 오직 대한독립이오.' 하고 대답할 것이다. '그 다음 소원은 무엇이냐.' 하고 물으시면 나는 또 '우리나라의 독립이오.' 할 것이요, 또 '그 다음 소원이 무엇이냐.' 하고 세 번째 물으셔도 나는 더욱 소리를 높여 '내 소원은 우리나라 대한의 완전한 자주 독립이오.' 하고 대답할 것이다."

9  감추려야 감출 수 없는 일

- 과이불개 過而不改 ┊ 잘못을 알고도 고치지 않는 것 그것이 바로 잘못이다

  過 잘못(지날)과 而 말이을이 不 아닐불 改 고칠개

남의 양을 훔치다가 들킨 형제가 있었습니다.

형제는 '양을 훔친 도둑(Sheep Thief)'이라는 의미의 첫 글자를 딴 'ST'라는 낙인을 이마에 새기게 되었습니다.

형은 너무나 창피해서 다른 나라로 도망쳐 과거의 잘못을 숨긴 채 살았습니다. 하지만 만나는 사람들마다 이마에 새긴 'ST'가 무슨 뜻이냐고 묻는 바람에 괴로움으로 절망하던 끝에 죽고 말았습니다.

그러나 동생은 어디에 가서 살더라도 과거의 잘못은 사라지지 않을 테니 차라리 이제부터라도 착하고 정직한 삶을 살아가기로 마음먹었습니다. 그는 주위의 따가운 시선에도 자신의 결심대로 선행을 베풀며 바르게 살고자 노력하였습니다.

어느덧 시간이 흘러 나이가 많아진 동생이 들판에서 일을 하고 있는데, 어떤 여행자가 그의 이마에 새겨진 글씨를 발견하고는 몹시 궁금한 마음이 들었습니다. 그래서 동네 노인에게 물었습니다.

낙인烙印
쇠붙이 등을 불에 달구어 찍는 도장. 씻기 힘든 불명예스러운 평판

"저 분 이마에 새겨진 글자는 도대체 무슨 뜻입니까?"

그러자 노인이 대답했습니다.

"아주 오래된 일이라 기억이 가물가물한데…… 아마도 성인(Saint)의 약자인 것 같네요."

논어 한 문장

子曰, "過而不改, 是謂過矣."
자왈 과이불개 시위과의

공자께서 말씀하셨습니다.
"잘못이 있어도 고치지 않는 것, 이것을 진짜 잘못이라 한다."

사람은 누구나 실수를 하고 잘못을 저지르게 마련입니다. 그러므로 잘못하게 되면 그때마다 이를 고치려고 애쓰는 것이 중요합니다.
나의 잘못은 반복하지 않으려 노력하고, 남의 잘못은 고칠 수 있는 기회를 주어야겠습니다.

10 검소함
자발적 가난

단사표음簞食瓢飲 ‖ 밥 한 그릇과 물 한 모금, 즉 검소한 생활로 즐거운 인생을 살자

簞 대그릇단　食 밥사, 먹을식　瓢 표주박표　飮 마실음

근대적인 산업이 활발했던 19세기, 미국에서는 더 많은 돈을 벌기 위해 사람들이 분주하게 지냈습니다. 사람들은 많은 돈을 벌어서 원하던 것들을 소유하게 됐지만 만족하지 않았습니다. 더 비싸고 좋은 물건을 갖기 위해 더욱 많이 일했지요.

사상가이자 작가인 헨리 데이비드 소로(1817~1862)는 이러한 상황에 의문을 품었습니다. 그는 인생에는 무언가 중요한 의미가 있으리라고 믿었고, 내면을 깊숙이 들여다볼 필요가 있다고 생각했습니다.

그래서 우선 물질에 대한 욕심을 끊어 보기로 결심했습니다. 많은 물건을 얻기 위한 노동에서 벗어나, 먼 훗날에도 후회하지 않을 삶의 의미를 찾기 위해 새로운 생활을 시작했습니다.

소로는 월든이라는 호숫가에 작은 통나무집을 마련해 직접 농사를 지어 먹을거리를 수확했지요. 그리고 필요한 물건을 숲에서 마련하며 검소하게 생활했습니다. 그는 아름다운 자연 속에서 독서와 사색에 몰두하며 글을 썼습니다. 이곳에서 지낸

수확收穫
익은 농작물이나 과일 등을 거두어들임

그 또한 즐거움이지요.

2년여 동안의 체험과 생각을 기록한 작품이 유명한 《월든》입니다.

그는 이런 말을 했습니다.

"내가 무엇보다 소중하게 여기는 것은 얽매임이 없는 자유입니다. 경제적으로 풍족하지 않더라도 나는 행복할 수 있기 때문에 고급 양

탄자나 호화로운 가구, 비싼 주택 등을 사는 데 필요한 돈을 벌기 위하여 내 시간을 허비하고 싶지 않습니다."

소로의 행동을 누구나 쉽게 따라 하기는 힘들지요. 하지만 그는 물질에 얽매이지 않는 검소한 생활 방식을 우리에게 일깨워 주었습니다.

논어 한 문장

子曰, "賢哉, 回也! 一簞食, 一瓢飮, 在陋巷,
자 왈 현재 회야 일 단사 일 표음 재 누항

人不堪其憂, 回也 不改其樂, 賢哉, 回也!"
인 불감 기 우 회야 불개 기락 현재 회야

공자께서 말씀하셨습니다. "안회는 어질기도 하구나! 한 그릇 밥과 한 표주박의 물로 누추한 시골에서 지내는 일을 사람들은 그 근심을 견디지 못하는데 안회는 그 즐거움을 변치 않으니, 안회는 어질기도 하구나!"

물질적인 풍요는 모든 사람이 좋아합니다. 하지만 물건에 욕심을 갖기 시작하면 만족을 하기 어렵습니다. 최신형 스마트폰이 생겨 기뻐하다가도 얼마 지나지 않아 내 것은 구형이라 느끼게 되곤 하지요.
공자님의 수제자 안회는 비록 가난했지만 내면을 풍요롭게 살찌우는 학문 안에서 즐거움을 잃지 않았습니다. 가난에서 벗어나려는 노력을 하지 않았다는 의미가 아니라, 자신의 삶 자체에서 큰 행복을 느꼈습니다.

11 반듯한 인성

뿌리 깊은 나무가 바람에 아니 흔들리듯

회사후소 繪事後素 ⋮ 겉모습보다 인성이 중요!

繪 그림 회   事 일 사   後 뒤 후   素 바탕 소

중국 춘추 시대 제나라의 명재상 안영의 수레를 몰던 마부의 이야기입니다.

어느 날 안영이 공무를 위해 길을 나섰습니다. 안영의 마부도 준비를 마치고 마차를 몰기 시작했습니다.

그때 마부의 아내는 남편을 배웅하며 떠나는 마차를 바라보았습니다. 남편은 네 마리의 말을 앞세운 큰 마차에 앉아 있었습니다. 재상의 마차를 다룬다는 자부심에서인지 남편은 말의 엉덩이에 채찍질을 하면서 의기양양한 모습으로 우쭐대며 마차를 몰았지요.

얼마 후 일을 마치고 집으로 돌아온 마부는 아내를 보자 반가운 마음이 들었습니다. 하지만 아내는 냉랭한 얼굴로 남편에게 이렇게 말하는 것이 아니겠어요?

"저는 이제 당신을 떠나려고 합니다."

남편에게 그 말은 청천벽력과도 같았습니다. 아내가 왜 그러는지도

공무 公務
나랏일이나 여러 사람에 관련된 일

청천벽력 靑天霹靂
맑은 하늘에 날벼락이 친다는 말로, 커다란 사건이나 변고를 일컫는 말

심원深遠
헤아리기 어려울 정도로 깊음

훤칠하지만
길고 미끈하지만

모르겠으니 말입니다.

　아내는 말을 이었습니다.

　"당신이 행차할 때의 모습을 보았답니다. 재상 안영은 키도 작고 외모도 볼품이 없었지만 한 나라의 재상으로 가슴에 간직한 뜻이 **심원**해 보였습니다. 그러면서 언제나 자신을 낮추며 겸손함을 잃지 않더군요. 하지만 당신은 키는 **훤칠하지만** 남의 마차나 몰면서 마치 당신이 재상인 듯 거만해 보이더군요."

　그제야 마부는 자신의 모습이 떠올라 아무런 대꾸도 할 수 없었습니다.

　그날 이후 그는 스스로를 항상 돌아보며 겸손하게 행동하기 시작했지요.

　안영은 하루아침에 달라진 마부의 태도를 의아하게 여기며 이유를 물었습니다.

그동안의 사정을 알게 된 안영은 잘못을 바로잡아 건실해진 마부를 대부라는 벼슬에 추천해 주었습니다.

기본도 바로 서지 않은 사람이 높은 자리에 앉아 교만을 부린다면 다른 사람을 위해 좋은 일을 베풀 수 있을까요? 반듯한 인성이 먼저 갖춰진 사람이라야 중요한 일자리를 맡아 제대로 수행할 수 있습니다.

전 떠나겠어요. 당신에게는 흰 바탕이 없으니 그림을 그릴 수가 없겠네요.

논어 한 문장

子曰, "繪事後素."
자왈 회사후소

공자께서 말씀하셨습니다.
"그림 그리는 일은 흰 비단을 마련한 다음에 하는 것이다."

마부의 아내가 남편에게 실망한 까닭은 그가 마차를 모는 일을 해서가 아닙니다. 성실하고 바른 태도가 부족했기 때문입니다. 재상 안영은 높은 지위에 있어도 언제나 겸손했습니다. 반면에 마부는 남의 지위를 빌어 거만하게 굴었습니다.

하지만 마부는 아내의 꾸지람을 듣고 곧 잘못을 깨달았습니다. 그리고 성실하고 겸손하게 살고자 노력한 덕분에 결국 대부의 자리까지 오를 수 있었습니다. 큰 일을 제대로 하기 위해서는 먼저 올바른 바탕부터 갖추어야 합니다.

- 자기가 한 말을 지키지 않은 사자
- 사람들의 말은 살펴 들어야
- 아가씨가 되고 싶었던 고양이
- 예의가 아니면 아무 일도 하지 마라
- 말 따로 행동 따로
- 말로만 잡은 기러기
- 웃음도 울음도 때가 있는 법

말조심, 행동 조심

2

12 약속과 실천
자기가 한 말을 지키지 않은 사자

선행기언 先行其言 ┊ 말보다 행동이 먼저!

先 먼저 선 行 행할 행 其 그 기 言 말씀 언

게걸스럽게
음식을 먹으려고 무척 욕심을 부릴 때 쓰는 말

우적우적. 와그작와그작.
 사자 한 마리가 게걸스럽게 먹이를 먹고 있었습니다. 아마도 상당히 배가 고팠나 봐요. 그러다 그만 날카로운 뼛조각 하나가 목에 걸리고 말았습니다.
 작은 조각이었지만 사자는 괴로워서 견딜 수가 없을 정도였지요. 몸을 움직일수록 목에 걸린 뼈가 더 깊이 찔러서 아픔은 점점 더했습니다.
 뼈를 빼 내려고 애썼지만 혼자서는 방법을 찾을 수 없었습니다.
 다급해진 사자는 이렇게 울부짖었습니다.
 "이 뼛조각을 빼 주는 녀석에게는 큰 상을 내려 주마."
 하지만 사자의 벌린 입 속으로 머리를 들이밀고 뼛조각을 찾을 용기를 낼 동물이 과연 있을까요?
 아무도 선뜻 나서지 않다가 학 한 마리가 용기를 내보았습니다. 자신의 부리라면 뼛조각을 찾아서 콕 집어낼 수 있다고 말이지요.

　사자는 고마워 어쩔 줄을 몰라 하며 반드시 보답하겠다고 몇 번이나 다짐을 했습니다.

　학은 가늘고 긴 부리를 사자의 목구멍 속에 넣고 고생고생 하던 끝에 사자를 괴롭히던 뼈를 뽑아냈습니다.

사자는 너무나 기쁜 나머지 덩실덩실 춤까지 추었습니다.

그 모습을 지켜보던 학은 이제 약속한 상을 달라고 말했습니다. 그런데 사자는 보답은커녕 버럭 화를 냈습니다.

"이미 상은 받지 않았느냐! 당장 물러가거라! 네 녀석이 머리를 들이밀었을 때 내가 확 물어 버리지 않은 것만도 정말 큰 보상이 아니냐?"

논어 한 문장

子貢 問君子. 子曰, "先行其言 而後從之."
자공 문군자 자왈 선행기언 이후종지

자공이 군자에 대해 묻자, 공자께서 대답하셨습니다.

"말로 하기 전에 먼저 실천하고, 그런 다음에 말을 꺼내는 것이다."

앞으로 사자에게 어려운 일이 생긴다면 누가 사자를 도울까요? 아무도 사자를 돕지 않겠지요.

여러분도 약속을 지키지 않는 친구는 믿을 수 없지요? 또 속을까 봐 걱정도 되고요.

공자께서도 자기가 입 밖에 낸 말을 꼭 먼저 실행해야 훌륭한 사람이라고 했어요. 자기가 한 말을 꼭 지킬 줄 아는 믿음직한 친구가 되도록 해요.

13 무서운 말
사람들의 말은 살펴 들어야

도청도설 道聽塗說 ∷ 길에서 들은 말을 아무 근거 없이 퍼뜨리고 다니다

道 길도 聽 들을청 塗 길도 說 말씀설

학원에서 돌아온 수빈이는 자신의 스마트폰을 켜고 SNS에 접속했다가 그만 깜짝 놀랐어요. 자신의 SNS에 친한 친구 예지의 사진이 올라와 있었고 댓글이 가득 달려 있었어요.

문제는 누군가가 예지의 사진에 장난을 해서 예지를 우스꽝스럽게 만들었다는 것이었어요. 머리에는 이상한 장식을 덧씌우고, 배경도 바꾸어서 단정한 예지의 모습은 사라져 버렸어요.

도대체 누가 한 짓일까요? 더구나 몇몇 아이들은 이 사진을 다른 아이들에게 전달하고 있었어요.

예지는 얼마나 속상할까요?

수빈이는 예지가 이 사진을 보고 마음이 상할까 봐 걱정이 되었어요. 더욱 놀라운 것은 이런 사진을 보고 많은 아이들이 장난스런 댓글을 달았다는 거예요.

SNS
소셜 네트워크 서비스란 말로, 온라인 상에서 친구, 동료 등 지인들과 네트워크를 만들 수 있도록 도와주는 서비스. 트위터, 페이스북 등이 있다.

"ㅋㅋ 완전 짱~ 어울려, 어울려~"
"큰 재미 주셨군. 또 없나?"

아이들은 놀림감이 된 예지의 마음을 생각하지도 않는 모양이에요. 자신이 원하지도 않는데 이런 장난의 대상이 된다는 건 너무 어이가 없는 일 아닌가요?

예지는 너무 놀라고 속상해서 많이 울고 제대로 잠도 못 잤어요. 친구들이 자신을 비웃었다고 생각했기 때문이지요.

얼마 후 장난의 주인공이 밝혀졌어요.

담임 선생님께서 같은 반 규환이가 한 장난임을 알아내셨지요. 결국에는 규환이뿐 아니라 사진을 함부로 전달하고 댓글을 붙인 친구들도 모두 예지에게 미안하다고 사과를 했습니다.

그런데 모두들 나쁜 마음으로 시작한 일은 아니고 그냥 재미있어서 한 일이었다는 변명을 했습니다.

선생님께서는, 별 생각 없이 무심코 한 말이나 행동도 다른 친구에게 피해를 줄 수 있으니 조심해야 한다고 따끔하게 주의를 주셨습니다.

남이 전해 준 말을 확인도 하지 않은 채 다시 퍼뜨리는 행동은 분명한 잘못입니다.

논어 한 문장

子曰, "道聽而塗說, 德之棄也."
자 왈   도 청 이 도 설   덕 지 기 야

공자께서 말씀하셨습니다.
"길에서 듣고 길에서 말하면, 덕을 버리는 것이다."

사람은 자신의 말과 행동에 책임을 져야 합니다. 남에게 들은 소문이 참인지 거짓인지를 확인하지 않고, 할 말인지, 해서는 안 될 말인지도 판단하지 않은 채 다시 남에게 전달하는 것은 잘못된 행동입니다.
공자님도 이를 단호하게 꾸짖었습니다. 근거 없는 나쁜 소문 때문에 누군가는 깊은 상처를 입고, 잘못된 사실 때문에 큰 피해가 발생하는 사태가 벌어지기도 하니까요.
진실의 가치를 소중히 여기고, 사람을 귀하게 생각한다면 더욱 신중하게 판단할 줄 알아야 합니다.

14 외면과 내면의 조화
아가씨가 되고 싶었던 고양이

문질빈빈 文質彬彬 ┊ 겉모습(文)과 속마음(質)이 잘 어우러져야 아름답다

文 무늬(글월) 문 質 바탕 질 彬 겸비할(빛날) 빈

인간을 사랑한 고양이가 있었습니다. 고양이는 자신에게 친절하게 대해 주는 다정한 청년이 너무나 마음에 들었습니다. 아니 사랑하게까지 되었습니다.

고양이가 인간을 사랑하다니……. 결코 이루어질 수 없는 사이였지만, 이미 청년을 사랑하게 된 고양이는 자신의 마음을 도무지 어쩔 수가 없었습니다.

그래서 고양이는 아름다움과 사랑의 여신인 아프로디테에게 부탁하기로 했습니다. 어엿한 여인이 되게 해 달라고 말이지요.

아프로디테를 찾아간 고양이는 자신의 마음을 간절하게 고백했습니다. 부디 인간이 되어 진정한 사랑을 이루게 해 달라고 말입니다.

아프로디테는 고양이의 안타까운 사정을 외면하기 힘들었습니다. 그래서 고양이를 예쁜 아가씨로 바꾸어 주었습니다.

온전한 인간의 모습으로 바뀐 고양이는 청년을 찾아갔고, 둘은 곧

어엿한
아주 당당하고 떳떳한

사랑에 빠졌습니다.

청년과 고양이, 아니 두 사람은 마침내 결혼을 약속하기에 이르렀습니다. 고양이의 간절한 소원이 이루어진 겁니다.

서로 사랑하는 두 사람을 보고 아프로디테도 흐뭇했습니다. 반면에 약간 짓궂은 호기심도 생겼지요. 고양이가 어여쁜 아가씨의 모습을 지녔지만 과연 속마음까지 인간의 본성으로 변화되었는지 궁금했습니다.

그래서 아프로디테는 아가씨 곁으로 생쥐 한 마리를 보냈습니다.

어찌되었을까요?

아가씨는 그만 자신도 모르게 생쥐를 잡으려고 뛰어가고 말았답니다. 여느 아가씨였다면 깜짝 소리를 지르며 의자 위로 뛰어올랐을 텐데요.

청년을 사랑했지만 본성까지 변화하지 못한 고양이는 결국 원래 상태로 되돌아갔습니다. 고양이의 본성을 가진 채 인간 세상에서 살기 어려웠기 때문이지요.

사람도 겉과 속이 같아야 합니다. 속마음은 진실해도 겉으로 드러난 모습이 거친 사람을 좋게만 생각하기 힘들 거예요. 반대로 진심은

: **여느**
: 다른 보통의

허울만 좋다
실속 없이 겉만 번지르르하다.

하나도 없으면서 겉으로만 호감을 보인다면 어떨까요? 아마도 허울만 좋다는 생각에 다가가기 힘들지도 모릅니다.

논어 한 문장

子曰, "質勝文則野, 文勝質則史. 文質彬彬, 然後 君子."
자왈 질승문즉야 문승질즉사 문질빈빈 연후 군자

공자께서 말씀하셨습니다. "본모습이 겉모습보다 드러나면 촌스럽고, 겉모습이 본모습보다 드러나면 겉치레만 하는 것이니, 안팎의 모습이 적절히 닦아진 다음에야 군자라고 할 것이다."

간절한 마음 덕분에 고양이는 사람의 모습을 갖게 되었지만 본성까지 변하지는 않았습니다. 겉모습[文]과 속마음[質]이 일치했다면 좋았을 텐데요. 공자님은 겉모습과 속마음이 조화로운 사람을 높이 평가했습니다. 사람들과 사이좋게 지내려면 무엇보다 따뜻하고 바른 마음이 중요하지만, 밖으로 드러나는 공손한 예절과 단정한 몸가짐도 필요하답니다.

15 예절

예의가 아니면 아무 일도 하지 마라

사물四勿 : 예에 관한 네 가지 경계

四 넉사 勿 말물

조선 시대의 서얼들은 많은 한계를 가지고 있었습니다. 홍길동이 아버지를 아버지라 형을 형이라 부르지 못했던 사정도 서얼이었기 때문이지요.

조선 후기의 실학자 청장관 이덕무(1741~1793) 역시 마찬가지였답니다. 하지만 총명하고 성실했던 그는 다방면의 학문에 정통하여 신분의 한계를 극복해 갔습니다.

중국으로 가는 사신단에 참여해 국제적으로 안목을 넓혔고, 박지원, 박제가, 홍대용 등 북학파 학자들과 사귀며 점차 학문의 폭을 넓혀나갔습니다. 당시 임금인 정조는 그의 재능을 높이 사 지금의 국립도서관에 해당하는 규장각의 '검서관'이라는 직책을 맡겼습니다.

이덕무가 남긴 많은 글 가운데 선비로서 일상에서 지켜야 할 바른 몸가짐과 예의범절을 기록한 <사소절(士小節)>에는 귀담아들을 만한 내용이 많습니다.

서얼庶孽
양반 가문에서 정실이 아닌, 첩의 자식들을 이르는 말

사신단使臣團
임금의 명으로 외국에 사절로 가는 신하들 무리

북학파北學派
조선 후기 실학자들 중에 청나라의 문물이 우수하다며 그것을 배우자고 주장한 학파

검서관檢書官
조선 후기 규장각에서 서적을 검토하고 필사하는 일을 맡았던 관리. 학식이 높은 서얼 가운데서 선발했다.

이 분의 말을 들어 볼까요?

- 자신의 얼굴이 잘났다고 자랑하지 말고, 남의 얼굴이 잘났다고 아부하지도 말며, 남의 얼굴이 못났다고 헐뜯거나 욕하지 마라.
- 좋은 말을 타고 새 옷을 입었다고 주위를 돌아보며 자랑하고 우쭐거리지 마라.
- 여러 사람이 앉은 자리에서는 남의 귀에 대고 속삭이지 마라.
- 남이 한 착한 일은 드러내 칭찬하고, 어려운 처지의 사람은 도와줄 것을 생각하라.
- 입으로 방향을 가리키거나, 발로 물건을 옮기지 마라.
- 어리숙한 사람, 가난한 사람, 시골 사람을 보고 비웃으며 농담하는 사람이 있는데 이는 어진 마음이 아니다. 더욱 행동을 삼가며 정성스러운 마음과 따뜻한 말로 그들을 대해야 한다. 어린이들이 그런 사람을 보면 웃기가 쉬우니 반드시 꾸짖어 말려야 한다.
- 작은 근심으로 낯을 찡그리며 우는 모양을 해서도 안 되고, 작은 분노 때문에 소리를 지르며 욕을 해서도 안 된다.
- 어른이 집에 없으면 친구들과 시끄럽게 놀며 못하는 일이 없다가 어른의 기침소리가 들리면 망을 보면서 가만가만 걷고 조용히 이야기하며 공부하는 척을 한다. 과연 어른들이 이를 모르겠는가?
- 가장 나쁜 것은 자신에게 큰 잘못이 있으면서도 어른의 가르침을 받아들이지 않고 사나운 성질을 부리거나, 변명을 늘어놓으며 잘하고 있는 척하는 것이다.
- 잘못해서 벌을 받을 때 어떤 아이는 잘못을 인정하면서 다시는 잘못하지 않겠다고 맹세해 그 순간 받게 될 꾸지람에서 벗어난다. 그

러고는 매번 잘못을 반복해 벌을 받으면서도 스스로 고치지 않는 아이는 끝내 어쩔 수 없는 어른이 될 것이다.

논어 한 문장

子曰, "非禮勿視, 非禮勿聽, 非禮勿言, 非禮勿動."
자왈 비례물시 비례물청 비례물언 비례물동

공자께서 말씀하셨습니다.
"예의가 아니면 보지도 말고, 예의가 아니면 듣지도 말며, 예의가 아니면 말하지 말고, 예의가 아니면 행동하지도 말아라."

예의란 사람이 함께 사는 공동체에서 자신도 존중받고 남도 존중하기 위한 배려라고 할 수 있습니다. 예의 바른 친구를 만나면 기분이 좋시요? 예의가 아니면 보지도, 듣지도, 말하지도, 행동하지도 말라는 공자님의 당부에 귀를 기울인다면 어느새 따뜻한 배려의 태도가 몸에 배어 있을 것입니다.

16 언행일치
말 따로 행동 따로

언지불출 言之不出 ▶ 지키지 못할 말을 함부로 하지 마라

言 말씀 언   之 어조사 지   不 아닐 불   出 날 출

여우 한 마리가 사냥꾼과 사냥개들에게 쫓겨 급하게 도망을 가다가 숲속에서 나무꾼을 만났습니다.

여우는 다급한 목소리로 숨겨 달라고 간절하게 애원했습니다.

나무꾼은 자신의 오두막을 가리키며 여우에게 얼른 숨도록 했고, 여우는 오두막에 뛰어 들어가 몸을 감췄습니다.

잠시 후 사냥꾼들이 뒤따라와 나무꾼에게 물었습니다.

"이리로 달려오던 여우를 못 보았소?"

"여우라니요? 글쎄요, 여우라고는 보지 못했답니다."

입으로 그렇게 말하면서 나무꾼은 손가락으로 오두막을 가리켰습니다.

하지만 마음이 바빴던 사냥꾼들은 나무꾼의 손가락이 무엇을 의미하는지 모르고 길을 떠났습니다.

사냥꾼들이 보이지 않자 여우는 집 밖으로 나와 아무 말 없이 자리를 뜨려 했습니다. 그 모습을 본 나무꾼은 버럭 화를 내며 소리쳤습니다.

"은혜도 모르는 여우 같으니라고! 내가 너를 숨겨 목숨을 구해 주었는데도 고맙다는 인사 한마디 없이 떠난단 말이냐?"

여우는 어이가 없다는 듯이 고개를 가로저으며 이렇게 말했습니다.

"정말 제 은인인 것처럼 말씀하시는군요. 당신의 행동이 당신의 말과 같았다면 저는 이렇게 아무런 말도 없이 떠나려 하지는 않았을 거예요."

은인恩人
자신에게 은혜를 베푼 사람

논어 한 문장

子曰, "古者 言之不出, 恥躬之不逮也."
자왈 고자 언지불출 치궁지불체야

공자께서 말씀하셨습니다.
"옛사람들이 **말을 함부로 하지 않았던 것은** 자신이 한 말을 스스로 실천하지 못할까 봐 부끄러워했기 때문이다."

나무꾼은 여우를 숨겨 목숨을 살려 줄 것처럼 말했지만, 사실 손짓으로 사냥꾼들에게 여우의 위치를 알려주는 행동을 했습니다. 그러고는 마치 여우를 도와준 척하며 속이는 모습을 보입니다.

나무꾼이야말로 말과 행동이 따로따로였지요. 이런 나무꾼 때문에 여우는 얼마나 당황했을까요?

말과 다른 행동으로 남을 속이는 부끄러운 일을 해서는 안 되겠습니다.

17 덧없는 말
말로만 잡은 기러기

눌언민행 訥言敏行 ▮ 말은 천천히 하되, 행동은 민첩하게 하라

訥 말더듬을 눌   言 말씀 언   敏 재빠를 민   行 갈 행

옛날 한 사람이 기러기가 하늘로 날아오르는 모습을 보고 활을 들어 조준하면서 말했습니다.

"저 기러기를 맞춰서 떨어뜨려 삶아 먹어야겠군."

옆에 있던 그의 동생이 이 말을 듣고 기가 막히다는 듯이 말했습니다.

"비둘기라면 삶아 먹어야겠지만, 기러기는 구워 먹어야 훨씬 맛있다는 걸 몰라?"

그러자 형이 말했습니다.

"어이가 없네. 기러기는 본래 삶아 먹어야 제맛이지, 구워 먹는다는 건 말도 안 돼!"

결국 형제는 기러기를 어떤 방법으로 요리해야 맛있을까를 두고 말싸움을 벌였습니다.

말다툼이 끝나지 않자 형제는 마을의 어른인 촌장의 결정에 따르기로 했습니다.

　촌장의 앞에서도 형제는 기러기를 삶아 먹어야 하느니, 구워 먹어야 하느니 말다툼을 계속했지요.

　형제의 말을 찬찬히 듣고 난 촌장은 이렇게 말해 주었습니다.

　"그렇다면 기러기를 나누어 반은 삶아 먹고, 반은 구워 먹으면 어떻겠는가?"

형제는 옳은 방법이라 생각하고는, 조금 전의 기러기가 날아오르던 곳으로 갔습니다.

그러나 기러기는 어디서도 찾을 수가 없었습니다.

형제는 기러기가 이미 멀리 날아간 텅 빈 하늘만을 망연자실한 모습으로 쳐다볼 수밖에 없었습니다.

망연자실茫然自失
명하니 정신을 놓음

논어 한 문장

子曰, "君子 欲訥於言 而敏於行."
자 왈 군 자 욕 눌 어 언 이 민 어 행

공자께서 말씀하셨습니다.
"군자는 말은 어눌하게 하고 행동은 민첩해야 한다."

기러기를 잡지도 않은 채 어떻게 요리를 해야 가장 맛있게 먹을 수 있을까 말다툼만 하던 형제는 결국 기러기를 놓치고 말았습니다. 맛있는 요리에 대한 기대도 산산이 깨지고 말았지요. 어떻게 요리할까를 따지기보다 먼저 눈앞의 기러기를 잡아야 했습니다.

무엇인가를 성취하고자 한다면 가장 필요한 것은 말이 아니라 실천입니다. 재빠르게 내뱉는 말보다 조용하고 우직한 실행이 중요하지요.

18 상황에 맞는 행동
웃음도 울음도 때가 있는 법

교언영색巧言令色 ┆ 말과 표정을 좋게만 꾸미지 마라

巧 잘할교　言 말씀언　令 아름다울령　色 빛색

왕자를 사랑하는 궁녀가 있었습니다. 하지만 궁궐에서는 아무도 그녀를 눈여겨보지 않았습니다. 왕자를 가까이에서 볼 기회조차 없던 그녀는 속상한 마음에 남몰래 울고 있었습니다.

그때 어떤 할머니가 다가왔습니다.

할머니는 아름다운 눈물을 가진 아가씨라고 칭찬하며 왜 우는지 물었습니다. 궁녀가 이유를 말하자 할머니는 말했습니다.

"걱정 말아요. 내가 세상에서 가장 아름다운 웃음소리를 주지요. 왕자도 당신의 웃음소리에 반할 거예요. 대신 아가씨의 눈물을 모두 내게 줘요."

처음에는 이 황당한 제안을 거절했던 그녀도 결국 왕자에게 다가가고 싶은 마음에 승낙을 했습니다.

할머니는 궁녀의 눈물을 한 방울도 남김없이 모두 가지고 갔습니다.

어느 날 왕자는 궁궐에서 너무나 아름다운 웃음소리를 들었습니다.

웃음소리에 반한 왕자는 그녀를 사랑하게 되었습니다. 마침내 둘은 결혼을 했고 예쁜 아기도 낳았습니다.

꿈같이 행복한 시간을 보내던 중 왕자의 부모님이 돌아가셨습니다. 하지만 그녀는 장례식에서 눈물을 흘릴 수 없었습니다.

마침 나라에 흉년이 들고 전염병까지 돌아 백성들은 불행을 겪고 있었습니다.

그런데 고통을 겪고 있던 백성들이 새로 등극한 왕과 왕비에게 도움을 청할 때마다 왕비는 불쑥 웃음을 터뜨렸습니다. 사실 왕비는 그들의 딱한 사정을 듣고 울음이 솟았지만 입 밖으로는 맑은 웃음소리만 흘러나왔습니다.

사람들은 왕비를 거세게 비난했습니다. 왕은 이런 상황을 꾹 참았습니다. 그러다 어린 왕자가 병이 들어 힘겨워하는데도 왕비가 웃기만 하는 것을 보고 왕은 참지 못하고 그녀를 내쫓았습니다.

왕비는 아픈 아기 걱정에 견딜 수가 없어 천신만고 끝에 할머니를 찾아갔습니다.

할머니는 아기를 보고 싶다고 조르는 왕비의 끈질긴 요구에 마법 망토를 빌려주었습니다. 망토를 쓰면 아무도 왕비를 발견하지 못하지만, 만약 웃게 되면 망토의 힘이 사라져 발각될 것이라고 단단히 일러주었습니다.

왕비는 망토를 쓰고 몰래 궁전으로 들어가 한달음에 아픈 아기가 잠든 방으로 뛰어갔습니다.

아픈 아기를 바라보면서 너무 슬픈 나머지 왕비는 자기도 모르게 울음을 터뜨렸고, 울음은 또 맑은 웃음소리가 되어 흘러나왔습니다.

그 순간 망토의 힘이 사라졌지만 걷잡을 수 없는 슬픔에 잠긴 그녀

등극登極
왕의 자리에 오름

천신만고千辛萬苦
천 가지 매운 것과 만 가지 쓴 것이란 말로, 온갖 고생을 하며 어려움을 겪는다는 뜻

한달음
쉬지 않고 한 번에 달려감

논어 한 문장

子曰, "巧言令色, 鮮矣仁."
자왈 교언영색 선의인

공자께서 말씀하셨습니다.
"말을 좋게만 하고 얼굴 표정을 꾸미기만 하는 사람은 어진 이가 드물다."

말솜씨가 좋고 표정이 부드러운 사람을 만나면 좋은 감정이 생기게 마련입니다. 하지만 실제 상황과는 달리 겉모습만 아름답게 꾸민다면 어떨까요? 공자님은 그런 사람 가운데 어진 사람은 드물다고 말씀하십니다.
말과 표정을 꾸미지 않고 본모습 그대로인 사람만이 믿을 만하겠지요. 왕비가 된 궁녀가 진정한 눈물을 흘리게 되었을 때 비로소 사람들과 소통하게 되었듯이 말입니다.

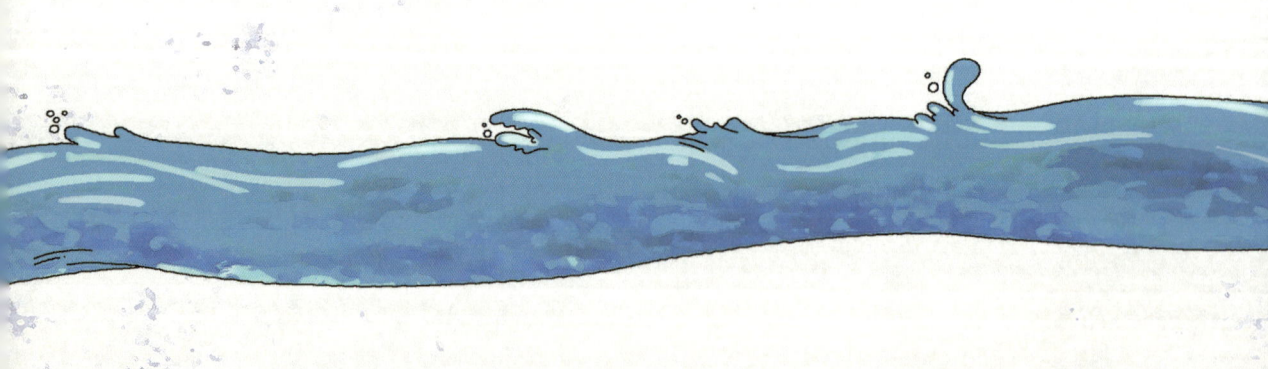

는 아무것도 모른 채 온몸을 떨고 있었습니다.

　마침 아기를 보러 온 왕이 웃고 있으면서도 온몸을 들썩이며 떨고 있는 왕비를 발견하고 뭔가 이상하다는 생각을 했습니다.

　왕은 왕비가 괴로워한다는 것을 알아챘습니다.

　왕이 조용히 왕비를 부르자, 왕비의 눈에서 드디어 눈물이 흐르기 시작했습니다. 왕비의 눈물이 왕자의 뺨에 떨어지면서 아기의 병도 씻은 듯 나았습니다.

　왕비를 괴롭히던 웃음은 사라지고 마침내 아름다운 눈물이 되돌아왔습니다.

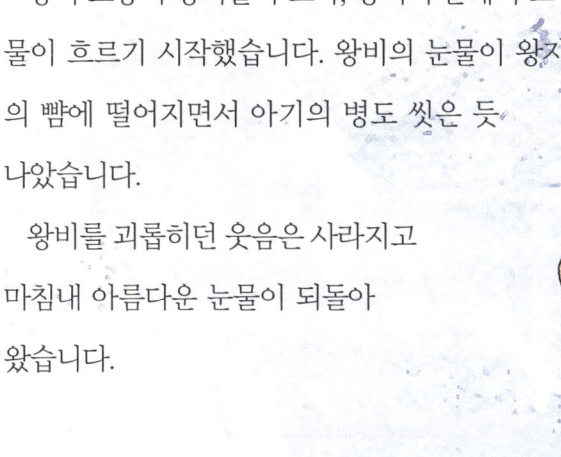

- 옛것을 익히면서도 새로운 것을 만들 줄 알아야지
- 성공을 위해 익숙함을 깨다
- 아침에 도를 들으면
- 말과 개미에게 얻은 지혜
- 배움의 즐거움
- 암기는 꼴찌, 청소는 일등
- 나는 자라서 어떤 사람이 될까
- 몰입, 나를 잊는 순간
- 배우고 생각하며 물어보라
- 도끼날을 갈아 바늘을 만들 듯
- 누구에게나 배울 점은 있다

힘써 배우기

3

19 새롭게 생각하기
옛것을 익히면서도 새로운 것을 만들 줄 알아야지

온고지신 溫故知新 ▌ 옛것을 배우고 익혀 새로운 것을 안다

溫 익힐(따뜻할) 온　故 옛 고　知 알 지　新 새로울 신

유방劉邦
기원전 206년에 세운 중국 한나라의 초대 황제. 초나라의 항우를 물리치고 통일을 이루었다.

한신韓信
한나라 때 장수. 처음에는 초나라 항우의 아래에 있었으나, 항우가 자신을 인정하지 않자 유방에게 가서 한나라 건국에 도움을 주었다. 하지만 후에 유방에게 죽임을 당하는데, 이때 '토사구팽(토끼 사냥이 끝나면 사냥개를 잡아먹는다)'이라면서 유방을 원망했다고 한다.

사지死地
죽을 위기에 놓인 장소

중국 한나라를 건국한 유방의 일등 공신 한신은 1만의 군사로 조나라의 20만 대군을 물리친 명장입니다. 한신은 어떤 병법서에도 없는, 강을 등지고 적을 맞아 싸우는 배수진을 펼치면서 이렇게 말했습니다.

"이는 병법에 나와 있지만 그대들이 제대로 살피지 못했을 뿐이다. 병법에 그러지 않았는가? '죽을 처지에 놓인 다음에야 살 수 있다'고. 우리 군사는 오합지졸이지만, 이런 군대는 사지에 두어야만 죽을힘을 내어 싸우는 법이지. 그래서 강을 등지고 진을 친 것일세."

후한의 장수 우후는 북방의 이민족이 침범하자 구원병이 온다는 거짓 소문을 내고 밥 짓는 아궁이의 수를 매일 늘려 구원병이 늘어나는 것처럼 보이게 했습니다. 그러자 어떤 사람이 물었습니다.

"손빈은 위나라 방연과 싸울 때 아궁이의 수를 줄여 군사들이 도망친 것처럼 보이도록 해서 적이 방심한 틈에 군사를 숨겨 승리했다는

데 그대는 늘리고 있으니, 이는 무슨 까닭이오?"

"손빈은 허약하게 보이고자 아궁이 수를 줄였지만 나는 반대로 강하게 보이려고 늘리는 것이니, 이는 형세가 다르기 때문입니다."

배수진背水陣
물을 등지고 진을 치다. 결사 항전의 각오로 적과 싸우거나, 어떤 일을 온 힘을 다해 할 때 쓰는 말

오합지졸烏合之卒
까마귀가 모인 것 같은 무리라는 말로, 엉성하게 모여 있어 체계가 잡혀 있지 않을 때 쓰는 말

손빈孫臏
기원전 4세기 중국 전국 시대 때 병법 전략가. 그가 쓴 <손빈병법>은 손무의 <손자 병법>과 함께 병법서로 유명하다.

논어 한 문장

子曰, "溫故而知新, 可以爲師矣."
자왈 온고이지신 가이위사의

공자께서 말씀하셨습니다.
"옛것을 익히고 새로운 것을 안다면 스승이라고 할 수 있다."

책에 기록되어 누구나 알고 있는 옛 방식으로만 전투를 했다면 한신과 우후는 결코 승리하지 못했을 것입니다. 두 장군은 병법서에 전하는 옛 방식을 응용하여 새롭게 고안할 줄 아는 지혜가 있었지요. 지금의 상황을 정확히 파악하고 아는 것을 활용할 줄 아는 능력이야말로 배워야 할 점이 아닐까요?

20 [인내와 노력]
성공을 위해 익숙함을 깨다

학여불급 學如不及 ┆ 배우는 것을 잠시라도 게을리하지 마라

學 배울학　如 같을여　不 아닐불　及 미칠급

노숙露宿
집이 아닌 바깥에서
자는 잠. 한뎃잠

미혼모未婚母
결혼을 하지 않은 채
아이를 낳은 여자

　미국에서 노숙 생활을 하던 흑인 소녀가 많은 어려움을 극복하고 하버드 대학의 장학생으로 합격해 많은 사람을 놀라게 했습니다. 그녀의 이름은 카디자 윌리엄스입니다.

　카디자의 어머니는 미혼모가 되어 집에서 쫓겨났습니다.

　모녀는 길거리와 노숙자 쉼터를 돌아다녔고, 쓰레기통을 뒤지거나 무료 급식소를 찾아다니며 굶주림을 견뎌야 했습니다.

　카디자는 안정된 생활을 할 수 없어서 고등학교를 졸업하기까지 열두 번이나 학교를 옮겨 다녔습니다.

　그러나 카디자는 한 번도 공부를 포기하지 않았습니다. 절실한 꿈이 있었기 때문이지요. 그녀는 반드시 대학에 들어가 자신의 운명을 바꾸고 싶었습니다. 더 이상 남들의 비웃음을 받지 않고 당당하게 살고 싶다는 간절한 소망이 있었습니다.

　사람들은 '노숙자 주제에 대학은 꿈도 꾸지 마라.'라고 말했습니다.

그러나 카디자는 노숙자처럼 보이지 않으려고 항상 옷차림을 단정히 했습니다. 누구보다 열심히 책과 신문도 정독했지요.

고등학생이 되어서는 새벽 4시에 등교해서 밤 11시가 되어서야 돌아갈 만큼 최선을 다해 공부했습니다. 성적이 우수했을 뿐 아니라 토론 동아리, 육상 대회 등 다양한 학교 활동에도 적극적으로 참여했습니다.

그러자 끊임없이 노력하는 카디자에게 복지 단체들의 도움이 이어지기 시작했습니다.

절대로 벗어날 수 없을 듯한 상황에 놓인 자신의 운명을 바꾸려는 부단한 노력 끝에 카디자는 하버드를 포함해 미국 20여 개 대학으로

정독精讀
뜻을 새기며 자세하게 읽음

부터 합격 통지를 받았습니다.

카디자는 한 인터뷰에서 이렇게 말했습니다.

"어린 시절의 어렵고 힘들었던 환경을 견뎌 냈던 것이 지금의 나를 만들었습니다. 내 목표는 아직 멀었으며 나는 꿈을 이루기 위해 더 노력할 것입니다."

논어 한 문장

子曰, "學如不及, 猶恐失之."
자왈 학여불급 유공실지

공자께서 말씀하셨습니다.
"배우기를 따라가지 못할 듯이 하면서도, 행여 배움의 시기를 잃을까 두려워하여야 한다."

너무 멀어서 언제 도달할지 아득하지만 반드시 가야 할 목표 지점이 있다면 어떨까요? 게으름을 부리지 않고 먹는 시간, 쉬는 시간을 아껴 가며 열심히 걷겠지요. 그러다가 만약 길을 잘못 들어서기라도 하면 다시 바른 길을 찾느라 더욱 고생할 테지요.

공자님은 공부도 마찬가지라고 했습니다. 공부를 완성하기란 매우 어렵기 때문에 언제나 부지런히 노력해야 한다고 했지요. 공부에 알맞은 시기를 놓치면 때로는 더 오랫동안 애써야 하니 적절한 시점을 놓치지 않아야겠습니다.

21 공부의 기쁨
아침에 도를 들으면

조문도 석사가의 朝聞道 夕死可矣
아침에 도를 들으면 저녁에 죽어도 여한이 없다

朝 아침조　聞 들을문　道 길도　夕 저녁석　死 죽을사　可 옳을가　矣 어조사의

"알아냈다! 내가 알아냈어."
이렇게 소리치며 뛰쳐나온 한 남자 때문에 사람들은 깜짝 놀랐습니다.

그는 옷을 입어야 한다는 사실도 잊은 채 알몸으로 목욕탕에서 뛰쳐나와 미친 듯이 소리치고 있었기 때문이지요.

그는 바로 '유레카'라는 말로 유명한 그리스의 수학자이자 물리학자인 아르키메데스입니다.

유레카 eureka
'알았어.' '바로 이거야.'라는 뜻

당시에 왕관을 세공하는 장인이 황금의 일부를 빼돌리고 값이 싼 은을 섞어 왕관을 만들었다는 소문이 무성했습니다. 그 소문이 사실인지 알아보려고 그리스 왕은 아르키메데스에게 조사를 맡겼습니다.

세공細工
금, 은 등을 다듬어 무언가 만드는 일

아르키메데스는 걱정으로 며칠 동안 잠을 이룰 수 없었습니다. 부수거나 녹이지 않고 왕관이 순금인지 아닌지를 알아 내라고 왕이 부탁했기 때문이지요.

077

골몰泪沒
한 가지 일에 파묻혀 다른 생각할 여유가 없음

좋은 방법을 찾는데 **골몰**하느라 지친 아르키메데스는 피곤함을 풀기 위해 목욕탕에 갔습니다.

아무도 없는 목욕탕 안의 넘칠 듯 찰랑이는 욕조에 들어가는 순간, 아르키메데스는 스스로도 놀랄 만큼 기막힌 해결 방법이 번쩍 떠올랐습니다.

욕조 속에 몸을 담그자 밖으로 흘러넘치는 물을 보고 왕관의 비밀도 풀 수 있겠다는 생각이 들었던 것이지요. 왕관과 왕관에 사용된 같은 양의 순금을 물이 가득한 통에 차례대로 넣은 다음, 흘러넘친 물의 양을 비교하면 왕관이 진짜 순금으로 만들어졌는지 알 수 있었습니다. 실제 무게가 같더라도 물체에 따라 부피가 다르다는 사실과 물의 **부력**의 원리를 이용한 기발한 발견이었습니다.

부력浮力
어떤 물체가 액체나 기체의 압력에 의해 중력을 거슬러 위로 떠오르는 현상

아르키메데스는 마침내 세공 장인이 금을 빼돌렸다는 사실을 알아냈답니다.

오랫동안 고민하던 문제의 해결책을 찾은 바로 그 순간, 옷 입는 것도 잊은 채 엄청난 기쁨을 맛보았을 아르키메데스를 생각해 보세요.

여러분도 어려운 수학 문제로 쩔쩔매다가 갑자기 해법이 생각난 적

이 있었나요? 아마도 아르키메데스처럼 '유레카'라고 외치고 싶은 기쁨에 오래도록 뿌듯했을 기예요.

논어 한 문장

> 子曰, "朝聞道, 夕死可矣."
> 자 왈 조 문 도 석 사 가 의

공자께서 말씀하셨습니다.
"아침에 도를 들으면 저녁에 죽어도 괜찮다."

공자님은 늘 진리가 무엇인지 고민했습니다. 오랜 고민 끝에 해답을 찾아 큰 기쁨을 누릴 수 있다면 그의 일생은 결코 헛되지 않다고 알려 주십니다. 아르키메데스가 깨달음을 얻고 환호하느라 알몸인 것도 잊었듯이, 공자님 역시 진리에 대한 깨달음을 얻는다면 죽어도 여한이 없을 보람 있는 날이 될 것이라고 했지요.

22 배움의 자세
말과 개미에게 얻은 지혜

불치하문 不恥下問 ⋮ 아랫사람에게 묻는 것을 부끄러워하지 마라

不 아닐 불   恥 부끄러워할 치   下 아래 하   問 물을 문

관중管仲
제나라 재상으로, 어릴 때부터 친구인 포숙아와의 우정은 '관포지교'라고 부를 정도로 유명하다.

환공桓公
제나라의 제후로 춘추 시대 5대 강국의 첫 패자(제후들 중의 우두머리)가 되었다.

중국 춘추 시대 제나라에 관중과 습붕이라는 현명한 사람이 있었습니다. 두 사람은 제후인 환공을 섬기며 재상과 대부의 벼슬을 맡았습니다.

환공이 이들과 함께 다른 나라를 정벌할 때 있었던 일입니다.

환공의 군대가 출정을 마치고 돌아오는 시기가 늦어져 마침 눈보라가 몰아치는 겨울이 되었습니다.

군대는 귀국을 서두르려고 지름길을 택했다가 그만 길을 잃어버리고 말았습니다. 양식이 떨어지고 병사들도 지쳐 갈팡질팡 당황하다 보니 더욱 헤매게 되었지요.

그때 관중의 머리에 스치는 생각이 있었습니다.

"늙은 말은 경험이 많아 지나온 길을 기억한다니, 어디 한번 늙은 말을 풀어놓고 따라가 보세."

고삐를 풀자 늙은 말은 신기하게도 터벅터벅 길을 걷기 시작했습

니다.

제나라 군대는 말을 따라간 덕분에 바른 길을 찾을 수 있었고, 병사들은 안도의 숨을 몰아쉬며 기쁨을 감출 수 없었답니다.

그런데 제나라를 얼마 남겨두지 않고 산을 넘어가던 중에 이번에는 마실 물이 모두 떨어지고 말았습니다. 병사들을 보내 주위를 아무리 찾아보아도 조그만 샘물조차 보이지 않았지요.

그러던 차에 습붕에게 이런 생각이 떠올랐습니다.

"손가락 한 마디 정도 높이의 개미집 아래로 일고여덟 자 정도 파내려 가면 물이 나온다고 하더이다."

습붕의 말대로 병사들에게 개미집을 찾아 땅을 파게 하니 마술처럼 물이 고여 나왔습니다. 이렇게 해서 제나라 군대는 무사히 가족들에게 돌아올 수 있었습니다.

관중과 습붕은 아주 지혜로운 사람들이었습니다. 그럼에도 스스로 해결하기 어려운 문제를 만나서는 미물에 불과한 말과 개미에게 지혜를 빌리는데 전혀 부끄러워하지 않았습니다.

논어 한 문장

子貢 問曰, "孔文子 何以謂之文也?"
자공 문왈   공문자 하이위지문야

子曰, "敏而好學, 不恥下問, 是以謂之文也."
자왈   민이호학 불치하문 시이위지문야

자공이 공자께 물었습니다.
"공문자를 어찌하여 '문(文)'이라고 시호했습니까?"
그러자 공자께서 대답하셨습니다.
"공문자는 영민하면서도 배우기를 좋아했으며 아랫사람에게 묻기를 부끄럽게 여기지 않았다. 이 때문에 '문'이라고 시호한 것이다."

시호諡號
왕이나 훌륭한 사람들이 죽은 후 그의 공적이나 덕이 훌륭한 것을 칭송해 붙인 이름

가끔 수업시간에 모르는 문제가 나와서 선생님께 질문을 하려면 망설여집니다. 나 혼자만 몰라서 무시를 당하는 건 아닌지 걱정도 됩니다. 하지만 모르는 것을 지금 해결하지 않으면 앞으로도 계속 모른 채 지내게 됩니다. '몰라도 할 수 없지'라고 포기하기보다 '꼭 알아내야지'라고 마음먹으면 용기 있게 질문할 수 있을 거예요.

관중과 습붕 또한 혼자서 해결하기 어려운 일을 동물의 지혜를 빌려 극복했습니다. 묻고 배우려는 자세는 열정과 용기에서 시작됩니다.

23 즐기며 배우기
배움의 즐거움

학이시습 學而時習 ∷ 배우고 때때로 익히다

學 배울학 而 말이을이 時 때시 習 익힐습

스케이트나 스키를 타 본 적이 있나요?

인라인스케이트나 혹은 자전거를 처음 타던 때를 기억해 보세요. 혼자서 얼음과 눈길을 미끄러지며 달리거나 아스팔트 위를 힘껏 내딛던 순간을 말이에요.

스케이트의 양날 위에 서거나, 두 발로 페달을 밟으면서 나아가려고 하면 다리가 후들거리지요. 넘어지면 얼마나 아플까 하는 걱정도 앞섭니다. 연습하다가 딱딱한 바닥에 넘어져 여기저기 멍이 들고 살갗이 까지는 경우도 있습니다.

하지만 누구의 도움 없이 조금씩 앞으로 나아가는 순간, '야호! 이거구나!' 하는 즐거운 마음이 들지 않았나요?

생각해 보세요.

'엄마와 아빠가 단단히 뒤에서 잡아 줄게.'라는 약속을 믿고 페달을 힘차게 밟는 순간, 어느새 균형을 잡으며 스스로 자전거를 타고 있는 자신을 발견하게 되지요.

가끔 넘어지기도 하지만 곧바로 일어나 다시 타려고 할 정도로 신이 납니다. 점점 넘어지는 요령도 생겼을 테지요.

집에 돌아오면 더 타고 싶어서 자꾸만 밖으로 나가고 싶습니다.

사람이 무언가를 배운다는 일은 이렇게 저도 모르게 안달이 나서 연습하고, 그렇게 조금씩 익혀 가며 스스로 깨닫는 과정일 겁니다. 그렇게 점차 능숙해지는 자신의 모습에서 느껴지는 기쁨과 뿌듯함은 까지고 멍드는 아픔까지도 참아 내게 해 줍니다.

책이나 수업에서 얻는 지식만이 아니라, 노는 것도 공부라고 생각해 보면 살아가면서 배움의 순간이 아닌 경우는 없을 거예요.

논어 한 문장

子曰, "學而時習之, 不亦說乎!"
자왈 학이시습지 불역열호

공자께서 말씀하셨습니다.
"배우고 때때로 익히면 또한 기쁘지 아니한가!"

세상에 태어난 아기들이 두 발로 일어나 걷기까지 몇 번을 넘어질까요? '엄마', '아빠'를 정확하게 부르기까지 몇 번이나 틀린 발음을 반복할까요?
수없이 넘어지면서 아파 울기도 했을 테고, 제대로 소리가 나지 않아 많이 속상했겠지요. 그러다가 두 다리에 힘을 주어 넘어지지 않고 걷던 순간, 또렷한 소리로 엄마와 아빠를 부를 수 있던 순간, 얼마나 기뻤을까요?
오랜 동안 배우고 익히는 과정은 힘들었지만, 성취를 이룬 순간의 기쁨을 공자님은 우리에게 알려 주고 싶었나 봅니다.

24 성실함
암기는 꼴찌, 청소는 일등

가위호학 可謂好學 ┊ 배우기를 좋아하라

可 옳을 가 謂 이를 위 好 좋을 호 學 배울 학

석가모니는 제자가 많았습니다. 그 가운데 '주리반특'이라는 제자는 머리가 몹시 둔해서 석가모니의 가르침을 제대로 기억하지 못했고, 다른 제자들은 어리석은 그를 비웃었습니다.

반특을 딱하게 여긴 형이 '너는 머리가 나빠서 어려운 내용을 도무지 기억하지 못하니 차라리 쉽고 간단한 글을 외우는 것이 낫겠다.'라면서 이렇게 알려 주었습니다.

"네가 말과 행동과 뜻을 악하게 하지 않고, 모든 생명을 해치지 않으며, 올바른 생각을 가지면 고통이 없어질 것이다."

그러나 반특은 이조차 외울 수 없었습니다.

매우 낙심한 그는 석가모니를 찾아갔습니다.

"저는 아무래도 어쩔 수 없는 바보인가 봅니다. 이렇게 미련하니 부처님의 제자가 될 수 없습니다."

석가모니는 온화한 미소를 지으며 다정하게 대답해 주었습니다.

"진짜 바보는 스스로 바보인 줄 모른단다. 스스로 바보인 줄 알고 있으니 바보라 할 수 있겠느냐?"

그리고는 빗자루 한 자루를 주면서 말을 이었습니다.

"먼지를 쓸고 때를 닦아라."

어리석기는 해도 성실한 반특은 이때부터 언제나 중얼중얼 석가의 말씀을 외우면서 모든 먼지와 때를 닦았습니다. 다른 동료들의 신발을 보면 깔끔하게 씻어 주고, 여기저기 먼지도 털어 내며 지저분한 곳이라면 누구보다 열심히 청소했습니다.

암기는 꼴찌였지만 청소만큼은 굼뜨지 않은 일등이었습니다.

오랜 시간 빗자루를 손에 놓지 않고 성실하게 청소를 하며 수행을 하던 반특은 마침내 마음의 때와 먼지라 할 인간의 모든 고민을 깨끗이 씻어 내고 훌륭한 제자가 되었습니다.

굼뜨지
행동이 답답할 정도로 느리지

논어 한 문장

子曰, "君子 食無求飽, 居無求安,
자왈   군자 식무구포   거무구안

敏於事而愼於言, 就有道而正焉, 可謂好學也已."
민어사이신어언   취유도이정언   가위호학야이

공자께서 말씀하셨습니다.
"군자가 먹을 때 배부르게 먹는 것을 구하지 않으며, 거처하는 것에 편안함을 구하지 않으며, 일을 민첩히 하고 말을 삼가며, 도가 있는 이에게 찾아가 잘못을 고쳐 바로잡는다면, 배우기를 좋아한다고 말할 수 있다."

반특은 하나의 문장을 외우는 것도 버거워했고, 말을 유창하게 잘하는 똑똑한 사람도 아니었습니다. 그러나 자신이 해야 할 일만큼은 조금도 게으름 부리지 않고 열심히 했습니다.

먼지를 쓸고 때를 닦는 사소한 일이었지만 소홀히 하지 않았습니다.

이러한 태도 때문에 결국 똑똑한 제자들보다 먼저 진리를 깨닫고 부처가 되었다니, 반특이야말로 진정 석가모니의 가르침을 '배우기를 좋아한' 사람이 아닐까요?

25 15세의 결심
나는 자라서 어떤 사람이 될까

지학 志學 ┆ 학문에 뜻을 둔다

志 뜻지 學 배울학

여러분은 커서 어떤 사람이 될까요?

브라질 태생으로 세계에서 가장 유명한 작가 중 한 사람인 파울로 코엘료는 자신의 책 《연금술사》에서, '자네가 무엇인가를 간절히 원할 때 온 우주는 자네의 소망이 실현되도록 도와준다네.'라는 아름다운 문장을 남겨 많은 사람에게 감동을 주었습니다.

그는 열다섯 살이 되었을 때 어머니에게 이렇게 말했다고 합니다.

"어머니, 드디어 제가 가야 할 길을 찾았어요. 저는 커서 작가가 될 거예요."

그러자 어머니는 소년 코엘료가 작가의 길로 나아가는 것을 말렸습니다.

"아버지처럼 엔지니어가 된다면 어떨까?"

하지만 코엘료는 자신의 꿈을 놓지 않았습니다.

그는 스스로 결정한 대로 작가의 삶을 살아가기 시작했습니다.

소년 코엘료의 이러한 결정 덕분에 지구 곳곳의 많은 사람들은 그의 글을 읽으면서 생각을 살찌울 수 있었습니다.

명인名人
어느 한 분야에 특출하게 기예가 뛰어난 사람

　　우리나라 가야금의 명인 황병기 교수 역시 열다섯 살에 삶의 방향을 정했습니다.
　　한국 전쟁이 한창이던 때 소년 황병기와 가족들은 부산으로 피난을 갔습니다. 그때 가야금을 배워 보지 않겠느냐는 친구를 따라 어느 허름한 교습소에서 처음으로 가야금 소리를 듣게 됩니다.

허름한
조금 헌 듯한

　　그 순간 황병기는 가야금의 깊은 울림에 혼이 빨려 들어가는 느낌을 받았다고 합니다. 우물 속에 감춰진 보물을 동아줄을 타고 내려가 처음 발견한 이의 마음과도 같았다지요.
　　단박에 가야금에 매혹된 소년은 가야금을 배우겠다고 가족들에게 말했습니다. 하지만 가족들은 공부할 시간도 부족하다, 음악은 나중에 해도 된다면서 한사코 말렸습니다. 공부에 절대 방해가 되지 않도록 하겠다는 조건으로 며칠을 조르고 설득한 끝에야 드디어 가야금을 배

울 수 있었습니다.

  그는 아무리 바빠도 가야금을 연주하지 않는 날이 하루도 없을 만큼 연습을 거듭했습니다. 물론 공부도 소홀히 하지 않아 바라던 대학에 진학해 부모님과의 약속도 지켰지요.

  결국 가야금을 제대로 배워 연주해 보겠다는 열다섯 살의 결심은 황병기를 우리나라 최고의 음악인으로 이끌었습니다.

  전통적인 가야금 전승으로 그는 우리의 감성을 풍요롭게 해 주었을 뿐 아니라 아무도 시도하지 않았던 아름다운 창작곡으로 세계적인 찬사를 받았습니다.

소홀疏忽
중요하게 여기지 않고 흔하게 봄

열다섯 살 소년들이 마음속에 품은 뜻은 실현되었습니다. 코엘료의 말처럼 자신들의 간절한 바람이 실현되도록 우주가 도와주었을 듯도 합니다. 그들의 소망이 이루어진 덕분에 우리들도 아름다운 작품을 만나게 되었으니까요.

논어 한 문장

子曰, "吾 十有五而志于學, 三十而立, 四十而不惑,
자왈   오 십 유 오 이 지우학 삼 십 이 립   사 십 이 불 혹
五十而知天命, 六十而耳順, 七十而從心所欲不踰矩."
오 십 이 지 천 명   육 십 이 이 순   칠 십 이 종 심 소 욕 불 유 구

공자께서 말씀하셨습니다.
"나는 열다섯 살에 **배움에 뜻**을 두었고, 서른에 자립하였고, 마흔에 그릇된 이치에 끌리지 않았으며, 쉰 살에 하늘의 뜻을 알았고, 예순 살에 귀로 들으면 그대로 이해되었고, 일흔 살에 마음이 하고자 하는 것을 따라도 법도에 넘지 않았다."

공자님은 인생을 돌아보며 나이마다 어떤 변화를 겪었는지 알려 주었습니다. 특히 열다섯 살에 장차 학문의 길을 걷겠다고 결심했습니다.
코엘료나 황병기 선생님도 이 무렵 가슴이 두근거릴 만큼 하고 싶은 일을 만났습니다.
열다섯 살은 진로에 대한 고민이 많은 시기입니다. 누구나 이 시기에 확신을 갖고 진로를 정하는 것은 아닙니다. 하지만 내가 어떤 일에서 행복감을 느끼는지 차분히 생각해 보세요. 좋아하는 일을 평생 할 수 있다면 얼마나 행복할까요?

26 배움의 행복
몰입, 나를 잊는 순간

호지자 불여락지자 好之者 不如樂之者

好 좋을호　之 어조사지　者 사람자　不 아닐불　如 같을여　樂 즐길락

그림 그리기, 블록 쌓기, 책 읽기에 완전히 빠져들어 시간이 얼마나 흘렀는지도 몰랐던 경험이 있나요?

유명한 심리학자 칙센트미하이 교수는 40여 년 동안 수많은 이들을 연구하면서, 행복한 사람들은 어떤 일에 완벽하게 몰입한 경험이 있었다는 결론을 얻었습니다.

> **몰입沒入**
> 깊이 파고들거나 빠짐

암벽 오르기에 몰입한 등반가는 자신이 마치 암벽의 일부 같았고, 암벽에서 춤추는 것 같은 느낌이었다고 했답니다. 한 체스 선수는 경기에 깊이 빠진 나머지 지붕이 무너졌어도 몰랐을 것이라고 했지요.

무슨 일에나 깊이 집중하면 잡념도 없어지고, 실패에 대한 걱정도 사라져, 처음에는 다소 지루하다는 생각이 들더라도 결국에는 그 일을 즐기면서 하게 된다고 합니다.

> **잡념雜念**
> 여러 가지 쓸데없는 생각

줄넘기나 축구, 종이 접기, 수학 문제 풀기, 피아노 연주같이 우리가 자주 하는 활동을 생각해 보세요. 처음에는 어떻게 해야 하는지 방법

을 배우지만, 방법을 배워도 스스로 좋아서 하지 않으면 더 이상 재미도 못 느끼고 실력이 늘지도 않지요.

그런데 '이왕 하는 것, 조금만 더 해 보자!'라고 마음을 가다듬고 하다 보면 어느 순간 '어라, 이거 꽤 재미있는걸.' 하는 생각

논어 한 문장

子曰, "知之者 不如好之者, 好之者 不如樂之者."
자왈 지지자 불여호지자 호지자 불여락지자

공자께서 말씀하셨습니다.
"도를 아는 자는 좋아하는 자만 못하고, 좋아하는 자는 즐거워하는 자만 못하다."

줄넘기하는 방법을 알고 있다고 해서 줄넘기를 잘하는 것은 아닙니다. 재미는 없어도 필요하다면 억지로 계속 할 수는 있습니다. 하지만 줄넘기에 진짜 재미를 느끼기 시작하면 누가 말려도 스스로 열심히 연습하게 됩니다.

사람은 이렇게 자신이 진정으로 즐거워하는 일에 몰입할 때 행복해집니다. 실력은 덤으로 따라오게 마련이지요.

이 들기도 합니다. 미처 몰랐던 재미가 솔솔 생기면서 거기에 집중하고 있는 자신을 발견한 적도 있을 거예요.

무슨 일이든 아는 것보다는 좋아하는 것이, 그저 좋아하는 것보다는 완전히 몰입하여 즐길 수 있을 때 우리는 큰 행복감을 얻게 되지요.

27 배움의 열정
배우고 생각하며 물어보라

박학독지 博學篤志 ∥ 널리 배우고 뜻을 굳건히 하라

博 넓을박   學 배울학   篤 도타울독   志 뜻지

   저마다의 분야에서 최고의 자리에 오른 장인들을 보면 정말 대단하다는 생각이 듭니다.

   이탈리아 출신의 '살바토레 페라가모(Salvatore Ferragamo)'는 세계에서 첫 손가락에 꼽는 구두 장인입니다. 페라가모는 신발을 단순히 기능적인 물건이 아니라 예술적인 수준까지 끌어올렸습니다.

   페라가모는 아홉 살에 볼품없는 신발을 신었다고 놀림을 당한 누이에게 근사한 구두를 만들어 주었습니다. 그는 이때부터 신발에 관심을 갖게 됩니다.

   열여섯 살이던 1914년, 그는 보스턴 신발 공장에서 일하던 형들을 찾아 미국으로 떠났습니다. 감출 수 없는 그의 빼어난 솜씨가 점차 알려지면서 영화의 도시 할리우드로 가게를 옮겼고, 여러 영화사들과 계약을 맺어 작품에 어울리는 멋진 구두를 제작해 배우들의 열렬한 지지를 얻었습니다.

> **할리우드**
> Hollywood
> 미국 로스엔젤레스에 있는 미국 영화 산업의 중심지

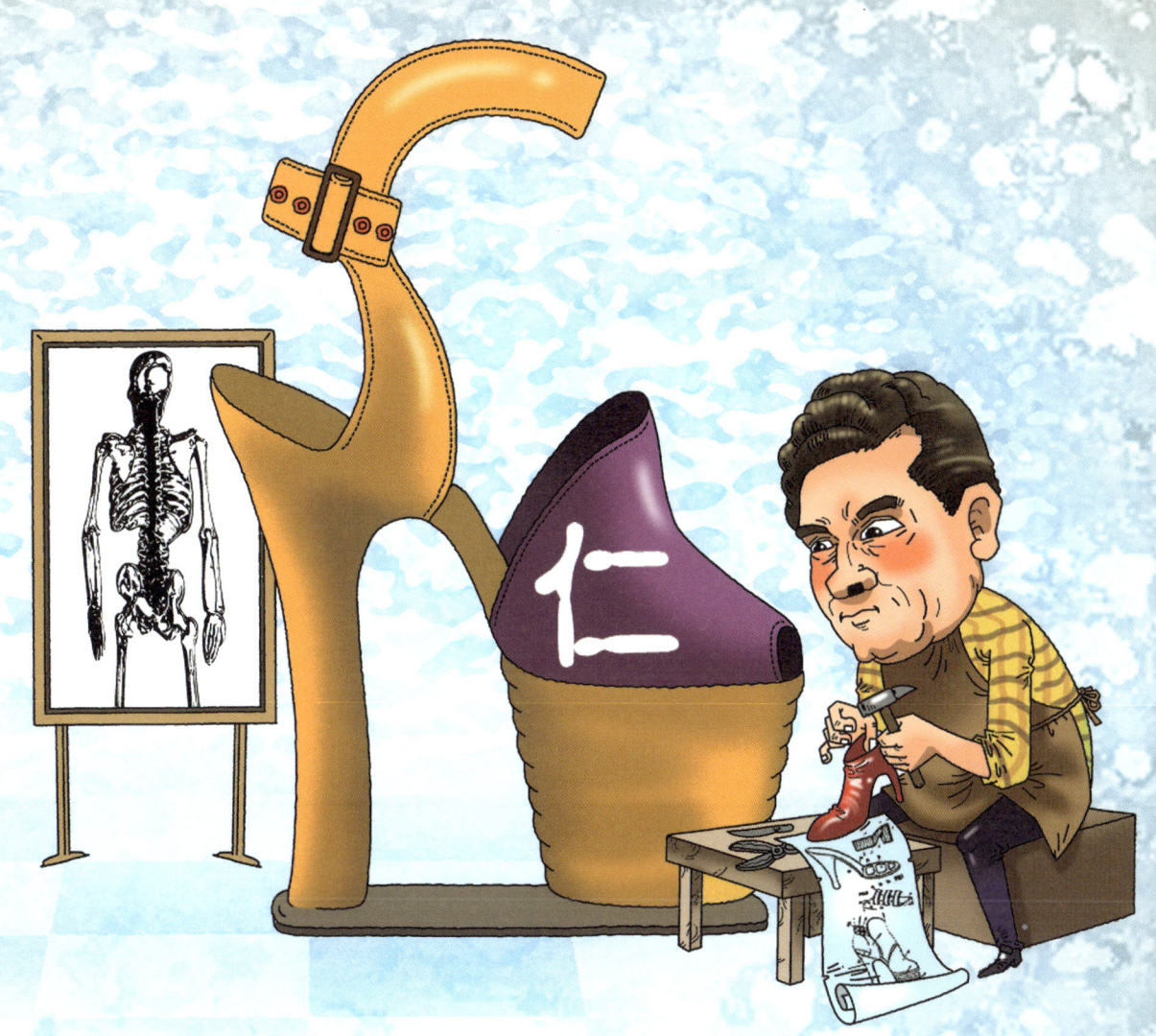

그렇게 바쁘게 지내면서도 그는 UCLA 대학에서 신체 해부학을 공부했습니다. 영화 촬영장에서 자신의 신발을 신고 통증을 호소했던 여배우들에게 가장 편안한 신발을 만들어 주겠다고 다짐했기 때문이지요.

인체 구조와 개인의 발 모양에 맞춘, 완벽하게 편안한 신발을 만들기 위해 섬세한 지식이 필요했습니다. 신발은 아름다움뿐 아니라 신는 사람에게 편안함을 주어야 한다는 신념이 더해진 것입니다.

다시 이탈리아로 돌아온 페라가모는 다양한 재료와 다채로운 색감의 기상천외한 디자인으로 수많은 구두를 제작했습니다. 특히 저렴한

기상천외奇想天外
일반적으로 생각하기 어려울 정도로 엉뚱하거나 특이함

웨지 힐
wedge heel
밑창부터 굽까지가 쐐기처럼 이어진 독특한 모양의 구두

재료인 코르크를 이용한 웨지 힐은 그만의 독창적 특허품으로 지금까지 여전한 인기를 누리고 있습니다. 그의 손을 거치면서 2만 개 이상의 새로운 신발 형태가 완성되었고, 350여 개의 특허가 나왔습니다.

많은 사람들에게 진정 아름답고 편안한 신발을 만들어 주고 싶었던 페라가모.

"나는 구두 제작자가 되기 위해 태어났다. 예순이 넘은 지금 인생을 되돌아보니 장애물로 가득한 길을 쉼 없이 달릴 수 있게 한 것은 내 안의 지칠 줄 모르는 열정이었다."

이런 장인 정신 덕분에 페라가모의 구두는 지금도 세계 최고의 명품으로 자리하고 있습니다.

논어 한 문장

子夏曰, "博學而篤志, 切問而近思, 仁在其中矣."
자하왈 박학이독지 절문이근사 인재기중의

자하가 말했습니다.
"널리 배우고 뜻을 굳세게 하며, 간절히 질문하고 가까운 일부터 생각하면, 인이 그 가운데 있다."

페라가모는 완벽한 구두를 만들고 싶은 확고한 꿈이 있었습니다. 그는 편안한 구두를 만들기 위해 신체 해부학까지 공부했고, 수많은 재료를 연구하며 새로운 구두를 탄생시켰습니다.
흔들림 없는 열망을 가진 페라가모로 인해 지금까지도 많은 사람들이 예술 작품과 같은 구두를 신을 수 있게 되었습니다.
자기 분야에서 최선을 다하는 한 사람의 노력은, 생각보다 훨씬 많은 사람을 행복하게 만듭니다.

28 노력의 열매
도끼날을 갈아 바늘을 만들 듯

절차탁마 切磋琢磨 : 자르고 갈듯이 배우고, 끌로 쪼고 닦듯이 자신을 수양하라

切 끊을 절   磋 갈 차   琢 쫄 탁   磨 갈 마

1,300여 년 전 중국 당나라에 이백이라는 유명한 시인이 있었습니다.

이백은 어려서부터 너무나 총명했기에 이백의 아버지는 좋은 스승을 구해 상의산이란 곳에서 아들이 공부를 하도록 했습니다.

풍경도 좋고 공기도 맑은 자연에서 훌륭한 스승의 가르침을 받았지만 지나치게 명석했던 이백은 금세 공부에 싫증을 냈습니다. 그래서 그는 집에 돌아가기로 마음먹었습니다.

한참 산을 내려가던 이백은 도끼날을 바위에 갈고 있는 할머니와 마주쳤습니다.

할머니의 행동이 궁금했던 이백이 물었습니다.

"할머니, 도끼는 갈아 무엇 하시려고요?"

그러자 할머니가 대답했습니다.

"바늘을 만들려고 그러지."

이백 李白
중국 당나라 시대의 시인으로 시선(詩仙)으로 불린다. 시성(詩聖)으로 불리는 두보와 함께 당시 중국 최고의 시인으로, 즉흥적이고 자유로운 시상으로 약 1,100편의 시를 남겼다.

명석 明晳
생각이 분명하고 똑똑함

저렇게 큰 도끼날을 갈아 작디작은 바늘을 만든다니!

"도끼날을 갈아서 작은 바늘을 만든다고요?"

"물론이지, 얘야. 도중에 그만두지만 않는다면 말이다."

할머니의 말에 깜짝 놀란 이백은 도중에 공부를 그만두고 산을 내려온 자신이 부끄러워 얼굴이 화끈거렸습니다.

그러고는 중간에 포기해서 이룰 수 있는 일이 어디 있으며, 노력해서 안 될 일이 어디 있겠냐면서 다시 마음을 고쳐먹고 산으로 올라갔습니다.

열심히 공부에 매진한 이백은 마침내 자신의 재능을 갈고 닦아 중국에서 아주 유명한 시인이 될 수 있었습니다.

매진邁進
어떤 일에 한눈팔지 않고 전심전력을 다함

논어 한 문장

子貢曰, "詩云, '如切如磋, 如琢如磨', 其斯之謂與?"
자공왈 시운 여절여차 여탁여마 기사지위여

자공이 물었습니다.
"'상아를 자르고 갈아 다듬듯이, 옥돌을 쪼아서 갈아 다듬듯이.'라는 《시경(詩經)》의 말처럼요?"

도끼날을 바위에 갈아 작고 가는 바늘을 만들려는 것처럼, 크고 거친 상아와 옥돌을 자르고 쪼아 가며 오랜 시간을 갈고 문질러야만 멋진 조각품이 완성됩니다. 모든 일에도 이처럼 끊임없는 노력이 필요한 법이지요. '절차탁마'는 원래 《시경》에 나오는 말이지만 공자님과 대화를 나누던 자공이 인용하면서 지금은 '학문이나 덕행을 부지런히 갈고 닦는다'는 의미로 쓰인답니다.

29 겸손한 마음
누구에게나 배울 점은 있다

삼인행 필유아사 三人行 必有我師 ┊ 누구에게도 내가 배우고 반성할 부분이 있다
三 석삼 人 사람인 行 갈행 必 반드시필 有 있을유 我 나아 師 스승사

시인이자 사상가인 에머슨의 소년 시절, 어느 날 그는 송아지를 외양간에 넣으려고 했습니다. 하지만 송아지는 에머슨이 어떻게 해도 조금도 움직이지 않았습니다.

에머슨은 아버지를 찾았습니다. 아버지 역시 송아지를 외양간에 넣으려고 여러 가지로 애썼지만 모두 실패했습니다.

재간才幹
어떤 수단이나 방법

둘이 힘을 합쳐 당기고 밀어도 송아지를 당해 낼 재간이 없었습니다. 지쳐서 주저앉은 순간, 집안의 나이 많은 하인이 송아지에게 다가갔습니다. 그러고는 송아지의 입에 자기 손가락 하나를 물려주었습니다. 그러자 송아지는 젖을 빨듯이 하인의 손가락을 빨기 시작했고, 하인은 손가락을 물린 채 송아지를 살살 움직여 어려움 없이 외양간에 넣었습니다.

에머슨이 아버지와 아무리 노력해도 할 수 없던 일을 하인은 너무 쉽게 해냈던 것입니다.

그때 에머슨은 큰 깨우침을 얻었습니다.
"그래, 누구에게도 배울 점이 있는 거야!"
이후 에머슨은 언제나 겸손한 자세를 잃지 않았다고 합니다.

논어 한 문장

子曰, "三人行, 必有我師焉,
자 왈   삼인행 필유아사언
擇其善者而從之, 其不善者而改之."
택 기 선 자 이 종 지   기 불 선 자 이 개 지

공자께서 말씀하셨습니다.
"세 사람이 길을 가다 보면 그 가운데 반드시 나의 스승이 있으니 그 중에 선한 자를 따르고 선하지 못한 자를 가려서 자신의 잘못을 고쳐야 한다."

온라인 게임을 정말 잘하는 친구도 있고, 어려운 영어 책을 술술 읽어 내는 친구도 있습니다. 남의 말에 귀 기울여 주는 따뜻한 친구도 있고, 재치 있는 말로 항상 주위를 즐겁게 해 주는 친구도 있습니다.
누구나 잘하는 것이 있기 때문에 다함께 사이좋게 지내면 내게 부족한 부분들을 채울 수 있게 됩니다.

- 자식이 다칠까 걱정하는 부모님 마음
- 우리는 잘 모르는 부모님의 마음
- 다이아몬드보다 귀한 단잠
- 잊기 쉬운 한 가지
- 어머니를 생각하는 진정한 마음

부모님의 사랑

4

30 부모의 사랑
자식이 다칠까 걱정하는 부모님 마음

부모 유기질지우 父母唯其疾之憂 ┊ 부모는 오로지 자식이 병들까 근심한다

父 아비부 母 어미모 唯 오직유 其 그기 疾 병질 之 어조사지 憂 근심할우

어머니의 지극한 사랑과 보살핌을 받으며 자란 소년이 있었습니다. 소년은 훌륭한 청년으로 자라나 어머니 곁을 떠나서 생활하게 되었습니다.
　어느 날 청년은 아름다운 아가씨를 만나 사랑에 빠졌습니다.
　청년과 아가씨는 행복한 나날을 보냈습니다. 그런데 아가씨는 아름다운 모습과는 달리 냉혹한 마음을 지닌 무서운 사람이었습니다.
　하지만 청년은 아가씨를 너무나 사랑했기 때문에 청혼을 했습니다.
　그러자 아가씨는 자신을 얼마만큼 사랑하고 있는지 확인하기 위해서라며 청년에게 무시무시한 조건을 내걸었습니다.
　"당신이 나를 사랑한다고 했지요? 하지만 그 사랑이 얼마나 깊은지 알 수가 없네요. 만약 당신 어머니의 심장을 가져오신다면 당신의 사

냉혹冷酷
냉정하고 가혹함

청혼請婚
결혼하기를 청함

랑을 믿겠어요."
 청년은 지금까지 정성으로 자신을 돌봐주신 어머니께 그럴 수는 없었습니다. 하지만 아가씨에 대한 사랑도 놓칠 수 없었습니다.
 고민에 고민을 더한 끝에 청년은 아가씨에 대한 사랑을 택하고 맙니다.

청년은 결국 어머니의 심장을 들고 아가씨를 찾아 무작정 달리기 시작했습니다.

그러다 너무도 급한 마음에 청년은 그만 돌부리에 걸려서 넘어지고 말았습니다. 어머니의 심장도 바닥에 떨어졌지요.

넘어진 청년은 다시 일어나 어머니의 심장을 챙겼습니다.

그때 어머니의 심장이 청년에게 이야기합니다.

"얘야, 다치지 않았니?"

논어 한 문장

孟武伯 問孝. 子曰, "父母 唯其疾之憂."
맹무백 문효 자왈 부모 유기질지우

맹무백이 효에 관해 물었습니다. 그러자 공자께서 말씀하셨습니다.
"부모는 오직 자식이 병들까 근심하신다."

여러분은 가끔 성적이 떨어졌다고, 게임만 한다고, 방 청소도 안 한다고 부모님께 혼나곤 하지요?
하지만 좋은 성적이나 깔끔한 방보다 부모님이 바라시는 건 사실 여러분이 몸도 마음도 건강하게 자라는 것입니다.
여러분이 아팠을 때 많이 걱정하시던 부모님을 떠올려 보세요. 공자님 시대와 똑같지요?

31 마음 헤아리기
우리는 잘 모르는 부모님의 마음

유필유방 遊必有方 ┃ 어디로 가게 되면 부모님께 행선지를 알려라

遊 놀유　必 반드시필　有 있을유　方 장소방

모처럼 가족들과 저녁 외식을 하려고 딸 희원이에게 전화를 하니 딸의 방에서 휴대폰 소리가 들렸습니다.

"얘는……. 늘 챙기던 휴대폰을 오늘 따라 두고 나갔네. 독서실에 간다고 했으니 그리로 전화해 봐야겠구나."

엄마는 딸이 다니는 독서실에 전화를 했습니다.

"희원이가 지금 없네요."

독서실 담당자의 대답에 엄마는 기운이 빠집니다.

"점심 먹고 독서실 간다던 아이가 어떻게 된 거야?"

엄마는 이제 가족 외식이 문제가 아니라, 희원이와 연락이 되지 않아 은근히 걱정되기 시작했습니다.

엄마는 희원이와 친한 주영이에게 전화를 했습니다.

"주영아, 오늘 희원이랑 독서실에 함께 가지 않았니?"

"아니요. 저는 집에 일이 있어 오늘은 안 갔는걸요."

다른 친구들에게도 차례로 연락을 했지만 희원이를 보았다는 아이는 없었습니다.

더 물어볼 곳도 없는 엄마는 점점 더 불안해졌습니다.

"아니 얘는 휴대폰을 놓고 갔으면 남한테 빌려서라도 전화를 해야 할 거 아니야. 요즘 같은 세상에 뭔 일이라도 있는 건 아닌지."

"여보, 때 되면 돌아오겠지. 기다려 봅시다."

엄마는 진정시키는 아빠의 말도 위로가 되지 않았습니다. 사실 아빠도 속으로는 걱정이 점차 커져 갔습니다.

그때 현관문이 열리는 소리가 들렸습니다.

엄마는 웃는 듯도 화난 듯도 싶은 묘한 얼굴로 쏜살같이 달려 나갔습니다.

하지만 문을 열고 들어온 아이는 아들 태수였습니다.

순간 엄마는 정말 희원이에게 무슨 일이 생겼는가 싶어 가슴이 무너지는 듯했습니다. 혹시나 싶어 엄마의 뒤를 따라 나오던 아빠도 내색은 하지 않았지만 비슷한 심정이었습니다.

그때 다시 문이 열렸습니다.

"오빠는……. 나도 안 들어갔는데 문을 닫고 그래."

아들의 뒤로 희원이의 뾰로통한 목소리가 들렸습니다. 그러자 부모님은 깜짝 놀라 물었습니다.

"연락도 없이 어딜 그렇게 돌아다닌 거니?"

"오늘 따라 휴대폰은 왜 두고 나간 거야?"

독서실에 갔다가 맛난 걸 사 준다고 약속했던 오빠를 따라다녔다는 희원이는 까닭 모를 아빠의 훈계와, 기운 없이 눈물이 글썽글썽한 엄마의 모습이 의아했습니다. 별 일도 없는데 연락 좀 안 되었다고 저렇

뾰로통한
못마땅해 성난 듯한

훈계訓戒
잘못하지않도록잘타이름

게 걱정하셨다니요.

　엄마는 마음이 안 놓이는지 '우리 딸, 어서 오렴.' 하며 아직은 화가 덜 풀린 묘한 얼굴로 희원이를 안아 주었습니다.

엄마와 아빠의 마음은 오후 내내 천 길 낭떠러지를 걷는 기분이었습니다.

사실 희원이가 생각하기에는 아무런 일도 없었고, 별 일도 아닌 듯싶은 오후 한나절이었지만 말이에요.

부모님은 자식들의 안부가 가장 중요합니다. 언제나 자식들을 사랑하니까요.

논어 한 문장

> 子曰, "父母在, 不遠遊, 遊必有方."
> 자왈 부모재 불원유 유필유방

공자께서 말씀하셨습니다.
"부모님이 살아 계실 적에는 멀리서 놀지 말고, 놀러 나가더라도 반드시 부모님께 말씀드린 일정한 장소에 있어야 한다."

부모님은 자식들을 늘 걱정합니다. 우리가 어디에 가는지, 누구와 만나는지, 무엇을 하는지 잘 말씀드리면 부모님의 걱정을 덜어 드릴 수 있지요.

옛날에는 교통이나 통신이 발달하지 않아 안부를 한 번 확인하는데도 오랜 시간이 걸렸습니다. 멀리 떠난 가족의 소식을 듣기가 참으로 어려웠지요. 그러니 예전 부모님들은 멀리 나간 자식 생각에 근심이 더욱 많았습니다.

공자님도 부모님이 계시면 멀리 떠나지 말고, 행선지를 꼭 알려 근심을 덜어드리라고 말했습니다.

요즘은 가족끼리 소식을 주고받기가 쉬워졌지요. 부모님과 더 많은 이야기를 나누어 근심을 덜어 드리도록 해야겠습니다.

32 [공경]
다이아몬드보다 귀한 단잠

불경불효 不敬不孝 ∥ 공경하는 마음이 없으면 효도가 아니다

不 아닐불　敬 공경할경　孝 효도효

옛날 어떤 부유한 상인에게 찬란하게 빛나는 다이아몬드가 있었습니다. 그는 다이아몬드를 60미리아드에 팔기로 마음먹었습니다.

어느 날, 의식에서 입을 옷을 다이아몬드로 꾸미고 싶었던 한 제사장이 보석을 사려고 급히 심부름꾼을 상인의 집으로 보냈습니다.

> **의식**儀式
> 일정한 격식을 차려 치르는 행사

제사장의 명을 받은 심부름꾼이 상인의 집에 도착했을 때, 상인 대신 그의 아들이 맞아주었습니다.

심부름꾼이 60미리아드의 돈을 내놓으며 다이아몬드를 사려고 했지만 이상하게도 아들은 그럴 수 없다며 고개를 저었습니다.

주인의 명이 급했던 심부름꾼은 자신의 돈까지 더해 주며 다이아몬드를 팔라고 하였지요. 그래도 아들은 여전히 고개를 저었습니다.

꼭 사야 했던 다이아몬드였기에 심부름꾼은 더 높은 값을 지불하겠다고 말했습니다. 하지만 아들의 대답은 똑같았습니다.

어쩔 수 없이 물러난 심부름꾼은 훨씬 많은 돈을 준비해서 다시 찾

논어 한 문장

子游 問孝. 子曰, "今之孝者, 是謂能養.
자유 문효 자왈 금지효자 시위능양

至於犬馬, 皆能有養, 不敬, 何以別乎?"
지어견마 개능유양 불경 하이별호

자유가 효도하는 방법에 관해 공자께 물었습니다.
그러자 공자께서 대답하셨습니다.
"지금의 효도는 물질적으로 잘 봉양하는 것이라 말할 수 있다. 하지만 사람들은 개나 말에게도 모두 먹이를 주며 길러 주니, 부모님께 공경하는 마음이 없다면 개나 말을 기르는 것과 무슨 구별이 있겠느냐?"

효도란 맛있는 음식과 좋은 옷처럼 물질적인 봉양만이 아닙니다.
부모님을 공경하는 마음이 없다면 개나 말과 같은 동물을 보살피는 것과 다르지 않다고 공자님은 말했습니다.
우리를 위해 애쓰시는 부모님을 사랑하고 존경하는 마음이야말로 효도의 근본임을 잊지 말아야겠습니다.

아갔습니다.

　그러자 상인의 아들은 이렇게 말했습니다.

　"60미리아드가 적어서 거절했던 것이 아닙니다. 사실 아까는 아버지께서 주무시던 중이었습니다. 그런데 마침 다이아몬드 금고의 열쇠가 아버지의 베개 밑에 있었답니다. 비싼 값을 지불하신다고 해서 곤히 주무시는 아버지를 깨울 수는 없었습니다. 다이아몬드 가격은 60미리아드면 충분합니다."

33 부모의 나이
잊기 쉬운 한 가지

부모지년 父母之年 ∥ 부모님의 나이를 기억하라

父 아비부 母 어미모 之 어조사지 年 나이(해)년

지원이는 오늘 생신을 맞은 아빠께 정성껏 카드를 썼습니다. 그리고 사고 싶은 것을 참아 가며 모아 두었던 세뱃돈과 용돈으로 케이크를 사러 갔어요.

무엇이 좋을지 한참을 고민하던 지원이는 달콤하고 부드러운 생크림 위에 탐스러운 과일로 예쁘게 장식한 먹음직스런 케이크를 하나 골랐습니다.

'드디어 처음으로 내 용돈으로 아빠 생신 케이크를 사 드릴 수 있게 되었네.'

지원이는 마음속으로 스스로를 대견하게 생각했습니다.

그때 케이크를 상자에 담아 주던 점원이 물었습니다.

"초는 몇 개나 필요하세요?"

 순간 지원이는 머릿속이 하얘지면서 당황스러웠습니다. 아빠의 나이가 가물가물하며 기억이 나지 않았습니다.
 자신의 대답을 기다리고 있는 점원을 보며 마음만 더 조급해졌습니다.
 "아, 잠깐만요……."
 지원이는 속으로 가만히 생각해 보았습니다.
 '엄마는 내 나이에서 27을 더해야 하고, 아빠는 엄마보다 네 살 많으시니까 4를 더 더하면 되겠지?'
 지원이는 그렇게 머뭇거리며 진땀을 빼고 나서야 몇 개의 초가 필요하다고 말할 수 있었습니다.
 누가 뭐라고 하지 않았지만 어찌나 부끄러웠는지요.
 아빠의 나이를 기억하지도 못하고 있었다니…….

평소에 아빠께 관심을 갖지 못한 듯싶어 죄송한 마음이 들었습니다.

집으로 돌아오며 지원이는 더 큰 목소리로 생신 축하 노래도 불러 드리고, 아빠와 더 많은 이야기를 나누어야겠다고 결심했습니다.

논어 한 문장

> 子曰, "父母之年, 不可不知也. 一則以喜, 一則以懼."
> 자왈 부모지년 불가부지야 일즉이희 일즉이구

공자께서 말씀하셨습니다.
"**부모님의 나이**를 몰라서는 안 되니, 한편으로는 기쁘지만 한편으로는 걱정스럽기 때문이다."

어쩌면 우리는 부모님의 사랑을 너무 당연하게 생각하는지도 모릅니다. 공기의 고마움을 평소에 느낄 수 없듯이 말이에요. 그래서 오히려 부모님께 관심을 갖지 못하는 것 같습니다. 부모님의 나이도 깜빡 잊게 되니까요.

해마다 부모님께서 건강히 우리 곁에 계신다는 것은 정말 기쁜 일입니다. 그러나 한편으로는 해마다 나이가 많아지니 걱정도 됩니다.

지금 바로 부모님의 나이가 어떻게 되는지, 건강은 어떤지 정성껏 살펴드리면 어떨까요?

34 진정한 효도
어머니를 생각하는 진정한 마음

색난 色難 ː 늘 부드러운 얼굴빛으로 부모님을 섬기기가 힘들다

色 빛 색   難 어려울 난

 **옛날** 부여 땅에 정씨 성을 가진 효자가 살았습니다.
그는 한결같고 성실한 사람으로 어머니를 정성껏 모셨습니다.
 어떤 사람이 정 효자의 소문을 듣고, 그가 어떻게 효도를 하는지 궁금해서 찾아갔습니다.
 정 효자는 찾아온 손님을 맞아 이런저런 이야기를 나누고 있었습니다.
 그때 어머니가 대청에서 내려오는 것을 보더니 정 효자는 벌떡 일어나 어머니께 달려갔습니다.

대청大廳
방과 방 사이의 큰 마루

 손님이 자세히 살펴보니 어머니는 손에 병을 하나 들고 있었는데, 허리를 구부려 가며 채소밭에 물을 주었습니다. 정 효자도 얼른 어머니를 도와드렸습니다.
 이 모습을 지켜보던 손님이 정 효자에게 물었습니다.
 "좀 전에 어머니께서 내려오셔서 물병을 들고 채소밭에 물을 줄 때, 당신이 그 일을 돕더군요. 저는 제 어머니를 모실 때 가볍고 따스한 옷

을 지어 드렸고, 여러 가지 음식을 준비했으며, 심부름꾼을 곁에 두어 어머니가 직접 일을 하시도록 하지 않았습니다. 그런데 당신은 어머니께서 직접 일을 하게 하시니 그것이 바른 효도인지요?"

정 효자가 대답했습니다.

"저는 가난하고 어리석어 어머니를 제대로 모시지 못합니다. 다만 어머니께서는 나이가 많아서 간혹 정신이 없으신데, 사실 아까 밭에 뿌린 것은 물이 아니라 참기름이었습니다."

"그러면 왜 어머니를 도왔습니까?"

논어 한 문장

子夏 問孝. 子曰, "色難. 有事, 弟子 服其勞,
자하 문효 자왈 색난 유사 제자 복기로

有酒食, 先生饌, 曾是以爲孝乎?"
유주사 선생찬 증시이위효호

자하가 효에 대해 묻자 공자께서 말씀하셨습니다.

"얼굴빛을 온화하게 하는 것이 어려운 일이다. 무슨 일이 생기면 나이어린 사람이 대신 수고로운 일에 힘쓰고, 음식이 생기면 어른에게 먼저 드시게 한다고 해서 효도라고 할 수 있겠는가?"

손님은 어머니께 맛있는 음식과 좋은 옷을 마련해 드리고, 쉬게 해 드리면 효를 다하는 것이라 생각했습니다. 물론 이렇게 모시기도 쉽지 않습니다. 그러나 정 효자는 어머니가 자신의 이상한 행동을 나중에라도 부끄러워하실까 봐 함께 채소밭에 기름을 뿌립니다. 나이 많은 어머니의 행동에 대해 전혀 화를 내거나, 원망을 하지도 않았습니다. 온화한 태도로 어머니의 마음을 보듬어 드리고, 나중에라도 민망함을 느끼지 않도록 배려한 것이지요.

이것이야말로 공자님이 강조한 효의 정신이 아닐까요?

"어머니께서 정신이 없어서 그러셨으니, 어쩌다가 정신이 나시면 반드시 후회하며 속상해 하실 것이 아닙니까? 어머니께서 부끄럽게 여기며 마음을 상하도록 할 수는 없기 때문에, 나중에라도 마치 물을 뿌린 것처럼 생각하시도록 제가 도와드린 것입니다."

그제야 손님은 진정한 효도에 대한 큰 깨달음을 얻었고, 정 효자에게 감사의 절을 했습니다.

- 함께하는 사랑이 더 큰 결실을 맺는다
- 추위에도 시들지 않는 소나무처럼
- 마음을 안다는 것
- 까마귀와 사귄 비둘기
- 온화하고 공평한 마음
- 서로를 이끌어 준 친구

소중한 친구

5

35 봉사
함께하는 사랑이
더 큰 결실을 맺는다

덕불고 필유린 德不孤 必有隣 ┆ 덕 있는 사람은 외롭지 않아 반드시 이웃이 있게 마련이다

德 덕덕   不 아닐불   孤 외로울고   必 반드시필   有 있을유   隣 이웃린

아베 피에르
'아베 피에르'는 '피에르 신부'라는 의미로, 핍박받던 유대인을 숨겨 주고 피신시키던 시절에 썼던 이름이다. 전쟁이 끝나고 국회의원으로 활동하면서 받은 급여를 모두 노숙자에게 썼을 정도로 평생 노숙자와 빈민 구호에 헌신했다.

"**친구들**이여, 도와주십시오! 오늘 한 여인이 길에서 얼어 죽었습니다. 추위 속에 헐벗고 굶주린 채로 길에서 밤을 지새우는 사람이 너무나 많습니다. 비참한 가난 속에 죽어 가는 형제들을 위해 우리에게 필요한 것은 한 가지뿐입니다. 바로 이런 불행을 막겠다는 우리의 의지입니다. 간곡히 부탁합니다! 여러분이 움직이면 오늘 밤 아무도 차가운 길바닥에서 잠들지 않을 것입니다."

이 간절한 목소리는 '아베 피에르'라는 신부님이 라디오 방송에서 외친 말입니다.

1954년 1월 어느 날 프랑스의 도시 한복판에서 영하 20도를 밑도는 날씨에 한 여자가 얼어 죽었습니다. 품속에서 발견된 퇴거명령서가 집세를 내지 못해 길거리로 쫓겨나 얼어 죽을 수밖에 없었던 이유를 말해 주었습니다.

퇴거명령서
살고 있는 곳에서 다른 곳으로 옮겨 살라는 내용의 문서

피에르 신부님은 방송국 관계자를 끈질기게 설득한 끝에 마이크 앞에 앉았습니다.

그는 가난과 굶주림으로 더 이상의 희생자가 나와서는 안 된다고 국민들에게 호소했습니다. 그리고 자신이 설치한 임시 구호소에 이들에

구호소 救護所
어려움을 당한 사람들을 돕는 일을 하는 곳

게 필요한 성금과 물품을 보내 달라고 절실히 요청했습니다.

　피에르 신부님의 방송은 사람들의 마음을 움직였습니다. 바로 그날 저녁부터 물품과 성금이 쏟아졌고, 파리 시내의 노숙자들은 임시 구호소에서 도움을 받을 수 있었습니다.

　피에르 신부님은 제2차 세계대전이 끝나고 갈 곳 없는 수많은 노숙자를 위해 파리 교외에 낡은 집을 장만해 '엠마우스'라는 이름을 붙였습니다. 그리고 소외된 사람들을 더 많이 받기 위한 운영비를 마련하기 위해서라면 고물을 모으는 일도 마다하지 않았습니다.

소외疏外
무리에서 따돌림을 당함

　이러한 피에르 신부님의 노력은 전 세계로 전해져 50여 나라, 500여 조직이 봉사 활동을 펼치는 '엠마우스 운동'으로 결실을 맺었습니다.

　'당신보다 더 힘든 사람, 고통 받는 사람들에게 우선적으로 봉사하라'고 했던 '빈민의 아버지' 피에르 신부님의 숭고한 뜻에 많은 사람들이 지원을 아끼지 않았던 것입니다.

숭고崇高
높고 고상함

논어 한 문장

子曰, "德不孤, 必有隣."
자 왈　덕 불 고　필 유 린

공자께서 말씀하셨습니다.
"덕 있는 사람은 외롭지 않아 반드시 이웃이 있게 마련이다."

덕이 있는 사람은 때로 외롭고 쓸쓸해도 언젠가 그를 따르는 사람이 생기게 마련입니다. 따라서 지금 덕행을 베푸는 일이 힘들더라도 포기하지 말라는 말입니다. 한 사람의 숭고한 뜻은 아무런 결실 없이 사라지지 않습니다. 반드시 주변 사람들을 감동시켜 더 크고 훌륭한 열매를 맺게 합니다.

36 변치 않는 우정
추위에도 시들지 않는 소나무처럼

세한연후 지송백 歲寒然後 知松栢 : 추워진 후에야 소나무와 잣나무의 가치를 알 수 있다

歲 해세　寒 찰한　然 그러할연　後 뒤후　知 알지　松 소나무송　栢 잣나무백

지금은 누구나 가고 싶어 하고 외국 사람들도 많이 찾아오는 제주도지만, 예전에는 목숨을 내놓아야 할 만큼 험난한 바닷길을 건너야 하는 곳이었습니다. 그래서 조선 시대의 제주도는 조정에서 죄인들을 보내는 유배지이기도 했습니다.

1840년, 학자이자 예술가인 한 남자가 제주도로 유배를 가게 되었습니다. 추사체라는 글씨체로 유명한 김정희라는 분입니다.

명망 있는 집안의 자손이자 중국학자들에게도 유명한 그였지만, 정치적 세력 다툼에 밀려 유배를 당한 죄인이 되고 나니 아무도 찾지 않는 제주도에서 쓸쓸하게 지내야만 했습니다.

유배 流配
죄를 지은 사람을 멀리 외딴 곳으로 귀양 보내는 것

추사체 秋史體
추사 김정희의 개성 강한 독특한 서체

명망 名望
세상 사람들이 우러를 정도의 명성

　그러나 그는 여기에서도 많은 글과 그림을 남겼습니다.

　그 가운데 초라한 한 채의 집과 오래된 소나무들이 서 있는 그림을 그렸는데, 이 그림이 바로 <세한도(歲寒圖)>입니다. 유배당한 자신의 처지를 비유하여 '추운 시절'이라는 뜻의 '세한'을 제목으로 삼은 듯도 합니다. 그림 원편에는 그림을 그린 이유를 이렇게 적어 놓았습니다.

　그대는 유배당하기 전이라고 나를 잘 대해 주지도 않았지만, 지금 유배당한 뒤라고 소홀히 대해 주지도 않았네. 내가 곤경을 당하기 이전의 그대는 칭찬할 만한 것이 없을지라도, 나의 곤경 이후의 그대는 성인(聖人)에게 칭찬을 들을 만하네.

역관譯官
통역, 번역 등의 일을 맡은 관리

　중국어 역관으로 사신 행차를 따라다니며 구하기 어려운 중국학자들의 서적을 스승에게 구해다 주었던 제자 이상적(1804~1865)에게, 김정희는 그림을 선물해 감사의 마음을 표시했습니다.

　유배 기간이 길어지면서 평소 친하던 사람들로부터도 외면을 받아 외롭게 지내던 김정희에게 제자의 이런 정성은 얼마나 커다란 위안이 되었을까요.

　'추운 시절'에도 여전히 변함없는 푸르른 소나무와 스승에게 한결같

나의 곤경 이후의 그대는
성인에게 칭찬을 들을 만하다
김정

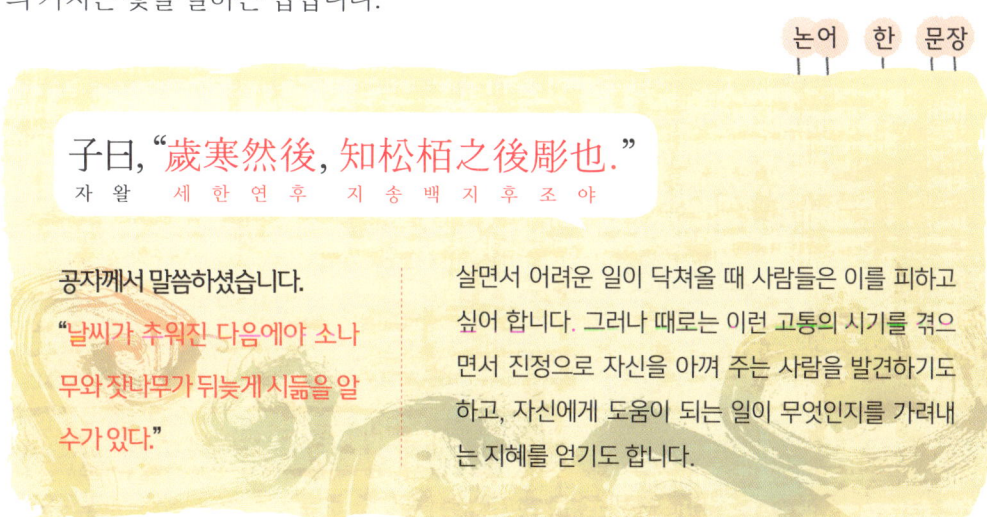

은 제자 이상적은 너무도 닮았습니다. 어려운 시기를 만났을 때 사람의 가치는 빛을 발하는 법입니다.

논어 한 문장

子曰, "歲寒然後, 知松栢之後彫也."
자 왈   세 한 연 후   지 송 백 지 후 조 야

공자께서 말씀하셨습니다.
"날씨가 추워진 다음에야 소나무와 잣나무가 뒤늦게 시듦을 알 수가 있다."

살면서 어려운 일이 닥쳐올 때 사람들은 이를 피하고 싶어 합니다. 그러나 때로는 이런 고통의 시기를 겪으면서 진정으로 자신을 아껴 주는 사람을 발견하기도 하고, 자신에게 도움이 되는 일이 무엇인지를 가려내는 지혜를 얻기도 합니다.

37 속마음
마음을 안다는 것

중오지 필찰 衆惡之 必察 : 많은 사람들이 미워하더라도 그 사람의 내면을 살펴라

衆 무리중　惡 미워할오, 악할악　之 어조사지　必 반드시필　察 살필찰

제 겉모습은 이렇지만 저의 마음을 아신다면…

비가 내린 아침에 길을 걷다가 땅 위로 나온 지렁이를 본 적이 있나요? 지렁이 여러 마리와 마주치면 징그럽기도 하고, 소름이 끼치기도 합니다. 하지만 알고 보면 지렁이는 사람들에게 너무도 유익한 존재지요.

땅속을 헤집고 다니며 흙에 산소를 공급하거나, 유기물을 분해하고, 영양분을 제공해 식물이 잘 자라도록 하지요. 한마디로 토양을 기름지게 하는 부지런한 일꾼입니다.

그런가 하면 깊은 산으로 들어가 걷다 보면 화려한 빛깔로 사람들의 눈길을 빼앗는 버섯을 만나기도 합니다. 하지만 이런 버섯들의 아름다운 모습 뒤에는 맹독이 숨어 있는 경우가 많지요.

논어 한 문장

子曰, "眾惡之, 必察焉, 眾好之, 必察焉."
자왈 중오지 필찰언 중호지 필찰언

공자께서 말씀하셨습니다.
"많은 사람들이 미워하더라도 반드시 살피고, 많은 사람들이 좋아하더라도 반드시 살펴라."

지렁이와 독버섯처럼 수박 겉핥기식으로 대충 보아서는 속에 감춰진 특성을 알아내기 어렵지요.
사람도 마찬가지입니다. 모두가 칭찬하는 사람 중에도 진실하지 않은 이가 있고, 모두가 비난하는 사람 중에도 올곧게 살아가는 이가 있습니다. 겉모습만으로 성급하게 판단하지 말고, 내면의 참된 모습을 볼 수 있는 밝은 눈이 필요합니다.

사람들은 세상 만물을 겉모습으로 판단하곤 합니다. 그리고 그 겉모습 때문에 좋아하기도 미워하기도 합니다. 하지만 겉으로 드러난 모습이 모든 것을 말해 주지는 않습니다.

마찬가지로 사람들이 자신을 좋아하거나 미워한다고 해서 그것이 전부가 아니지요. 진실은 깊은 내면에 있으니까요.

유기물有機物
탄수화물, 지방, 단백질 등 탄소를 포함하고 있는 물질로 생물체에서 만들어진다.

맹독猛毒
강한 독

38 가려서 사귀기
까마귀와 사귄 비둘기

익자삼우 손자삼우 益者三友 損者三友 ∥ 이로운 벗 세 가지, 해로운 벗 세 가지

益 이로울 익, 더할 익   者 사람 자   三 석 삼   友 벗 우   損 손해될 손, 덜 손

비둘기와 까마귀가 친구가 되어 가까이 지냈어요.
함께 어울리다 보니 얼마 지나지 않아 비둘기는 "까악, 까악" 하고 친구의 울음소리를 흉내 낼 수 있게 되었지요. 소리만으로는 까마귀인지 비둘기인지를 가려내기가 힘들 정도였어요. 그뿐 아니라 도둑질로 소

문이 자자했던 까마귀의 도둑 솜씨까지도 배우게 되었지요.

그렇게 배운 솜씨로 비둘기는 농부들 몰래 곡식을 훔쳐 먹었어요. 비둘기의 솜씨는 더욱 늘어 곡식은 물론 채소며 과일까지 제 것인 양 먹어치웠지요.

비둘기의 횡포는 도를 넘어서 농부들의 심기를 건드렸어요. 농부들은 범인을 잡아 본때를 보여 주기로 했습니다.

마침내 비둘기는 농부들이 논밭과 과수원 여기저기에 설치해 놓은

심기心氣
마음으로 느끼는 기분

본때를 보이다
다시는 잘못을 저지르지 않도록 따끔하게 혼내 주다.

그물에 걸리는 신세가 되었지요. 농부들에게 사로잡힌 비둘기가 "까악" 하고 울어 보았지만 소용이 없었습니다. 오히려 농부들은 저녁 식탁에 맛난 통구이로 구워 내어 그간의 분풀이를 하겠다며 통쾌하게 여겼답니다.

너무나 다급해진 비둘기는 까마귀에게서 도둑질을 배웠을 뿐이라며 용서를 구했지요. 하지만 농부들의 대답은 차가웠습니다.

"네가 비둘기들과 지냈다면 지금 이렇게 잡혔겠느냐? 까마귀와 사귄 일도, 도둑질을 배운 것도 다 네가 한 짓이니 오늘 저녁 식탁에도 네가 올라가거라."

그제야 후회의 눈물을 흘리며 원래 목소리로 목이 터지도록 "구구, 구구" 하소연을 해 보았지만 되돌리기엔 이미 너무나 늦고 말았지요. 비둘기의 불행은 까마귀의 재주에 혹해 분별없이 까마귀를 친구로 삼았기 때문이지요. 결국 친구를 잘못 사귄 탓에 비둘기는 통구이 신세가 되고 말았어요.

혹해
외모나 재주 등에 반해 정신을 못차리다.

논어 한 문장

孔子曰, "益者三友, 損者三友. 友直, 友諒,
공자왈   익자삼우 손자삼우   우직 우량

友多聞, 益矣. 友便辟, 友善柔, 友便佞, 損矣."
우 다문 익의 우편벽 우선유 우편녕 손의

공자께서 말씀하셨습니다.
"유익한 벗이 세 가지요, 손해되는 벗이 세 가지니, 벗이 정직하며, 성실하며, 아는 것이 많으면 유익하고, 벗이 외모만 꾸미고, 비위만 맞추며, 말만 잘하면 손해가 된다."

여러분은 친구가 얼마나 중요한 지에 대해 많은 이야기를 들었을 거예요. 공자님도 좋은 친구란 정직하고 성실하며 아는 것이 많은 사람이라고 했습니다.
반면에 외모만 꾸미거나, 남의 비위만 맞춰 주고, 제대로 아는 것은 없으면서 말만 번지르르한 친구를 사귀면 좋을 일이 없다고 했습니다.
나의 친구들은 어떤 모습일까요? 또 나는 과연 어떤 친구일까요?

39 공정함
온화하고 공평한 마음

화이부동 和而不同 : 화목하게 지내지만 무작정 따르지 않는다

和 화목할 화   而 말 이을 이   不 아닐 부(불)   同 같을 동

중국 춘추 시대 진(晉)나라에는 기해라는 재상이 있었습니다. 그는 훌륭한 인품과 노련한 능력으로 신망이 두터웠습니다.

나이가 많아진 기해는 군주인 도공에게 이제 그만 재상의 자리에서 물러나겠다고 말했습니다. 그러자 도공은 기해에게 후임으로 누가 좋을지를 물었습니다.

> **후임後任**
> 앞서 일을 맡은 사람의 뒤를 이어 그 일을 맡음. 혹은 그런 사람

도공의 물음에 기해는 조금도 머뭇거리지 않고 해호라는 사람을 추천했습니다.

도공은 깜짝 놀랐습니다. 왜냐하면 기해와 해호는 오랜 원수지간이었기 때문입니다.

도공이 물었습니다.

"해호는 그대의 원수가 아닌가? 그런데 어째서 그를 추천하는가?"

그러자 기해가 대답했습니다.

"주군께서는 저의 원수가 누구인지 물으신 것이 아닙니다. 재상의

후임으로 가장 적합한 사람을 물어보셨기에 저 또한 가장 적합한 사람을 추천한 것입니다."

이 말을 들은 도공은 자신과 사이가 나쁜 사람도 그 능력을 보고 차별 없이 추천한 기해의 공정한 마음에 탄복하였습니다.

논어 한 문장

> 子曰, "君子 和而不同, 小人 同而不和."
> 자왈 군자 화이부동 소인 동이불화

공자께서 말씀하셨습니다.
"군자는 조화하면서 함부로 남의 의견만 따르지 않지만, 소인은 남의 의견에만 따르면서 조화하지 않는다."

보통 군자는 학식과 덕행이 훌륭한 사람, 소인은 이기적이고 간사한 사람을 가리킵니다.

군자는 주변 사람들과 자신의 견해가 다르더라도 차이를 인정하면서 모두 사이좋게 협력하고자 애씁니다. 또한 화합을 중시하지만 남을 맹목적으로 따르지 않는 소신도 있습니다.

그러나 소인은 줏대 없이 남의 의견을 따르면서도 공동체의 이익을 위해 협력하는 데는 인색합니다.

기해는 사이가 나빴던 해호를 주저 없이 추천했습니다. 나라를 이끌어가는 재상으로서 해호의 능력을 높이 평가했기 때문입니다.

서로의 견해는 달라도 개인적인 감정에 휘둘리지 않고 공동체를 위한 결정을 내린 기해에게서 공평한 군자의 마음을 찾을 수 있습니다.

40 서로 돕기
서로를 이끌어 준 친구

이문회우 以文會友 ┊ 학문을 통해 벗을 사귀다

以 써 이 **文** 글월 문 **會** 모일 회 **友** 벗 우

파우스트
세상의 학문을 통해 진리를 얻지 못하고 절망한 파우스트. 그리고 그러한 파우스트에게 거래를 제안해 그에게 만족함을 이끌어 내려고 한 악마 메피스토펠레스. 이 둘 사이에서 벌어지는 다양한 스토리를 담아낸 장엄한 대작이다. 괴테가 죽기 바로 전까지 60여 년에 걸쳐 완성한 작품으로, 연극, 뮤지컬, 오페라 등으로도 소개되고 있다.

빌헬름텔
실러의 마지막 희곡 작품. 스위스를 배경으로 사냥꾼인 빌헬름 텔과 농민들이 관리들에 대해 스위스 독립을 위해 투쟁하는 내용을 그리고 있다.

독일의 도시 바이마르에는 세계적인 문학가 괴테와 실러가 다정히 손을 잡은 동상이 있습니다. 괴테는 실러보다 나이가 열 살이나 많았고 두 사람의 성격이나 작품의 특성도 매우 달랐지만, 둘은 훌륭한 작품을 완성할 수 있도록 서로를 격려했습니다.

괴테는 둘의 만남을 '행운의 사건'이라고 말할 정도였지요. 우정과 협력을 통해 서로의 장점을 새롭게 발견할 수 있었기 때문입니다.

괴테는 실러의 권유에 힘입어 원고를 마무리하지 못한 채 한동안 멈춰 두었던 《파우스트》를 다시 집필했습니다. 실러의 《빌헬름 텔》 역시 괴테와 의견을 나눈 끝에 빛을 발한 작품입니다. 그러다 안타깝게도 나이 어린 실러가 먼저 세상을 떠나자, 괴테는 '내 존재의 절반을 잃었다.'고 말하며 깊은 슬픔에 빠졌습니다.

소중한 우정으로 서로의 재능을 일깨워 주었던 두 사람은 지금 바이마르의 묘지에 나란히 안장되어 있습니다.

논어 한 문장

曾子曰, "君子 以文會友, 以友輔仁."
증자왈 군자 이문회우 이우보인

증자가 말했습니다.
"군자는 학문을 통해 벗을 사귀고, 벗끼리 서로 인을 쌓도록 돕는다."

'백아절현(伯牙絕絃)'이라는 성어가 있습니다. '백아가 거문고의 줄을 끊어버리다.'라는 뜻이지요.
거문고 연주가였던 백아는 자신의 음악을 완벽히 이해해 주던 절친한 벗 종자기가 죽자 거문고 줄을 끊고 더 이상 연주를 하지 않았다고 합니다. 백아와 종자기가 음악으로 맺어진 친구라면, 괴테와 실러는 문학으로 맺어진 친구입니다.
학문으로 벗과 사귀며, 서로 돕는다는 군자의 우정이 이런 것이겠지요.

139

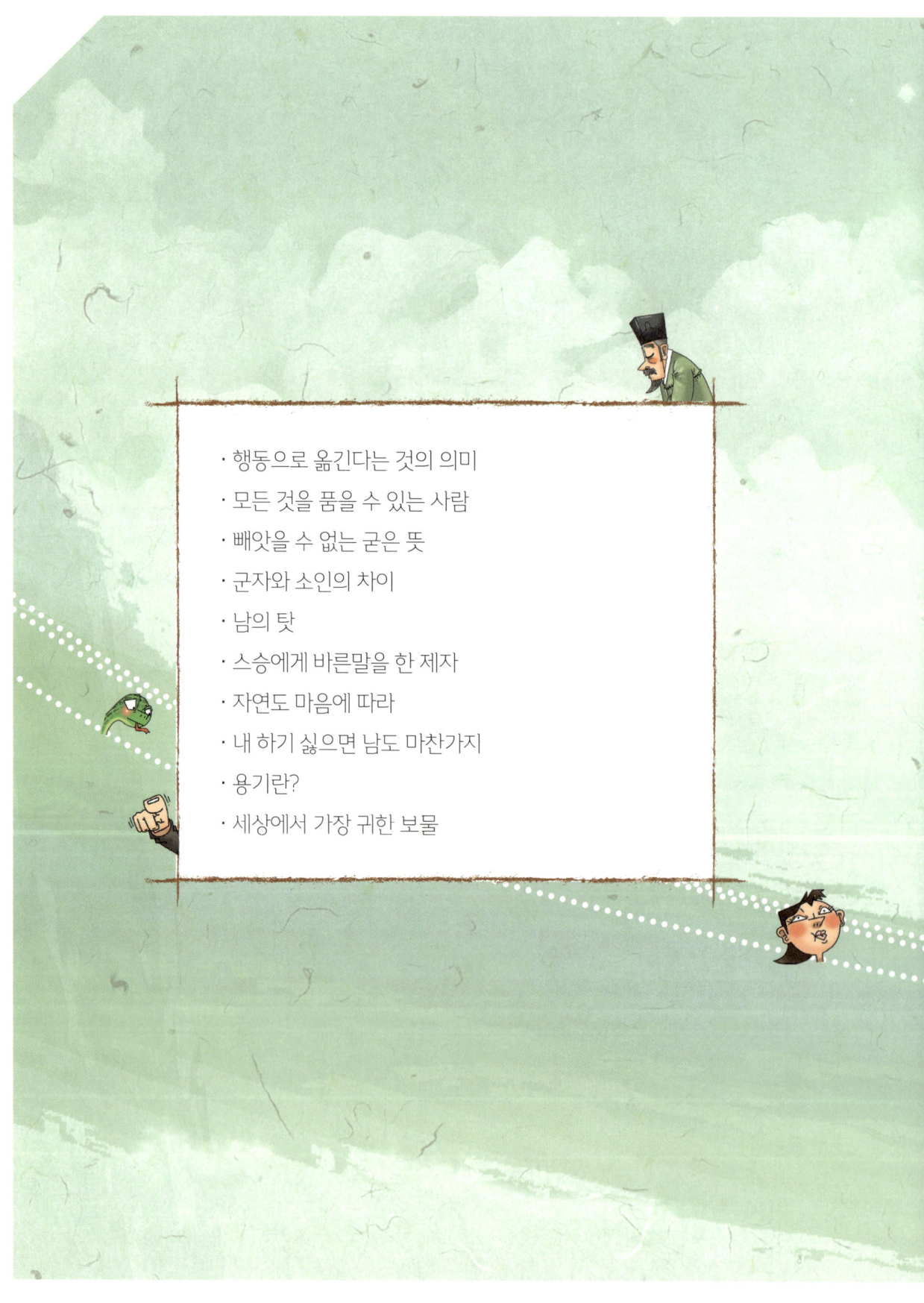

- 행동으로 옮긴다는 것의 의미
- 모든 것을 품을 수 있는 사람
- 빼앗을 수 없는 굳은 뜻
- 군자와 소인의 차이
- 남의 탓
- 스승에게 바른말을 한 제자
- 자연도 마음에 따라
- 내 하기 싫으면 남도 마찬가지
- 용기란?
- 세상에서 가장 귀한 보물

올바른 품성

6

41 희생정신
행동으로 옮긴다는 것의 의미

- 살신성인殺身成仁 ┆ 자기 몸을 희생해 인(仁)을 이룬다
  殺 죽일살　身 몸신　成 이룰성　仁 어질인

부산에서 태어나 성실하게 대학을 다니던 젊은이가 있었습니다. 그는 외국어 공부도 하고 넓은 세상에서 경험을 좀 더 쌓기 위해 학교를 휴학하고 일본행을 결심했습니다. 유학 중에 공부와 아르바이트를

같이 하며 목표를 향해 조금씩 나아갔습니다.

　2001년 1월 26일 오후 아르바이트를 마치고 숙소로 돌아가던 그는 도쿄 신오쿠보 역에서 열차를 기다리고 있었습니다.

　그런데 7시 15분 열차가 도착한다는 안내가 나오는 순간, 갑자기 술에 취한 한 승객이 선로로 떨어지는 모습이 그의 눈에 들어왔습니다.

　이미 열차가 역으로 들어서기 시작했지만 그는 주저 없이 선로로 뛰어내렸습니다. 그는 쓰러진 취객의 생명을 구하기 위해 안간힘을 다하였습니다.

　하지만 너무도 갑작스런 상황에서 열차는 멈추지 못하였고, 취객은 살렸지만 결국 자신은 목숨을 잃고 말았습니다. 이 유학생이 바로 26살

의 청년 고(故) 이수현입니다.

　한국 유학생으로 일본인을 구하려던 이수현의 용기와 안타까운 죽음은 일본 전역에 전해졌고, 모든 이들의 심금을 울렸습니다.

심금心琴
어떤 자극에 따라 움직이는 마음을 일컫는 말

헌신獻身
몸과 마음을 바쳐 모든 힘을 다하는 것

사람들은 다른 이의 위험을 보고 목숨을 던진 그를 '의인 이수현'이라 불렀습니다. 그 후로 한국과 일본에서 선로에 떨어진 이들을 구한 사례가 전해질 때마다 사람들은 이수현의 헌신도 함께 기억합니다.

논어 한 문장

> 子曰, "志士仁人, 無求生以害仁, 有殺身以成仁."
> 자왈 지사인인 무구생이해인 유살신이성인

공자께서 말씀하셨습니다.
"뜻 있는 선비와 어진 사람은 자신이 살기 위해 인(仁)을 해치지 않고, 자신을 희생해 인(仁)을 이룬다."

우리는 주변 사람들과 돕고 살아가야 한다고 배웁니다. 하지만 남의 어려움이나 고통을 보고도 나서지 않는다면 아무 소용이 없습니다.
TV와 영화에 등장하는 영웅들도 어쩌면 특별한 능력과 재주 때문이 아니라, 이웃에게 먼저 도움의 손길을 내밀었기 때문에 인기를 끌지 않았을까요? 그 누구도 이기적인 영웅을 좋아할 리는 없으니까요.

42 
모든 것을 품을 수 있는 사람

군자불기 君子不器 ::: 군자는 하나의 쓰임에만 맞는 그릇이 아니다

君 임금군 子 아들자 不 아닐불 器 그릇기

김수환 추기경님(1922~2009)은 우리나라의 정신적인 스승이자 많은 사람들에게 존경받는 분입니다.

추기경님은 독실한 가톨릭 순교자 집안의 막내로 태어났습니다.

소년 시절에는 재산을 많이 모아 어머니를 호강시켜 드리고 싶어서 장사꾼이 되고 싶었습니다.

하지만 일본에서 유학하던 중 태평양 전쟁에 학도병으로 끌려가고 말았지요. 그곳에서 전쟁의 참상을 마주하면서 추기경님은 그때까지 지녔던 꿈을 접고, '평화로운 세상을 만들기 위해 자신을 바치겠노라.' 고 새롭게 다짐했습니다.

해방과 함께 한국으로 돌아온 그는 꿈을 실현하고자 신학 공부를 시작해 드디어 신부가 되었습니다.

그는 세상 속으로 다가가 봉사하는 교회를 위해 노력했습니다. 그리고 마침내 1969년 우리나라 최초인 동시에 세계에서 가장 젊은 나이에

태평양 전쟁
太平洋 戰爭
1941~1945년에 연합국과 일본 사이에 벌어진 전쟁. 1941년 일본이 미국령인 하와이 진주만을 습격하면서 시작되었으며, 1945년 일본의 항복으로 전쟁은 막을 내렸다.

학도병學徒兵
학생 신분으로 전쟁터에서 적과 싸우는 병사. 일제 시대 때 한국의 학생들은 '학병'이라 하여 강제 징집되기도 했다.

참상慘狀
비참하고 끔찍한 모습, 혹은 그런 상황

수장首長
어느 집단을 통솔하는 우두머리

독단獨斷
남의 의견을 무시한 채 자기 마음대로 모든 의사 결정으로 처리함

추기경이 되었습니다. 우리나라 가톨릭계의 수장이 되었던 것이지요.

하지만 그는 추기경이라는 높은 자리와 명예에만 머물지 않았습니다. 민주주의가 위협 받던 시기, 군인들이 정치를 독단하며 인권을 탄압할 때 정의로운 말과 행동으로 누구보다 용감하게 맞섰습니다. 또한 언제나 가난하고 소외당한 이웃을 직접 찾아가고, 그들의 어려움을 해결하고자 힘쓰며 아낌없는 사랑을 전했습니다.

그는 어떤 상황에서나 항상 고뇌하며 시대가 요구하는 어른으로서 바른 역할을 하기 위해 노력했습니다.

논어 한 문장

子曰, "君子不器."
자 왈 군 자 불 기

공자께서 말씀하셨습니다.
"군자는 하나의 쓰임에 맞게만 빚어진 그릇처럼 하나에만 국한되지 않는다."

냄비는 음식을 끓일 때 쓰고, 접시는 음식을 담을 때 쓰지요. 이처럼 그릇이란 정해진 용도로 사용됩니다.
몸소 실천하는 모습으로 많은 감동을 주었던 김수환 추기경은 '무엇이 될까'보다 '어떻게 사는가'를 고민했다고 합니다.
여러분도 앞으로 하고 싶은 일이 있을 거예요. 어떤 직업을 갖는지도 중요하지만, 무슨 일을 하든지 더 좋은 세상을 만들기 위해 노력하려는 넓은 마음을 가지면 좋겠습니다. 김수환 추기경이 여러 가지 방법으로 세상을 위해 애썼듯이 말이에요.

그는 어떤 자리에 오르려고 하기보다는, '나는 어떻게 살아야 하는가?'의 문제를 고민하며 한 발자국씩 나아갔습니다.

그가 추기경이라는 지위에 올랐다는 사실에만 만족했더라면 아마도 불의에 타협하지 않았던 어른, 따뜻한 사랑이 넘치던 소박한 서민의 친구라는 모습은 없었을 것입니다.

43 굳센 기개
빼앗을 수 없는 굳은 뜻

필부불가탈지 匹夫不可奪志 : 보잘것없는 사람이라도 그 뜻을 빼앗을 순 없다

匹 짝**필** 夫 지아비**부** 不 아닐**불** 可 옳을**가** 奪 뺏을**탈** 志 뜻**지**

 **탕, 탕……!**

의사義士
의로운 지사

1909년 10월 26일 오전 9시30분, 중국 하얼빈 기차역에서 총성이 울렸습니다. 대한의군 참모중장 안중근이 쏜 총알이 우리나라를 식민지로 만든 일본 초대통감 이토 히로부미의 가슴을 꿰뚫었습니다. 안중근 의사는 그 자리에서 체포되어 감옥으로 옮겨지고 형식적인 재판 끝에 사형을 당했습니다.

을사늑약乙巳勒約
일본이 한국의 외교권을 박탈하기 위해 강압적으로 맺은 조약

1905년 을사늑약으로 일본에 나라를 빼앗긴 상황에서 안중근 의사는 한국의 독립을 위해 목숨을 바치기로 맹세합니다.

당시 일본은 우리나라를 빼앗았을 뿐 아니라, 중국과 러시아에도 세력을 확장하려 했습니다. 이러한 일본의 침략을 막기 위해 안중근 의사는 거사를 결심했지요.

명성황후明成皇后
조선말 고종의 비. 일본 낭인에게 시해된 후 고종에 의해 '명성'이란 시호가 내려졌다.

폐위廢位
황제나 왕, 왕비 등을 그 자리에서 몰아내거나 없애는 것

안중근 의사는 일본의 의도대로 진행된 재판부터 사형 집행에 이르기까지 언제나 당당하고 의연한 자세로 '나는 대한의군 참모중장 자격

으로 적장을 쏘았을 뿐이다.'라고 말했습니다.

또한 일본이 명성황후를 시해하고 고종 황제를 폐위한 죄, 외교권을 빼앗은 죄, 죄 없는 조선 사람을 학살하고 재산을 빼앗은 죄, 동양의 평화를 깨뜨린 죄 등 15개 항목을 조리 있게 지적했습니다. 감옥에서는 마지막 순간까지도 진정한 동양의 평화를 고민하며 책을 썼지요.

억압抑壓
자유롭게 행동하지 못하도록 억누르다.

    안중근 의사의 간절한 소원은 나라의 독립과 동양의 평화였습니다. 비록 서른한 살이라는 젊은 나이에 세상을 떠났지만, 안중근 의사의 굳건한 뜻은 그를 억압하던 일본조차도 꺾을 수 없었습니다.

    최근 하얼빈 기차역에 안중근의사기념관이 세워졌습니다. 기념관 입구의 벽시계는 저격 시간인 9시 30분을 가리킨 채 멈춰 있습니다. 안중근 의사의 뜻을 영원히 잊지 말자는 뜻이지요.

논어 한 문장

子曰, "三軍, 可奪帥也. 匹夫, 不可奪志也."
자 왈 삼 군 가 탈 수 야 필 부 불 가 탈 지 야

공자께서 말씀하셨습니다.
"대군의 장수는 사로잡을 수 있겠지만, 평범한 사람이라도 그가 가진 뜻은 빼앗을 수 없다."

전쟁에서 아무리 강한 군대를 만날지라도 상대의 약점이나 틈을 잘 노린다면 그들을 지휘하는 장수를 사로잡을 수는 있겠지요. 하지만 평범한 사람이라도 자신의 목숨을 아끼지 않겠다는 굳은 다짐을 했다면 그의 뜻을 꺾기는 무척 어렵습니다.

나라의 독립을 이루려 했던 안중근 의사의 굳건한 뜻 역시 꺾을 수 없었습니다.

어렵다거나 위험하다고 해서 쉽게 꺾인다면 굳건한 뜻이라고 말할 수 없겠지요.

44 칭찬과 배려
군자와 소인의 차이

성인지미 成人之美 ┊ 남의 아름다운 점을 도와 더욱 빛나게 하다

成 이룰성   人 사람인   之 어조사지   美 아름다울미

유명한 인물들의 생애를 살펴보면 그들에게는 항상 훌륭한 선생님이 있었습니다. 음악가 베토벤 역시 여러 명의 선생님을 만났는데, 소년 시절 그를 진정한 음악인의 길로 이끌어 주었던 분은 크리스티안 고틀로프 네페라는 선생님이었습니다.

독일의 본에서 태어난 베토벤은 어려서부터 음악적 재능이 뛰어나 집안의 기대를 한 몸에 받았습니다. 그런데 이러한 베토벤의 음악성은 아버지의 욕심을 부추겼습니다.

그의 아버지는 베토벤을 신동으로 떠들썩했던 모차르트처럼 만들고 싶었습니다. 그래서 어린 베토벤에게 악기 연습을 줄기차게 강요했지요. 물론 베토벤도 뛰어난 소년이었지만 정서적인 압박과 강요 속에서 음악성을 꽃피울 수 없었습니다.

더 이상 베토벤을 직접 가르치기 어려워진 아버지는 당시 본의 궁정 **악장**이자 오르간 연주자였던 네페에게 음악 교육을 맡겼습니다. 이 만

> **악장樂長**
> 음악 연주 단체의 우두머리

남이야말로 베토벤을 진정한 음악인으로 키워주는 계기가 되었습니다.

네페는 베토벤을 처음 보고 '정열은 있지만 기본이 없다.'고 생각하고, 피아노, 오르간, 작곡법 등을 차근차근 가르쳤습니다. 엄청난 노력파였던 베토벤은 스승의 수업을 착실하게 따랐습니다. 음악만을 강요했던 아버지와 달리, 풍부한 지성과 교양을 갖춘 네페는 따뜻한 마음으로 베토벤을 가르쳤습니다.

좋은 선생님을 만난 베토벤의 연주 기량은 하루가 다르게 발전했고, 인간에 대한 따뜻한 마음, 자유와 이상의 가치도 함께 배웠습니다.

특히 네페는 베토벤을 가르치면서, '장차 이 소년이야말로 제2의 모차르트가 될 것이다.'라는 칭찬을 아끼지 않았습니다.

1782년 6월부터 네페는 베토벤을 자신의 보조 연주자로 임명했고, 이듬해에는 오페라단의 연주자로 활동하게 했습니다. 또한 베토벤이 13세에 <드레슬러 행진곡 주제에 의한 9개의 변주곡 C단조>를 작곡해

논어 한 문장

子曰, "君子 成人之美, 不成人之惡. 小人 反是."
자왈 군자 성인지미 불성인지악 소인 반시

공자께서 말씀하셨습니다.
"군자는 남의 아름다움을 이루어 주고, 남의 나쁜 것을 이루어 주지 않지만, 소인은 이와 반대이다."

네페는 어린 베토벤에게 진정한 음악가로서 갖추어야 할 지식과 교양을 가르쳐 준 스승입니다. 베토벤이 가진 재능과 열정을 꽃피울 수 있도록 정성껏 보살펴 주었지요.
이렇게 다른 사람이 장점을 발휘할 수 있도록 격려하고 이끌어 주는 것은 참으로 가치 있는 일입니다.

출판할 때에도, 네페가 적극적으로 도왔습니다.

어린 베토벤은 어느 편지에서 이렇게 표현하였습니다.

"저의 발전을 위해 선생님께서 자주 해 주셨던 충고에 감사드립니다. 제가 만일 위대한 음악가가 된다면 선생님과 함께 영광을 나누고 싶습니다."

45 나를 돌아보기
남의 탓

구저기 구저인 求諸己 求諸人 ː (군자는 모든 책임을) 자기 탓으로 하고, (소인배는) 남 탓을 한다

求 구할 구 諸 어조사 저, 모두 제 己 자기 기 人 사람 인

비행기를 타고 몇 시간이면 한동안 못 본 아이들을 만난다는 기대와 설렘으로 마음이 들뜬 여인이 있었습니다. 그녀는 기내에서 읽을 잡지와, 기내식이 나올 때까지 허기를 달래줄 과자 한 봉지를 샀습니다.

잠시 의자에 앉아 출입구가 열리길 기다리며 잡지를 펼쳤습니다.

'부스럭, 찌이익'

잡지에서 눈을 떼고 소리 나는 곳을 보았습니다. 깔끔한 차림을 한 노신사가 어느 사이엔가 옆에 앉아 좀 전에 산 과자 봉지를 뜯고 있었습니다. 가족을 만난다는 기쁨은 사라지고 기가 차다 못해 화가 나기까지 했습니다.

하지만 점잖아 보이는 노신사의 행동에 당황해서 그저 의아한 얼굴로 바라만 보았습니다. 그런데 그녀와 눈이 마주친 노신사는 눈웃음을 지으며 가벼운 인사까지 건네는 것이었습니다.

이렇게 황당할 데가!

기내식機內食
비행기 안에서 승객과 승무원에게 제공되는 음식물

　허기를 달래려고 산 과자였기에 그저 포기할 수만도 없어 그녀도 노신사가 뜯은 과자 봉지에 손을 넣어 과자를 집었습니다. 노신사가 하나를 집으면 그녀도 하나를 번갈아 집으며 과자를 먹기 시작했습니다.

　결국 그렇게 과자는 한 조각만 남았습니다. 노신사는 남은 과자를 보고 빙그레 웃으며 과자의 반을 갈라 봉지에 넣고 남은 반 조각은 자신이 먹어 버렸습니다.

　'뭐 이런 사람이 다 있어? 말쑥하게 빼입은 걸 보면 거지도 아니고, 알 만큼 아는 사람일 텐데 말이야. 실례했다거나 잘 먹었다는 말 정도는 해야 하는 거 아닌가?'

말쑥하게
지저분하지 않고 깨끗하게

부아
분하거나 노여운 마음

속으로 이런 생각을 하면서도 결국 아무런 말도 못한 채 고개를 숙이며 인사를 하고 떠나가는 노신사의 뒷모습만 바라보았습니다. 그러자 아무 말도 하지 못했다는 생각에 괜한 부아가 치밀었습니다. 더구나 노신사의 환한 표정이 머리에 남아 분을 가라앉힐 수가 없었지요.

간신히 마음을 진정시키다 보니 드디어 출입구가 열렸습니다.

잡지와 가방을 챙겨 비행기에 올랐습니다. 살다 보니 세상에 별일도 다 있구나 싶었습니다.

"곧 가족도 만날 텐데 그만 잊자. 배고픈 사람 도운 셈 치자."

비행기가 날아오르기만 기다리며 아까 읽던 잡지를 다시 집어 들었습니다. 너무 화를 내서인지 글자도 눈에 잘 안 들어오고 안경알도 뿌옇게 느껴졌습니다. 안경을 닦으려고 휴지를 넣어둔 가방을 열었습니다.

그 순간 그녀는 너무 놀라 머릿속이 하얘졌습니다.

"세상에나! 과자가 왜 여기 있지? 그렇다면 내가 먹었던 과자는?"

논어 한 문장

子曰, "君子 求諸己, 小人 求諸人."
자 왈 군 자 구 저 기   소 인 구 저 인

공자께서 말씀하셨습니다.
"군자는 모든 일의 원인을 자신에게서 찾고, 소인은 남에게서 찾는다."

우리는 가끔 속상할 때 남의 탓을 합니다. 누구 때문에 늦었고, 누구 때문에 억울하고, 누구 때문에 화가 난다고 말입니다. 어쩌면 내가 적절한 준비나 대응을 하지 못했기 때문일 텐데요. 남의 탓을 하기에 앞서, 가방 속 과자 봉지처럼 어딘가에 숨어 있을 내 잘못도 살펴보아야 하지 않을까요?

46 바른 말
스승에게 바른말을 한 제자

불양어사 不讓於師 ┊ (인을 행할 때는) 스승이라도 양보해서는 안 된다

不 아닐 불　讓 사양할 양　於 어조사 어　師 스승 사

조선 시대 사림파의 큰 스승인 김굉필 선생에게 어느 날 17세의 소년이 찾아옵니다. 그는 훌륭한 선생님께 배움을 구하려고 했던 조광조였습니다.

조광조는 훗날 혼탁한 정치를 바로잡기 위해 높은 뜻을 품고 개혁 정치를 펼쳐 많은 선비들의 존경을 받은 분입니다.

> **사림파**士林派
> 조선 중기 조정의 집권 세력에 맞선 비판적인 세력. 선조 이후에는 이들도 정치에 참여해 여러 당파로 갈렸다.

어느 날 김굉필 선생이 나이 많은 어머니께 요리해 드리기 위해 꿩을 손질해 햇볕에 말리고 있었습니다. 그런데 어디선가 난데없이 고양이 한 마리가 나타나 꿩고기를 물고 달아나 버렸습니다.

그러자 김굉필 선생은 집안의 여종을 심하게 꾸짖었습니다. 왜 꿩을 제대로 지키지 않았느냐며 심하게 책망했던 것입니다.

> **책망**責望
> 허물이나 잘못을 꾸짖음

그때 조광조가 스승께 아뢰었습니다.

"선생님께서 노모를 위하시는 정성은 지극하지만, 군자는 항상 말을

157

조심히 해야 하는 것이라 생각되어 감히 말씀 올립니다."
　아무리 스승이라도 지나치게 화를 내는 모습을 보고 평소 자기의 소신대로 조용히 충언을 했습니다. 김굉필 선생 또한 훌륭한 분인지라, 어린 제자의 충고에 조광조의 손을 잡으며 이렇게 말했습니다.
　"부끄럽구나. 나도 내가 지나치게 화를 낸 것 같아 뉘우치고 있는데, 네 말을 들으니 더욱 잘못을 알겠구나. 네가 나의 스승이로다."

　스승이지만 제자 앞에서 자신의 잘못을 인정할 줄 알았던 김굉필의 인품도 훌륭하고, 옳지 않은 일을 보고는 어렵고 곤란한 상황에서도 바른말을 했던 조광조 역시 남다른 인재였던 것입니다.

충언忠言
충성스럽고 정직하게 바른말을 함족

논어 한 문장

子曰, "當仁, 不讓於師."
자왈 당인 불양어사

공자께서 말씀하셨습니다.
"인에 해당된다면, 스승에게도 양보하지 않는다."

자신이 추구하는 가치를 실천하려면 의지를 꺾지 않고 용감하게 나아갈 수 있어야 합니다.
조광조 선생은 어진 덕행을 실천하고자 용기를 냅니다. 김굉필 선생이 잠시 화가 나서 남을 탓하는 말을 내뱉자, 제자였던 조광조 선생은 감히 스승의 언행이 지나치다는 충고를 올립니다. 자칫 예의에 어긋날 수 있지만 바른 일에 앞장서는 굳은 마음을 엿볼 수 있습니다.

47 자연의 마음
자연도 마음에 따라

요산요수 樂山樂水 ┊ 군자는 자연을 좋아한다
樂 좋아할 요, 즐길 락, 풍류 악 山 메 산 水 물 수

후학 後學
학문에 있어서 후배

경상북도 안동에 펼쳐진 청량산 자락에는 '예던길(녀던길)'이라고 불리는 3킬로미터 가량의 둘레길이 있습니다. 이곳은 조선 최고의 유학자 퇴계 이황 선생님이 벼슬을 내려놓고 돌아와 후학을 기르면서 지내던 고을입니다.

퇴계 선생님은 자연을 참으로 사랑했는데, 특히 청량산에 각별한 애정을 가졌습니다. 스스로를 '청량산인'이라 부를 정도였지요.

퇴계 선생님은 난 지 일곱 달 만에 아버지를 여의고 유년기에 이곳 청량산에서 숙부와 함께 공부를 시작했습니다.

도산십이곡
陶山十二曲
이황이 지은 우리말
노래 12편

또 이곳에 은거하면서 <도산십이곡>을 비롯해 많은 시를 지어 아름다운 경치를 읊었습니다. 지었던 시마다 자연과 일치된 선생님의 고상한 인품을 엿볼 수 있지요.

관직 때문에 멀리 한양으로 떠나 있을 때에는 청량산 유람기를 읽으며 그리운 마음을 달랠 정도로 이곳을 아꼈습니다. 그리움이 깊어질

때면 앉은 자리에서 세 번씩이나 되뇌어 읽을 만큼 청량산을 그리워했습니다.

　청량산으로 이어진 예던길 옆으로는 낙동강이 굽이쳐 흘러내려 그야말로 그림 같은 풍경을 빚어냅니다. 일찍이 퇴계 선생님도 이 길을 걸으며 '그림 속으로 들어가네.'라고 표현한 적이 있습니다.

　선생님은 조용히 오솔길을 따라 산책하며 깊은 사색과 수양에 전념

사색思索
어떤 일을 생각하며
이치를 따짐

했을 것입니다. 제자인 학봉 김성일은 퇴계 선생님의 이런 모습을 마치 '신선과도 같았다.'고 회상하기도 했습니다.

안동의 아름다운 자연과 하나가 되었기에, 퇴계 선생님의 지혜와 덕행이 더욱 빛을 발하는 것은 아닐까요? 자연을 깊이 사랑했던 퇴계 선생의 어진 마음과 지혜야말로 공자님 말씀 그대로인 것 같습니다.

논어 한 문장

子曰, "知者 樂水, 仁者 樂山,
자왈   지자 요수 인자 요산

知者 動, 仁者 靜, 知者 樂, 仁者 壽."
지자 동 인자 정 지자 락 인자 수

공자께서 말씀하셨습니다.
"지혜로운 사람은 물을 좋아하고 어진 사람은 산을 좋아하며, 지혜로운 사람은 동적이고 어진 사람은 정적이며, 지혜로운 사람은 낙천적이고 어진 사람은 장수한다."

퇴계 선생님의 높은 학식과 독실한 인품, 자연을 사랑하는 마음은 널리 알려져 있습니다. 특히 매화를 지극히 아껴서, 돌아가시기 직전까지 '매화 화분에 물을 주라'는 당부의 말씀을 남겼다고 합니다.

지혜로운 사람은 물을 좋아하고 어진 사람은 산을 좋아한다는 공자님의 말씀은 '막힘이 없이 흐르는 물'과 '언제나 변함이 없는 산'이라는 대자연과 깊이 일치된 인품을 비유한 것입니다.

자연을 깊이 사랑했던 퇴계 선생님의 어진 마음과 지혜를 보면 공자님의 말씀이 참으로 맞는 것 같습니다.

48 이해심과 실천
내 하기 싫으면 남도 마찬가지

물시어인 勿施於人 : 내가 싫어하는 것은 남도 마찬가지다

勿 말물   施 베풀시   不 어조사어   人 사람인

"**형진아.** 아빠 신문 좀 가져와라."
"동생! 누나 물 한 잔만 떠다 줄래?"
세상에나.

무슨 일만 있으면 저거 가져와라 이것 좀 가져와라, 이거 해라 저거 해라. 내가 뭐 머슴도 아니고.

정말 귀찮아 죽겠어. 하지만 어쩌겠어, 내가 막내인걸.

그래도 쉬는 날에는 나도 움직이기 싫다고요.

오늘도 형진이는 툭하면 잔심부름을 시키는 엄마, 아빠, 누나의 요구에 입이 남산처럼 뾰족하게 튀어나왔습니다.

신문이나 물 한 잔을 가져오는 일이 대단한 것도 아니고 즐거운 마음으로 들어줄 수도 있는 부탁이지만, 귀찮은 건 어쩔 수 없나 봅니다. 왜 나만 해야 하나 하는 억울한 마음이 들기도 하고요.

여러분들 중에도 '맞아, 맞아. 나랑 똑같은 상황이네.'라면서 맞장구

승강이
서로 자기 말이 맞다고 주장하며 티격태격하는 것

치는 사람이 있을 거예요. 또 어쩌면 심부름을 하네 마네 하면서 승강이를 벌이다가 누나나 형과 다퉜던 기억이 날 수도 있겠네요.

하지만 가만히 떠올려 보세요. 혹시 나도 하기 싫은 일들을 남에게 시킨 적은 없는지 말입니다.

교실 바닥에 떨어진 휴지를 줍자고 하는 선생님의 말씀에, 옆자리의 짝과 '네가 버렸잖아', '아니야, 네가 버린 거야'라면서 책임을 미룬 적은 없는지요. 혹은 축구를 하다가 누군가가 멀리 차 버린 공을 주우러 가기 싫어 서로들 나 몰라라 했던 적은 없나요?

해야 한다는 것을 알면서도 때론 귀찮은 일들이 있지요. 하지만 '내가 하기 싫은 일은 남들도 하기 싫겠지?'라고 생각해 보세요.

사람은 누구나 비슷한 마음을 갖고 있답니다. 내가 귀찮고 하기 싫은 일이라면 다른 사람들도 마찬가지입니다. 내가 하기 싫다고 해서

논어 한 문장

子曰, "其恕乎! 己所不欲, 勿施於人."
자왈 기서호 기소불욕 물시어인

공자께서 말씀하셨습니다.
"남의 마음을 미루어 헤아려라(恕)! 자신이 하기 싫은 일은 남에게 하도록 하지 마라."

'역지사지(易地思之)'라는 성어가 있습니다. 다른 사람과 처지를 바꾸어 생각해 보라는 뜻입니다. 하지만 이를 실천하기란 결코 쉽지 않습니다.
자신이 편하고 싶은 마음에 하기 싫은 일을 남에게 미루는 경우가 얼마나 많은지요. 내가 남의 입장을 한 번 더 배려해 줄 때, 남도 나의 입장을 한 번 더 생각해 주지 않을까요?

나보다 약한 친구에게 시킬 생각을 한다거나 불평을 터트리지 말고,
무엇이건 스스로 하는 습관을 가져 보는 것은 어떨까요?

49 의로운 행동
용기란?

견의불위무용 見義不爲無勇　　의로움을 보고도 행동하지 않으면 용기가 없는 것이다

見 볼견　義 의로울의　不 아닐불　爲 할위　無 없을무　勇 날쌜용

중국 초나라에 백성들에게 존경과 신뢰를 받는 손숙오라는 현명한 재상이 있었습니다. 그의 어린 시절 있었던 일입니다.

　친구들과 즐겁게 놀다 들어온 손숙오는 무슨 이유인지 풀이 죽어 얼굴에 근심이 가득하였습니다. 이 모습을 본 어머니가 무슨 일이 있었냐며 묻자, 손숙오는 울먹이는 목소리로 말했습니다.

　"저는 곧 죽을 것이옵니다."

　아들의 뜻밖의 말에 어머니는 그게 무슨 말이냐고 다그쳤습니다.

　"친구들과 밖에서 놀다가 양두사를 보았습니다. 양두사를 본 사람은 반드시 죽는다고 하지 않습니까?"

　"그 뱀이 어디 있다는 말이냐?"

　"사람들이 그 뱀을 보면 죽는다 하니 저야 이미 죽은 목숨이지만, 다른 사람이 보고 해를 당할까 봐 죽여서 묻어 버렸습니다."

　아들의 대답에 놀란 어머니는 이렇게 말해 주었습니다.

양두사兩頭蛇
머리가 둘 달린 뱀

해害
이롭지 않거나 손상을 당하는 것

"아들아! 너는 죽지 않는단다. 몰래 덕을 베푼 사람에게는 하늘이 복을 내려 준다고 하지 않았느냐."

물론 어린 손숙오는 죽지 않았습니다.

죽을 처지에 놓였는데도 다른 사람들을 위해 뱀을 없앤 행동은 어른도 쉽게 할 수 있는 일이 아닙니다. 의로움을 실천한 이러한 행동이 바로 진정한 용기가 아닐까요?

논어 한 문장

子曰, "見義不爲, 無勇也."
자왈 견의불위 무용야

공자께서 말씀하셨습니다.
"의로움을 보고도 행동하지 않으면 용기가 없는 것이다."

손해를 보더라도 억울한 일을 당한 친구를 도와주겠다고 마음먹지만, 선뜻 그렇게 하지 못하는 자신을 발견하기도 합니다.

의로운 일임을 알고도 실천하지 않는다면 용기 있는 사람이 아니겠지요. 지하철에서 자리를 양보하는 일처럼 사소한 일이라도 말입니다.

50 
세상에서 가장 귀한 보물

불이기도 불처 不以其道 不處   부유함과 귀함은 정당하게 얻어라

不 아닐불　以 써이　其 그기　道 길도　處 머무를처

중국 송나라 때의 이야기입니다.

어떤 사람이 약초를 캐다가 옥돌 하나를 발견했습니다. 그는 이 옥돌이 세상에서는 보기 드문 특이한 빛깔과 모양이라고 여겨 고을의 관리에게 드리면 좋겠구나 생각했지요.

그는 깨끗한 보자기에 옥돌을 싸들고 고을 관리인 자한을 찾아갔습니다. 그러고는 귀한 옥돌을 선물하고 싶다고 했지만 무슨 일인지 자한은 한사코 받으려 하질 않았습니다.

그러자 옥돌을 가져온 사람이 영문을 모르겠다는 얼굴로 이유를 물었습니다.

자한이 말했습니다.

"옥돌이 나쁘다거나 다른 사람들의 이목이 두려워서 그러는 것이 아닙니다. 다만 나는 이미 가장 귀한 보물을 가지고 있답니다."

"이보다 더 귀한 보물을 가지고 계신단 말입니까? 그것이 무엇인

영문
일이 어떻게 돌아가는 형편. 주로 부정이나 의문을 나타내는 말과 함께 쓰임

이목耳目
귀와 눈이란 말로, 주위와 관심을 뜻함

가요?"

"지금 당신은 무엇보다 그 옥돌을 가장 귀한 보물이라 생각하지요? 그렇다면 당신이 제게 옥돌을 줄

때 당신은 소중한 보물을 잃는 셈입니다. 그리고 나는 '재물을 탐내지 않는 마음'을 가장 귀한 보물이라 여기고 있는데, 당신의 옥돌을 받는다면 나 역시 마음의 보물이 사라지는 셈입니다. 결국 우리 두 사람이 각자의 보물을 잃는 안타까운 상황이 됩니다. 제가 옥돌을 받지 않으면 저는 저의 보물을, 그대도 그대의 보물을 지키게 되니 이보다 좋은 일이 어디 있겠습니까?"

논어 한 문장

子曰, "富與貴, 是人之所欲也, 不以其道 得之, 不處也."
자왈   부여귀 시인지소욕야   불이기도 득지 불처야

공자께서 말씀하셨습니다.
"부유함과 귀함, 이는 사람들이 원하는 것이나, 바른 도리로 얻지 못한다면 부유함과 귀함에 머무르지 않는다."

사람들은 가난하기보다는 부유하기를 바라고, 천하기보다는 귀해지기를 바랍니다. 하지만 공자님은 올바르지 않은 방법으로 부자가 되거나 귀하게 되는 것을 거부했습니다. 바르고 정직한 과정을 통해서 진정한 부귀를 이루어야 한다고 합니다.
자한은 아무리 귀한 보물이라도 받지 않았습니다. 탐욕을 부리지 않는 청렴한 마음을 가장 소중하게 여겼기 때문입니다.

- 나도 앞서갈 수 있는데……
- 자신보다 남을 위해 베푸는 삶
- 딱딱한 의자에 앉는 이유
- 먼 미래를 내다볼 수 있는 지혜
- 욕심도 정도껏
- 약하고 어린 사람을 위하는 마음
- 기쁜 마음으로 찾아오게 하는 방법
- 곧은 말을 하는 신하
- 함께하기 어려운 이유
- 진정 버려서는 안 되는 것
- 신분의 굴레에서 벗어나 성공을 이룬 박사
- 사막에서 숲을 일군 여인
- 내가 보고, 또한 역사가 평가하리라

함께하는 삶

7

51 본분 깨닫기
나도 앞서갈 수 있는데……

군군신신 君君臣臣 ┊ 임금은 임금답게, 신하는 신하답게 본분에 맞게 행동하라.
君 임금 군   臣 신하 신

어느 날 뱀의 꼬리가 머리에게 이런 제안을 했어요.
"나는 왜 늘 뒤에서 너만 따라다녀야 하는 걸까? 항상 네가 앞에 서고 내가 뒤에만 있는 것은 너무 불공평해. 내가 너 대신 앞에서 가면 안 될까?"

그 말을 들은 머리는 너무도 순순히 대답했어요.

"꼬리야, 정말 속상했겠구나. 그럼 이제부터 네가 앞에서 가 보렴."

이 말에 신이 난 꼬리는 몸통을 질질 끌면서 앞서 나가기 시작했지요. 앞에 선 꼬리는 마치 신세계를 만난 것 같았어요.

그러다가 진흙 구덩이를 지나게 되었어요. 물론 뱀의 온몸은 진흙투성이가 되었지요.

한참을 가다 보니 이번에는 아직 불기운이 남아 뜨겁게 달구어진 화덕 위였어요. 깜짝 놀란 꼬리는 몸을 끌고서 서둘러 화덕을 빠져나왔습니다.

> **화덕**
> 숯불을 넣어 쓸 수 있게 만든 화로

그런데 너무나 황급했던 나머지 가시밭으로 들어가고 말았습니다. 온몸 여기저기에 가시가 박히고 덤불에 몸이 엉켜 꼼짝도 할 수 없을 지경이었지요.

그때서야 꼬리는 앞쪽이 자신에게 맞는 자리가 아니라는 사실을 깨달았습니다.

꼬리는 머리에게 다시 처음의 자기 자리로 돌아가자고 했습니다.

머리도 매우 기뻐했습니다. 왜냐하면 꼬리는 어디로 갈지를 결정하긴 어려워도, 열심히 움직여 재빨리 위험을 피하게 해 줄 수 있으니까요.

또한 머리가 어디를 갈지를 정한다고 해도 꼬리가

없다면 원하는 방향으로 나아갈 수 없겠지요.

　머리나 꼬리 모두 자기가 맡은 일이 있습니다. 머리와 꼬리가 자신의 역할에 충실하지 않는다면 뱀은 살아남지 못할 것입니다.

논어 한 문장

齊景公 問政於孔子. 孔子 對曰, "君君, 臣臣, 父父, 子子."
제경공 문정어공자　공자 대왈　군군 신신 부부 자자

제경공이 공자에게 정치에 관해 묻자, 공자께서 대답하셨습니다.
"임금이 임금답고, 신하가 신하답고, 아버지가 아버지답고, 자식이 자식다워야 합니다."

우리 교실을 떠올려 보세요. 매일 선생님이 수업을 안 하신다면? 처음에는 좋을지 모르지만 나중에는 불만이 생길 거예요. 내 친구가 더 이상 친구답지 않은 서운한 행동을 한다면? 정말 속상한 마음이 들겠지요. 지금 내가 맡은 일을 성실하게 할 때 모두가 행복해질 거예요.

52 남을 사랑하는 마음
자신보다 남을 위해 베푸는 삶

극기복례 克己復禮 : 자기의 욕심을 버리고 예(禮)로 돌아가라

克 이길 극   己 자기 기   復 회복할(거듭) 복   禮 예절 례

알베르트 슈바이처는 어려서부터 피아노와 오르간 연주에 뛰어난 재능이 있었습니다. 그리고 신학을 공부한 훌륭한 학자이기도 했지요.

그는 편안하고 여유롭게 살 수 있었지만, 평생을 아프리카에서 아픈 사람들을 돌보는 '밀림의 성자'로 살았습니다.

젊은 시절 슈바이처는 가족과 친구들의 반대에도 불구하고 다른 사람들을 위해 봉사하는 삶을 살기로 결심했습니다.

그는 베푸는 삶을 살겠다는 뜻을 이루기 위해 아프리카에서 선교 활동을 하기로 결정했습니다. 당시 아프리카에 의사가 너무나 부족해서 주민들이 많은 질병으로 고생한다는 소식을 접하고, 의료 활동까지 같이 한다면 더 많은 도움을 줄 수 있을 것이라는 생각에 의학 공부까지 했습니다.

마침내 의학박사가 된 슈바이처는 간호사 공부를 마친 아내와 함께

신학 神學
신과 인간 및 세계와 관계를 연구하는 학문으로, 대체로 기독교와 신앙생활에 관해 연구하는 학문을 말함

선교 宣敎
종교를 널리 알리는 일

아프리카로 향했습니다.

　백인 의사가 왔다는 소문이 퍼지자 멀리서부터 환자들이 하루 수십 명씩 찾아왔습니다. 병원 건물이 완성되기도 전이라 환자 치료를 위해 임시 진료실을 만들어 사용해야 할 정도였습니다. 슈바이처 부부는 부족한 의약품과 시설로 밀려드는 환자를 돌보느라 갖은 고생을 했습니다.

　의료 봉사는 처음 각오했던 것보다 훨씬 어려웠습니다. 잠시 유럽에 돌아왔을 때에 그는 아프리카 활동에 관한 책을 출판하고 강연을 하면서 아프리카의 어려움을 알려 기금도 모았습니다.

　다시 아프리카로 돌아간 슈바이처는 여전히 해결되지 않은 과제들이 있었지만 예전보다 더 나은 병원을 설립할 수 있었습니다.

　그는 남은 생애 대부분을 아프리카에 머물며 수많은 사람들의 질병을 치료하는데 헌신했습니다.

　'밀림의 성자'로 불리며 사람들의 존경을 받은 슈바이처는 노벨평화

기금基金
어떤 목적이나 사업, 행사를 위해 쓸 기본적인 자금

헌신獻身
몸과 마음을 바쳐 모든 힘을 다하는 것

논어 한 문장

顔淵 問仁. 子曰, "克己復禮 爲仁."
안연 문인 자왈 극기복례 위인

안연이 인에 대해 묻자, 공자께서 대답하셨습니다. "자기의 사욕을 이겨 예로 돌아가는 것이 인을 행하는 것이다."

사람이라면 누구나 개인적인 욕심을 줄이기가 쉽지 않지요. 좀 더 편하고 유리한 조건에서 살고 싶습니다. 하지만 슈바이처처럼 자신의 안락함에 대한 욕심이나 이기심을 이겨내고 더 큰 사랑을 실천할 때, 한층 좋은 세상이 만들어지지요.

상을 수상했습니다. 그는 노벨상 상금까지도 한센병 환자들을 위해 사용해 많은 사람에게 큰 도움을 주었습니다.

한센병Hansen病
흔히 '나병'으로 불리며, 살점이 뭉개지거나 눈썹이 빠지고 손발이 변형되는 만성 전염병

53 어려운 일을 먼저
딱딱한 의자에 앉는 이유

선난후획 先難後獲 : 어려운 일을 먼저하고, 이익이 되는 일을 나중에 하라

先 먼저선 難 어려울난 後 뒤후 獲 얻을획

힌두교 Hindu敎
고대로부터 내려오는 브라만교와 인도 민속 신앙이 융합해 지금까지 이어지고 있는 인도의 민족 종교

간디
인도의 민족 해방 운동 지도자로, 제국주의자에 대한 비폭력 불복종 운동을 펼쳤다.

'인도' 하면 무엇이 떠오르나요? 힌두교, 갠지스 강, 타지마할 묘당 등이 생각납니다. 인도의 유명한 인물을 꼽으라면 영국의 식민 지배에서 벗어나기 위해 비폭력 운동을 전개한 간디(1869~1948)가 있습니다.

이와 함께 손꼽히는 인물로는, 간디와 함께 인도 독립 운동을 펼쳤으며 인도의 초대 수상이기도 한 자와할랄 네루(1889~1964)가 있습니다.

네루는 17년간 수상의 자리에 있으면서 강대국에 맞서 인도의 발전을 위해 노력했습니다. 인도에 민주주의를 뿌리내리고, 가난한 국민들의 행복을 위해 노력했던 그는 아시아 정치인의 거목으로 인정받고 있답니다.

네루 수상은 언제나 같은 스타일의 옷을 고집했어요. 인도의 전통을 지키고 독립의 의지를 보여주는 옷이었습니다. '네루 스타일', '네루 칼라'라는 말이 생길 정도였지요.

그리고 그는 자신의 집무실에서 국정을 처리할 때면 늘 딱딱한 나무 의자에 앉았다고 합니다. 편안한 소파에 앉지 왜 굳이 이를 마다하고 불편한 의자를 고집하느냐고 누군가 묻자, 네루 수상은 이렇게 말했습니다.

"편안한 의자에 앉으면 생각도 따라서 편해지게 마련입니다. 불편한

집무실執務室
업무를 처리할 때 사용하는 방

의자에 앉아 일을 해야 국민의 어려움을 잊지 않고 나랏일을 바르게 살필 수 있지요."

　　국민들의 어려움을 잊지 않고 자신의 최선을 다할 때 나라가 바로 설 수 있다는 말입니다. 네루가 남긴 또 다른 한마디도 그가 얼마나 국민을 생각했는지 잘 알려 줍니다.

　"정치는 국민의 뺨에 흐르는 눈물을 닦아 주는 것이다."

논어 한 문장

子曰, "仁者 先難而後獲, 可謂仁矣."
자 왈　인 자　선 난 이 후 획　가 위 인 의

공자께서 말씀하셨습니다. "어진 사람은 어려운 일을 먼저 하고 얻는 것을 뒤에 하니, 이렇게 한다면 '인'이라고 말할 수 있다."

어진 사람은 다른 이를 따뜻하고 넉넉하게 품어 줍니다. 우리의 지도자가 자신의 이익보다 공동체의 일을 우선시하는 어진 사람이라면, 우리는 그 사람 덕분에 많은 도움을 받을 것입니다.
네루는 식민 지배 속에 억압 받던 인도의 국민들을 더 나은 삶으로 이끌려던 사람입니다. 자기의 이익보다는 평생 국민의 아픔을 돌보는 일을 가장 중시했습니다. 그래서 지금도 많은 이들의 존경을 받고 있습니다.

54 미래를 대비

먼 미래를 내다볼 수 있는 지혜

무원려 필유근우 無遠慮 必有近憂 ▎ 장래를 생각하지 않으면 머지않아 근심이 생긴다

無 없을 무　遠 멀 원　慮 생각할 려
必 반드시 필　有 있을 유　近 가까울 근　憂 근심할 우

우리가 쉽게 맛볼 수 있는 바나나는 한 미국인이 1870년 자메이카에서 우연히 바나나를 수입하면서부터 세계적인 인기를 얻었다고 합니다.

당시에는 가격도 비싸 귀한 과일로 대접을 받았지요. 그래서 많은 양의 바나나를 값싸게 얻기 위해 중앙아메리카의 열대우림 지역에 대규모 농장을 개발하기 시작했습니다.

400여 종의 바나나 가운데 단일 품종만으로 대규모 재배를 하는 것에 대한 우려의 목소리가 있기는 했지만, 재배에 가장 적합한 하나의 종이 선택되었습니다. 단단해서 장거리 운송이 가능하고 진한 맛과 달콤한 향을 지녀 2차 대전 때까지 공급된 '그로 미셸'입니다.

우려 憂慮
근심 걱정

하지만 1903년 파나마에서 '바나나 암'으로도 불리는 '파나마 병'이 발견되었고, 1960년에는 그로 미셸의 재배를 포기하기에 이릅니다.

단일 품종으로 대량 생산을 하다보면 특정 질병에 강한 대안 품종이

대안 代案
어떤 안을 대신하는 안

181

변종變種
같은 종류의 생물에 변이가 생겨 성질과 모양이 바뀜

사라져 멸종할 가능성이 많다는 우려가 현실로 나타났지요.

사람들은 다시 맛과 상품성은 떨어지지만 파나마 병에 강한 '캐번디시'를 선택했습니다. 요즘 우리가 즐겨 먹는 바나나입니다.

하지만 변종 파나마 병이 다시 유행하였고, 캐번디시 역시 큰 위기를 맞고 있습니다.

다양성을 무시한 채 재배와 운송에 편리하도록 단일 품종만을 개발한 이런 행위로 인해 가까운 미래에 어쩌면 우리는 시장에서 바나나를 만날 수 없을지도 모릅니다.

그뿐 아닙니다. 19세기 중반, 아일랜드에서는 다른 농작물을 재배하지 않고 감자를 길러 주식으로 삼았습니다. 대부분의 집에서 최대 수

확을 거둘 수 있는 단일 품종의 감자만을 재배했습니다.

그런데 감자마름병이라는 질병 때문에 아일랜드의 감자는 2개월만에 사라지고, 아일랜드에 대기근이 닥쳤습니다. 약 200만 명이 굶어죽거나, 이민을 떠나는 엄청난 재앙이 일어났습니다. 눈 앞의 이익 때문에 미래를 내다보지 못한 결과이지요.

논어 한 문장

子曰, "人無遠慮, 必有近憂."
자 왈   인 무 원 려 필 유 근 우

공자께서 말씀하셨습니다.
"사람에게 먼 헤아림이 없으면 반드시 가까운 근심이 생긴다."

한 순간의 즐거움과 편안함을 위해, 때로는 작은 이익을 얻기 위해 놓치지 말아야 함을 알면서도 외면하는 경우가 있습니다. 온난화로 녹아 가는 빙하, 아마존의 밀림을 파괴하는 행위 등 지구의 환경과 인류의 미래를 위협하는 문제들처럼 말입니다.

우리와 후손들의 미래를 생각한다면, 길고도 깊은 생각과 실천으로 미래에 닥칠 여러 문제와 근심에 대비해야겠습니다.

55 적당함
욕심도 정도껏

방어리이행 다원 放於利而行 多怨 ▮ 이익에 따라 행동하면 원망이 많아진다

放 놓을 방 於 어조사 어 利 이로울 리 而 말 이을 이 行 갈 행
多 많을 다 怨 원망할 원

🐑 양 한 마리를 기르며 하루하루를 겨우 살아가던 부인이 있었습니다. 그녀는 양의 젖을 짜서 끼니에 보탰습니다.

부인에게 무엇보다 양이 소중했던 이유는, 양이 솜처럼 복슬복슬한 털을 내주었기 때문입니다. 덕분에 그녀는 양털을 팔아 필요한 물건과 바꿀 수 있었지요.

그런데 부인은 양의 젖과 털이 충분하다고 생각하지 않았습니다. 늘 양을 보면서 '너는 어째서 젖이 적은 게냐.'라거나, '언제나 저 털이 자랄까.' 하는 생각뿐이었어요.

그러던 어느 날 양털을 깎던 부인은 이런 마음이 들었습니다.

"그러고 보니 양털을 좀 더 깎아도 되겠는걸."

부인은 양털을 바싹 깎으면 더 많은 털을 얻을 수 있으리라 생각한 것이지요.

그러자 지난번에 양털이 모자라 살 수 없었던 예쁜 손거울이 떠올랐

습니다. 그때 좀 더 짧게 양털을 깎았더라면······.

그녀는 양털깎이를 깊숙이 디밀어 털을 바싹 깎기 시작했습니다. 그리고 예쁘장한 손거울을 떠올리며 싱글벙글 웃음을 머금었습니다.

"매에, 매에에헤. 매에, 매에."

갑자기 양이 다급하게 울부짖는 소리에 그녀는 펄쩍 뛰며 일어섰습니다.

손거울을 살 생각만으로 깊숙이 깎다 보니 그만 양의 살까지 도려내고 말았답니다. 괴로워하는 양의 몸에서는 많은 피가 흐르고 있었습니다.

피가 겨우 멈추고 얼마가 지나자 상처는 차츰 아물어 갔습니다.

하지만 겁에 질려 원망까지 품은 양은 부인에게 다가오려고 하지 않았습니다. 게다가 양은 잘 먹지 못한 채 야위어만 가서, 젖은 물론 양털도 예전만 못하게 되었습니다.

손거울에 욕심을 내던 부인은 때늦은 후회를 했지만 이미 늦고 말았지요.

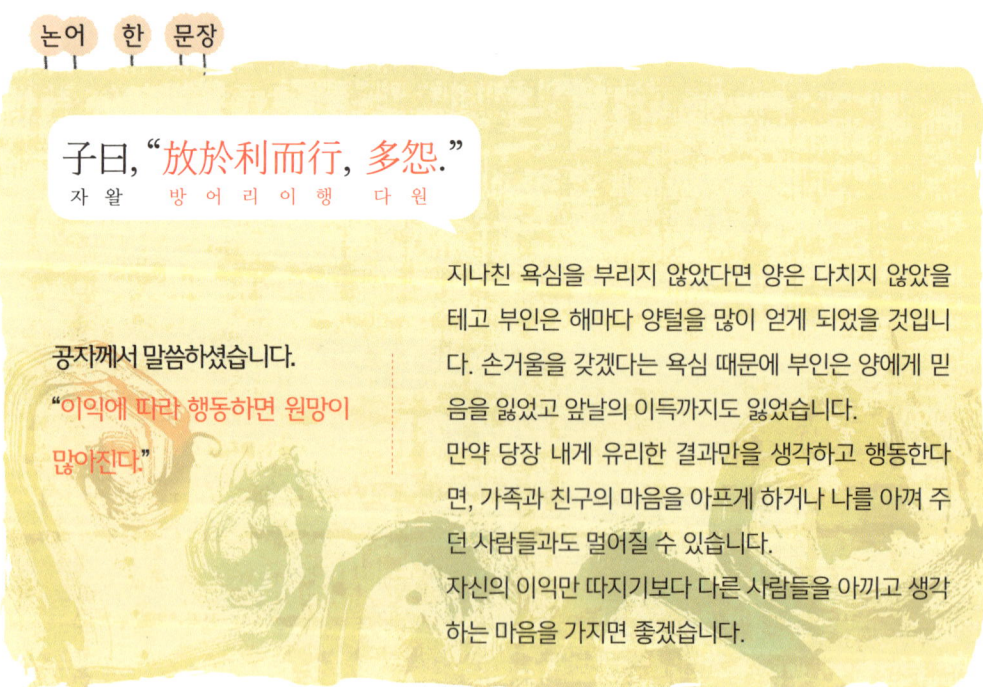

논어 한 문장

子曰, "放於利而行, 多怨."
자왈 방어리이행 다원

공자께서 말씀하셨습니다.
"이익에 따라 행동하면 원망이 많아진다."

지나친 욕심을 부리지 않았다면 양은 다치지 않았을 테고 부인은 해마다 양털을 많이 얻게 되었을 것입니다. 손거울을 갖겠다는 욕심 때문에 부인은 양에게 믿음을 잃었고 앞날의 이득까지도 잃었습니다.

만약 당장 내게 유리한 결과만을 생각하고 행동한다면, 가족과 친구의 마음을 아프게 하거나 나를 아껴 주던 사람들과도 멀어질 수 있습니다.

자신의 이익만 따지기보다 다른 사람들을 아끼고 생각하는 마음을 가지면 좋겠습니다.

56 헌신의 마음
약하고 어린 사람을 위하는 마음

소자회지 少者懷之 ▮ 어린 사람은 감싸 주라

少 어릴 소　**者** 사람 자　**懷** 품을 회　**之** 어조사 지

스위스의 어느 거리를 천천히 걸어가는 남자가 있었습니다. 그는 어딘가를 가려는 것은 아닌 듯 했습니다.

줄곧 땅바닥을 이리저리 둘러보며 걷다가 잠시 멈추고, 다시 걷다 멈추곤 했습니다. 잠시 멈출 때는 허리를 굽혀 무언가를 주워서는 주머니에 집어넣곤 하였지요.

그때 지나가던 경관이 그 남자를 한참이나 살펴보고 있었습니다. 길거리를 서성이며 미심쩍은 행동을 하는 남자가 영 수상해 보였던 것입니다.

마침내 경관은 그를 불러 물었습니다.

"주택가를 서성이며 무얼 줍고 있죠?"

남자는 마치 무슨 잘못이라도 한 듯 아무 일도 아니라며 말을 돌렸습니다.

남자의 그런 답변은 오히려 경관의 의심을 샀습니다.

경관은 주머니에 있는 걸 꺼내 보라고 했지요. 남자는 그저 별거 아니라고 대답할 뿐이었습니다.

경관이 몸수색을 하려 하자, 그제야 남자는 주머니에 담은 물건을 꺼내 보였습니다.

그가 조심스레 꺼낸 물건은 깨진 유리 조각들이었습니다.

더욱 수상하게 생각한 경관이 그의 주머니를 살폈지만 정말 유리 조각뿐이었어요.

경관은 이해할 수 없다는 눈으로 그를 쳐다보았습니다.

그러자 남자는 살며시 웃음을 지으며 길거리를 뛰노는 아이들을 손가락으로 가리켜 보였습니다.

아이들은 신발도 신지 않은 채 맨발로 놀고 있었던 것입니다.

경관은 그제야 의심의 눈초리를 거두고 남자에게 실례했다는 말을 건넸습니다.

유리 조각을 줍던 남자는 바로 페스탈로치(1746~1827)였습니다.

그는 교육자로서 평생 아이들을 사랑으로 돌보며 가르쳤습니다. 아이들을 하나의 인격체로 인정해 주었고, 학교는 가정과 같아야 한다고 생각했지요.

인격체 人格體
사람으로서 품격을 가진 존재

그런 따뜻한 마음이 있었기에 누구도 관심을 갖지 않았던 거리의 유리 조각을 주울 수 있었던 것입니다. 전쟁으로 부모를 잃거나, 가난하고 어려운 처지의 아이들을 위해 특별히 헌신했던 그의 생애는 묘비명에 이렇게 표현되어 있습니다.

'모든 것이 남을 위해서였으며, 스스로를 위해서는 아무것도 하지 않았다.'

논어 한 문장

子曰, "老者安之, 朋友信之, 少者懷之."
자왈 노자안지 붕우신지 소자회지

공자께서 말씀하셨습니다.
"늙은이를 편안하게 해 주고, 친구 간에 믿음을 주고, 어린 사람을 감싸 주고자 한다."

어느 날 공자님은 자로와 안연이라는 제자들과 '마음속에 품은 뜻'에 대해 이야기를 나누었습니다. 자로는 어떤 물건도 벗들과 함께 나누려 했고, 안연은 언제나 겸손한 태도를 갖고자 했습니다.
그때 공자님은 노인은 편안하게, 친구는 믿음 있게, 젊은이는 따뜻하게 품어 주고 싶다고 말했습니다. 많은 사람들을 친절하게 보살피고자 한 공자님의 인자로움을 느낄 수 있습니다.
만약 공자님이 페스탈로치와 똑같은 상황이었다면, 공자님도 아이들이 다칠까 걱정하며 길바닥의 유리 조각을 열심히 주웠겠지요.

57 감동의 힘
기쁜 마음으로 찾아오게 하는 방법

근자열 원자래 近者說 遠者來 : 가까이 있는 사람이 기뻐하며, 멀리 있는 사람이 찾아오게 하라

近 가까울근　者 사람자　說 기뻐할열, 말씀설, 달랠세　遠 멀원　來 올래

디즈니랜드는 월트 디즈니가 1955년에 세운 세계적인 놀이공원입니다. 미국 디즈니랜드의 성공 이후 세계 곳곳에 디즈니랜드가 세워졌습니다. 그중에서도 일본 도쿄 디즈니랜드는 미국 본토의 성공을 뛰어넘는 훌륭한 운영으로 유명합니다.

세계 경제가 어려워진 2009년, 미국 디즈니랜드는 2,000명 가깝게 직원을 줄이는 위기를 맞지만, 도쿄 디즈니랜드는 방문객이 줄지도 않았거니와 오히려 수익이 증가했습니다. 이런 성공의 비결은 오직 고객을 위하는 감동적인 서비스 덕분이라고 합니다.

직원이 고객을 세심하게 배려하는 두 가지 이야기가 있습니다.

도쿄 디즈니랜드를 방문한 할아버지가 오렌지색 꽃을 발견하고는 마침 곁을 지나가던 젊은 여자 직원을 불러 꽃의 이름을 물어보았습

배려 配慮
마음을 쓰며 돕거나 보살펴 줌

니다. 직원 역시 꽃의 이름을 몰랐지만 곧 이렇게 대답했습니다.

"괜찮으시다면 시간을 좀 주시겠어요? 잠시 후 불꽃놀이가 시작될 때까지 제가 꽃 이름을 알아와 말씀드리겠습니다."

불꽃놀이가 시작될 무렵, 할아버지는 다시 찾아왔지만 꽃 이름을 알려 준다던 직원은 보이지 않았습니다. 그래서 지나가는 다른 직원에게 물었습니다. 그러자 그 직원은 이렇게 대답했습니다.

"먼저 근무한 직원의 전달 사항 노트에 손님이 부탁하신 일이 적혀 있었습니다. 약속드린 대로 꽃 이름을 확인했답니다. 꽃의 이름은 '가자니아'로, 꽃말은 '자랑스러운 당신'이라고 합니다."

2011년 3월, 7만 여 명이 입장한 도쿄 디즈니랜드에 대지진이 발생했을 때, 단 한 사람의 부상자도 발생하지 않았다고 합니다.

누가 지시하지 않았지만 직원들은 매장에 있던 인형과 쿠션을 모아 고객들에게 나누어 주어 머리를 보호하게 하고, 즉시 건물 밖으로 대피시켰습니다. 불안에 떠는 어린이들에게는 초콜릿과 과자를 주며 달래 주기도 했습니다.

고객을 위한 행동요령으로 회사는 직원들에게 평상시에 늘 이렇게 교육시켜 왔다고 합니다.

'매뉴얼에 집착하지 말고, 누가 시키지 않아도 고객에게 도움이 되는 것을 최우선으로 실행하라. 모든 책임은 회사가 진다.'

사람들이 다시 찾아오게 하는 방법은 결코 어려운 것이 아닌, 사람들의 마음을 기쁘게 하는데 달려 있습니다.

매뉴얼
안내서, 혹은 어떤 행동을 지도하는 규칙

논어 한 문장

葉公 問政. 子曰, "近者說, 遠者來."
섭공 문정 자왈 근자열 원자래

섭공이 정치란 어떻게 하는 것이냐고 묻자, 공자께서 대답하셨습니다.
"가까이 있는 사람들은 기뻐하며, 먼 곳에 있는 사람들은 찾아오도록 해야 합니다."

감동을 주는 직원들로 인해 도쿄 디즈니랜드는 평판이 좋아졌습니다. 가까이 사는 사람뿐 아니라 이곳을 방문하려는 손님이 이어졌던 것입니다.
바람직한 정치란 주변의 사람뿐 아니라, 많은 사람들이 행복할 수 있는 세상을 만드는 일일 것입니다.

58 정직한 충고
곧은 말을 하는 신하

- 사군물기 事君勿欺 ┊ 임금을 속이지 마라
  事 섬길(일) 사 君 임금 군 勿 말 물 欺 속일 기

중국 위나라의 문후라는 임금은 가끔 신하들에게 '나는 어떤 임금인가?' 하고 물었습니다. 그럴 때마다 신하들은 '폐하는 어진 임금이십니다.'라고 대답했습니다.

　하지만 적황이란 신하는 그렇게 말하고 싶지 않았습니다. 신하된 도리로서 임금의 마음에 드는 말만 앵무새처럼 따라 해서는 안 된다고 생각한 것이지요.

　한번은 적황이 조정의 회의 자리에서 임금이 결정한 일을 지적하며 말했습니다.

조정朝廷
임금이 신하들과 함께 나랏일을 논의하거나 집행하는 곳

　"폐하는 어진 임금이 아니십니다. 중산국을 정벌하시고 그 자리에 마땅한 폐하의 아우를 임명하지 않고, 폐하의 맏아들을 앉혔습니다. 어진 임금이시라면 바른 법도를 따르셔야지, 이처럼 마음대로 자리를 뺏을 수는 없는 법입니다. 이 일만 보아도 폐하는 어진 임금이 아니십니다."

　적황의 바른말에 너무도 화가 치민 문후는 당장 물러가라고 소리쳤습니다. 그러고는 임좌라는 신하에게 다시 물어보았습니다. 그러자 임좌가 대답했습니다.

　"폐하는 분명 어진 임금이십니다."

　평소 눈치만 살피던 신하들과 같은 대답이었지요. 하지만 임좌는 곧 이렇게 말을 이었습니다.

　"제가 듣기로는 '어진 임금 밑에는 반드시 충직한 신하가 있다.'고 합니다. 지금 쫓겨난 적황이야말로 충직한 신하가 아니겠습니까? 이렇게 충직한 신하가 있는걸 보면 폐하께서는 분명 어진 임금이 맞습

충직忠直
충성스럽고 정직함

니다."

문후는 그제야 자신의 잘못을 깨달았습니다.

임금의 위엄도 두려워하지 않았던 적황과 임좌 두 신하의 강직함이 임금을 바른 길로 인도했습니다.

강직剛直
마음이 곧음

논어 한 문장

子路 問事君. 子曰, "勿欺也, 而犯之."
자로 문 사 군 자 왈 물 기 야 이 범 지

자로가 임금 섬기는 방법에 대해 묻자, 공자께서 대답하셨습니다. "속이지 말고 얼굴을 대놓고 간쟁해야 한다."

신하가 임금을 섬길 때에는 임금의 잘못된 점을 지적하고 바른 정치를 할 수 있도록 도와야 합니다. 그러나 대부분의 신하들은 임금이 가진 막강한 힘이 두려워 임금의 비위를 맞추려 들기 쉽습니다.
공자님은 신하라면 임금을 절대 속이지 말고, 임금 앞에서 바른 소리를 내야 한다고 합니다.
앞에서는 아첨의 말을 하면서 물러나서는 임금을 비난하는 이중적인 태도를 경계합니다. 바른 나라를 만들기 위한 공자님의 당부를 새겨들어야 하겠습니다.

59 올바른 방향
함께하기 어려운 이유

도부동 불상위모 道不同 不相爲謀 ┆ 가는 길이 다르면 일을 함께하지 마라

道 길도　不 아닐부(불)　同 같을동　相 서로상　爲 할위　謀 꾀할모

숯을 굽는 사람이 있었습니다. 그는 부지런한데다 좋은 숯을 만든다는 소문이 나서 장사도 잘 되었지요. 숯 굽는 일은 힘들었지만 언제나 즐거운 마음으로 일터에 나갔습니다. 숯가루로 검게 물든 땀방울에도 행복하기만 하였지요.

어느 날 옷감 짜는 사람이 새로 이사를 왔습니다. 말이 이사지, 간단한 살림살이만 있는 보잘것없는 행색이었지요. 아직 살 집도 마련하지 못한 채 옷감 짜는 기술만 믿고 시작해 볼 셈이었답니다.

> **행색 行色**
> 겉으로 보이는 차림이나 모습

하지만 생각처럼 쉽지가 않았지요. 살 곳은 물론 옷감을 짤만한 작업장도 없었으니 말입니다.

딱한 사정을 알게 된 숯 굽는 사람은 그를 돕고 싶었습니다. 자신에게는 방도 여유가 있고, 쓸 만한 작업장도 있었으니까요.

그는 옷감 짜는 사람에게 자신의 생각을 전했습니다.

"옷감 짜는 재주가 아주 좋습디다. 얼른 자리를 잡으시면 좋을 텐데.

마침 우리 집엔 방도 남았고, 쓰시기에 마땅한 작업장도 빌려 드릴 수 있는데 함께 지내면 어떻겠습니까?"

옷감 짜는 사람은 기쁜 얼굴로 고마워하며 대답했지요.

후의厚意
남에게 두텁게 인정을 베푸는 마음

"보잘것없는 제게 이런 후의를 베풀어 주신다니 정말 감사합니다. 하지만 저는 지금의 길거리 작업장이 더 편하고 좋습니다. 제가 당신의 집에서 옷감을 짤 수는 없거든요."

숯 굽는 사람은 의외의 대답에 적잖이 놀랐습니다. 길거리가 더 편하다니. 게다가 자신의 집에서는 옷감을 짤 수가 없다니.

그는 이유가 궁금해 옷감 짜는 사람에게 물었지요.

그러자 옷감 짜는 사람은 이렇게 말을 이었습니다.

"당신의 집에서 옷감을 짠다면 날리는 숯가루에 옷감이 남아나지 않겠지요. 당신과 저는 함께 일할 수 없는 직업을 가졌기 때문입니다."

논어 한 문장

子曰, "道不同, 不相爲謀."
자왈 도부동 불상위모

공자께서 말씀하셨습니다.
"가는 길이 같지 않으면 서로 일을 도모하지 말아야 한다."

'도가 같지 않다'는 것은 선과 악, 거짓과 정직처럼 서로 나아가는 방향이 다르다는 말입니다. 정직하게 살고 싶다면 거짓을 멀리해야 하고, 착하게 살고자 한다면 악행을 멀리해야겠지요.
정직한 사람이 거짓을 일삼는 사람과 친하게 지내고, 착한 사람이 악행을 저지르는 사람과 가까이 지낼 수는 없겠지요. 바른 길로 나아가려면 때로 길을 가로막는 장애물을 물리치는 결단력이 필요합니다.

60 사람이 먼저
진정 버려서는 안 되는 것

불문마 不問馬 : 사람보다 소중한 것은 없다

不 아닐 불　問 물을 문　馬 말 마

 고려 공민왕 때의 일입니다.
　사이좋은 형제가 함께 길을 가다가 우연히 황금 두 덩어리를 주웠습니다.
　우애 깊은 형제는 금덩이를 하나씩 나누어 가지고, 강을 건너기 위해 나룻배에 올랐습니다. 그런데 강 한 가운데쯤을 지날 때 동생이 갑자기 금덩이를 강물 속으로 던졌습니다.
　깜짝 놀란 형이 물었습니다.
　"아니, 귀한 금을 어째서 물속에 던졌느냐?"
　그러자 동생이 말했습니다.
　"형님, 제가 전에는 한 번도 형을 미워하는 마음이 든 적이 없습니다. 그런데 지금 금덩이를 손에 넣고 보니, 형님을 꺼리는 나쁜 생각이 듭니다. 형님과 같이 가지 않았다면 오늘 금덩이 두 개가 모두 내 차지였을 것이라는 생각이 자꾸만 들었습니다. 이런 고약한 마음이 생기게

> **꺼리는**
> 어떤 일이 자신에게
> 해가 될까 싫어하거
> 나 마음에 걸리는 것

하는 것을 보면 이 금덩이는 반드시 재앙을 부르는 물건인 듯합니다. 그래서 던졌습니다."

형 또한 동생의 말에 절로 고개가 끄덕여졌습니다.

형 역시 주저하지 않고 강물 속에 자기가 갖고 있던 금덩이를 던졌습니다.

배에서 내린 형제의 우애가 더욱 깊어졌음은 물론입니다.

논어 한 문장

廐焚. 子 退朝曰, "傷人乎?" 不問馬.
구 분 자 퇴조왈 상인호   불문마

마구간에 불이 났는데, 공자께서 조정에서 일을 마치고 나오시며 말씀하셨습니다.
"사람이 다쳤느냐?"
그러고는 말에 대해서는 묻지 않으셨습니다.

교통사고가 났는데 다친 사람은 돌보지 않고 찌그러진 자동차만 아까워하는 사람이 있다면 어떨까요? 나쁜 사람이라는 생각이 들겠지요?

지금도 그렇지만 말은 많은 돈을 지불해야 살 수 있는 동물이었습니다. 마구간에 불이 났으니 금전적인 손해가 있었겠지만 공자님은 말에 대해 묻지 않고 사람이 다쳤는지만 물었습니다.

어떤 상황에서나 가장 중요한 존재는 '사람'입니다. 동물을 아끼지 않아서가 아니라 사람을 무엇보다 귀하게 여겨서입니다.

이야기 속의 형제도 무엇보다 서로를 소중히 여겼습니다. 금덩이보다 서로를 귀하게 여긴 형제의 우애가 감동을 줍니다.

61 능력을 키워라
신분의 굴레에서 벗어나 성공을 이룬 박사

산천기사 山川其舍 ┊ 출신이나 배경보다 능력이 우선!

山 메산 川 내천 其 그기 舍 버릴사

인도에는 불가촉 천민이 있습니다. 4계급으로 나뉘는 카스트에도 들지 못해 인도의 하층민들 중에서도 최하층에 속하는 사람들이지요.

그들은 사람의 대변이나 가축의 시체를 치우는 일밖에 할 수 없습니다. 그들이 지나가면 길이 더러워진다고 해서 빗자루를 매달아 자기 발자국을 쓸면서 다녀야 했습니다.

인도 정부는 1950년에 이미 불가촉 천민의 폐지를 헌법으로 선포했습니다.

그러나 아직도 사회적인 차별이 심하게 남아 있어 불가촉 천민들은 고통을 겪습니다.

나렌드라 자다브 박사는 이런 계급 출신이었지만 치열한 도전 정신으로 암울한 운명의 굴레에서 벗어난 분입니다.

눈물겨운 노력과 열정으로 인도뿐 아니라 온 세계 사람들에게 깊은 감동을 주어 '살아 있는 영웅'으로 불립니다.

불가촉 천민
不可觸 賤民
접촉할 수 없는 천민

카스트 Caste
오랜 옛날부터 전해 내려온 인도 사회 신분 제도. 높은 계층부터 성직자인 브라만, 귀족과 무사 계층인 크샤트리아, 농민과 상인 중심의 바이샤, 소작농과 하인인 수드라가 있었다. 그 아래는 불가촉 천민이라 해서 이들은 사회에서 가장 어려운 일들을 담당했다. 카스트 제도는 1947년 인도 독립 이후 폐지되었으나, 아직까지 인도 여러 곳에서 잔재가 남아있다.

암울 暗鬱
어둡고 절망적인 상황

괄시恝視
업신여기며 하찮게 대함

그는 온갖 차별과 역경을 이겨내고 공부에 정진해 미국에서 경제학 박사를 취득했습니다. 어렵게 박사가 되자 그를 아끼던 주위 사람들이 '너희 나라로 돌아가면 사람들이 너를 괄시할 것'이라고 말렸지만 사회적 차별을 감내해야 할 인도로 돌아와 조국의 발전을 위해 일하기 시작했습니다.

감내堪耐
어려움을 참고 버텨 나감

거론擧論
어떠한 일이나 사항을 의제로 삼아 논의함

그는 세계적으로도 규모가 크고 전통이 있는 푸네 대학교의 부총장을 지냈습니다. 장차 인도 대통령 후보로까지 거론되고 있으며, 국제적 명성을 지닌 경제학자이면서 정책입안자이기도 하지요. 가족의 이

논어 한 문장

子 謂仲弓曰, "犁牛之子, 騂且角, 雖欲勿用, 山川其舍諸?"
자 위중궁왈 이우지자 성차각 수욕물용 산천기사저

공자께서 중궁에게 말씀하셨습니다.
"얼룩소 새끼가 색깔이 붉고 또 뿔이 제대로 났다면 비록 쓰지 않고자 하나, 산천의 신이야 어찌 그것을 버리겠는가?"

공자님의 제자 중궁은 능력과 인격을 모두 갖추었습니다. 공자님 역시 그를 아껴 곁에 두었지요.
그러나 중궁의 아버지는 신분이 천하고 여러 가지 악행을 저지르기로 유명했습니다. 사람들은 중궁의 출신을 문제 삼으며 공자님께 그를 멀리하라고 했습니다. 옛날 중국에서는 제사를 바칠 때 붉은 소를 귀하게 여겨 제물로 쓰고, 얼룩소는 쓸 수 없었다고 합니다.
공자님은 얼룩소의 새끼로 태어났더라도 붉은 털에 모양이 멋진 뿔을 가지고 있다면 얼마든지 제사에 바칠 수 있듯이, 출신보다는 사람 자체만을 보아야 한다고 말했습니다.

야기를 다룬 저서 '신도 버린 사람들(Untouchables)'은 세계적인 베스트셀러가 되었습니다.

62 한 걸음 더 나가기
사막에서 숲을 일군 여인

위산일궤 爲山一簣 : 거대한 산을 만드는 일은 한 삼태기의 흙부터 시작된다

爲 할 위   山 메 산   一 한 일   簣 삼태기 궤

나무를 마구 베어 쓴데다가 비도 많이 내리지 않아 중국 네이멍구 마오우쑤 지방은 점차 모래벌판으로 변해갔습니다. 마침내 마을은 사막으로 바뀌었고, 모래 폭풍마저 불어오자 사람들은 하나둘 마을을 떠났습니다.

이런 마을로 인위쩐이라는 여인이 시집을 왔습니다.
아무리 가려도 코와 입으로 날아드는 모래바람에 신혼 생활은 끔찍했고, 그저 달아나고만 싶었지요. 하지만 남편인 바이완샹을 두고 떠날 수는 없었습니다.

그래서 그녀는 마을을 떠날 수 없다면 차라리 사막을 바꾸자고 생각했습니다. '한 그루, 두 그루 나무를 심다 보면 10년이 지나고 20년이 지나 푸른 나무가 가득해지겠지.'라고 말입니다.

가난한 살림이었지만 나무를 심기 위해 열심히 일을 했고, 어려운 살림에 남은 돈으로 나무를 사서 심으며 물도 길어다 주기를 반복했습니다.

이런 부부를 보고 사람들은 도와주기는커녕 쯧쯧 혀를 차며 바보 같은 일이라고 비웃었습니다.

하지만 부부는 힘들게 기른 나무가 물이 없어 말라 죽거나 모래바람에 날아가도 그 자리에 또 다시 나무를 심었습니다. 옛날 우공이라는 사람이 자식과

우공이산愚公移山
북산에 살던 90세의 우공이 집 앞의 두 산을 깎아 평지로 만들자고 제안, 가족들이 힘을 모아 산을 깎아 흙을 나르자 천제가 감동해 두 산을 다른 곳으로 옮겨 주었다는 내용의 고사성어

손자로 이어 가며 산을 옮겼다는 이야기처럼 말이에요.

너무나 힘들어 포기하고 싶은 적도 많았지만, 그녀는 남편과 함께 쉬지 않고 나무를 심고 돌보았습니다.

그러기를 20여 년, 지금은 여의도보다 아홉 배나 넓은 땅에 80만 그

루나 되는 나무가 자라고 있습니다.

모래 폭풍이 휘몰아치던 사막에는 푸른 숲이 자리 잡았습니다. 이제는 친척들도 동네 사람들도 모두 부부의 일을 돕습니다. 소식을 듣고 감동받은 사람들도 멀리서 찾아와 이들 부부를 돕기 시작했지요.

사막을 숲으로 바꾼 위대한 일은 나무 한 그루를 심는 일에서 시작되었습니다. 만약 나무 한 그루 심기를 포기했다면 숲을 이루지 못했을 것입니다.

더 이상 할 수 없다고 멈추었다면 나무는 말라죽어 다시 사막이 되었을지도 모릅니다. 선택은 자신에게 달려 있습니다.

논어 한 문장

子曰, "譬如爲山, 未成一簣, 止, 吾止也.
자왈 　 비여 위산 　 미성일궤 　 지 　 오지야

譬如平地, 雖覆一簣, 進, 吾往也."
비여평지 　 수복 일궤 　 진 　 오왕야

공자께서 말씀하셨습니다.
"학문은 비유하자면, 산을 만들다가 마지막 한 삼태기를 남겨 두고 산을 이루지 못한 채 그만두더라도 내 자신이 그만두는 것이다. 평지에 한 삼태기의 흙을 처음 부어 나아가더라도 내 자신이 나아가는 것이다."

인위쩐은 이웃들이 이해하지도 돕지도 않았지만 꿋꿋하게 자신의 목표를 향해 나아갔습니다. 날마다 결코 포기하지 않았습니다.
산을 만들기 위해 평지에 흙을 한 번 붓는 것과 같이 무모한 일이었지만, 매일매일 꿋꿋하게 실행해 결국 사막을 숲으로 바꾸었습니다.
포기도, 전진도 자신에게 달려 있음을 인위쩐 부부가 분명하게 보여 주었습니다.

63 사명과 책임

내가 보고, 또한 역사가 평가하리라

임중도원 任重道遠 | 책임은 무겁고 갈 길은 멀다

任 맡길임   重 무거울중   道 길도   遠 멀원

파르테논 신전. 그리스 여행에서 빼놓을 수 없는 유적이지요. 기원전 438년에 완성되어 지금은 당시의 온전한 모습을 볼 수는 없지만, 남아 있는 기둥의 자태만으로도 아크로폴리스 언덕에 2,500여 년이 넘게 자리를 지켜낸 당시의 위용이 느껴집니다.

파르테논 신전은 조각가이자 건축가였던 페이디아스의 감독 아래 완성되었다고 합니다. 그는 파르테논뿐 아니라 제우스 신상 등을 만들어낸 당대의 천재적인 예술가였지요.

파르테논 신전 건축 당시 있었던 일이라고 합니다.

페이디아스는 파르테논 신전의 완성을 위해 신들의 상을 조각하고 있었습니다.

거대한 조각상은 신전의 높은 지붕을 장식할 작품이었습니다. 아름다우면서도 품위 있는 조각상은 이제 거의 마무리 단계에 접어들고 있었습니다. 사람들은 조각 작업이 끝나면 머지않아 신전도 완성되리라

위용威容
위풍당당한 모양이나 모습

품위品位
사물이 고상하고 격이 높음

는 기대에 마음이 한껏 부풀었습니다.

그런데 이상하게도 페이디아스는 끌과 망치를 놓을 생각이 없어 보였습니다. 높은 지붕에 얹으면 보이지도 않을 조각의 머리 부분, 그것도 파도처럼 일렁이는 곱슬곱슬한 머릿결을 한 올 한 올 다듬고 있는 것이 아닙니까? 얼른 완성해야 한다는 조바심에 한 제자가 스승 페이디아스에게 물었습니다.

논어 한 문장

曾子曰, "士 不可以不弘毅, 任重而道遠.
증자왈 사불가이불홍의 임중이도원

仁以爲己任, 不亦重乎? 死而後已, 不亦遠乎?"
인이위기임 불역중호 사이후이 불역원호

증자가 말했습니다.
"선비는 도량이 넓고 뜻이 굳세지 않으면 안 되니, 책임이 무겁고 길이 멀기 때문이다. 어짊을 자신의 임무로 삼으니 또한 무겁지 않은가? 죽어서야 마치니 또한 멀지 않은가?"

거대한 조각을 밑에서 올려다보면 분명 정수리 부분은 잘 보이지 않을 것입니다. 그러나 페이디아스는 그렇게 생각하지 않았습니다. 남이 자세히 바라보지 않아도 어느 한 부분 소홀히 하지 않았습니다. 요령을 피우는 일 없이 우직하게 최선을 다함으로써 자신을 속이지 않았고 역사 앞에 부끄러움이 없었습니다.

《논어》에서 언급하는 훌륭한 사람도 페이디아스와 다르지 않습니다. 선비는 내면이 넓고 의지가 강해야만 무거운 책임을 지고도 꾸준히 나아갈 수 있다고 생각했습니다.

페이디아스가 오랜 작업에 지쳐 작품을 대충대충 만드는 사람이었다면 우리는 지금 그의 이름을 알지 못했을 것입니다. 심신이 극도로 피로해지는 작업을 하면서도 예술가로서의 책임을 저버리지 않은 굳센 의지가 있었기에 위대한 작품을 남겼던 것입니다.

 "스승님, 신전을 완성할 기한이 얼마 남지 않았습니다. 그런데 지금 다듬고 계신 조각상은 지붕에 세워질 것입니다. 모든 사람들이 지켜본다고 해도 너무 지나치십니다. 지붕 위에 세울 조각상의 머리카락을 누가 본다고 이렇게 시간을 끄십니까?"
 페이디아스는 망치질을 멈추지 않은 채 한마디만을 뱉었지요.
 "지금 내가 보고 있고, 또한 역사가 보고 평가하지 않겠는가!"

무료 동영상 강의 보고!
학점까지 따고!

SMAT 1급(컨설턴트) 10학점, SMAT 2급(관리자) 6학점 인정

※ 위 학점은 학점은행제 학점입니다.

SMAT Module C 무료 동영상 강의 커리큘럼

구분	강좌명
1	OT
2	서비스 산업의 개념
3	서비스 경제의 이해 및 유형
4	서비스 패러독스와 서비스 비즈니스 모델의 이해
5	서비스 프로세스
6	서비스 프로세스 연구개발
7	서비스 품질의 이해 및 측정
8	서비스 수요관리 및 공급계획
9	서비스 공급관리 및 대기관리
10	가격관리, 수율관리 및 기대관리
11	인적자원관리의 이해
12	서비스 인력평가, 보상, 직무평가
13	노사관계관리
14	서비스인력 노동생산성 관리
15	고객만족경영과 전략
16	경영전략과 분석, 경쟁우위전략
17	서비스 마케팅과 동태적 전략
18	제1회 고공행진 모의고사

※ 강의의 구성 및 내용은 변경될 수 있습니다.

2025

유튜브 선생님에게 배우는

유선배

편저 한국서비스경영연구소

SMAT 모듈C
서비스 운영전략
합격노트

제1회 실제경향 모의고사 ㅣ 제2회 실제경향 모의고사 ㅣ 정답 및 해설

본 도서는 항균잉크로 인쇄하였습니다.

시대에듀

실제경향 모의고사

SMAT Module C 　서비스 운영전략

제1회 실제경향 모의고사	02
제2회 실제경향 모의고사	19
정답 및 해설	36

제1회 실제경향 모의고사

SMAT Module C

📋 **일반형 24문항**

01 다음 중 서비스 유형에 따른 관리 방안으로 가장 적절한 것은?

① 시중은행과 같이 많은 직원이 필요한 서비스업은 교육 및 인력관리가 중요하다.
② 고객접촉도가 높은 서비스업의 업무 효율성 제고를 위해 모든 부문의 접촉강화전략이 필요하다.
③ 상호작용과 고객화가 높은 서비스업은 직원의 이직률을 낮추기 위해 엄격한 상하관계관리가 중요하다.
④ 호텔 및 콘도와 같이 많은 자본투자가 이루어지는 서비스업은 성수기에 수요를 최대화하는 것이 중요하다.
⑤ 상호작용과 고객화가 낮은 서비스업은 서비스 제공 인력의 전문성을 높이고, 수평적 상하관계관리가 필요하다.

02 다음 중 서비스업에 대한 내용으로 가장 적절한 것은?

① 서비스는 제조업체의 입장에서는 필요악이다.
② 도시화의 가속은 서비스업 성장의 저해요인이다.
③ 새로운 직업의 대부분이 서비스에 의해 창출되고 있다.
④ 임대의 개념으로 서비스를 보는 관점은 적절하지 않다.
⑤ 첫 구매의 경우, 유형재로서의 제품에 비해 서비스의 경우 고객 기대관리가 더욱 용이하다.

03 다음 중 서비스 품질 갭(GAP)에 대한 설명으로 가장 적절한 것은?

① 기대한 서비스와 경험(인지)한 서비스의 차이는 경영자 인지 격차이다.
② 기대된 서비스와 고객기대에 대한 경영진의 인식 차이는 서비스 전달 격차이다.
③ 서비스 전달과 경영진 인지의 품질명세화의 차이는 경영자 품질명세 격차이다.
④ 서비스 전달과 고객에 대한 외적 커뮤니케이션의 차이는 시장 커뮤니케이션 격차이다.
⑤ 경영자 인식의 품질명세화와 고객기대에 대한 경영진의 인식 차이는 경험한 서비스 격차이다.

04 다음 중 서비스 품질 측정이 어려운 이유로 적절하지 않은 것은?

① 서비스 품질은 주관적임
② 전달 이전 테스트가 어려움
③ 고객으로부터의 서비스 품질에 대한 데이터 수집이 어려움
④ 고객은 프로세스의 일부이며 변화 가능성이 있는 요인으로 인식
⑤ 자원이 고객과 분리되어 이동하므로 고객이 자원의 변화를 파악하기 어려움

05 다음 중 서비스 프로세스의 재설계 과정으로 적절하지 않은 것은?

① 편의성과 전달기능 향상을 위해 서비스 프로세스 중 물리적 요소를 재설계
② 고객별 서비스의 종류를 줄이고 다양성을 확보할 수 있도록 일관된 서비스를 제공
③ 서비스 속도를 증가시키고 접근성을 향상할 수 있는 방법으로 셀프서비스를 활용
④ 편의성과 접근성을 높일 수 있도록 고객에게 서비스를 직접 전달하는 과정을 창출
⑤ 서비스의 효율성과 제공 속도를 높이기 위해 부가가치를 창출하지 않는 서비스 전달 단계를 제거

06 서비스 수요의 특성으로 옳지 않은 것은?

① 서비스는 재고의 저장이 불가능하거나 어렵다.
② 서비스는 시간과 공간의 제약이 따르는 경우가 많다.
③ 서비스 수요량이 공급량을 넘어서면 넘치는 수요는 포기해야 한다.
④ 대부분의 서비스 수요는 눈에 보이지 않고 만들어지면 바로 소비된다.
⑤ 서비스 수요는 즉시 제공되지 못해도 수요 자체가 사라져 버리지는 않는다.

07 수율관리의 적합성에 대한 설명으로 가장 적절하지 않은 것은?

① 가용능력 변성비용은 높고 한계판매비용은 낮은 상황에서 수율관리 적합성은 높아진다.
② 사전 판매 혹은 선불 판매를 할 수 있는 상황에서 수율관리의 적합성은 높아지게 된다.
③ 서비스 판매가 이루어지지 못하면 서비스 가용 능력이 소멸되는 경우에 수율관리가 더 적합하다.
④ 고객의 서비스 수요에 대한 변동성이 높아서, 성수기와 비수기의 구분이 명확하고 계절적인 수요가 발생하는 상황에서 수율관리의 적합성은 높아진다.
⑤ 서비스 공급이 제한되어 일정 수준 이상의 서비스 수요가 발생하여, 공급량 이상의 수요에 대해서는 포기해야 하는 상황에서는 수율관리 적합성이 낮아진다.

08 서비스 인력의 선발 방법 중 '예측타당성이 높은 선발'에 대한 설명으로 가장 적절한 것은?

① 서비스 기업의 문화에 적절한 인재를 선발하였다.
② 입사 후 서비스 직무성과가 높을 사람을 선발하였다.
③ 서비스 기업의 인재상과 어울리는 사람을 선발하였다.
④ 입사 후 1년 이내 이직 가능성이 높은 사람을 선발하였다.
⑤ 입사 후 수행할 서비스 직무에 대한 지식이 많은 사람을 선발하였다.

09 다음 중 외부모집에 대한 설명으로 적절한 것은?

① 훈련과 조직화 시간이 단축된다.
② 기업의 급격한 전환기에 효과적이다.
③ 성장기 기업은 유자격자의 공급이 어렵다.
④ 신속한 충원과 충원비용의 절감이 가능하다.
⑤ 조직 내부정치와 관료제로 인해서 비효율적이 될 수 있다.

10 다음 중 고객만족경영의 효과로 가장 적절하지 않은 것은?

① 재구매 고객 창출
② 마케팅 비용 절감
③ 임직원 이직률 감소
④ 고객 전환비용(Switching Cost) 최소화
⑤ 고객에 의한 구전(WOM ; Word of Mouth)

11 다음 중 고객을 계속 유지하기 위한 방법으로 가장 적절하지 않은 것은?

① 고객 서비스에 대한 원활한 정보전달
② 내부 고객에게 제공하는 서비스 향상
③ 종업원의 표준화된 서비스 제공을 위한 자율성 제한
④ 위험감수, 새로운 아이디어 창출을 위한 기업문화 조성
⑤ 모든 의사결정, 시스템 및 공정을 고객의 욕구와 기대에 초점

12 서비스 패러독스가 발생하는 원인으로 가장 적절하지 않은 것은?

① 고객의 기대수준이 점점 높아지고 있다.
② 서비스의 기계화(Self Service Technologies)로 인해 발생한다.
③ 경쟁적인 서비스 환경이 차별성을 잃게 만들고 있다.
④ 기술의 단순화로 고객이 서비스를 정확하게 인지하고 있다.
⑤ 서비스의 획일화, 즉 지나친 표준화로 서비스의 개별성이 상실되고 있다.

13 서비스의 기본적 속성 중 상담, 수술, 금융 투자, 기획 서비스 등과 같이 실제 전달되는 편익과 관련이 깊으며, 서비스를 경험한 후에도 평가하기 어려운 속성은?

① 탐색 속성
② 경험 속성
③ 신뢰 속성
④ 복합 속성
⑤ 비분리 속성

14 다음 중 서비스 청사진(Service Blueprint)과 관련된 설명으로 적절하지 않은 것은?

① 상호작용 경계는 서비스 직원과 고객의 접촉이 이루어지는 지점
② 내부 상호작용 경계는 고객과 후방부의 직원 간 상호작용이 이루어지는 지점
③ 품질개선을 위한 도구로 기존 공정 흐름도에 가시성 경계라는 개념을 추가한 도구
④ 고객의 행동, 전방부의 직원 활동, 후방부에서의 직원 활동, 지원 프로세스 등으로 구분
⑤ 가시성 경계는 서비스 제공 과정을 고객이 상호작용하면서 서비스를 받는 과정과 고객이 볼 수 없는 준비과정으로 구분

15 카노의 품질 모형 구성 항목 중 충족 시 큰 만족을 주며 불충족 시에도 불만족을 일으키지 않는 서비스 품질은?

① 일원적 품질
② 당연적 품질
③ 무관심 품질
④ 역 품질
⑤ 매력적 품질

16 갭모형에서 고객의 기대에 대한 경영자의 지각과 조직의 서비스 품질 디자인 명세서의 차이를 의미하는 것은?

① GAP 1
② GAP 2
③ GAP 3
④ GAP 4
⑤ GAP 5

17 서비스 품질을 개선하기 위한 방법에 대한 설명으로 가장 적절하지 않은 것은?

① 전사적으로 서비스 품질을 향상시키려고 노력하는 기업 문화가 정착되어야 한다.
② 자사가 제공하는 서비스에 대해 파악하고 고객이 반응하는 포인트를 알아야 한다.
③ 꾸준히 변화하는 고객 기대를 예측하고 그에 따라 서비스 수준, 방법 등을 변화시킨다.
④ 고객이 서비스에 대해 충분한 기대를 가질 수 있게 서비스 기대수준을 높여주어야 한다.
⑤ 고객에게 서비스를 제공받는 시기, 구체적인 서비스 형태 등을 설명하며 구체적 서비스 정보를 제공한다.

18 갭모형에서 서비스 품질 명세서와 실제 서비스 전달 간의 차이가 발생 시 이에 대한 해결방안으로 가장 적절하지 않은 것은?

① 시장조사 방법의 개선
② 보상의 적절성과 공평성
③ 권한의 위임과 자원배치
④ 적합한 역량을 지닌 직원 채용과 배치
⑤ 종업원 기술의 적합성을 높이기 위한 교육

19 서비스 프로세스 설계와 관련된 설명으로 가장 적절하지 않은 것은?

① 서비스 프로세스 설계 시 고객에 대한 인식이 중요하다.
② 내부프로세스를 수행하는 종업원은 기능적 사고를 갖는 것이 필요하다.
③ 서비스 제공자와 내부고객의 체인은 고객 지향적 방식으로 관리되어야 한다.
④ 내부서비스가 불량하면 외부고객에게 제공되는 서비스의 품질이 저하될 수 있다.
⑤ 서비스 프로세스 설계 시, 고객은 내부고객과 외부고객으로 구분할 수 있다.

20 다음 서비스 수요를 예측하는 기법들 중 나머지와 성격이 가장 다른 하나는?

① 델파이법
② 시장 실험법
③ 시계열 분석법
④ 구매 의도 조사법
⑤ 판매원 의견 통합법

21 서비스에 대한 고객기대에 영향을 미치는 요인에 대한 설명으로 적절하지 않은 것은?

① 구전 커뮤니케이션 - 구전으로 전해지는 정보는 편견이 없기 때문에 정보가치성이 높다.
② 과거경험 - 현재 이용하려는 서비스기업에서 경험한 것만을 토대로 고객의 희망 및 예상 기대수준을 결정한다.
③ 명시적 서비스약속 - 기대에 영향을 미치는 요인 중 서비스 제공자가 통제할 수 있는 몇 안 되는 요인 중 하나이다.
④ 지각된 서비스 대안 - 고객이 서비스를 얻을 수 있는 다른 제공자를 알고 있으면 고객이 기대하는 최저서비스 수준이 높을 것이다.
⑤ 예상서비스 - 거래와 교환이 이루어지는 동안에 고객이 예측하는 수준으로, 만일 고객이 서비스가 좋을 것으로 예측한다면 최저서비스 수준은 높아질 것이다.

22 특정기간의 수요 변화모습을 분석하는 과정에서 나타나는 여러 수요의 변화모습에 대한 설명으로 적절하지 않은 것은?

① 추세란 일정기간동안 어느 한 방향으로 일관된 변화모습을 나타내는 수요의 모습이다.
② 계절효과는 일반적으로 1년을 기준으로 반복되는 순환변동으로 자연의 변화나 인간의 기본적 소비속성으로 생기는 경우가 많다.
③ 설명 가능한 사소한 변동이나 설명 불가능한 변동을 설명할 수 있는 효과는 무작위효과라고 한다.
④ 순환주기효과는 계절효과처럼 반복되는 순환 변동을 의미하고, 1년 미만의 기간 동안 발현되는 변동이다.
⑤ 원인규명이 어려우며 패턴의 원인을 발견하기가 어려워 효과대비 많은 비용이 예상되는 경우에는 무작위변동으로 설명하기도 한다.

23 수요의 불확실성을 보완하기 위하여 예약시스템을 활용하는데 이때 예약시스템을 설계하는 과정에 대한 설명으로 적절한 것은?

① 미리 도착하는 고객들에게 먼저 서비스를 제공할 수 있는 시스템을 설계하여야 예약시스템을 원활히 관리할 수 있다.
② 고객이 제시간에 도착하지 않는 비도착율을 감안해야 하는데 평균 예약 취소율을 감안하여 초과예약을 계산한다.
③ 고객에게 제공할 수 있는 최대 서비스 시간을 기준으로 예상 도착간격을 정하고 서비스 제공자의 휴식시간을 감안한 예약간격을 설정한다.
④ 마지막 고객이 예약을 이행하지 않았을 경우 서비스 능력의 유휴시간으로 이어지게 되므로 신중히 결정하여야 한다.
⑤ 전체 서비스 제공 가능시간에 휴식시간과 비예약고객을 위한 서비스시간을 포함시켜 예약간격으로 나누면 예약일정을 결정할 수 있다.

24 다음 중 경영전략의 특징에 대한 설명으로 가장 적절한 것은?

① 전략 집행과 결과 검토를 위한 충분한 기간이 필요하다.
② 전략 수립 과정에서는 소수 인력을 집중 투입하는 편이 효율적이다.
③ 전략적으로 선택된 부분은 일부이기 때문에 전략의 영향력은 상당히 작다.
④ 조직 내·외부의 환경 요인을 파악하여 경쟁을 회피하기 위한 목표를 설정한다.
⑤ 전략적 의사 결정은 간헐적으로 이루어지는 것이 일반적이기 때문에 일관된 패턴을 갖기 어렵다.

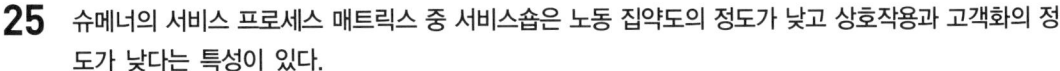

O/X형 5문항

[25~29] 다음 문항을 읽고 옳고(O), 그름(X)을 선택하시오.

25 슈메너의 서비스 프로세스 매트릭스 중 서비스숍은 노동 집약도의 정도가 낮고 상호작용과 고객화의 정도가 낮다는 특성이 있다.

(① O ② X)

26 서비스 수요와 공급의 불일치 조절을 위하여, 파트타임 종업원을 추가로 고용하는 것은 성수기 공급증대 전략에 해당한다.

(① O ② X)

27 조직 및 집단 차원에서의 갈등은 무조건 비효율적이지는 않으며, 때로는 집단의 성과를 향상시키기도 한다.

(① O ② X)

28 이직관리는 개인적인 경력목표를 설정하고 이를 달성하기 위한 경력계획을 수립하는 활동이다.

(① O ② X)

29 고객의 입장에서 기존의 마케팅 믹스인 4Ps를 4Cs로 대체하자는 주장이 있으며, 4Cs는 제공자와 고객 간의 양방향 상호작용 중심이라는 경향을 가지고 있다.

(① O ② X)

연결형 5문항

[30~34] 다음 설명이 의미하는 적합한 단어를 각각 선택하시오.

① 전사적 품질경영(TQM)　　② FCFS
③ 제품의 서비스화　　　　　④ 표준화
⑤ 고객화

30 융합상품의 개발 방식 중 정수기 판매회사에서 제품을 판매하는 대신 렌탈 서비스로 전환한 경우의 방식

(　　)

31 서비스를 처리하는 순서의 배정 규칙 중 먼저 온 순서대로 서비스를 제공하여 단순성과 공정성이 있는 기준

(　　)

32 고객의 욕구충족 및 관심사항을 우선적으로 고려하여 고객의 다양한 요구에 효과적으로 응대하도록 하는 프로세스 설계 방법

(　　)

33 서비스 프로세스의 설계 방법 중 서비스 생산성 증가 목적으로 고객별 개성과 성향은 생각하지 않고 대량 서비스 또는 일관된 서비스를 지향하는 방법

(　　)

34 기업의 경쟁우위를 확보하고 최고경영자를 중심으로 전 조직원과의 의식개혁을 통하여 품질 중심의 기업 문화를 창출하고 고객만족을 지향하는 시스템으로 변화하기 위한 활동

(　　)

사례형 10문항

35 다음은 A가구 회사의 서비스에 대한 품질비용의 설명으로 가장 옳은 것은?

> • 직원 1 : 저희 회사가 직원들에 대한 교육 프로그램 중 가구의 설치 및 운반 능력 향상 교육 등을 다양화하고 횟수도 종전보다 30% 가량 늘린 결과, 직원들이 가구를 설치, 운반하는 등에 있어 고객들의 만족도가 높아진 것 같습니다.
> • 직원 2 : 그뿐만이 아니라, 실제로 가구를 납품, 설치 후에 문제가 있어 고객의 클레임을 처리하거나 A/S를 하는 비용이 실제로 감소하였습니다.

① 직원 1의 발언은 서비스에 대한 품질비용 중 평가비용과 관련이 깊다.
② 직원 2의 발언은 서비스에 대한 품질비용 중 예방비용과 관련이 깊다.
③ 직원 1의 발언은 서비스에 대한 품질비용 중 내부실패비용과 관련이 깊다.
④ 직원 2의 발언은 서비스에 대한 품질비용 중 외부실패비용과 관련이 깊다.
⑤ 서비스 품질 관리가 우수한 기업의 품질비용은 일반적으로 A가구 회사와 같이 서비스 실패 사전 방지를 위한 비용의 비중이 낮다.

36 다음의 커피 전문점 S사의 서비스 프로세스에 관한 내용 중 가장 옳지 않은 것은?

> 커피 전문점의 대표적인 S사는 일정한 가격으로 한정된 종류의 커피 등을 판매한다. 구매를 원하는 고객은 카운터에서 정해진 메뉴 내에서 직접 주문, 계산한 후 주문한 음료가 나오면 이를 받아 자신이 원하는 자리에서 음료를 마시거나 테이크아웃하여 나간다. 이러한 서비스 프로세스를 적용하기 위하여 종업원을 위한 매뉴얼 형태의 업무 수행 방법이 존재한다.

① 사례에서 S사의 서비스 프로세스는 매우 표준화된 프로세스를 제공하고 있다.
② 사례와 같은 서비스 프로세스를 주로 적용하는 경우는 검증된 효율적인 방법이 존재할 가능성이 높다.
③ 사례의 S사와 같은 경우 이질적인 태도와 능력을 지닌 종업원들의 업무수행을 균질화하기 위한 노력이 필요하다.
④ 고객의 요구가 다양하고 이질적인 경우에는 상당히 정형화된 사례와 같은 프로세스만을 제공할 경우 바람직하지 못한 성과로 나타날 수 있다.
⑤ S사와 같이 모든 고객에게 동일한 서비스 프로세스를 제공하는 경우, 서비스 제공자에게 많은 판단력이 요구되므로 종업원의 능력 수준이 높아야 한다.

37 다음 신문 기사에 대한 내용으로 가장 옳지 않은 것은?

〈2014년 3월 P신문 기사 중 일부〉
항공권은 같은 날 같은 비행기에 나란히 앉아 같은 목적지에 가더라도 옆자리에 앉은 사람의 표와 가격 차이가 날 수 있다. 어떤 조건의 항공권을, 언제 예매했느냐에 따라 요금이 달라지기 때문이다. 항공권 예약을 일찍 할수록 요금은 더 저렴해진다. 항공사들은 선 구매를 조건으로 항공권을 할인해주는 '조기 발권(Early Bird)' 서비스를 상시화 운영하고 있다.

① 항공사의 정책은 성수기, 비수기 등의 수요의 변동성이 높은 경우에 보다 적합성이 있다.
② 수요에 따라 좌석을 바로 늘릴 수 없다는 특징은 기사 내용의 항공사 정책의 적합성을 낮추는 요인이 된다.
③ 항공사들은 '조기 발권' 정책 등을 활용하여, 가용능력이 제한된 서비스에서 관리를 통하여 수익 극대화를 추구한다.
④ 위와 같은 정책이 가능한 이유는 고객의 욕구, 가격지불의도 등에 따라 몇 개의 세분시장으로 구분 가능성이 있기 때문이다.
⑤ 매번 항공기 좌석을 100% 채워서 운행할 수는 없는데, 이러한 빈 좌석은 소멸된다는 특성이 기사 내용의 항공사 정책의 적합성을 높인다.

38 다음 백화점 매장별 직원들 사이의 대화에서 옳지 않은 것은?

- 모피 매장 직원 : 요즘 7월은 여름 더위가 한창이지만, 저희 매장은 대대적인 모피 할인 행사를 통하여 고객들을 끌고 있어요. 겨울에 모피를 구입하는 것에 비해 많은 할인 혜택이 있기 때문에 고객들이 여름에도 모피를 구입하러 많이들 옵니다.
- 빙수 매장 직원 : 아, 그렇군요. 저희 빙수 매장은 여름철이 되니 빙수를 찾는 사람이 하루 기준 2배 정도 증가해서 일시적으로 파트타임 아르바이트생을 몇 명 더 채용했어요.
- 명품 매장 직원 : 저희 매장의 이 가방은 일시 품절인데, 해외 본사로부터 재고 입고가 될 때까지 고객이 원할 경우 예약만 받고 있어요.
- 곰탕 매장 직원 : 저희 매장은 여름에 상대적으로 손님이 적은 편이라 직원들이 여름휴가를 많이 가는 편입니다.
- 화장품 매장 직원 : 그나저나 저도 여름휴가를 가려하니, 모든 호텔이 손님이 많아서인지 평소 가격보다 더 비싼 가격을 받더라고요.

① 모피 매장의 경우는 비수기 수요진작전략에 해당한다.
② 빙수 매장의 경우는 성수기 수요증대전략에 해당한다.
③ 명품 매장의 경우는 성수기 수요감소전략에 해당한다.
④ 곰탕 매장의 경우 비수기 공급조정전략에 해당한다.
⑤ 호텔의 경우는 성수기 수요감소전략에 해당한다.

39 다음 사례의 부서에서 계획하고 있는 방법으로 팀원을 모집했을 때에 대한 설명으로 가장 적절하지 않은 것은?

> • 부서장 : 우리 팀이 맡은 대형 프로젝트가 계속해서 늘어나면서 업무가 과중한 것 같습니다. 그래서 팀원을 신규로 충원할까 하는데, 어떤 방식으로 선발하는 편이 좋을지 의견 있으시면 말씀해주세요.
> • 직원 1 : 제 생각에는 외부 경력자를 채용하는 방법도 있겠지만, 회사 내부의 옆 본부에 있는 사람을 뽑는 게 보다 효율적일 것 같다는 생각입니다.
> • 직원 2 : 저도 그렇게 생각합니다. 마케팅 3팀의 김과장 같은 사람은 기존에 저희 업무를 해 보았기 때문에 보다 업무를 효율적으로 할 수 있을 것입니다.

① 훈련과 조직화 시간을 단축할 수 있다.
② 능력이 충분히 검증된 사람을 채용할 수 있다.
③ 시간 비용 및 충원 비용이 많이 든다는 단점이 있다.
④ 재직자의 개발 동기 부여와 장기 근속 유인을 제공한다.
⑤ 조직 내부 이동의 연쇄 효과로 인한 혼란이 야기될 수 있다.

40 다음 중 사례에 적용된 인사 고과 평가 방법에 대한 설명으로 가장 옳지 않은 것은?

> 김대리는 이번 성과 평가 기간에 회사로부터 새로운 메일을 한 통 받았다. 김대리 팀의 팀장인 박부장에 대한 평가를 김대리에게 하도록 하는 내용의 메일이며, 조직 통솔력, 의견 수렴도, 업무 할당 및 지시 능력, 부하 육성 능력, 솔선수범, 고충 처리 능력 등이 평가 항목으로 있어 점수를 매기도록 되어 있었다.

① 부하 직원의 참여의식을 고취시킬 수 있다는 장점이 있다.
② 상사가 부하 직원에게 보복할 가능성이 있다는 단점이 있다.
③ 평가 실시가 용이하며, 직계상사가 부하 직원을 잘 알고 있다는 장점이 있다.
④ 부하 직원이 직속 상사를 평가하므로, 상사의 입장에서 호의적이지 않을 수 있다.
⑤ 부하 직원이 본인이 좋아하는 상사에게만 좋은 평가를 주는 인기투표가 될 가능성이 있다.

41 다음은 전략적 상황분석에 의한 SWOT 전략수립방법 중 사례와 잘 연결된 전략은?

A. 미국 최대 서적 체인점인 A사는 최근 디지털 콘텐츠 시장의 급신장으로 온라인 시장에 진출하려 한다. 그러나 온라인 시장에서의 낮은 인지도와 고객 DB의 열세로, 경쟁사인 D사가 독점하는 온라인 시장을 잠식하기에는 역부족이다.
B. B전자는 휴대폰 시장의 선도기업이다. 최근 시장 수요가 감소되고 후발 주자의 거센 추격으로 위협을 받고 있다. 특히 중국 업체 중 W사, L사의 저 가격공세가 거세다. 그럼에도 불구하고 B전자는 2020년 비전달성을 위해 매출목표 10% 성장을 목표로 하고 있다.
C. C오일은 국내 4대 정유회사 중 하나로, 지속되는 수요부진과 원유가격의 영향으로 매출 및 수익이 감소하고 있다. 최근 최대 주주인 E의 적극적인 투자지원에 힘입어 저부가가치 제품 생산구조에서 고부가가치 제품 생산구조로 전환하고 ODC 투자를 확대할 예정이다.

	A	B	C
①	시장침투전략	시장기회선점전략	제품다각화전략
②	시장기회선점전략	시장침투전략	전략적제휴전략
③	제품다각화전략	시장침투전략	시장기회선점전략
④	전략적제휴전략	시장침투전략	제품다각화전략
⑤	전략적제휴전략	시장기회선점전략	제품다각화전략

42 다음 사례는 고객만족경영의 어떤 개념에 대한 설명인가?

다른 지역으로의 해외출장을 자주하는 A는 매번 오랜 시간 비행을 한 모습으로 중요한 비즈니스 고객을 만나는 것은 바람직하지 못하다는 생각을 한다. A는 이를 해결하기 위해 짧은 시간이지만 화장을 고치고 의복을 다림질 할 수 있는 호텔을 이용하곤 한다. K항공사는 A와 같은 문제로 고민하는 고객들을 위해 샤워부스(Shower Booth)와 화장을 고칠 수 있는 공간을 제공하고, 다림질 서비스를 제공하면서 큰 호응을 얻고 있다.

① 고객가치연장
② 고객가치증진
③ 고객만족연장
④ 충성고객증대
⑤ 반복구매유도

43 다음은 의류를 제작하여 판매하는 인터넷 쇼핑몰 직원들 사이의 대화이다. 서비스 공급능력 계획과 관련하여 대화의 내용에 대한 설명 중 가장 올바른 것은?

> • 직원 1 : 저희는 사전에 일정량 이상의 의류 제품 A를 미리 제작해 놓기보다, 매월 사전 구매 접수를 통하여 구매의사자의 접수를 받은 후에, 그때그때 맞추어 제작에 들어가서 수요자들에게 공급하는 방식이 좋을 것 같아요.
> • 직원 2 : 그렇게 하면 좋을 수도 있지만 때론 주문이 갑자기 많이 몰리게 되면 주문을 다 받지 못할 수도 있어요. 차라리 그동안 평균적인 판매량이 있으니 그만큼은 항상 제작하여 공급하는 방식이 좋을 것 같아요.

① 직원 1의 방식으로 공급능력을 계획 시 재고관리가 부담이 된다.
② 직원 1의 방식은 제작 인력이나 제작 장비를 안정적으로 유지할 수 있다.
③ 직원 1의 방식으로 공급 시 사후 제작 시간 소요로 제품을 받을 때까지 시간이 길어지면 구매 취소로 이어질 수 있다.
④ 직원 2의 방식으로 공급능력을 계획 시 재고가 남거나 부족한 문제가 발생하지 않는다.
⑤ 직원 2의 방식으로 공급능력을 계획 시 서비스 인력을 그때그때 채용하여야 하는 비용이 많이 든다.

44 다음은 의사협회 모임에서 의사들끼리 나눈 대화이다. 대화에 관한 내용 중 옳지 않은 것은?

> • A : 요즘은 병원도 경영 관리가 중요한 거 같아요. 그래서인지 일시적으로 환자가 증가하더라도 의사를 추가로 뽑는 경우보다는, 파트타임 의사를 고용하는 경우가 더 많은 것 같아요.
> • B : 저희 안과 병원은 100% 예약시스템으로 운영하고 있어요. 사전에 예약을 하지 않은 환자는 검사나 기본적인 진료를 바로 받아볼 수가 없어요.
> • C : 저희 병원은 기존에 1층에 있던 대기실을 변경하여, 대기실 겸 커피숍으로 함께 운영함으로써 시설낭비를 최소화하고 있어요.
> • D : 저희 병원은 시력 교정 수술 환자 추가 유치를 위해서 친구, 가족 등의 환자가 함께 수술을 받을 경우 수술비용을 할인해주는 이벤트를 실시하고 있어요.
> • E : 병원마다 다양한 경영 관리를 하고 있네요. 저희 병원은 직장인 환자들이 늘고 있는 추세에 따라 일주일에 2번 저녁 9시까지 추가 야간 진료를 하고 있어요.

① A의 파트타임 의사의 고용은 일시적인 공급증대전략에 해당한다.
② B의 100% 예약시스템은 환자 수요를 분산시키기 위한 수요조정전략의 성격이 있다.
③ C의 병원의 경우 서비스 시설의 변경을 통한 비수기 공급조정전략의 성격이 있다.
④ D의 병원의 함께 수술을 받을 경우 수술비용을 할인해주는 이벤트는 수요증대전략의 성격이 있다.
⑤ E의 병원의 추가 야간 진료는 수요감소전략의 성격이 있다.

통합형 6문항

[45~46] 다음은 서비스 수요와 공급관리의 여러 사례들이다. 읽고 물음에 답하시오.

- **사례 1**: A패밀리 레스토랑은 고객이 매장에 입장해서 착석 시, 주문을 받음과 동시에 웨이팅 푸드인 빵을 제공하고 있다. 또한, 점심시간 등 고객이 몰리는 시간대에 매장에서 식사가 아닌 도시락으로 포장 시에는 같은 음식의 가격이 더 저렴하다.
- **사례 2**: B샐러드 뷔페 식당의 가격 체계는 평일 점심, 평일 저녁, 주말(공휴일) 가격으로 구분하여, 평일 점심에는 17,000원, 평일 저녁은 23,000원, 주말, 공휴일에는 24,000원의 가격 체계를 유지하고 있다.
- **사례 3**: C패밀리 레스토랑은 평일 점심에는 수프, 메인요리, 커피를 한 세트로 구성한 런치세트 메뉴를 저렴하게 공급하고 있으며, 저녁 8시 30분 이후에 방문하는 고객에게는 에피타이저를 무료로 제공하고 있다. 이 패밀리 레스토랑은 국내 친환경 농가와 직거래를 통하여 식자재의 공급을 받고 있다.
- **사례 4**: 과거에는 해외여행 시, 공항 면세점을 이용하기 위해 공항에 매우 빨리 가는 사람이 많았으나, 요즘은 사전에 인터넷 면세점을 이용하는 사람들이 많아지고 있다. 인터넷 면세점은 대기 시간 없이 물건을 구매할 수 있고 공항 면세점보다 추가적인 할인을 받을 수 있는 경우도 있다.
- **사례 5**: D택배 회사는 기존의 기본 배송 서비스 외에 안전한 물류 배송을 위한 고객 안심 서비스, 빠른 서비스를 위한 당일 배송 서비스를 제공한다.

45 위의 사례들에 대한 서비스 대기관리와 관련된 설명 중 가장 옳지 않은 것은?

① 사례 1에서 웨이팅 푸드를 제공함으로써 고객은 실제 주문한 음식이 나오기까지 대기한 시간을 실제시간보다 짧게 느낄 수 있다.
② 사례 1에서 고객들은 손님들이 많아 기다려야 하는 경우, 도시락 포장을 이용한다면 저렴한 가격으로 이용할 수 있으며 대기 시간을 피할 수 있다.
③ 사례 4의 인터넷 면세점을 대체 채널로 이용하면 공항 면세점의 대기 문제를 감소시킬 수 있다.
④ 사례 4의 인터넷 면세점 고객은 가격 할인의 인센티브도 받으며 대기 시간을 줄일 수 있고, 이로 인해 서비스 공급자는 서비스 용량 수준도 관리할 수 있을 것이다.
⑤ 사례 1, 4의 고객 대기는 고객 개인 선택의 문제이므로, 서비스 공급자가 고객이 대기시간을 어떻게 지각하는가에 대한 관심은 불필요하다.

46 사례의 서비스 기업의 전략에 관한 다음의 내용 중 가장 옳지 않은 것은?

① 사례 2와 같이 차별적 가격 결정이 가능한 이유는 수요가 많이 집중되는 시점과 수요가 적은 시점이 어느 정도 구분되기 때문이다.
② 사례 3의 식자재 직거래는 식자재의 안정성을 확보하고자 하는 공급관리 방안이다.
③ 사례 3의 저녁 8시 30분 이후 고객에게 에피타이저 제공은 일반적인 저녁 식사 시간이 지난 이후의 추가적인 공급을 창출하기 위한 방안이다.
④ 사례 4에서 가격에 민감한 고객은 추가적인 할인을 받기 위해서 가격에 덜 민감한 고객에 비하여 인터넷 면세점을 이용할 가능성이 높다.
⑤ 사례 5의 택배 회사는 서비스 상품의 다양화를 통한 수요창출전략을 사용하고 있다.

[47~48] 다음 대화를 읽고 물음에 답하시오.

> A점원 : B매니저님, 이번에 출시한 저희 ○○ 파스타가 큰 인기를 누리고 있어서 멀리서도 찾아오고 있는 실정이에요.
>
> B매니저 : 이번 신제품은 고객의 니즈를 찾아 그에 적합한 제품을 제공해서 성공한 것이지.
>
> A점원 : 네 그런 것 같아요. ○○ 파스타의 인기가 치솟는 것은 좋은 일이지만 고객들이 주로 점심시간에 몰려서 문제예요. 고객들의 대기시간이 점점 길어지고, 그에 따른 불만이 늘어나고 있거든요.
>
> B매니저 : 오늘 점심 중에 있었던 고객과의 소란도 그 문제 때문이지?
>
> A점원 : 네 맞아요. 고객들이 주문한 ○○ 파스타가 너무 늦게 나와서 일부 고객의 언성이 높아졌었어요.
>
> B매니저 : 만약 그렇다면 이 문제를 시급하게 처리하지 않으면 안 되겠군.

47 주문한 제품이 늦게 나오고 있어 고객들의 불만이 늘어나는 상황에서 B매니저가 선택할 수 있는 성수기 공급증대전략으로 적절하지 않은 것은?

① 종업원 교차훈련을 통해 생산성을 향상시킨다.
② 시설을 확충하여 시간당 공급 가능한 물량을 늘린다.
③ 바쁘지 않은 시간대에 방문한 고객에게 인센티브를 제공한다.
④ 점심시간에 고객이 집중되므로 해당 시간에 활용할 파트타임직을 고용한다.
⑤ 종업원의 노동 시간을 확충하여 업무 시작 전 가능한 업무를 사전에 진행해둔다.

48 마이스터는 실제 대기시간뿐만 아니라 고객에게 지각된 대기시간도 중요하다고 하였는데, 이에 대한 설명으로 적절하지 않은 것은?

① 구매 전 기다림은 구매 중 기다림보다 더 길게 느낀다.
② 다 함께 기다리는 것보다 혼자 기다릴 때 더 길게 느낀다.
③ 고객에게 원인을 설명해주었을 때 기다림을 더 길게 느낀다.
④ 제공받는 서비스에 더 큰 가치를 느낄수록 사람들은 기다림을 짧게 느낀다.
⑤ 아무 일도 하지 않고 있을 때, 무엇인가를 하고 있을 때보다 더 길게 느낀다.

[49~50] 다음을 읽고 물음에 답하시오.

- 미용사 : 어떤 스타일로 해드릴까요?
- 손 님 : 저번처럼 김태희 스타일로 해주세요.
- 미용사 : 앞머리는 이 정도로 짧고, 옆과 뒤는 목이 드러나도록 일직선인 단발머리 스타일이요?
- 손 님 : 앞머리는 그보다 약간 더 길게 해주세요.
- 미용사 : 커트가 끝났습니다. 마음에 드세요?
- 손 님 : 저번 스타일과 많이 다른 것 같아요. 뭔가 어색해요.
- 미용사 : 옆과 뒤를 조금 더 짧게 해드릴까요?

49 손님이 지난번 스타일과 다르다고 인식하는 이유는 서비스의 어떤 특성 때문인가?

① 무형성
② 이질성
③ 비분리성
④ 소멸성
⑤ 측정곤란성

50 손님이 앞머리를 약간 더 길게 해달라고 요구하고, 지난 번 스타일과 다르다고 하여 커트시간이 더 많이 소요되었다. 이처럼 고객관여 때문에 일정통제가 어려운 것은 서비스의 어떤 특성 때문인가?

① 무형성
② 이질성
③ 비분리성
④ 소멸성
⑤ 측정곤란성

제2회 실제경향 모의고사

SMAT Module C

📋 일반형 24문항

01 다음 중 서비스 패러독스(Service Paradox)가 발생하게 된 원인으로 가장 적절한 것은?

① 셀프서비스 증가
② 고객의 기대 감소
③ 숙련된 서비스 제공자 일선 배치
④ 개인의 요구에 맞춘 서비스 개별화
⑤ 서비스 생산 및 제공 과정에서 인간 존중

02 서비스 유형별 분류 매트릭스 작성에 필요한 것으로 가장 적절하지 않은 것은?

① 고객 접촉도에 따른 접점관리
② 부가 서비스 영역의 증가 주목
③ 고객의 적극적인 참여에 대한 독려
④ 서비스 수요 관리의 중요성 인지와 정보기술 활용
⑤ 일괄적인 서비스 향상을 위한 통합 시스템 구축

03 서비스 전달시스템을 효율적으로 설계하기 위해 고려해야 할 서비스 보증(Service Guarantee)에 대한 설명으로 가장 적절한 것은?

① 최소한의 보증은 무보증과 유사하다.
② 보증을 요구한 고객이 만족해 하는지를 명확하게 확인한다.
③ 효율성을 위해 서비스 설계 단계에서의 참여자를 최소화한다.
④ 법률적 용어를 사용하여 최대한 상세하게 보증조건을 제시한다.
⑤ 고객이 보증을 요구할 경우 다양한 상황을 충분한 시간을 가지고 검토한 후에 대응한다.

04 다음 중 서비스 품질 격차(GAP) 모델에 대한 설명으로 가장 적절한 것은?

① 서비스 품질은 격차가 클수록 우수하다고 할 수 있다.
② 서비스 경험과 기대 사이에 발생 가능한 2가지 격차를 밝힌다.
③ 품질명세 격차는 고객 기대수준을 조정함으로써 해결할 수 있다.
④ 품질명세 격차는 서비스 품질명세가 고객 기대와 불일치할 때 발생한다.
⑤ 경영자 인지 격차는 서비스 경쟁에 대한 경영자의 올바른 이해를 통해 해결할 수 있다.

05 개선할 서비스 프로세스의 선정 방법으로 옳지 않은 것은?

① 어떤 서비스가 고객에게 가장 중요한가?
② 어떤 프로세스가 고객의 눈에 가장 잘 띄는가?
③ 서비스를 생산하는 프로세스는 어떤 것인가?
④ 어떤 프로세스가 고객이 설정한 성과기준에 가장 큰 영향을 미치는가?
⑤ 서비스 제공자가 설정한 성과기준에 어떤 서비스가 가장 큰 영향을 미치는가?

06 다음 중 서비스 수요를 예측하거나 관리하는 것에 대한 설명으로 옳은 것은?

① 시간 경과에 대한 기준을 이용하여 서비스 수요를 파악하는 것이 좋다.
② 가급적 넓은 범위의 시장규모를 단위로 활용하여 수요를 확인하는 것이 좋다.
③ 날씨와 환경 등은 제품 수요에 비해 서비스 수요에는 영향을 미치지 않는다.
④ 동일시간을 기준으로 할 때 서비스 수요는 제품 수요에 비해 변화의 폭이 적다.
⑤ 고객의 나이에 따른 특성은 거의 모든 시장에서 서비스 수요 예측을 위한 중요변수가 된다.

07 서비스 대기행렬 이론과 관련된 설명으로 가장 옳지 않은 것은?

① 서비스를 처리하는 우선순위 규칙 중 FCFS의 장점은 단순성과 공정성에 있다.
② 고객대기비용(간접비용)은 서비스를 받기 위해 대기하는 장소 등의 관리비도 포함된다.
③ 대기는 '고객이 도착하는 간격'과 '서비스에 걸리는 시간'이 불확실할 때에도 발생할 수 있다.
④ 대기 시스템에서 발생하는 총비용을 최소화하는 서비스 용량의 수준을 찾는 것이 대기행렬이론의 목적이다.
⑤ 대기행렬이론에서는 서비스 시스템이 한 고객을 처리하는 데 걸리는 서비스시간은 포아송분포를 따른다고 가정한다.

08 인적자원관리의 성격과 중요성에 관한 다음의 설명 중 가장 옳지 않은 것은?

① 인적자원은 능동적이고 자율적인 성격을 띠고 있다.
② 인적자원관리는 직원이 창출하는 노동상품이 하나의 인격체라는 인식에서 출발한다.
③ 각 개인의 노동력은 이질적인 것이 아니며, 각 인적자원은 그들이 담당할 수 있는 직무가 동일하다.
④ 조직의 구성원들은 목표를 달성하기 위하여 필수적이며, 구성원들을 어떻게 관리하는가에 따라 조직의 성패가 좌우된다.
⑤ 성공적인 인적자원관리를 위해서는 선발에서부터 평가와 보상에 이르는 전 과정을 통합적으로 계획하고 관리해야 한다.

09 다음 중 직무평가의 방법으로 적절한 것은?

① 요소 비교법은 간단하고 신속하다.
② 서열법은 기업들이 가장 많이 이용하는 직무평가방법이다.
③ 분류법은 평가요소를 기준직무의 평가요소와 결부시켜 비교하는 것이다.
④ 분류법은 사전에 만들어 놓은 등급에 직무를 판정하여 맞추어 넣는 방법이다.
⑤ 요소 비교법은 직무요소마다 점수화, 통계화하여 직무가치를 평가하는 방법이다.

10 다음 중 고객만족경영에 대한 설명으로 가장 적절한 것은?

① 기업이 제공하는 모든 활동에 대해 고객의 종합적 인식에 의한 판단평가이다.
② 시장을 세분화하여 다양한 고객의 소리를 청취하고, 시장의 변화를 파악하는 노력이다.
③ 기업이 고객을 발굴하고, 선정하고, 획득하고, 개발하고, 유지하는 모든 비즈니스 프로세스를 말한다.
④ 직원 만족도 / 충성도, 생산성, 고객 만족도 / 충성도, 수익 창출 및 지속 성장의 관계를 정의하는 것이다.
⑤ 고객만족도를 정량적으로 파악하고, 객관적으로 판단하여 이를 제고하기 위한 경영 노력 그 자체를 말한다.

11 다음 중 전략 수립 과정에 포함되는 내용에 대한 설명으로 적절하지 않은 것은?

① 사업전략이란 기업의 장기적 계획이며 어떻게 사명을 달성할 것인가를 지시하는 역할을 한다.
② 경쟁우선순위를 설정한 후 외부 환경 평가와 기업의 강·약점 파악을 바탕으로 기업전략을 수립한다.
③ 외부 환경 평가는 조직 외부환경 분석을 통해 기회 및 위험 요인을 확인하고, 이들이 기업에 미치는 직·간접적인 영향을 분석한다.
④ 조직의 핵심능력 발견은 내부 보유자원 및 능력을 경쟁자와 대비하여 상대적 강·약점을 파악하고 특유능력이 발휘될 여지를 결정한다.
⑤ 기업 사명이란 조직의 특유한 목표 집합이며 사업 영역, 목표 고객, 사업에 관한 기본 믿음으로서의 생존, 성장, 수익성에 대한 목표를 나타낸다.

12 서비스 운영전략과 관련된 설명으로 가장 적절한 것은?

① 원가우위전략, 차별화전략, 집중화전략 등 본원적 전략은 기업 수준의 전략에 해당한다.
② 기업전략은 사업전략의 전략 목표 달성을 위한 하위 기능 활동을 조정하는 전략을 의미한다.
③ 기능전략은 기업의 생산, 마케팅, 재무, 인적자원관리 등 기능적 부문에서 수행하는 전략이다.
④ 사업전략이란 기업의 주력 사업이 경쟁하는 산업과 범위를 결정하며 신규 사업의 시장 진출에 대한 목표와 방향을 설정해 주는 전략이다.
⑤ 기업전략은 기업 내 특정 사업에 대한 전략으로 표적 시장 내에서의 경쟁 방안, 목표 고객, 시장 활동 수준, 자원 확보와 배분 방법 등에 대한 전략을 결정한다.

13 서비스지향성에 관한 설명 중 가장 적절하지 않은 것은?

① 탁월한 서비스는 접점에서 전달되므로, 서비스지향성은 접점 위주로 포커스를 두어야 한다.
② 서비스지향성은 시장 정보에 대한 전략적 반응으로 탁월한 서비스가 최우선이라는 믿음을 반영하는 성향이다.
③ 서비스지향성은 절대적 개념이 아닌 상대적 개념으로 이를 평가할 때에도 경쟁자와의 상대적 우위가 중요한 지표일 수 있다.
④ 조직가치는 서비스지향성에 영향을 주는 주요 요인으로 고객중심의 강조, 종업원만족, 혁신성 등의 조직가치가 중요한 요인으로 작용할 수 있다.
⑤ 고객의 불만이 발생된 것은 서비스 제공에 대한 전사적인 실패로 인식하고 고객 불만의 해결도 전사적 관점에서 접근하여야 본질적 개선을 이룰 수 있다.

14 기업의 생존을 위한 지속적 경쟁우위의 전략적 선택으로 가장 적절하지 않은 것은?

① 서비스 인프라의 구축
② 새롭고 독특한 가치의 창출
③ 대체가 어려운 서비스의 확보
④ 진입장벽이 높은 서비스의 제공
⑤ 저가격 제품 또는 서비스의 지속적 출시

15 면접의 유형에 대한 설명으로 적절하지 않은 것은?

①	정형적 면접	구조적 면접 또는 지시적 면접 방식이다.
②	계획적 면접	심층면접 또는 행동면접 방식을 사용한다.
③	패널 면접	1명의 면접자가 다수의 피면접자를 면접하는 방식이다.
④	비지시적 면접	피면접자인 지원자에게 최대한 의사표시의 자유를 주고 그 가운데서 지원자에 관한 정보를 얻는 방법이다.
⑤	스트레스 면접	대인적인 압박감이 있는 특수한 직장 환경에서 직무를 수행할 수 있는 능력이 있는가의 여부를 평가하기 위해 행해지는 면접이다.

16 다음 중 직무 평가에 대한 설명으로 적절하지 않은 것은?

① 노무비의 정확한 평가와 통제에 활용한다.
② 노동조합과의 단체교섭 기초자료로 사용된다.
③ 동종의 직무는 모든 조직에서 같은 직무평가 결과를 받게 된다.
④ 조직 내 공헌도를 일정한 기준에 의해 개별 직무별로 정하는 것이다.
⑤ 직무 분석의 결과로 작성된 직무 기술서와 직무 명세서를 기초로 한다.

17 서비스를 공급하는 방식 중 자체 공급 방식을 확보하는 전략에 대한 설명으로 옳지 않은 것은?

① 수요추구형전략은 재고가 남거나 부족한 문제가 없다는 장점이 있다.
② 수요추구형전략은 상황에 따른 수요 예측치의 크기에 따라 공급량을 조정한다.
③ 공급평균화전략은 서비스 인력을 채용하고 해고하는 데 많은 비용이 든다는 단점이 있다.
④ 공급평균화전략은 일정 기간 수요를 측정하여 평균을 낸 후, 그 수치만큼 공급 능력을 확보하는 전략이다.
⑤ 혼합전략은 수요추구형전략과 공급평균화전략을 혼합하여 사용하는 전략으로 총비용이 최소가 되는 지점을 선택한다.

18 주문공급모형 중 고정주문간격모형에 대한 설명으로 적절하지 않은 것은?

① 주기적 주문량이 매번 일정하다.
② 단점은 안전재고의 수준이 높다는 점이다.
③ 주문 기간과 시점이 정해져 있으므로 관리의 유연성이 낮다.
④ 주기적으로 재고 수준을 점검하기 때문에 통제비용이 적게 소요된다.
⑤ 같은 공급자에게 반복 주문을 하므로 주문비용이 절감된다는 장점이 있다.

19 서비스 마케팅 경쟁우위전략에서 '서비스 차별화전략'에 해당하지 않는 것은?

① 품질을 통제한다.
② 표준제품을 고객화한다.
③ 무형적 요소를 유형화한다.
④ 인식된 위험을 감소시킨다.
⑤ 네트워크 비용을 감소시킨다.

20 다음 중 고객만족 및 충성도와 관련된 설명으로 가장 적절하지 않은 것은?

① 고객을 유지함으로써 발생하는 효과는 고객의 양적인 측면에서만 관련된 것이 아니다.
② 고객의 이탈은 기업의 단기 수익에 커다란 영향을 미치지만 장기 수익에 미치는 영향은 작다.
③ 신규고객과의 거래에서 발생한 손해를 기존 고객으로부터 보충해야 하므로 고객이탈관리가 중요하다.
④ 고객이탈방지 및 충성도 높은 고객으로의 전환을 위해서는 고객 만족에 대한 피드백이 지속적으로 이루어져야 한다.
⑤ 고객관계유지를 통해 고객에 대한 정보가 축적되고, 이를 바탕으로 보다 차별화된 서비스로 기존 일반 고객을 우량고객으로 만들 수 있다.

21 SWOT분석 시 외부환경은 기회(O), 내부환경은 강점(S)일 때의 적절한 전략은?

① 철수전략
② 시장침투전략
③ 제품확장전략
④ 전략적제휴전략
⑤ 시장기회선점전략

22 다양한 서비스 유형에 대한 설명 중 적절하지 않은 것은?

① 일반적인 택배서비스의 경우 일정 수준의 표준화된 매뉴얼이 있으며, 고객과의 상호작용밀도가 높지 않은 편이다.
② 백화점에서 회원카드를 발급하고 회원들에게 할인 쿠폰 서비스 등을 제공하는 것은 고객의 충성도를 높이기 위한 방안 중 하나이다.
③ 법률서비스의 경우, 서비스를 제공하는 직원은 고객과의 인간관계를 유지하는 능력, 문제를 해결할 수 있는 전문적 능력 등이 중요하다.
④ 서비스에서 여러 가지 옵션을 고객이 개별적으로 선택할 수 있는 고객 참여도가 높은 서비스의 경우, 일반적으로 표준화된 서비스를 제공하기 어렵다.
⑤ 인터넷몰(Mall)을 통한 장보기는 기존 오프라인 마트 이용 시와 비교할 때, 직원의 고객 응대를 더 중요하게 만들고 있다.

23 서비스의 기본적인 특징으로 옳지 않은 것은?

① 저장하거나 재판매할 수 없는 소멸성
② 느끼거나 맛보거나 만질 수 없는 무형성
③ 생산과 소비가 동시에 일어나는 비분리성
④ 순간순간 이루어지기 때문에 나타나는 이질성
⑤ 고객이 원하면 판매 이전으로 되돌릴 수 있는 영구성

24 서비스 패키지에 대한 설명으로 가장 적절한 것은?

① 서비스 패키지는 특정 환경에서 재화들의 결합으로 제공되는 상품의 묶음을 의미한다.
② 서비스 패키지는 지원 설비, 명시적 서비스, 묵시적 서비스, 정보, 보조용품 등으로 구성된다.
③ 부대서비스를 이용하기 위해서 촉진서비스가 필요한 경우에는 핵심서비스가 부대서비스의 이용을 촉진시킬 수 있다.
④ 서비스 경영자들은 다양한 고객의 니즈를 충족시키기 위해 가능한 모든 요소를 서비스 패키지에 포함시키는 것이 중요하다.
⑤ 서비스의 이질적 특성으로 인해 서비스 경영자가 서비스가 무엇인지 명확하게 설명하기 어렵기 때문에 서비스 패키지를 개발하게 되었다.

O/X형 5문항

[25~29] 다음 문항을 읽고 옳고(O), 그름(X)을 선택하시오.

25 경제의 서비스화와 관련해서 후크스(1968)는 GNP의 절반 이상이 서비스 부문에서 창출되는 경제를 '서비스 경제'라고 정의하였다.

(① O ② X)

26 EOQ모형에서 Q값이 증가할 때 유지비용은 늘어나고, 주문비용은 줄어든다. 즉, 유지비용과 주문비용은 반비례 관계에 있다.

(① O ② X)

27 서비스 수요는 발생하는 순간 만족시키지 못하면 수요 자체가 사라지는 경우가 많다.

(① O ② X)

28 어느 기업에 500명의 종업원이 있다면, 그 기업 내 직위(Position)의 수는 500개이다.

(① O ② X)

29 고객가치창조를 위한 혁신은 크게 두 가지로 나누어 볼 수 있다. 하나는 가치혁신(Value Innovation)이고 다른 하나는 절차혁신(Process Innovation)이다.

(① O ② X)

연결형 5문항

[30~34] 다음 설명이 의미하는 적합한 단어를 각각 선택하시오.

① 예방비용　　　　　　② 상호작용적
③ 전문서비스　　　　　④ 신협력적
⑤ 품질 개선

30 노사관계의 유형 중 노·사·정이 국가적 차원에서 노사문제를 해결하고, 국민 경제의 입장에서 노사관계를 인식하여 국가 주요 정책에 대해 거시적이고 상호 이해적인 노조 태도를 취하는 노사관계 유형

(　　　)

31 서비스 품질에 대한 비용 중 내, 외부실패비용 및 평가비용 외에 실패, 평가비용을 최소화하기 위한 사전적인 품질정책 수립, 교육 등 활동과 관련된 비용

(　　　)

32 품질 계획, 품질 통제와 함께 서비스 품질의 삼박자(Trilogy) 중 하나로, 고객에게 보다 나은 서비스를 제공하기 위한 노력에 해당하는 일련의 활동

(　　　)

33 슈메너의 서비스 프로세스 매트릭스 중 노동집약도와 상호작용과 고객화의 정도가 모두 높은 특성을 지닌 서비스 영역

(　　　)

34 필립 코틀러는 내·외부적 그리고 서로 상호간에 괴리가 없는 가치의 선순환을 통해 높은 브랜드 가치를 창출할 수 있다고 주장한다. 여기서 서비스란 직원과 고객과의 (　　　) 마케팅을 의미하며, 이를 통해 고객 만족과 서비스 품질을 향상시킬 수 있다.

(　　　)

사례형 10문항

35 다음 제품서비스(Product Service)의 중요성에 대한 설명으로 적절하지 않은 것은?

> 지원 및 유지보수 서비스는 지속적으로 미국 경제의 중요한 부분으로 자리잡아가고 있으며, 제품수명주기 동안 초기구매의 최소 3배 이상의 거래금액이 발생하고(Gaiardelli, 2007), 초기 제품판매의 2배 이상의 수익을 창출하고 있다(Kim et al, 2007). 한 예로 기계 및 장비 제조산업의 경우 최근 제품수익률은 1~2% 이하로 떨어진 반면에 수리, 스페어 부품, 보전활동과 같은 판매 후 서비스 수익률은 10% 이상이다(Gebauer, 2008).

① 서비스 자체가 독립적으로 이익을 창출하는 거래활동이다.
② 공급자가 제공하는 제품 품질이 경제적 거래의 핵심이다.
③ 제품시장에서 경쟁압력이 커질수록 지원서비스는 가치창출의 주요 차별화요인이다.
④ 경쟁사와 차별화하기 위해 자사의 제품을 보완할 수 있는 모든 잠재적 추가서비스의 중요성이 커지고 있다.
⑤ 제품의 판매 이전부터 판매 후까지 제공되는 고객니즈 파악뿐만 아니라 정보제공, 품질보증, 각종 지원 등이 중요하다.

36 다음 관광지에 있는 호텔의 예약과 관련된 정책 중 가장 옳지 않은 것은?

> P호텔은 사전 객실 예약 접수를 받을 때, 실제 호텔에서 판매 가능한 객실 수가 250실임에도 그 이상인 260실까지 예약을 받고 있다. 이는 그동안의 호텔 운영 경험상 갑작스러운 예약 취소, No-Show 발생 등을 감안하여 예약 가능 최대 객실 수를 결정하였기 때문이다.

① 호텔 객실 제공 서비스는 재고 저장이 불가능한 상품에 해당한다.
② 이러한 호텔의 정책은 수입 손실을 최소화하기 위한 노력으로 도입되었다.
③ 호텔에 예약한 고객이 초과예약으로 인해 서비스 제공을 받지 못하여 발생하는 비용을 재고과잉비용이라 한다.
④ 예약한 고객이 예약 당일에 나타나지 않는 경우, 해당일에 그 호텔 객실은 가치를 잃게 되므로 이를 해결하기 위해 도입되었다.
⑤ 이러한 호텔의 정책은 실제 예약을 한 고객이 객실에 투숙할 수가 없는 상황이 발생하여 고객에게 나쁜 이미지를 심어줄 수가 있다.

37 다음 사례에서 A회사가 신규 서비스 수요 예측을 위하여 적용한 기법은 어느 것인가?

> A회사는 신규로 고객들에게 제공할 IT서비스와 관련하여 수요를 예측하기 위해 다음과 같은 방법을 사용하였다. 먼저, 해당 IT서비스와 관련된 교수, 마케팅 전문가 등 위원들을 선정하여 그들에게 설문조사를 통하여 의견을 제시하도록 하였다. 이후 각자의 설문지에 나타난 개인 응답내용을 전체적으로 수집·요약하여 통계적으로 분석 후 이를 다시 기존 위원들에게 반송하였다. 위원들은 자신의 의견과 평균치를 비교하여 수정하거나 자신의 의견을 고수한 채로 설문지를 다시 제출하였다. 이러한 절차를 몇 번 반복하여 어느 정도의 일치된 의견으로 수렴한 결과를 사용하였다.

① 지수평활법
② 이동평균법
③ 시장조사법
④ 델파이기법
⑤ 지명집단기법

38 다음 S회사에서 채용을 위하여 적용한 면접의 유형은?

> 미국에서 젊은 나이에 실력을 인정받아 은행 지점장에 올랐던 P씨가 국내에서 활동하기 위해 국내 증권사인 S사에서 인터뷰를 보았다. 면접관은 P씨에게 "미국에선 잘했을지 모르지만 한국시장이 호락호락할 것 같은가?" / "왜 외국계 은행도 많은데 국내 증권사인 S사에 입사하려 하느냐?" / "한국에 쉬려고 온 것은 아니냐?" 등등 상기와 같은 매우 곤혹스럽고 자존심을 건드리는 질문만 한 후 나중에 연락하겠다며 면접을 끝냈다.

① 패널 면접
② 심층 면접
③ 구조적 면접
④ 스트레스 면접
⑤ 비지시적 면접

39 서울 호텔의 서비스 패키지 사례에서 언급된 서비스 패키지 구성요소로 적절하지 않은 것은?

> 서울 호텔은 럭셔리한 휴식을 경험할 수 있는 '스위트의 품격' 패키지를 10월 1일부터 12월 15일까지 선보인다. '스위트의 품격' 패키지라는 이름 그대로 고급스럽고 클래식한 인테리어가 돋보이는 스위트룸에서 1박을 시작으로 서울 호텔의 품격 높은 서비스를 선사한다. 전 스위트 객실에서 별도의 추가 비용 없이 즐길 수 있는 아름다운 한강 전망과 웰컴 와인 및 과일 셋업 역시 이 패키지만의 특전이다. 패키지 이용객은 프라이빗 체크인/아웃, 콘티넨탈 조식, 와인, 샴페인 및 리큐어 등의 음료와 카나페를 즐길 수 있는 해피아워, 무료 사우나 이용 등으로 구성된 클럽 라운지 전용 혜택 역시 누릴 수 있다. 또한, 호텔 내 레스토랑 한 곳에서 이용할 수 있는 10만원 상당의 레스토랑 크레딧, 24시간 체육관 및 실내 수영장, 와이파이 이용 혜택도 제공된다.

① 지원설비
② 보조용품
③ 정 보
④ 명시적 서비스
⑤ 묵시적 서비스

40 다음은 웨딩홀 예약에 대한 대화이다. 대화에 관한 내용 중 옳지 않은 것은?

> • A : 이번에 제가 결혼 예정이라 웨딩홀 예약을 알아보면서 웨딩홀의 비용이 사람들이 많이 결혼을 하는 성수기와 비수기에 해당하는 달에 따라 가격 차이가 많이 나는 걸 알게 되었어요.
> • B : 그러게요! 5월의 신부가 되고 싶었는데, 성수기인 5월의 경우는 웨딩 예약이 거의 6개월 전에 마감되어 있더라고요. 예약이 가능한 다른 웨딩홀을 겨우 한 군데 찾았는데, 고시된 가격에서 전혀 할인이 되지 않는다고 하더라고요.
> • C : 저는 그래서 봄 대신 원하는 시간대에 골라할 수 있고, 정상가격보다 30% 할인해주는 7월 여름에 결혼하기로 하고 웨딩홀을 예약했어요.
> • D : 요즘 금요일 저녁에 결혼식을 하면, 웨딩홀 측에서 사용료와 식대를 할인해주고 여러 가지 서비스 품목을 많이 주니 이것도 한번 고려해 볼 만할 것 같아요.

① A의 말에 따르면 웨딩홀은 서비스 수요 – 공급의 불일치 조정 기법을 사용하고 있음을 알 수 있다.
② B가 말한 웨딩홀의 정책은 성수기 수요감소전략에 해당할 수 있다.
③ C가 말한 웨딩홀의 정책은 비수기 공급조정전략에 해당할 수 있다.
④ D가 말한 평일 저녁 결혼식에 대한 웨딩홀의 할인 정책은 수요 측 조정기법이다.
⑤ 웨딩홀은 성수기에 해당하는 달에는 더욱 사전 예약 제도를 활용하며 고객 우선 순위를 관리할 가능성이 높다.

41 서비스 프로세스 개선이 필요한 아래의 사례에 관한 설명으로 가장 적절하지 않은 것은?

> C백화점에서는 일정 금액 이상 구매 고객에게 사은품을 주는 행사를 하고 있다. 동 사은품을 수령하기 위해서는 백화점의 고객 센터를 방문하여야 한다. 동 고객 센터는 백화점 카드 발급 업무를 동시에 수행하고 있다. 백화점 카드 발급의 경우, 시간 소요가 많이 되므로 사은품 수령을 위해 고객 센터 방문 시, 앞에 백화점 카드 발급을 하는 사람이 있다면 사은품 수령을 위해 엄청난 시간의 대기를 하는 경우가 종종 발생한다. 이에 사은품 수령을 하려다 많은 대기 시간으로 인해 고객 불만이 발생하고 있다.

① 이와 같은 서비스 프로세스 상의 문제를 개선하기 위해서는 현 상황에 대한 분석이 필요하다.
② 사례와 같은 상황에서 서비스 프로세스 개선을 위해서는 단기적 성과 위주로 관심을 기울이면 된다.
③ 사례에서는 백화점 카드 발급과 사은품 증정이라는 서비스 프로세스를 동시에 수행함으로 인하여 문제가 발생하고 있다.
④ 사례에서 고객 불만을 줄이기 위해서는 고객 관점에서 고객의 요구를 분석하여 두 업무 담당 직원을 분리하는 것이 필요할 수 있다.
⑤ 사례와 같은 상황에서 서비스 프로세스 개선을 위해서는 고객, 기업, 프로세스의 관점에 대한 통합적 시각을 갖고 분석이 필요하다.

42 유럽 ○○항공사의 경쟁우위 확보를 위한 서비스 마케팅 전략에 대한 설명으로, 가장 관련이 적은 전략은?

> ○○항공사는 항공시장에서 경쟁이 심화하면서 한때 큰 위기를 맞았었다. 그 이후 ○○항공사는 당일 출장이 가능하도록 이른 새벽과 늦은 항공편을 증편하고, 대형 항공사가 취항하지 않는 노선에 신규 취항하였으며, 대형 항공사와의 경쟁노선에서는 낮은 가격의 상품을 출시하는가 하면, XXX사를 인수하여 렌터카, 크루즈 여행, 영화관 등을 항공상품과 연계하는 전략을 구사하면서 제2의 전성기를 구가하고 있다.

① 차별화전략
② 원가우위전략
③ 틈새시장전략
④ 다각화전략
⑤ 집중화전략

43 다음은 서비스의 기본적 특징 중 어떤 특성을 가장 많이 염두에 둔 대화인가?

> • H호텔 관리자 : 예약이 전혀 없는 다음 한 주의 손실을 최소화할 수 있는 좋은 방안이 있으면 제안해 주시기 바랍니다.
> • H호텔 지배인 : 빈 방으로 한 주를 그냥 보낼 바에는 차라리 유지 보수에 필요한 비용이 상쇄되는 선에서 저렴하게 단체 투숙객을 받는 건 어떻겠습니까?

① 무형성
② 소멸성
③ 일회성
④ 이질성
⑤ 비분리성

44 다음의 상황에 처한 서비스 종사자에게 가장 필요한 두 가지는?

> K요리점은 '고객이 원하는 최선을 제공하라'는 오랜 문화를 간직하고 있다. 연인 사이인 이용감군과 나미인양은 유명한 면 요리점 K를 찾았다. 가능하면 다양한 종류의 면 요리를 먹어보고 싶은 두 사람은 4가지 종류(4인분)의 면 요리를 각각 1인분의 절반씩만 내어 주고, 나머지는 포장해 줄 것을 요구하였다. 종업원 B는 그와 같은 형태의 주문에 응할 수 없다고 주문 접수를 거절하였다. 다소 시간이 소요되지만, 주문과 같이 음식을 내어주는데 기술적으로 전혀 문제가 없음을 조리원 C는 알고 있었으나, 접수를 받는 종업원은 B이기에 별다른 이의를 제기하지 않았다.

① 규정준수, 표준화된 서비스
② 서비스의 균질화, 예외적 서비스 지양
③ 일사 분란한 관리체계, 조리업무의 효율성
④ 임파워먼트(Empowerment), 종사원 사기관리
⑤ 고객지향적 기업문화의 체득, 고객입장에서 생각하기

통합형 6문항

[45~46] 다음을 읽고 물음에 답하시오.

> A호텔의 지배인은 최근 가나다 여행사로부터 사업제의를 받았다. 현재 가나다 여행사는 중남미 여행객들에게 상품을 판매중이며, 뜻밖에 많은 고객이 몰려 계획했던 숙박업소를 포기하고 새로운 호텔을 모색하고 있는데 숙박서비스를 제공해줄 수 있는지 묻는 제의였다.
> A호텔은 여행기간 동안 숙박을 제공할 수 있는 여실은 있는 상황이지만 가나다 여행사는 숙박비를 일반 판매요금보다 더 낮은 가격에 제공해 주기를 원하고 있다. A호텔에서는 정상가 고객에게는 18만원의 숙박료를 받을 수 있는데, 가나다 여행사는 12만원으로 숙박료를 낮추어 달라고 요청하였다.
> 현재 A호텔이 속한 지역은 성수기도 비수기도 아닌 상황이고, 주변에 다른 호텔들이 많은 경쟁 지역이어서 고객이 투숙할 확률은 50%정도이다. 가나다 여행객들을 받으면 만실로 모든 객실을 활용할 수 있다.

45 다음 제시되는 예를 보고, A호텔 지배인이 해야 하는 의사결정 중 가장 적절하지 않은 것은?

① A호텔 지배인은 객실로 인해 발생하는 기회비용과 부족비용을 감안하여 결정하는 것이 옳다.
② A호텔 지배인은 향후 가나다 여행사와의 협업가능성을 두고 객실의 판매여부를 결정해야 한다.
③ A호텔 지배인은 소멸성, 동시성, 변동성, 무형성 등의 서비스의 특성을 감안하여 판단해야 한다.
④ A호텔 지배인은 공실에 대한 기회비용은 항상 서비스 부족비용보다 크다는 것을 감안하여 판단하여야 한다.
⑤ A호텔 지배인은 성수기 / 비수기가 아닌 기간의 평균 이용 고객 수를 감안하여 기대이익을 고려하여 판단해야 한다.

46 A호텔 지배인이 알아야 하는 정보 중 객실을 활용하여 얻을 수 있는 이익률에 대한 설명으로 적절하지 않은 것은?

① 성수기에는 상대적으로 정상가 단기고객의 비율이 낮고, 비수기에는 장기고객의 비율이 낮아진다.
② 이러한 의사결정은 과거 능력이용률과 시장정보를 활용하여 고객관계와 수익기회를 동시에 감안해야 한다.
③ 이익률을 관리하는 기본 방법은 가능한 높은 가격으로 판매하는 동시에 능력이용률을 높이고자 하는 것이다.
④ 비싸게 판매하더라도 탑승권을 급히 구하려는 고객을 위해 몇 장 남기는 항공사 상황과 유사하다고 볼 수 있다.
⑤ 예약시스템이 잘 되어 있는 산업에서는 가격에 민감한 고객들이 예약을 통해 가격절감효과와 안정성을 확보하려 한다.

[47~48] 다음의 사례를 읽고 물음에 답하시오.

F사는 그동안 서비스직을 채용할 때 외부모집에 의존하였다. 하지만 외부모집에 의해 입사한 사람들이 조직에 적응하지 못하는 경우가 많았다. 실제로 최근 3년간 외부모집에 의한 신입사원의 1년 내 이직률이 18.2%에 달하였다. F사는 인사혁신 TF팀을 구성하여 외부모집의 문제점을 파악하고 모집방식을 개선하는 방안을 마련하였다. 인사혁신 TF팀은 외부모집의 문제점과 함께 내부모집의 장점을 담은 보고서를 작성하여 경영진에게 제출하였다.

47 인사혁신 TF팀의 보고서에 포함할 수 있는 외부모집의 문제점으로 옳은 것은?

① 모집의 원천이 다양하지 않다.
② 고용평등법을 충족시키지 못할 위험이 있다.
③ 새로운 아이디어와 견해가 유입되지 않는다.
④ 조직 내부 정치로 인해서 비효율적이 될 수 있다.
⑤ 선발점수와 입사 후 성과 간의 불일치 가능성이 높다.

48 인사혁신 TF팀이 대안으로 생각하고 있는 내부모집의 장점으로 옳지 않은 것은?

① 장기근속 유인을 제공한다.
② 충원 비용을 절감할 수 있다.
③ 훈련과 조직화 시간이 단축된다.
④ 성장기 기업에게 적합한 대안이다.
⑤ 능력이 충분히 검증된 사람을 채용할 수 있다.

[49~50] 다음을 읽고 물음에 답하시오.

산업 전반에서 서비스의 비중이 커지고 중요성이 강조되면서, 전통적인 제조 중심의 기업들도 제품과 서비스를 묶어서 하나의 패키지로 제공하는 전략을 시도하고 있다. 애플은 아이팟 제품과 아이튠스 서비스의 융합을 통해 시장에서 성공을 거뒀고, 롤스로이스는 비행기 엔진뿐 아니라 정비 서비스를 제품에 연계해 엔진의 '사용'을 제공했다. 2000년대 들어서서 국내에서는 정수기 렌탈 서비스가 크게 유행하고 있는데, 이는 제품이 아니라 그 제품이 제공하는 기능에 주목하는 서비스 전략의 승리라 하겠다. 인간의 삶을 풍요롭고 의미 있게 하기 위해 제공되는 인공물인 제품과 서비스의 경계도 흐려지고 있다. 전자책 시장에서는 제조기업으로 알려진 소니와 아마존닷컴이 함께 경쟁하고 있다.

49 위의 지문에서 언급된 애플과 롤스로이스의 경우가 해당하는 제품 – 서비스 통합전략은?

① 서비스 중심의 PSS
② 결과 중심의 PSS
③ 과정 중심의 PSS
④ 제품 중심의 PSS
⑤ 서비스의 제품화

50 위 지문에서 정수기 렌탈과 같은 '사용 중심의 PSS'의 예로서 적절하지 않은 것은?

① 공기청정기 렌탈 서비스
② 자동차를 사게 하는 대신 이동성을 제공
③ 세탁기를 구매하는 대신 세탁 기능을 구매
④ 전산장비의 판매와 유지보수를 묶어서 상품화
⑤ 전시장 운영사와 조명 회사 간 일정 조도 유지 조건의 (전시장) 조명계약

제1회 정답 및 해설

SMAT Module C

1	①	2	③	3	④	4	⑤	5	②	6	⑤	7	⑤	8	②	9	②	10	④
11	③	12	④	13	③	14	②	15	⑤	16	②	17	④	18	①	19	②	20	③
21	②	22	④	23	②	24	①	25	②	26	①	27	①	28	②	29	①	30	③
31	②	32	⑤	33	④	34	①	35	②	36	⑤	37	②	38	②	39	③	40	③
41	④	42	①	43	③	44	⑤	45	⑤	46	③	47	③	48	③	49	②	50	③

01 ② 접촉이 반드시 필요한 부문은 접촉강화전략, 그렇지 않은 부문은 접촉감소전략을 활용하는 것이 필요하다.
③ 상호작용과 고객화가 높은 서비스업은 서비스 제공 인력의 전문성을 높이고, 수평적 상하관계관리가 필요하다.
④ 호텔 및 콘도와 같이 많은 자본투자가 이루어지는 서비스업은 성수기 수요를 비수기로 전환하는 수요관리가 중요하다.
⑤ 상호작용과 고객화가 낮은 서비스업은 표준화된 운영절차와 엄격한 상하관계관리가 필요하다.

02 ① 서비스 산업과 제조업의 구분이 필요하며, 특히 최근 제조업의 산출물인 제품의 차별화를 위해 서비스가 활용되고 있다.
② 도시화가 진행됨에 따라 서비스 산업이 성장하였다.
④ 서비스의 경우 임대의 개념으로 보는 것이 적절하며, 예를 들어 의료서비스의 경우 병원의 시설과 의사의 전문지식을 빌리는 것으로 이해할 수 있다.
⑤ 서비스는 무형재로, 첫 구매 시 기대형성이 어렵다.

03 서비스 품질 갭(GAP)
- 갭 1 : [기대된 서비스 - 경영진의 고객의 기대에 대한 인식] = 경영자 인지 격차
- 갭 2 : [경영자 인식의 품질명세화 - 경영진의 고객의 기대에 대한 인식] = 경영자 인지 격차
- 갭 3 : [서비스 전달 - 경영진 인지의 품질명세화] = 서비스 전달 격차
- 갭 4 : [서비스 전달 - 고객에 대한 외적 커뮤니케이션] = 시장 커뮤니케이션 격차
- 갭 5 : [기대한 서비스 - 경험(인지)한 서비스] = 경험한 서비스 격차

04 서비스 품질 측정이 어려운 이유
- 주관적 개념
- 전달 이전에 테스트 불가
- 고객으로부터 서비스 품질에 대한 데이터 수집에 어려움이 있음
- 고객은 프로세스의 일부이며 변화 가능성이 있는 요인
- 자원이 고객과 함께 이동하므로 고객이 자원의 변화를 관찰

05 서비스 프로세스가 일관될 시 서로 다른 프로세스를 개발하여야 하므로 종류 및 다양성이 증가한다.

06 서비스 수요는 발생 순간에 즉시 제공되지 못하면 수요 자체가 사라져버린다.

07 서비스 공급이 제한되어 일정 수준 이상의 서비스 수요가 발생되면, 공급량 이상의 수요에 대해서는 포기해야 하는 한계판매 비용이 낮은 상황에서는 수율관리 적합성이 높아진다.

08 선발도구가 입사 후 성과가 높을 사람을 선발하였다면 선발의 예측타당성이 높다고 할 수 있다.
①·③ 인재선발 방침과 관련이 있다.
④ 잘못된 선발의 예이다.
⑤ 선발방식에 대한 내용이다.

09 ①·③·④·⑤ 내부모집에 대한 설명이다.

10 고객만족경영에서의 고객은 내부고객을 포괄하는 개념이며, 적극적인 관계마케팅을 통한 전환비용(Switching Cost) 극대화를 통해 고객의 재구매를 활성화시킬 수 있다.

고객만족경영의 효과
- 재구매 고객 창출 : 서비스에 만족한 고객들은 고객충성도가 향상되어 기업 및 서비스에 좋은 이미지를 가지게 되고 재구매를 유도할 수 있다.
- 마케팅효과 증대 : 만족한 충성고객은 구전을 통하여 신규고객을 창출하므로, 기업의 마케팅효과를 증진시킨다.
- 비용절감의 효과
  - 고객만족은 기존고객을 충성고객으로 이끌 수 있다.
  - 신규고객 창출보다 기존고객 창출에 더 적은 비용이 드므로, 비용절감이 가능하다.
- 기업성장의 기반 : 불만족한 고객을 만족시키기 위한 노력으로 기업은 불만족한 고객을 활용하여 오히려 기업의 성장에 보탬이 되며 성장의 기반이 된다.

11 고객 유지를 위해서는 종업원에게 자율성과 권한을 위임하여 고객의 요구에 유연하게 대응할 수 있도록 해야 한다.

12 기술의 복잡화로 종업원이나 소비자가 기술의 진보를 따라가지 못할 때 서비스 패러독스가 발생한다.

서비스 패러독스 발생원인
- 서비스의 표준화
- 서비스의 동질화
- 서비스의 인간성 상실
- 기술의 복잡화
- 종업원 확보의 악순환

13 **서비스의 기본적 속성**
- 탐색 속성 : 구매 전 소비자가 평가할 수 있는 속성
- 경험 속성 : 구매 후 또는 소비과정 동안 평가할 수 있는 속성
- 신뢰 속성 : 서비스를 경험한 후에도 평가하기 어려운 속성

14 내부 상호작용 경계는 후방 직원과 지원 시스템 간의 경계이다.

15 **카노의 품질 모형**
- 매력적 품질요소 : 충족되면 큰 만족을 주며, 충족되지 않아도 불만족을 일으키지 않는 품질요소이다.
- 일원적 품질요소 : 고객의 명시적 요구사항으로, 이들이 충족될수록 만족은 증대된다.
- 당연적 품질요소 : 최소한 마땅히 있을 것으로 생각되는 기본적 품질요소이다.
- 무관심 품질요소 : 충족되거나 충족되지 않아도 불만을 일으키지 않는 품질요소이다.
- 역 품질요소 : 충족되면 불만을 일으키고, 충족되지 않으면 만족을 일으키는 품질요소이다.

16 GAP 2는 경영자가 소비자의 기대를 잘 알고 있으나, 시행 매뉴얼로 옮기지 못할 때 일어나는 격차이다.

17 고객은 서비스에 대한 기대를 하고, 이러한 기대에 따라 자신이 받은 서비스에 대한 평가를 내린다. 서비스 기대수준을 과도하게 높일 경우 기업 이미지를 해할 수 있다.

18 시장조사 방법의 개선은 시장조사 갭의 해결방안이다.

19 내부프로세스를 수행하는 종업원도 전체적인 관점에서 프로세스적 사고를 가져야 한다.

20 정성적 예측기법과 정량적 예측기법
- 정성적 예측기법
  - 시장 조사법
  - 지명집단기법 또는 포커스그룹 인터뷰
  - 델파이기법
  - 사다리기법
  - 전문가 모니터링
  - 구매 의도 조사법
  - 판매원 의견 통합법
- 정량적 예측기법
  - 전기 수요법
  - 인과형 예측기법
  - 시계열 예측기법

21 현재 이용하려는 서비스기업에서 과거에 경험한 것만을 과거경험으로 보는 것은 제한적인 관점이다. 고객들은 해당 기업뿐 아니라 관련된 여러 기업들의 경험도 같이 비교하여 기대를 형성하게 된다.

22 순환주기효과의 경우 어느 정도의 기간 동안 발현되는지도 지정되지 않는 경우가 많다.

23 ① 미리 도착하는 고객들에게 먼저 서비스를 제공하는 시스템을 설계할 시 예약시스템이 필요하지 않게 된다.
③ 고객에게 제공할 수 있는 평균 서비스 시간을 기준으로 예상 도착간격을 정하고 서비스 제공자의 휴식시간을 감안하여 예약간격을 설정해야 한다.
④ 처음으로 서비스를 제공받는 고객이 예약을 이행하지 않았을 경우, 서비스 능력의 유휴시간으로 이어지게 되므로 신중히 결정하여야 한다.
⑤ 전체 서비스 제공 가능시간에서 휴식시간과 비예약 고객을 위한 서비스시간을 제외시켜 예약간격으로 나누면 예약일정을 결정할 수 있다.

24 ② 전략 수립 과정에서는 전 조직원이 적극적으로 참여하여야 한다.
③ 선택된 분야는 일부이나, 이 분야에 노력 및 자원의 집중이 이루어지므로 전략의 영향력은 상당히 크다.

④ 조직 내·외부 환경 요인을 파악하여 각 사업의 장기적 경쟁우위를 달성하기 위한 목표를 설정한다.
⑤ 전략적 의사 결정은 연속적으로 이루어지는 것이 일반적이며, 상호보완적이고 일관된 패턴을 갖는다.

25 슈메너의 서비스 프로세스 매트릭스
- 서비스공장 : 상호작용과 고객화 ↓, 노동집약도 ↓
- 서비스숍 : 상호작용과 고객화 ↑, 노동집약도 ↓
- 대량서비스 : 상호작용과 고객화 ↓, 노동집약도 ↑
- 전문서비스 : 상호작용과 고객화 ↑, 노동집약도 ↑

26 성수기 공급증대전략에는 노동시간 및 시설확충, 파트타임 종업원 활용, 종업원 교차훈련, 아웃소싱 등이 있다.

27 갈등은 순기능과 역기능이 모두 존재한다.

순기능	역기능
• 갈등에 상응하여 구성원의 재능 및 능력이 발휘됨 • 조직 내의 갈등을 관리하게 방지할 수 있는 유용한 방법을 터득할 수 있음 • 조직의 문제점이 무엇인지, 어디에서 문제가 발생되는지에 대한 사전정보를 제공함 • 새로운 화합의 계기가 됨	• 자기이익에 급급하여 전체 조직을 희생하게 하는 경우가 많음 • 개인 간의 오랜 갈등은 감정적, 육체적인 면에 해가 됨 • 목표달성에 필요한 시간과 에너지를 낭비 • 재정상의 비용손실이 도래하여 경영자의 불신이 높아짐

28 이직관리는 이직률의 증가를 막기 위해 이직의 원인을 파악하고 관리하는 것이다. 개인적인 경력목표를 설정하고 이를 달성하기 위한 경력계획을 수립하는 활동은 경력개발관리이다.

29 4Cs는 상호작용적이다.

4Cs
- Customer
- Cost
- Convenience
- Communication

정답 및 해설 제1회

30 제품의 서비스화에 대한 설명이다. 정수기, 비데 렌탈 서비스나 항공기엔진 렌탈 서비스가 이에 해당한다.

31 FCFS(First Come First Service)에 대한 설명이다. 선착순 규칙이라고도 하며, 먼저 온 순서대로 서비스를 제공하는 것이다. 서비스상황이나 고객상황에 대한 고려를 하지 않는다는 점에서 아쉬움을 갖는다.

32 고객화에 대한 설명이다. 서비스 전달과정을 고객화함으로써 고객의 다양한 요구에 효과적으로 응대하도록 하는 프로세스이다.

33 표준화에 대한 설명이다. 서비스 업무 표준화의 기준에는 자동화된 기술적 환경, 업무표준화, 기술 환경 + 표준 매뉴얼이 있다.

34 종합적 품질경영이라고도 하며 다음과 같은 성과를 도출해낼 수 있다.
- 종업원이 고객중심적인 가치관을 가짐
- 고객만족 증가
- 구매하는 원자재 및 부품 품질 향상
- 노사관계가 원만해짐
- 생산성 향상
- 부가가치 미창출 업무 제거로 인한 비용 감소
- 부품 공급업자와의 관계 개선
- 종업원 사기 향상
- 종업원에게 혁신적인 사고의식을 심어 줌
- 고객에 대한 서비스 시간이 빨라짐
- 재고 감소

35 ①·③ 직원 1의 발언은 서비스에 대한 품질비용 중 예방비용과 관련이 있다.
② 직원 2의 발언은 서비스에 대한 품질비용 중 외부실패비용과 관련이 있다.
⑤ 서비스 품질 관리가 우수한 기업의 품질비용은 서비스 실패 사전 방지를 위한 비용의 비중이 높다.

36 서비스 제공자에게 많은 판단력이 요구되고 종업원의 능력 수준이 높아야 하는 경우는 각각의 고객에게 고객화된 서비스 프로세스를 제공하는 경우이다.

37 기사의 내용은 항공사 정책의 수율관리에 관한 내용이다. 수요에 따라 좌석을 바로 늘릴 수 없다는 특징은 항공사 정책의 적합성을 높이는 요인이 된다. 수율관리는 아래와 같은 상황에서 적합성이 높아진다.
- 세분화가 가능한 시장
- 수요에 대한 변동성이 높음
- 사전판매 가능
- 소멸성이 높음
- 가용능력 변경 비용이 높고, 한계판매 비용이 낮음

38 빙수 매장의 경우 파트타임 아르바이트생을 충원함으로써 성수기 공급증대전략을 사용하였다.

39 사례에서 직원 1과 직원 2가 제안한 방법은 내부모집에 해당한다. 내부모집은 신속하게 충원을 할 수 있으며, 충원비용을 절감할 수 있다는 장점이 있다.

40 제시된 사례는 부하에 의한 고과이다. ③은 상사에 의한 고과에 해당하는 설명이다.

41 A. 전략적제휴전략(OW 또는 WO전략)
B. 시장침투전략(TS 또는 ST전략)
C. 제품다각화전략(OS 또는 SO전략)

42 고객가치연장에 대한 전형적인 사례이다.

43 직원 1은 수요추구형, 직원 2는 공급평균화전략에 가깝다.
- 수요추구형전략 : 재고가 부족하거나 남는 등의 문제가 없으나, 서비스 인력을 그때그때 채용하거나 해고하는 데 많은 비용이 든다.
- 공급평균화전략 : 인력이나 장비를 안정적으로 유지할 수 있으나, 재고관리가 부담이 된다.
- 혼합전략 : 수요추구형과 공급평균화전략을 적절히 혼합하여 사용하는 전략이다.

44 E의 병원에서 추가 야간 진료를 하는 것은 노동시간을 확충하는 것으로 공급증대전략에 해당한다.

45 고객의 지각된 대기시간이 고객의 불만을 가져올 수 있으므로, 대기시간에 대한 지각에 관심을 두어야 한다.

46 사례 3의 저녁 8시 30분 이후 고객에게 에피타이저를 제공하는 것은 일반적인 저녁 식사 시간이 지난 이후의 추가적인 수요를 창출하기 위한 방안에 해당한다.

47 바쁘지 않은 시간대(비수기)에 방문한 고객에게 인센티브를 제공하는 것은 성수기 수요감소전략에 해당한다.

48 고객은 원인이 설명되지 않았을 때 기다림을 더 길게 느낀다.

49 서비스는 제공자 또는 상황(기분, 몸상태, 환경, 조건) 등에 따라 품질이 달라질 수 있다. 때문에 서비스를 일정 수준 이상의 균일한 품질로 만들고자 하는 노력이 필요하며, 고객별로 이질적인 욕구를 충족시켜 주기 위해 고객 개개인별로 개별화시키는 과제가 중요하다.

50 생산과 소비가 분리되지 않고 동시에 일어나는 비분리성으로 인해 발생한다. 고객이 서비스 공급에 참여하여 서비스 생산에 관여함으로써 서비스 제공자의 일정관리가 어렵게 된다.

제2회 정답 및 해설

SMAT Module C

1	①	2	⑤	3	②	4	⑤	5	⑤	6	①	7	⑤	8	③	9	④	10	⑤
11	②	12	③	13	①	14	⑤	15	③	16	③	17	③	18	①	19	⑤	20	②
21	⑤	22	⑤	23	②	24	②	25	①	26	①	27	①	28	①	29	②	30	④
31	①	32	⑤	33	②	34	②	35	②	36	②	37	④	38	④	39	③	40	③
41	②	42	⑤	43	②	44	⑤	45	④	46	①	47	⑤	48	④	49	④	50	④

01 서비스 패러독스 발생원인
- 서비스 표준화
- 서비스 동질화
- 서비스의 인간성 상실
- 기술의 복잡화
- 종업원 확보의 악순환(숙련되지 않은 일선 근무자의 서비스 제공)
- 셀프서비스 증가
- 일부 기업의 좋은 서비스로 인한 고객의 기대 증가
- 약속한 양질의 서비스 미제공

02 서비스는 틀에 맞추어 구사하는 정형화에서 벗어나야 진정한 모습을 보인다. 때와 장소에 따라 변형된 서비스가 필요하다.

서비스 유형별 분류 매트릭스 작성
- 고객의 참여
- 수요 관리의 중요성
- 정보기술의 활용
- 부가 서비스 영역의 증가
- 고객 접촉도에 따른 접점관리

03 ① 최소한의 보증이 무보증보다 효율적이다.
③ 서비스 설계 단계에 고객, 종업원 등 모든 이해관계자를 포함시킨다.
④ 복잡한 법률 용어는 피하는 것이 좋다.
⑤ 고객이 보증을 요구할 경우 즉각적으로 대응할 수 있도록 한다.

04 ① 서비스 품질은 격차가 작을수록 우수하다고 할 수 있다.
② 서비스 품질 격차(GAP) 모델은 서비스 경험과 기대 사이에 발생 가능한 5가지 격차를 밝힌다.
③ 품질명세 격차는 고객 기대를 정확하게 품질명세화 할 수 있는 계획 과정의 확립이 전제되어야 해결할 수 있다.
④ 품질명세 격차는 서비스 품질명세가 경영자가 인지하는 고객의 기대와 일치하지 않을 때 발생한다.

05 서비스 제공자의 입장이 아닌 고객의 입장에서 개선되어야 한다.

06 ② 가급적 세부적인 시장규모의 수요를 확인한다.
③ 날씨, 환경 등은 제품 수요보다 서비스 수요에 더욱 영향을 미친다.
④ 동일시간을 기준으로 할 때 서비스 수요는 제품 수요에 비해 변화의 폭이 크다.
⑤ 고객의 나이에 따른 특성은 시장에서 서비스 수요 예측을 위한 중요변수로 취급되지 않는다.

07 포아송분포가 아니라 지수분포를 따른다고 가정한다.

08 각 개인의 노동력은 동질적인 것이 아니며, 각 인적자원별로 담당할 수 있는 직무가 다르다.

09 ① 서열법에 대한 설명이다.
② 기업들이 가장 많이 이용하는 직무평가방법은 점수법이다.
③ 평가요소를 기준직무의 평가요소와 결부시켜 비교하는 것은 요소 비교법이다.
⑤ 직무요소마다 점수화, 통계화하여 직무가치를 평가하는 방법은 점수법이다.

10 ① 고객가치에 대한 설명이다.
② 고객의 요구사항 파악에 대한 설명이다.
③ 고객관계관리에 대한 설명이다.
④ 서비스 수익체인(Service Profit Chain)에 대한 설명이다.

11 외부 환경 평가와 기업의 강·약점 파악을 바탕으로 경쟁우선순위를 설정한다.

12 ① 사업수준의 전략에 해당한다.
② 기능전략에 해당한다.
④ 기업전략에 해당한다.
⑤ 사업전략에 해당한다.

13 탁월한 서비스는 전사적으로 기획되어 설계된 서비스를 접점에서 전달하는 것이다. 따라서 접점에만 포커스를 두어서는 안 되며, 기획 단계에도 집중하여야 한다.

14 저가격 제품 또는 서비스의 지속적 출시는 기업에 여러 불이익과 한계를 가져오기 때문에, 지속적 경쟁우위의 확보를 위한 전략적 선택으로 볼 수 없다.

15 패널 면접은 다수의 면접자가 1명의 피면접자를 면접하는 것이다. 면접 후 피면접자에 대한 의견 교환이 가능하기 때문에 광범위한 평가를 할 수 있다.

16 직무 평가는 조직 내에서의 상대적 중요도를 평가한다. 따라서 동종 직무라 해도 어느 조직에 속하였는지에 따라 직무 평가의 결과가 다를 수 있다.

17 서비스 인력을 채용하고 해고하는 데 많은 비용이 든다는 단점이 있는 전략은 수요추구형전략이다.

18 주기적 주문량이 매번 달라진다.

19 네트워크 비용을 감소시키는 전략은 서비스에서 원가주도 전략에 해당한다.

20 고객의 이탈은 기업의 장·단기 수익에 커다란 영향을 미친다. 특히 이탈고객이 경쟁사의 고객으로 전환된 경우에는 기업의 수익뿐만 아니라 시장점유율 측면에서도 영향을 미칠 수 있다.

21 대기업들이 주로 쓰는 전략으로, 시장기회선점전략이나 시장/제품다각화전략을 주로 사용한다.

22 인터넷몰보다는 오프라인 마트 이용 시 직원의 고객 응대가 더 중요하게 느껴진다.

23 서비스의 특성은 소멸성이다. 따라서 잘못 판매하게 될 시 돌려주거나 돌려받을 수 없다.

24 ① 서비스 패키지는 특정 환경에서 재화와 정보를 함께 결합하여 제공하는 상품의 묶음이다.
③ 핵심서비스를 이용하기 위해서 부대서비스가 필요한 경우에는 촉진서비스가 핵심서비스의 이용을 촉진시킬 수 있다.
④ 서비스 경영자들은 고객들이 갈망하는 서비스 패키지와 일치하는 종합적 경험을 제공하는 것이 중요하다.

⑤ 서비스의 무형적 특성으로 인해 서비스 경영자가 서비스가 무엇인지 명확하게 설명하기 어렵기 때문에 서비스 패키지를 개발하게 되었다.

25 후크스는 GNP의 절반 이상이 서비스 부문에서 생산되는 경제를 '서비스 경제'라고 정의하였다. 전체 고용 인구에서 서비스 부문이 차지하는 비중이 50%를 넘게 되면 '서비스 경제'로 진입한 상태이다.

26 EOQ모형은 구매비용, 주문비용, 재고유지비용 등을 합쳐 총비용을 최소로 할 수 있는 주문량을 찾는 모형이다. 유지비용과 주문비용이 상충관계에 있으므로, 이 둘의 합계인 총비용은 하향볼록형 곡선이 되어 총비용을 최소로 하는 주문량인 경제적 주문량이 존재한다.

27 서비스 수요는 만들어지면서 바로 소비되기 때문에 재고의 저장이 불가능하거나 아주 어렵다. 따라서 서비스 수요는 발생 순간에 즉시 제공되지 못하면 수요 자체가 사라져버리게 된다.

28 직위(Position)란 한 사람이 수행하는 일의 단위이다. 따라서 한 기업의 직위 수는 곧 그 기업의 인원 수를 의미한다.

29 고객가치창조를 위한 혁신은 가치혁신과 비용혁신으로 나뉜다.
• 가치혁신(Value Innovation) : 기업이 고객에게 제공하는 가치의 현재수준을 높이고자 하는 활동
• 비용혁신(Cost Innovation) : 같거나 더 높은 가치를 더 낮은 비용으로 창출하여 고객에게 제공하고자 하는 활동

30 신협력적 노사관계
• 쟁점 : 국가주요정책
• 주체 : 사용자, 노조, 정부
• 노조의 태도 : 협력적, 거시적
• 조정메커니즘 : 노·사·정 협조, 사회적 합의

• 특 징
 - 노·사·정이 국가적 차원에서 노사문제를 해결
 - 국민경제적 입장에서 노사관계 인식
 - 노·사·정 3자 협력주의

31 처음부터 실패가 발생하지 않도록 하거나 평가비용을 최소화하기 위한 활동에 소요되는 비용이다.

32 서비스 품질 개선
• 개선의 필요성 입증
• 개선 프로젝트의 선정
• 프로젝트팀의 결성
• 프로젝트의 필요성 및 임무의 확인
• 문제의 원인진단
• 대책수립 및 효과확인
• 변화에 대한 저항의 극복
• 효과유지를 위한 통제 실시

33 전문서비스에 대한 설명이다.

34 서비스란 직원과 고객의 상호작용적 마케팅을 의미한다. 서비스는 양방향으로 움직일 때 가장 큰 효과를 만든다.

35 제조업자들이 제공하는 제품과 추가서비스에 대한 생각은 제품 지배적 논리에서 서비스 지배적 논리로 변화하고 있다. 즉, 공급자가 제공하는 제품 품질이 경제적 거래의 핵심이고, 제품의 예방 및 수리보전 같은 A/S는 부수적이라는 생각에서 서비스 자체가 독립저으로 이익을 창출하는 거래활동이라는 생각으로 변화해왔다.

36 호텔에 예약한 고객이 초과예약으로 인해 서비스 제공을 받지 못하여 발생하는 비용을 재고부족비용이라 한다.

37
① 지수평균을 이용하여 차기값을 예측하는 기법
② 가장 오래된 자료를 제거하고, 가장 최근의 자료를 추가하여 평균값을 갱신함으로써 미래의 수요를 예측하는 기법
③ 사용자와의 인터뷰, 시장동향의 분석, 대규모의 설문조사를 통해 신서비스를 시장에 출시하기 전 미래의 수요를 예측하기 위해 사용하는 기법
⑤ 8~12명 정도의 전문가가 모여서 자유로운 토론을 하거나 투표를 하는 기법

38 공격적이고 피면접자를 무시하는 방법을 통해 좌절하게 만들어 감정의 안정성 및 좌절에 대한 인내성을 관찰하는 면접 유형이다.

39
• 지원설비 : 고급스럽고 클래식한 인테리어가 돋보이는 스위트룸
• 보조용품 : 식사, 음료 등
• 정보 : 효율적이며 고객화된 서비스 제공을 가능하게 하는 고객에 의해 제공되는 운영 데이터 또는 정보
• 명시적 서비스 : 품격 있고, 다양한 혜택
• 묵시적 서비스 : 럭셔리한 휴식을 통한 심리적 만족감

40 C가 말한 웨딩홀의 정책은 비수기 수요진작전략에 해당한다.

41 서비스 프로세스 개선을 위해서는 단기적 성과뿐만 아니라 장기적 성과에도 관심을 두어야 한다.

42
① 소비자가 다른 서비스와는 다르다는 인식을 가질 수 있는 독특한 서비스를 제공함으로써 경쟁력을 확보하는 전략이다.
② 서비스에 들어가는 원가를 줄이고, 서비스의 가격을 낮추어 경쟁우위를 확보하는 전략이다.
③ 하나의 세분시장을 더 작은 하위 세분시장으로 나누어, 시장의 빈틈을 공략하는 새로운 상품을 시장에 내놓음으로써 시장점유율을 유지시켜 나가는 전략이다.
④ 기존의 비즈니스 영역 외에 다른 사업 영역에 추가적으로 진출하는 전략이다.

43 서비스는 저장, 재판매되거나 되돌려 받을 수 없는 소멸성을 갖는다. 따라서 호텔 객실도 시간이 지나면 소멸되는 특성 때문에 시간이 경과하면 호텔이 줄 수 있는 서비스 편익도 사라지게 된다.

44 종업원 B는 '고객이 원하는 최선을 제공하라'는 고객지향적 기업문화를 잘 체득하고, 고객 입장에서 두 사람의 주문을 기쁜 마음으로 수용하여야 한다.

45 서비스에 대한 기회비용과 부족비용을 계산하기에는 자료가 부족하다. 일반적으로 주위에 경쟁사가 많은 경우에는 서비스 부족비용이 서비스 기회비용보다 크게 발생한다.

46 성수기에는 상대적으로 정상가 단기고객의 비율이 장기고객의 비율보다 높아진다.

47 내부모집은 기존 인력의 성과를 감안하여 선발하므로 선발점수와 입사 후 성과 간의 불일치 가능성이 낮지만, 외부모집의 경우 불일치 가능성이 높다.

48 성장기 기업은 외부모집을 활용하는 것이 일반적이다.

49 PSS
• 제품 중심의 PSS : 제품을 판매하거나 사용하는 것을 촉진시키기 위해 서비스가 부가적으로 추가되어 제공되는 형태
• 사용 중심의 PSS : 제품을 판매하는 대신 사용이나 기능을 판매하는 형태
• 결과 중심의 PSS : 제품을 구매하거나 사용하지 않은 채 그 제품으로부터 나오는 결과물만을 이용하는 형태

50 ④ 제품 중심의 PSS에 대한 설명이다.
①·②·③·⑤ 사용 중심의 PSS에 대한 설명이다.

SMAT 모듈 C
서비스 운영전략
합격노트

실제경향 모의고사

※ SMAT은 문제은행 형식의 시험으로 기출문제 대신 샘플문제가 공개됩니다.
　본 문제는 KPC(한국생산성본부) 자격 홈페이지에서도 확인하실 수 있습니다.

Study Diary

1일차	2일차	3일차	4일차	5일차	6일차	7일차
☺	☺	☺	☺	☺	☺	☺
학습진도	학습진도	학습진도	학습진도	학습진도	학습진도	학습진도
p ~ p	p ~ p	p ~ p	p ~ p	p ~ p	p ~ p	p ~ p

8일차	9일차	10일차	11일차	12일차	13일차	14일차
☺	☺	☺	☺	☺	☺	☺
학습진도	학습진도	학습진도	학습진도	학습진도	학습진도	학습진도
p ~ p	p ~ p	p ~ p	p ~ p	p ~ p	p ~ p	p ~ p

계획했던 학습을 완벽하게 완료하였다면 ☺
학습은 하였으나 미비했다면 ☺
학습을 미루었다면 ☺ 색으로 칠해보세요!

2025
유튜브 선생님에게 배우는

SMAT 모듈C
|서비스 운영전략|
합격노트

시대에듀

2025 시대에듀 유선배 SMAT Module C 서비스 운영전략 합격노트

경영 조직의 구성은 주로 삼각형 모형으로 설명이 되며, 접점에서 일을 하는 직원이 100여 명인 조직이라면 중간관리자는 15~20%, 즉 15~20명으로 구성, 임원은 중간관리자의 15~20%로 1~2명, 최고경영자 · 대표는 1명이 보통이라 할 수 있습니다.

경영 조직에서는 계층별로 역할이 주어집니다. 이 역할을 신체에 비유한다면 직원은 주어진 임무를 완수하기 위해 열심히 움직여 목표를 실현하는 데 가장 많은 활동을 하기에 '팔다리형'이라 하고, 중간관리자는 위에서 정한 목표를 실현하기 위해 중간에서 위의 임원, 아래의 직원 간에 통로역할을 하며 링커십(Linkership)을 발휘하므로 마음을 쓰는 '가슴형'이라 합니다. 상위 임원과 대표는 변화하는 경제 환경을 감지하고 조직의 제품라인이나 조직 문화 자체를 바꾸는 등 끊임없는 외부 환경에 맞추어 사업의 재구성을 해나가야 하기에 쉼없이 고민하고 머리를 써야 하는 '머리형'이 되어야 할 것입니다.

A모듈이 팔다리형으로 조직 내에서 모든 조직원이 조직원 간 매너와 에티켓을 실천하여 조직의 수준을 높이고 그 좋은 태도로 외부의 고객들을 상대함으로써 비즈니스 현장에서 까다로운 고객을 대응하는 커뮤니케이션 역량을 평가하는 자격이라면, B모듈은 중간관리자로 고객과의 관계를 관리하는 체계를 만들어 서비스 세일즈 마케팅을 실천해 성과를 올리고, 고객과의 소통에 있어 접점 직원이 해결하지 못하는 VOC · 컴플레인 등을 접수 · 관리하며, 직원들을 조직의 목표에 맞게 교육 · 훈련 · 코칭하는 역량까지 평가하는 자격이었습니다.

이번 C모듈은 Covid-19 이후 급변하는 세계 경제사정과 3차 산업에서 4차 산업으로 큰 산업의 틀이 변경되고 있으며, 대면 서비스에서 비대면 서비스를 융복합하고 있어 서비스 산업의 질적 향상을 위해 경영자로서의 고민과 시름이 깊어지는 때에 경영의 기초를 다질 수 있고 서비스 산업의 거시적 안목을 기를 수 있는 내용으로 각 과목이 구성되어 있습니다.

서비스의 기본적인 개념은 4차 산업체계에도 꼭 필요한 내용으로 '고객'과의 관계성을 이끌어 가기 위한 서비스 산업의 개념을 학습, 프로세스의 설계 및 품질관리, 서비스의 수요와 공급 전략의 구성, 가장 중요한 서비스 인적자원관리의 실천을 통해 고객만족 경영을 실현하며 지속가능경영을 이뤄나가야만 합니다.

합격의 공식 Formula of pass | 시대에듀 www.sdedu.co.kr

C모듈은 서비스의 모든 접점을 세밀하게 분석하고 다양한 고객들이 만족할 수 있는 수준의 서비스를 경험하도록 더 나은 서비스를 디자인하여 질적으로 우수한 조직을 만들어 나가기 위한 기초적인 내용들을 학습하고, 고객만족경영을 실천하기 위해 어떤 전략과 전술을 필요로 하는지 구체적인 경영자로서 수업에 대한 내용을 학습하는 장입니다.

전체 내용을 잘 학습하시면 의사가 환자를 진단하여 아픈 곳을 치료해 건강한 상태로 유지시켜주듯이 경영환경에 있어 문제점을 진단할 수 있고 어떻게 치료, 즉 디자인을 바꾸어 건강한 조직을 유지해 나갈 수 있는지를 컨설팅할 수 있는 수준에 이를 것입니다.

모든 산업이 '서비스' 없이는 존재할 수 없는 시대에 살고 있습니다. 공공서비스, 의료서비스, 교육서비스, 유통서비스 등 전 산업분야에 가장 근본이 되는 '서비스'를 잘 다루어 어느 분야에서든 생산성에 있어 성과를 극대화할 수 있는 '경영' 전문가로 거듭나시길 바랍니다. 본 교재로 공부하는 시간이 여러분의 전문성을 기르는 데 도움이 되는 시간이 되길 기원합니다.

감사합니다.

여러분의 합격을 기원하며

한국서비스경영연구소 SMAT 전문 연구원 일동

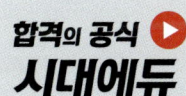

자격증·공무원·금융/보험·면허증·언어/외국어·검정고시/독학사·기업체/취업
이 시대의 모든 합격! 시대에듀에서 합격하세요!
www.youtube.com → 시대에듀 → 구독

SMAT(서비스경영자격)이란?

> 서비스경영능력시험이라고도 하며 급증하는 인력수요를 보이는 서비스 산업의 핵심 성공요인을 선별하여, 서비스 직무의 현업 지식 및 역량을 평가하는 실무형 국가공인 자격시험

시행처

- 주무부처 : 산업통상자원부
- 주관/시행 : 한국생산성본부

응시자격 및 대상

자 격	제한 없음
대 상	• 서비스 산업의 관리자 및 기업(관) 실무 종사자 • 비즈니스 기초 소양을 쌓기 위한 예비 직장인 • 서비스 관련 학과 대학생, 교직원 및 특성화고 재학생

활용내용

- 기업(관) 신입사원 채용, 내부직원 교육 등 자체 HR 기준으로 SMAT 채택
- 산업별 대표협회 채택, 회원사 재직자 인사고과 반영 및 교육과정 개설
- 대학교 내 학점반영 및 직무역량 특강 개설
- 특성화고의 교육특강 및 자격취득 과정 개설

🔲 시험일정

- SMAT 시험은 짝수달 둘째 주 토요일 및 5 · 11월 넷째 주 토요일에 시행합니다(연 8회).
- 시험일정은 시행처의 사정에 따라 변경될 수 있습니다.
- 2025년 시험일정은 반드시 시행처 홈페이지(license.kpc.or.kr)를 확인하시기 바랍니다.

🔲 시험시간

국가공인 SMAT (서비스경영자격)	1교시	2교시	3교시
모듈 A 비즈니스 커뮤니케이션	09:00~10:10 (70분)	–	–
모듈 B 서비스 마케팅 · 세일즈	–	10:30~11:40 (70분)	–
모듈 C 서비스 운영전략	–	–	12:00~13:10 (70분)

🔲 시험접수 방법

- 온라인 접수 : 한국생산성본부 홈페이지(license.kpc.or.kr)
- 방문 접수 : KPC 자격지역센터 사전 연락 후 내방

🔲 응시료

1개 Module	2개 Module	3개 Module
20,000원	36,000원	50,000원

※ 부가가치세 포함 및 결제대행 수수료는 별도입니다.
※ 회차당 2개 이상 모듈 동시 응시 가능하며, 부분 과목의 취소는 불가합니다.

SMAT 시험안내
INFORMATION

2025 시대에듀 유선배 SMAT Module C 서비스 운영전략 합격노트

🔲 평가체계

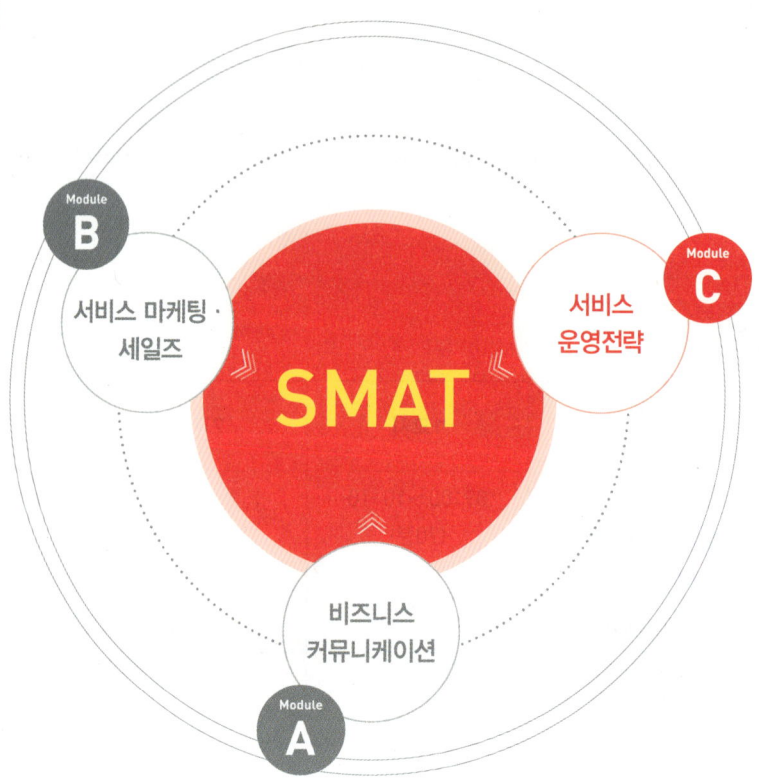

🔲 검정목표

Module A	현장 커뮤니케이션 실무자	고객 접점에서 올바른 비즈니스 매너와 이미지를 바탕으로 고객의 심리를 이해하고, 고객과 소통할 수 있는 현장 커뮤니케이션 실무자 양성
Module B	서비스 마케팅 관리자	서비스 현장에서 고객관계관리(CRM), 고객경험관리(CEM) 및 컴플레인 처리 기술을 바탕으로, 서비스 유통관리와 내부 코칭/멘토링을 통하여 세일즈를 높일 수 있는 마케팅 관리자 양성
Module C	서비스 운영전략 관리자	고객만족경영과 서비스 인적자원관리에 대한 이해를 바탕으로, 우수한 서비스 프로세스를 설계하고 공급 및 수요를 관리할 수 있는 서비스 운영전략 관리자 양성

등급부여 기준

※ SMAT(서비스경영자격)은 각 모듈별로 응시할 수 있으며, 합격한 모듈에 따라 자격등급을 부여합니다.
※ A모듈의 우선 취득을 권장합니다. B 또는 C모듈을 먼저 취득 시, A모듈을 취득해야 자격이 부여됩니다.

학점 인정 | 서비스경영분야 최대 학점 인정

등 급	학 점
1급(컨설턴트)	10학점
2급(관리자)	6학점

※ SMAT 1급 : 전문학사(경영, 관광경영), 학사(경영학, 관광경영학, 호텔경영학)일 경우, 전공필수 학점으로 인정
※ SMAT 2급 : 전문학사(경영, 관광경영)일 경우, 전공필수 학점으로 인정
※ 위에 제시된 전공이 아닐 경우, 일반선택 학점으로 인정

문제형식 및 합격기준 | 각 모듈별

문제형식	• PBT방식으로 진행 • 70분간 총 50문항(각 2점, 총 100점) • 5개 유형으로 복합출제(일반형, O/X형, 연결형, 사례형, 통합형)
합격기준	100점 만점 중 총 70점 이상 합격

※ 과목별 문항수는 모듈별로 10% 이내에서 변동될 수 있습니다.

2025 시대에듀 유선배 SMAT Module C 서비스 운영전략 합격노트

🗂 모듈별 서비스 체계도

SMAT 모듈 C는 조직운영, 산업 전체에 대한 기본 전략을 구성하는 조직의 최고경영층에 해당하는 직급에서의 역할을 이해하고 공부를 시작하는 단계로, 조직의 출발부터 이윤창출이 아닌 제품을 소비하는 "고객중심"의 가치경영을 기반으로 출발한다.

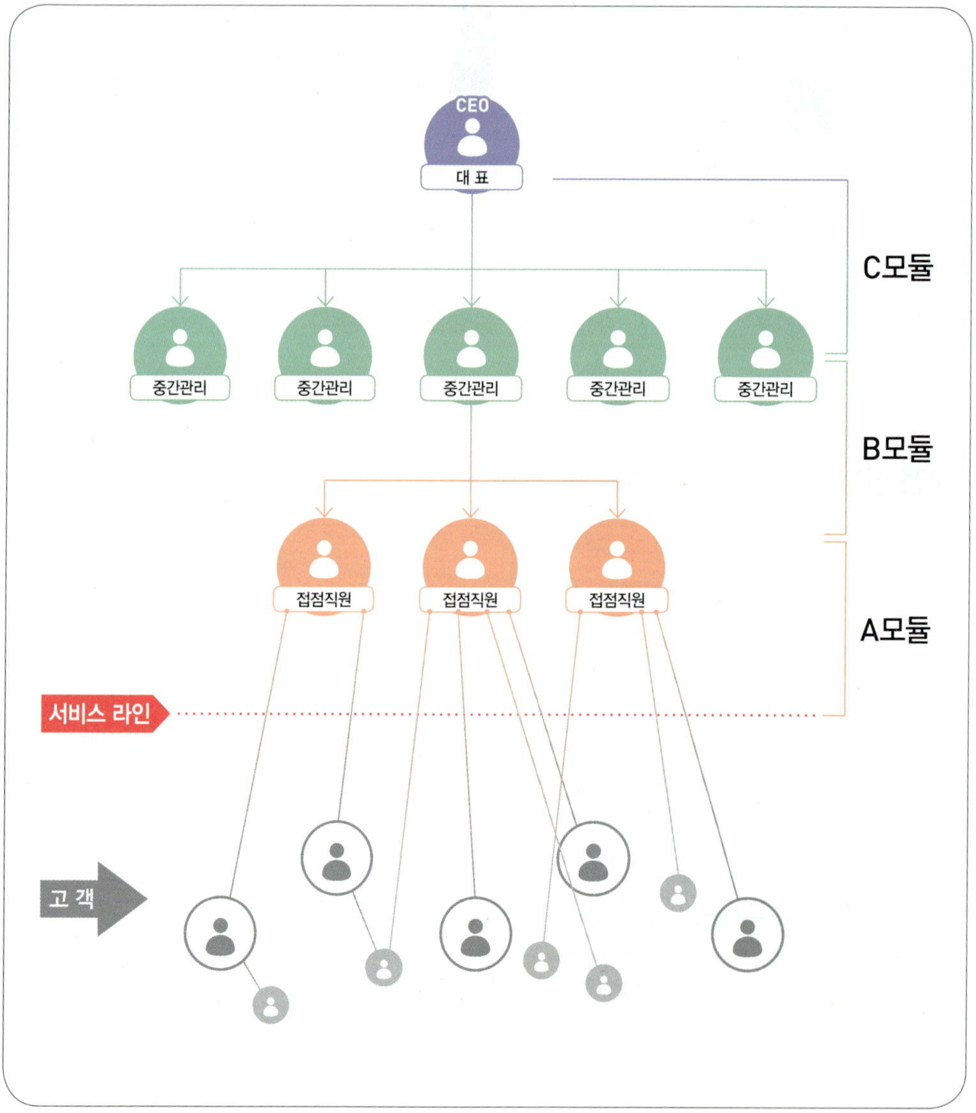

출제기준

모듈	과목	출제범위
A 비즈니스 커뮤니케이션	비즈니스 매너/에티켓	매너와 에티켓의 이해, 비즈니스 응대, 전화응대 매너, 글로벌 매너 등
	이미지 메이킹	이미지의 개념, 이미지 메이킹 주요이론, 상황별 이미지 메이킹, 인상/표정 및 상황별 제스처, Voice 이미지 등
	고객심리의 이해	고객에 대한 이해, 고객분류 및 계층론, 고객심리의 이해, 고객의 성격유형에 대한 이해, 고객의 구매의사 결정과정 등
	고객 커뮤니케이션	커뮤니케이션의 이해, 효과적인 커뮤니케이션 기법/스킬, 감성 커뮤니케이션, 설득과 협상 등
	회의기획 및 의전실무	회의운영 기획/실무, 의전운영 기획/실무, 프레젠테이션, MICE의 이해 등
B 서비스 마케팅·세일즈	서비스 세일즈 및 고객상담	서비스 세일즈의 이해, 서비스 세일즈 전략분석, 고객상담 전략, 고객유형별 상담기법, MOT 분석 및 관리 등
	고객관계관리(CRM)	고객관계 이해, 고객 획득-유지-충성-이탈-회복 프로세스, CRM 시스템, 고객접점 및 고객경험 관리, 고객포트폴리오 관리 등
	VOC 분석/관리 및 컴플레인 처리	VOC 관리시스템 이해, VOC 분석/관리법 습득, 컴플레인 개념 이해, 컴플레인 대응원칙 숙지, 컴플레인 해결방법 익히기 등
	서비스 유통관리	서비스 구매과정의 물리적 환경, 서비스 유통채널 유형, 서비스 유통 시간/장소 관리, 전자적 유통경로 관리, 서비스 채널 관리전략 등
	코칭 교육훈련·멘토링 및 동기부여	성인학습의 이해, 교육훈련의 종류 및 방법, 서비스 코칭의 이해/실행, 정서적 노동의 이해 및 동기부여, 서비스 멘토링 실행 등
C 서비스 운영전략	서비스 산업개론	유형별 서비스의 이해, 서비스업의 특성 이해, 서비스 경제 시대 이해, 서비스 패러독스, 서비스 비즈니스 모델 이해 등
	서비스 프로세스 설계 및 품질관리	서비스 품질 측정모형 이해, 서비스 GAP 진단, 서비스 R&D 분석, 서비스 프로세스 모델링, 서비스 프로세스 개선방안 수립 등
	서비스 공급 및 수요관리	서비스 수요 예측기법 이해, 대기행렬 모형, 서비스 가격/수율 관리, 서비스 고객기대 관리, 서비스 공급 능력계획 수립 등
	서비스 인적자원관리(HRM)	인적자원관리의 이해, 서비스 인력 선발, 직무분석/평가 및 보상, 노사관계 관리, 서비스인력 노동생산성 제고 등
	고객만족경영(CSM) 전략	경영전략 주요 이론, 서비스 지향 조직 이해, 고객만족의 평가지표 분석, 고객만족도 향상 전략 수립 등

2025 시대에듀 유선배 SMAT Module C 서비스 운영전략 합격노트

"SMAT 모듈 A, B, C 합격!!"
2021년 4월 10일 응시

▶ SMAT 시험에 도전하게 된 계기가 있다면요?

직장에서 연 1회 실시하는 1박 2일 워크숍을 통해 알게 된 서비스 매너, 직원, 중간 관리자, 관리자의 역할을 조금 더 깊이 있게 공부해보고, 이왕이면 자격증도 취득할 수 있는 게 무엇일까 찾던 중 알게 된 것이 SMAT 자격증이었습니다.

▶ 준비기간은 얼마나 걸리셨나요?

직장생활과 자격시험을 병행하다 보니 시험 준비기간은 충분히 두진 못했고, 원서접수 후 20일 정도, 하루 2~3시간 정도 투자하였습니다.

▶ 체감 난이도는 어느 정도였나요?

문제 난이도는 다른 합격자들도 언급하였던 것처럼 책에 집중해서 정독하면 좋은 성적으로 자격증을 취득할 수 있는 정도의 수준입니다.

▶ 어떻게 공부하셨는지 공유해주실 수 있나요?

시대에듀 책의 내용을 1회 정독, 2회 숙지, 문제풀이 및 기출(샘플)문제는 5회 반복하였고 시대로~카페의 무료 강의 동영상을 1회 수강하였습니다.

합격의 공식 Formula of pass | 시대에듀 www.sdedu.co.kr

▶ 하루에 3가지 모듈을 응시하는 것이 어려우셨을 텐데 어떻게 시간을 활용하셨나요?

저는 1급 취득을 위해 모듈 A, B, C를 동시에 응시했습니다.
A 모듈 시험 시작 후 30분 뒤 퇴실 → B 모듈 기출(샘플)문제 암기 → B 모듈 시험 시작 후 30분 뒤 퇴실 → C 모듈 기출(샘플)문제 암기 → C 모듈 시험 응시와 같은 식으로 시간을 활용했습니다.

▶ 시험 이후 답안은 어떻게 확인을 하나요?

시험지는 반출이 금지되어 있습니다. 대신 가채점 답안이 시험을 치르고 2일 정도 후에 KPC 자격 홈페이지에 게시되기 때문에, 답을 적어오셔서 홈페이지에 공지된 답안과 맞춰보시면 좋습니다. KPC 자격 홈페이지 → 고객센터 → 자격시행 게시판을 이용하시면 됩니다.

▶ SMAT 예비 합격자들에게 한 마디 해주세요.

SMAT 시험은 알아두면 직장생활은 물론 자신의 내·외면에 큰 변화와 발전을 줄 수 있는 공부이니 자격증 취득여부에 관계없이 공부하시면 큰 도움이 되리라 생각합니다.
자격증 취득에 대한 부담감과 시험에 대한 두려움보다는 자기변화와 역량강화를 통한 자기발전의 기회라는 마음으로 공부하신다면, 시험에 응시하시는 모든 분들의 합격은 반드시 이루어질 것입니다.

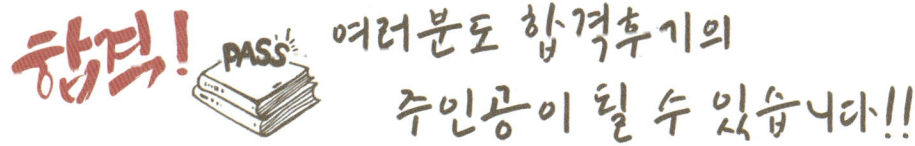

국가전문자격 시대로~   시대에듀 국가전문자격카페 '시대로~'에 남겨주신
수험후기를 바탕으로 구성하였습니다.

출제경향 및 학습전략

ANALYSIS

2025 시대에듀 유선배 SMAT Module C 서비스 운영전략 합격노트

📋 출제경향

이론부분
산업의 중심이 제품이 아닌 '서비스' 중심의 산업 전반에 대한 이해를 기본으로, 서비스의 본질과 고객만족을 위한 서비스 품질에 대한 측정, 관리 등의 체계적인 프로세스의 설계와 관리가 중심축이 된다.

실무부분
실제 서비스 접점에서 일어날 수 있는 서비스의 품질을 측정할 수 있는 방법적인 시스템의 구축과 현장의 수요와 공급을 계측하고, 물적·인적자원의 적절한 배치 및 관리, 이를 통한 고객만족경영의 평가까지 이루어지는 전반적인 현장 중심의 사례가 핵심 학습전략이 된다.

📋 전체 학습전략

01 ▶ 서비스 산업의 이해 → 공공서비스, 의료서비스, 교육서비스 등 서비스 산업으로 전환된 전체 산업군의 이해가 가장 필요하고, 제공자 중심의 사고가 아닌 수요자 중심의 사고에서 문제를 들여다보는 것이 가장 중요하다.

02 ▶ 경영에 대한 전반적인 이론적 배경을 공부하고 현장에서 평가되는 서비스 품질, 측정, 수요와 공급의 매치, 현장의 인적자원관리를 어떻게 관리하여 고객만족평가에 대한 긍정적 수치를 얻을 수 있는가가 가장 큰 핵심이다.

03 ▶ C 모듈은 조직을 서비스 중심의 사고에서 출발, 서비스에 적합한 물적·인적자원의 운영, 관리를 어떻게 구체적으로 실현해 나아갈 것인지에 대한 명확한 근거를 공부하는 것이 합격률을 높이는 가장 좋은 방법이며, 조직을 운영하는 전체적인 흐름을 이해하는 공부가 된다.

04 ▶ C 모듈은 서비스에 대한 본질적인 문제와 좋은 서비스의 실천을 통해 수치로 나타내기 어려운 고객의 '만족도'를 도출해낼 수 있도록 하는, 전반적인 운영과 관리에 대한 기본적인 '경영실무' 자격이다. 이론을 중심으로 한 실무형 문제를 최대한 구성하였으며, 시험 대비 많은 양의 문제풀이를 추천한다.

과목별 학습전략

PART 01 서비스 산업개론
- 서비스 산업의 특징과 기본원리를 이해하고, 앞으로 더욱 전문 서비스화되어가는 산업을 중심으로 경영운영에 대한 기본 틀을 잡는다.
- 서비스의 여러 유형별로 특성을 이해하고 서비스가 중심이 되는 비즈니스 모델에 대한 구성과 이해를 한다.
- 서비스 제공자의 노력에도 불구하고 고객만족의 기준은 나날이 높아져 좀처럼 만족감을 얻기 어렵다. '서비스 패러독스'에 대한 이해를 통해 좀 더 세밀하고 고객중심의 서비스 운영관리에 대한 방안을 도출한다.

PART 02 서비스 프로세스 설계 및 품질관리
- 서비스 현장에서 발생하는 서비스 프로세스에 대한 전반적인 관리방법을 구성하여 도출한다.
- 현장에서 실행되는 서비스의 품질을 측정·관리 운영하는 방법을 이해하고 측정 기법들을 암기 및 학습하여 적용한다.

PART 03 서비스 수요와 공급
- 서비스 수요관리 및 수요를 예측하고 전략을 통해 정확한 고객의 동선을 예측한다.
- 서비스 대기관리 행렬에 대한 관리를 통해 보다 만족감을 높이는 전략을 수립할 수 있어야 한다.
- 서비스 가격관리 및 수율관리를 통해 경영운영을 실천할 수 있어야 한다.

출제경향 및 학습전략

ANALYSIS

2025 시대에듀 유선배 SMAT Module C 서비스 운영전략 합격노트

PART 04 서비스 인적자원관리

- 기본적인 조직의 인적자원관리를 이해하고, 서비스 산업에 적합한 인력을 선발하여 교육·배치하는 흐름을 알아야 한다.
- 고객만족을 실현하는 현장직원의 서비스 직무평가 및 보상을 통해 더 높은 품질의 서비스의 제공이 유지되도록 관리·실천하는 방안을 도출할 수 있어야 한다.
- 노사관계관리와 서비스인력 노동생산성 관리를 통해 지속가능한 경영시스템을 구축한다.

PART 05 고객만족경영과 전략

- 고객만족경영(CSM ; Customer Satisfaction Management), 경영전략 주요 이론을 이해하고, 평가방법에 대한 계산을 도출할 수 있도록 한다.
- 경영전략과 분석을 통해 경쟁우위의 전략을 도출하여, 지속적으로 높은 품질의 서비스를 제공하고 지속가능한 경영의 실현을 모색한다.

이 책의 목차
CONTENTS

2025 시대에듀 유선배 SMAT Module C 서비스 운영전략 합격노트

책 속의 책 　실제경향 모의고사

제1회　실제경향 모의고사 ·· 002
제2회　실제경향 모의고사 ·· 019
정답 및 해설 ··· 036

PART 01　서비스 산업개론

Chapter 01　서비스 산업의 개념 ·· 003
Chapter 02　서비스 산업의 전통적 특성 이해 ····················· 007
Chapter 03　서비스 경제 시대의 이해 ································ 009
Chapter 04　유형별 서비스의 이해 ····································· 011
Chapter 05　서비스 패러독스 ··· 017
Chapter 06　서비스 비즈니스 모델의 이해 ························· 019
출제유형문제 ·· 028

PART 02　서비스 프로세스 설계 및 품질관리

Chapter 01　서비스 프로세스 ··· 039
Chapter 02　서비스 프로세스 연구개발 ······························ 048
Chapter 03　서비스 프로세스 설계 ····································· 051
Chapter 04　서비스 품질의 이해 ·· 053
Chapter 05　서비스 품질 측정 ·· 061
출제유형문제 ·· 070

PART 03　서비스 수요와 공급

Chapter 01　서비스 수요관리 및 수요예측 ························· 083
Chapter 02　서비스 공급계획 및 전략 ································ 089
Chapter 03　서비스 수요와 공급관리 ································· 092

이 책의 목차
CONTENTS

2025 시대에듀 유선배 SMAT Module C 서비스 운영전략 합격노트

Chapter 04	서비스 대기관리	094
Chapter 05	서비스 가격관리 및 수율관리	101
Chapter 06	서비스 기대관리	108
출제유형문제		113

PART 04 서비스 인적자원관리

Chapter 01	인적자원관리의 이해	125
Chapter 02	서비스인력 선발	128
Chapter 03	서비스 직무평가 및 보상	134
Chapter 04	노사관계관리	140
Chapter 05	서비스인력 노동생산성 관리	145
출제유형문제		156

PART 05 고객만족경영과 전략

Chapter 01	고객만족경영(CSM)	169
Chapter 02	고객만족평가	180
Chapter 03	경영전략과 분석	182
Chapter 04	경쟁우위전략	186
Chapter 05	서비스 마케팅과 동태적 전략	187
출제유형문제		196

부록 고득점 공략 행진 모의고사

제1회	고득점 공략 행진 모의고사	211

서비스인력 선발	■ 모집관리	– 사내모집 – 사외모집
	■ 선발관리	– 의 의 – 선발절차 – 선발기준
	■ 선발도구	– 선발시험 ★ – 면접전형
서비스 직무평가 및 보상	■ 직무평가	– 의 의 ★ – 성 격 – 목 적 – 요 소 – 방 법
	■ 인사고과	– 의 의 – 성 격 – 목 적 – 요 소 – 분 류 – 방 법
	■ 보상관리	– 의의/중요성/체계/원칙/재해보상
노사관계관리	■ 노사관계의 기초	– 근로자·노동조합/사용자(경영자)/정부 ★
	■ 노동조합	– 경제적 기능/공제적 기능/정치적 기능/교육 및 문화적 기능 ★★
	■ 단체교섭	– 의 의 – 기 능

PART 02 서비스 프로세스 설계 및 품질관리 ★★★

서비스 프로세스

- **개념** — 서비스 프로세스의 개념
- **분류** — 고객과의 상호작용과 개별화 정도/노동 집중도
- **서비스 프로세스 청사진** — 고객의 행동 영역/일선 직원의 접점행위 영역/후방 직원의 행위 영역/지원 프로세스 영역 ★★★★★
- **서비스 프로세스의 표준**
  — 표준화 ★★
  — 고객화 ★★
- **서비스 프로세스 개선을 위한 도구** — 피시본 다이어그램/플로우 차트/파레토 차트/데밍사이클 ★★★★★

서비스 프로세스 연구개발

- **서비스 R&D**
  — R&D 정의
  — 서비스 R&D의 분류
- **서비스 혁신** — 급진적/향상적/점진적/에드-훅/재결합/표준화

서비스 프로세스 설계

- **서비스 프로세스 매트릭스** — 서비스공장/서비스숍/대량서비스/전문서비스 ★★
- **서비스 프로세스의 설계**
  — 생산라인방식
  — 공동생산자로서의 고객

서비스 품질의 이해

- **서비스 품질의 개념** — 선험적 품질/제품 관점의 품질/사용자 관점의 품질/생산자 관점의 품질/가치 관점의 품질 ★
- **서비스 품질과 고객 만족 간의 관계**
  — 기술적 품질
  — 기능적 품질
- **지각된 서비스 품질의 6가지 기준** — 전문성과 기술/태도와 행동/접근성과 융통성/신뢰성과 믿음/서비스 회복/평판과 신용 ★★★★
- **서비스 품질의 특성**

서비스인력 노동생산성 관리

- **직원의 만족도 제고**
  - 직접적 요인
  - 환경적 요인

- **직무재설계 개념 및 목적**
  - 개념 및 목적
  - 직무순환
  - 직무확대
  - 직무충실화

- **갈등관리**
  - 상호의존성/불균형 또는 불일치/영역모호성/자원부족/목표의 차이 ★★★
  - 개인적 갈등/조직적 갈등 ★★★

- **복리후생**
  - 경제적 목적/사회적 목적/정치적 목적/윤리적 목적

PART 05 고객만족경영

고객만족경영과 전략 ★★★

- **고객만족경영의 이해**
  - 개 념 ★★
  - 도입기(1980년대)/성장기(1990년대)/완성기(2000년대)

- **현상과 성공요인**
  - 고객만족경영의 현상
  - 효 과
  - 방 향
  - 성공요인
  - 고객만족모델

- **충성고객과 고객충성도**
  - 최초구매고객/반복구매고객/단골고객/옹호고객/충성고객 ★

- **고객가치증진**
  - 가치의 개념
  - 고객가치증진과 접근법
  - 고객가치증진과 충성도
  - 고객가치증진 접근법의 주의점
  - 고객가치창조

- **서비스지향성 및 고객가치 창조**
  - 의 의 ★★★
  - 특 징

서비스 경제 시대의 이해	■ 서비스 경제의 도래	– 리 들 – 다니엘 벨
	■ 서비스 산업의 분류	– 전기 산업사회/산업사회/후기 산업사회

유형별 서비스의 이해	■ 서비스 유형별 관리의 필요성	
	■ 서비스 유형의 분류방법	– 일차원적 서비스 분류체계 – 이차원적 서비스 분류체계 – Morris&Johnson – 러브락(Lovelock)의 서비스 분류
	■ 호로비츠의 분류와 서비스경영	– 일반화된 서비스/안정된 서비스/개인화된 서비스/ 사려깊은 서비스 ★★★
	■ 서비스 유형별 분류 매트릭스 작성 및 활용	– 고객의 참여/수요관리의 중요성/정보기술의 활용/ 부가서비스 영역의 증가/고객접촉도에 따른 접점관리

서비스 패러독스	■ 정 의	– 경제의 성장과 기술의 발전에도 서비스는 오히려 악화되는 아이러니한 현상 ★★★★
	■ 발생원인	– 서비스의 표준화/서비스의 동질화/서비스의 인간성 상실/ 기술의 복잡화/종업원 확보의 악순환
	■ 극복방안	– 고객 기대 수준 파악/가능한 서비스 가치만큼의 약속/ 서비스 기계화 도입 시 고객 측의 입장 고려/ 고객에게 자동화 및 기계화에 대한 안내/ 인간의 사회적 기능 고려 ★★

서비스 비즈니스 모델의 이해	■ 서비스 비즈니스 모델	
	■ 서비스 비즈니스 모델의 성과평가	– 고객의 요구에 기반한 성과기반의 가치/효과적인 가치전달/ 책임과 의무의 전개

서비스 품질의 이해	■ 전사적 품질경영	– 정 의 ★★ – TQM 조직의 특성 – 성 과
	■ 서비스 품질의 3부작	– 품질 계획/품질 통제/품질 개선 ★

서비스 품질 측정	■ 서비스 품질 측정의 이해	– 서비스 품질 측정이 어려운 이유
	■ 서비스 품질의 측정방법	– SERVQUAL 모형 ★★★ – 서비스 갭분석 모형 ★★★★ – SERVPERF 모형

PART 03 서비스 수요와 공급 ★★★★

서비스 수요관리 및 수요예측	■ 서비스 수요관리의 이해	– 변동성/재고관리의 어려움/다양성과 이질성/ 시간과 공간의 제약 ★★★
	■ 서비스 수요예측	– 정성적 기법(질적평가) ★★★★ – 정량적 기법(양적평가) ★★★★

서비스 공급계획 및 전략	■ 서비스 공급계획의 이해	– 자체공급모형 – 고정주문모형 ★★ – 고정주문간격모형 ★★ – 일회주문모형 ★★

서비스 수요와 공급관리	■ 서비스 수요와 공급의 불일치	– 과잉 수요/수요가 적정 공급량 초과/과잉 공급/ 수요와 공급의 균형 ★★★★
	■ 서비스 수요와 공급의 보완적 관리기법	– 수요조정전략 ★★★ – 공급조정전략 ★★★
	■ 리스크 관리	

서비스 대기관리	■ 대기관리의 개념	– 개 념 ★★★ – 대기행렬의 종류와 형태 ★★
	■ 대기행렬시스템의 이해	– 고객모집단/서비스채널/서비스단계/우선순위 규칙/ 포아송분포와 지수분포/대기장소 ★★★

서비스 가격관리 및 수율관리	■ 서비스 가격관리	– 수익적 목표/원가보전 목표/수요창출 목표/ 고객기반구축 목표 ★★★
	■ 서비스 수율관리	– 개 념 ★★ – 공 식 – 수율관리 상황 – 기본요소

서비스 기대관리	■ 서비스 기대수준	– 최고서비스/희망서비스/최저서비스/허용구간/예상서비스 ★★★

PART 04 서비스 인적자원관리 ★★

인적자원관리의 이해	■ 개 념	– HRP(Human Resource Planning) – HRD(Human Resource Development) – HRU(Human Resource Utilization)
	■ 중요성	– 인적자원관리시스템(HRMS) – 전사적 자원관리(ERP)
	■ 원 칙	– 전인주의/능력주의/공정성/직무중심/정보공개/참여 ★
	■ 목 표	– 유능한 인재의 확보/핵심역량 강화 및 기업의 경쟁력 향상/ 핵심인력의 육성 및 개발/근로의욕고취(동기부여)/ 생산성, 품질향상, 고객만족/기업의 목표 및 사업전략과의 연계/조직 내 커뮤니케이션 활성화/공정한 보상/ 고용관리의 유연성
	■ 내 용	

고객만족평가	■ 국가고객만족지수(NCSI)의 이해	– 정 의 ★★★ – 기 능
	■ 고객만족지수의 모델과 변수	– NCSI 모델 ★ – NCSI 모델 선행변수와 후행변수

경영전략과 분석	■ 거시적 분석의 틀	– 환경분석의 개념/S–C–P 모형/5–Force 모형 ★★★★
	■ 미시적 분석	– SWOT분석/위상분석(포지셔닝)/분포분석/동태분석 ★★★

경쟁우위전략	■ 원가우위전략	– 개 념 ★ – 원가우위전략의 어려운 점
	■ 차별화전략	– 개 념 ★ – 이 점
	■ 집중화전략	– 개 념 ★

서비스 마케팅과 동태적 전략	■ 서비스 마케팅의 전략	– 시장조사와 소비자분석 ★★★ – STP분석 ★★★ – 마케팅믹스의 결정 ★ – 통합적 마케팅 커뮤니케이션 ★★
	■ 동태적 전략	– 지속적 경쟁우위 ★ – 서비스 확산분석 – 제품 서비스 통합전략

☑ **본격적으로 학습하기 전** – 앞으로 배울 이론의 큰 틀을 한눈에 살펴보기!
☑ **모두 학습한 후** – 학습했던 개념들을 다시 한 번 읽어 내려가며 마인드 매핑하기!

서비스 운영전략

- PART 01 서비스 산업개론
- PART 02 서비스 프로세스 설계 및 품질관리
- PART 03 서비스 수요와 공급
- PART 04 서비스 인적자원관리
- PART 05 고객만족경영과 전략

※ 모듈 C는 전체 경영전략을 학습해야 하므로, 세부적인 내용을 암기하는 것뿐만 아니라 전체적인 내용과 흐름을 이해하는 것이 중요합니다.

PART 01 서비스 산업개론 ★★★★

서비스 산업의 개념

- **서비스의 개념**
  - 서비스의 정의

- **서비스의 경제학적·경영학적 정의**
  - 아담 스미스/세이/일반 경제학자 ★★
  - 활동론적/속성론적/봉사론적/인간 상호관계론적 ★★

- **서비스의 특성**
  - 무형성/동시성 또는 비분리성/이질성 또는 불균질성/소멸성 또는 재고불능성 ★★★★★

- **서비스 패키지**
  - 서비스 패키지의 정의 ★★★
  - 서비스 경험/명시적 서비스/묵시적 서비스/정보/지원설비/보조용품

서비스 산업의 전통적 특성 이해

- **서비스 산업의 성장 배경**
  - 산업구조의 소프트화
  - 소비구조의 서비스화
  - 기술혁신과 정보화 사회의 진전
  - 신서비스업의 출현과 성장
  - 서비스 산업의 국제화

- **서비스 산업의 환경변화**
  - 인구통계학적 환경/경제적 환경/사회적 환경/기술적 환경/법률적 환경/자연적 환경 ★★★

PART 1

서비스 산업개론

- **01** 서비스 산업의 개념
- **02** 서비스 산업의 전통적 특성 이해
- **03** 서비스 경제 시대의 이해
- **04** 유형별 서비스의 이해
- **05** 서비스 패러독스
- **06** 서비스 비즈니스 모델의 이해

아이들이 답이 있는 질문을 하기 시작하면
그들이 성장하고 있음을 알 수 있다.

– 존 J. 플롬프 –

끝까지 책임진다! SD에듀!

QR코드를 통해 도서 출간 이후 발견된 오류나 개정법령, 변경된 시험 정보, 최신기출문제, 도서 업데이트 자료 등이 있는지 확인해 보세요! 시대에듀 합격 스마트 앱을 통해서도 알려 드리고 있으니 구글 플레이나 앱 스토어에서 다운받아 사용하세요. 또한, 파본 도서인 경우에는 구입하신 곳에서 교환해 드립니다.

PART 01 | 서비스 산업개론

▶ 무료 동영상 강의가 있는 SMAT Module C 서비스 운영전략

01 서비스 산업의 개념

(1) 서비스의 개념

① 서비스란? ★★ 중요
  ㉠ 상대방에게 무형적이고 소유권 이전 없는 행위나 효용을 제공하는 것을 말한다.
  ㉡ 서비스란 제공자가 상대방에게 제공하는 행위 또는 수행으로 그 실행 자체는 근본적으로 무형적인 것이며, 결과적으로 어떠한 생산요소의 소유도 일어나지 않는다는 것이 특징이다.
  ㉢ 특정 장소와 시간에 고객에 대해 일정한 가치를 창조하거나 편익을 제공하는 경제적 활동이다.

> **Tip** 서비스에 대한 일상적 정의
> - "커피는 서비스로 드려요." → 어떤 제품을 구입할 때 무상으로 함께 제공되는 것을 의미
> - "오늘 하루는 사랑하는 그녀에게 풀(Full) 서비스를!" → 상대방에게 '봉사한다'는 의미
> - "본 제품의 구매고객에게는 1년간 완벽한 서비스를 보증합니다." → '구매 후 서비스'라는 말은 대개 '판매한 제품을 유지·수리하는 일을 무료로 해 준다'는 의미
> - "저 식당 종업원은 서비스가 만점이야." → 고객을 대하는 자세와 태도가 우수하다는 의미
>
> 서비스는 대가를 지불하지 않아도 주어지는 부수적인 것, 중심적인 가치가 아닌 것으로 통용되고 있는 경향이 있다. 그러나 현대 사회에서 서비스가 차지하는 비중을 생각할 때, 이는 극히 좁은 의미이다.

② 서비스의 경제학적 정의 ★★ 중요

경제학에서는 서비스를 '용역'으로 이해하며, 유형재인 '제품'과 구분되는 것으로 간주한다.

아담 스미스 (A. Smith)	서비스 노동은 부를 창출할 수 없기 때문에 '비생산적 노동'으로 간주하기도 했으며, 비물질적인 것은 보존이 용이하지 않아 부가 아니라고 생각하였다.
세이 (J. B. Say)	효용이라는 개념을 사용해 소비자에게 효용을 주는 모든 활동은 생산적이라는 논리로 서비스를 '비물리적인 부'라고 정의하였다.
일반 경제학자	경제학에서 말하는 서비스는 '비생산적 노동, 비물질적 재화'로 정리해 볼 수 있다.

③ 서비스의 경영학적 정의

활동론적 정의	미국 마케팅학회	"판매목적으로 제공되거나 또는 상품판매와 연계해 제공되는 모든 활동 편익, 만족"이라고 정의하고 있으며, 그 예로 오락서비스, 호텔서비스, 전력서비스, 수송서비스, 미용서비스, 신용서비스 등을 들고 있다.
속성론적 정의	라스멜 (Rathmell)	"시장에서 판매되는 무형의 상품"으로, 정의하고 무형과 유형의 기준은 손으로 만질 수 있느냐의 여부에 따라 구분한다. 많은 마케팅 연구자들 및 경제학자들이 서비스를 무형재로 정의하고 있다.
	쇼스택 (Shostack)	서비스는 무형재가 아니며 무형재로 판매되지도 않는다는 반론을 제기하기도 하였는데, 무형성은 하나의 속성일 뿐 서비스 자체의 본질이 아니라는 주장이다.
봉사론적 정의	레빗 (Levitt)	서비스를 주종관계에서와 같이 "인간의 인간에 대한 봉사"라고 보는 것이 기존의 통설이라고 전제하며, 현대의 서비스는 이러한 전통적 발상에서 벗어나 인간이 제공하는 서비스를 인간으로부터 분리해야 한다고 주장한 바 있다. 인간의 노동을 기계로 대치하는 서비스의 공업화를 통해 효율성을 향상시킨다는 것이 그 논의의 핵심이었다.
인간 상호 관계론적 정의		"서비스는 무형적 성격을 띠는 일련의 활동으로서 고객과 서비스종업원의 상호관계에서부터 발생해 고객의 문제를 해결해주는 것"이라고 보는 입장이다. 많은 경우 서비스는 서비스 제공자와의 상호작용을 포함한다. 때로 고객이 서비스기업과 상호작용을 하지 않는 것처럼 보이기도 하지만 실제로는 그렇지 않다. 예를 들어, 자동차 고장으로 정비소에 가서 수리를 받는 경우, 고객이 직접 나타나지 않아도 수리는 이루어지지만 정비소에 차를 맡기고 되찾아 오는 과정에서 상호작용이 발생하게 되어 있는 것이다.

④ 서비스의 특성과 서비스 패키지 ★★ 주요
  ㉠ 서비스의 특성

무형성 (Intangibility)	서비스는 제품처럼 유형화되지 않는다.
동시성 또는 비분리성 (Inseparability)	서비스는 생산과 동시에 소비가 일어날 뿐만 아니라 생산과정과 소비과정이 엄격히 분리되어 있지 않으며, 고객의 참여가 생산과정에서 대부분 이루어진다.
이질성 또는 불균질성 (Inconsistency)	대부분 사람의 행위에 의해 생산되는 과정에서 질의 차이가 발생하며, 제품(유형)에 비해 품질통제가 난해하다.
소멸성 또는 재고불능성 (Inventory Problem)	저장, 재판매하거나 되돌려 받을 수 없는 속성으로서, 한번 사용하면 소멸할 뿐만 아니라 재고로 보관할 수 없다.

Tip 서비스의 기본적 특성에 따른 서비스경영의 문제점
- 관리적 이슈

특성	관리적 이슈	대응전략
무형성	• 서비스는 저장할 수 없다. • 서비스는 특허를 낼 수 없다. • 서비스는 전시하고 전달하는 것이 쉽지 않다.	• 실체적 단서의 제공 • 기업 이미지를 관리 • 구전활동을 활용
이질성	• 서비스 제공과 고객만족은 종업원행위에 영향을 받는다. • 서비스 품질은 통제불가능한 많은 요인에 영향을 받는다. • 제공된 서비스가 계획된 것과 일치하는지를 확신하기 어렵다.	• 서비스의 표준화 • 고객맞춤 개별화
비분리성	• 고객이 서비스의 생산과 전달에 존재하거나 참여하여 역할을 수행한다. • 고객은 서로에게 영향을 미친다. • 종업원이 서비스성과에 영향을 미친다. • 집중화보다는 분권화를 해야 할 상황이 많다. • 대량생산이 어렵다.	• 서비스마인드를 갖춘 종업원의 선발과 지속적 교육 • 철저한 고객관리 • 서비스 망의 구축
소멸성	• 수요와 공급을 맞추기가 어렵다. • 서비스는 교환, 반품, 환불에서 어려움이 발생한다.	• 수요-공급 간의 자연스러운 조화

• 서비스 운영상의 이슈

서비스 운영상의 이슈	고객관계상의 이슈	부수적 이슈
비저장성	선택의 가변성	고객과 제공자의 상호작용
일회성	필요의 무한성	인적자원 집약적
인식의 곤란성	내용의 이질성	정보 및 커뮤니케이션에 민감
노출가능성	가치판단의 차이성	일련의 행위 또는 과정
현장구매성	표출의 다양성	생산의 불확실성
유통의 불가성	행위의 절차성	즉각적인 품질 평가
대량생산·판매의 곤란성	수급의 협동성	-
연속성	가격의 탄력성	-
입지의존성	수요의 불규칙성	-
사용권성	-	-

ⓒ 서비스 패키지 ★★중요

서비스 패키지란 특정한 환경에서 서비스가 재화 및 정보와 함께 결합되어 제공되는 상품의 묶음을 의미한다. 서비스 패키지는 고객 경험을 중심으로 '명시적 서비스'와 '묵시적 서비스'로 구성되며, 추가적으로 지원설비, 정보, 보조용품으로 구성된다.

[서비스 패키지의 구성요소]

서비스 경험	서비스 패키지를 통해 고객이 얻게 되는 경험
명시적 서비스	오감을 통해 고객이 직접적으로 인지할 수 있는 부분으로서, 서비스의 본질적이고 핵심적인 부분을 구성
묵시적 서비스	외관 또는 감정 등을 통해 고객이 심리적으로 느끼는 서비스 부분이나 서비스의 외관적인 특색
정보	효율적이고 개인화된 서비스 제공을 위한 고객에 대한 정보
지원설비	서비스 제공을 위해 반드시 필요한 물리적 시설 및 설비
보조용품	서비스 제공 과정에서 고객이 추가적으로 구매하거나 제공받는 물품

ⓒ 서비스 트라이앵글

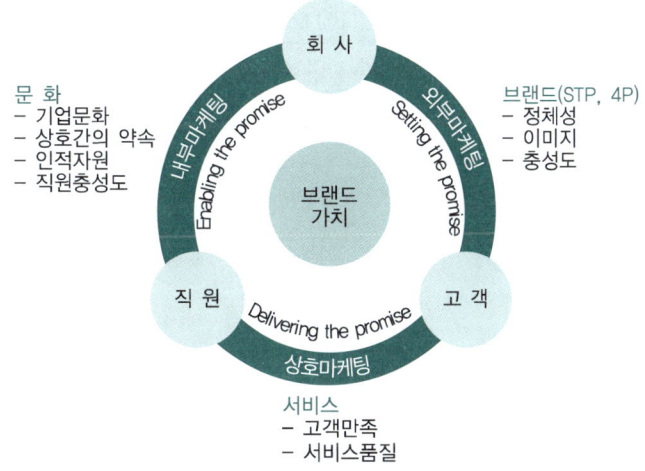

[서비스 마케팅 트라이앵글(Service Marketing Triangle)]

(2) 서비스 산업의 개념
  ① 서비스 산업(Service Industry)의 정의
    ㉠ 서비스 수요자에 대하여 서비스를 제공하는 것을 목적으로 하는 산업이다. 즉, 서비스를 생산, 공급, 판매하는 산업을 말한다.
    ㉡ 일반적인 산업은 물적 생산물과 서비스 생산물로 구성되며, 점차 서비스 생산물의 비중이 커지고 있다.
    ㉢ 서비스 생산물을 대상으로 하는 서비스 산업의 확대는 경제발전 단계가 고도화되는 과정에서 나타나는 현상으로 광고, 정보, 용역연구, 디자인, 유통, 통신, 관광, 호텔 등이 있다.
    ㉣ 서비스 상품의 특성의 하나인 재고의 불가능성으로 인하여 서비스 산업에서는 성수기나 비수기에 일반적으로 과밀공급현상과 과밀수요현상이 일어나는 경우도 있다.
  ② 서비스 산업의 특성
    ㉠ 취급상품이 무형재이므로 생산성 향상과 조절에 어려움이 있다.
    ㉡ 서비스 상품에 대한 효용이 고객의 주관적 판단에 의존하므로 상품의 품질관리가 어렵다.
    ㉢ 대부분의 서비스 산업은 노동집약적 성격을 띠게 되어 인건비의 비중이 크다.
    ㉣ 서비스 상품에는 내생화(內生化)라는 대재(代財)가 존재하므로 수요자의 기호가 변한다. 서비스재(Service財)의 상품이 떨어지는 등의 상황이 발생하면 수요자는 서비스재를 구입하는 대신, 직접 가족 또는 기업 내에서 서비스를 생산하여 소비하게 된다.
    ㉤ 서비스업은 계획적인 생산활동을 하기가 힘들다. 그것은 서비스를 미리 생산하여 재고화할 수 없기 때문이다.

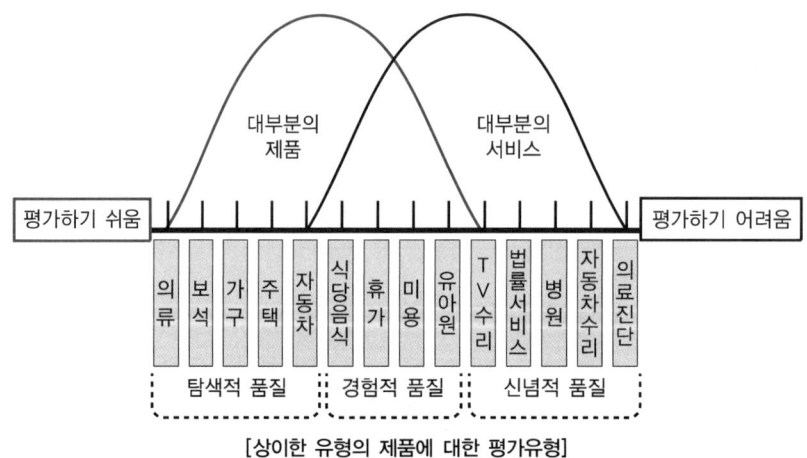

[상이한 유형의 제품에 대한 평가유형]

02 서비스 산업의 전통적 특성 이해

(1) 서비스 산업의 성장 배경

① 산업구조의 소프트화

산업구조가 고도화될수록 생산과정의 분화는 더욱 촉진되어 기업의 생산활동에서 서비스에 대한 수요가 점증하게 된다. 제조업의 생산 공정에서 서비스의 투입이 많아지는 현상은 소비자의 욕구 다양화, 개성화에 부응하기 위한 다품종 소량생산체제로의 이행이 심화될수록 더욱 서비스 요구가 급증하기 때문이다.

② 소비구조의 서비스화

서비스재는 수요의 소득탄력성이 높기 때문에 소득향상에 따른 수요증대에 기인하지만 여가선호 경향, 교육수준 향상과 그에 따른 문화적 욕구증대, 여성의 사회적 진출에 따른 의식 변화, 가사서비스용 지출이 증대된 것도 서비스 수요증대의 요인이 된다.

③ 기술혁신과 정보화 사회의 진전

서비스 산업의 정보화는 소프트웨어 개발업무, 수탁계산업무, 정보제공 서비스 등 정보관련 서비스업이 현저히 신장하는 데 크게 기여하였다. 정보화가 진전되면 다양한 정보에 대한 수집과 분석을 대행해 주는 업체가 등장하게 된다. 그런 서비스에 대한 기업이나 소비자의 높은 수요가 소프트웨어 개발, 정보처리, 시스템운영, 사무위탁 등 정보관련 서비스업의 발달을 가져온다. 정보관련 서비스의 진전으로 서비스예약이 가능해져 서비스 공급자는 서비스 제공의 장소, 시간, 요금, 서비스질 등을 사전에 예고할 수 있으며, 수요자는 사전예약을 통해 다양한 선택을 할 수 있다.

④ 신서비스업의 출현과 성장

㉠ 신서비스업은 대체로 '산업지원 서비스업'과 '생활지원 서비스업'으로 구분할 수 있다.

산업지원 서비스업	소비자수요의 다양화, 고급화, 전문화에 따라 기업이나 기관 등이 부가가치를 창출하는 과정에서 필요한 것들을 외주화하는 데서 주로 생긴 서비스이거나, 설비투자에 수반된 위험을 줄이고 재무상의 부담을 줄이기 위해 기업이 사용하는 리스업이나 렌탈업 등이 여기에 해당한다.
생활지원 서비스업	리조트, 스포츠, 문화오락 등과 관련된 여가 서비스업, 고령화 추세에 따른 실버 서비스업, 각종 교육활동과 관련된 교육관련 서비스업 등을 말한다.

㉡ 새로운 신서비스는 사람, 상품, 기술, 지식, 자본을 네트워크로 연결하여 수많은 관련 서비스를 다시 창출시키게 된다. 그리고 그것은 3차 산업에만 한정되지 않고, 1차·2차 산업에서도 관련 서비스를 필요로 하게 만들어 서비스 경제화를 가속화시키고 있다.

⑤ 서비스 산업의 국제화

상품교역의 확대, 자유화로 인한 부수적인 서비스의 교역증대도 크겠지만, 순수하게 서비스 자체의 교역증대로 인해 서비스 산업은 크게 성장할 것으로 전망된다. 특히, 선진 외국의 우수한 서비스업체의 국내진입은 부정적인 측면도 있겠으나, 서비스 산업의 실적 강화를 가져오는 계기가 될 것이다.

(2) 서비스 산업의 환경변화 ★★ 중요

① 인구통계학적 환경
  ㉠ 출생률과 인구성장률
  ㉡ 남녀의 비율과 자녀의 수
  ㉢ 생활주기와 교육수준

② 경제적 환경
  ㉠ 가계소득의 증대로 음식물에 지출되는 비율은 감소, 주택·가계운영비 비율은 큰 변동이 없거나, 기타 다른 구매, 즉 교육·의료·여가활동·오락·교통비 등의 지출비용은 급속히 증가한다는 것
  ㉡ 서비스에 대한 소비자지출이 증가하는 것은 경제의 선진화, 풍요로운 생활, 여가활동에 대한 수요 증가, 맞벌이부부 및 독신가구의 증가, 정부정책, 다른 국가와의 상호작용 등이 결합되어 나타난 것
  ㉢ 소득과 생활수준의 향상, 산업구조의 고도화 등

③ 사회적 환경
  ㉠ 복잡 다양한 현대사회에서 개인적 또는 사업적 압력에 대처하기 위해 각종 전문적인 자문회사가 생겨남
  ㉡ 탄생에서부터 사망할 때까지 생활주기에 따라 각종 서비스가 필요해짐
  ㉢ 개인욕구가 다양하게 변화하고 사회가 활동 지향적으로 변함에 따라 다양한 서비스가 출현함. 개인서비스의 경우도 소득수준 향상, 여가시간의 증대, 가치관의 다양화로 인해 그 성격이 점차 개성화·전문화·편의화·다각화·고급화되는 경향을 보임

④ 기술적 환경
  ㉠ 서비스기업에서 기술적 환경은 첨단장비를 이용하면 종사원이 쉽고 정확하며 규칙적인 서비스를 제공할 수 있음
  ㉡ 규칙적인 서비스 제공으로 서비스 산출 또한 높여 생산성을 향상시킬 수 있음

  > 서비스의 생산성을 향상시키기 위해 기술사용의 증가가 불가피하지만, 이 경우 비개인화란 점이 문제가 된다. 소비자들의 불만을 없애고 인정을 받기 위해 기술의 인간화 노력도 필요하다. 즉, 기술적 환경인 하이테크와 인적자원들의 하이터치가 동시에 요구되는 것이다.

⑤ 법률적 환경
  최근 법률적 환경변화는 규제가 완화 또는 해제되고 있다. 규제의 해제는 결국 마케팅 활동이 적극적으로 변화하여 적자생존의 치열한 경쟁이 나타남을 의미한다.

  > • 규제의 폐해를 들어 시장원리에 의한 자유경쟁을 주장하는 측도 있고, 오히려 서비스업 경쟁이 치열하고 분열이 심한데 규제마저 풀리면 서로 생존이 위협받게 되므로 규제의 강화를 주장하는 측도 있다.
  > • 시장에서의 여러 가지 변화에 적극 대응하기 위해 서비스기업은 새로운 상품서비스를 개발하고 경쟁력 있는 가격을 결정하며, 창조적인 촉진활동을 통해 서비스 시스템을 개발·조정하지 않으면 안 된다.

⑥ 자연적 환경
  서비스 기업이 서비스를 창출하는 데 서비스 시설이 위치한 곳의 유형적인 자원을 사용하는 경우와 서비스 시설이 주위의 자연조건과 밀접한 관련을 맺고 있는 경우는 자연적 조건이 중요한 요인이 된다.
  예) 특산물을 이용한 식당·온천호텔·스키장·골프장·관광호텔 등

(3) 서비스 산업에 대한 인식변화

① '부'의 창출이라는 개념에서 '효용(Utility)'의 제공이라는 개념으로 경제학의 중심이 달라지면서 변화되었다. 제조활동이 물질적 재화로 효용을 만들어 낸다면, 서비스는 무형적 효용을 창조하는 생산적 활동으로 볼 수 있다.

② 현대사회를 살아가는 개인과 조직은 모두 서비스의 도움 없이 생활이나 사업이 불가능해졌다.

개 인	개인의 취업컨설팅, 진로상담, 맞벌이 가정의 출산 및 탁아, 육아서비스 등 외식, 숙박, 여행, 이동 및 레저에 관련된 다양한 개인서비스로 개인들의 삶에서 서비스가 차지하는 비중은 더 높아지고 있다.
기 업	사업에 필요한 다양한 비즈니스 서비스가 제공된다. 법률, 회계, 경영자문, 직원교육, 심지어는 제조의 영역까지 다양한 영역의 비즈니스 서비스업이 등장하고 있다.

③ 스마트폰 등을 이용하여 SNS를 한다든지, 이동 중에 이메일을 점검하고 인터넷을 검색하는 등의 모바일 서비스를 이용하기 위해서 스마트폰이 필요해졌다. 이제 상품이나 제품을 사용하기 위해서 서비스가 필요한 차원에서 서비스를 잘 이용하기 위한 제품의 지원이 필요한 시대로 전환되었다.

03 서비스 경제 시대의 이해

(1) 서비스 경제의 도래 ★★중요

우리는 현재 서비스 사회에 살고 있다. 국가경제 및 세계경제에서 서비스 산업이 차지하는 비중이 상당히 높고 그 비중이 계속 증가하고 있다. 미국의 경우, 2011년 서비스 부문은 국내총생산(GDP)과 총고용인구의 80%에 달한다.

경제의 서비스화와 관련해 후크스(1968)는 GNP의 절반 이상이 서비스 부문에서 생산되는 경제를 '서비스 경제'라고 정의하였다.

전체 고용 인구에서 서비스 부문이 차지하는 비중이 50%를 넘게 되면 '서비스 경제'로 진입되었다고 볼 수 있다. 이러한 기준에 비추어 볼 때 우리나라는 이미 '서비스 경제'로 진입한 상태이다. 서비스 산업중심의 경제발전은 1950년대 이후 선진국을 중심으로 전개되다가 오늘날에는 경제가 어느 정도 발전된 나라들로 확산되고 있다. 이와 같이 국가의 경제가 발전하면 할수록 서비스 경제화가 가속화되는 현상은 현재뿐 아니라 미래사회에서도 지속될 것이라는 것이 다니엘 벨 및 앨빈 토플러를 포함한 경제 및 미래학자들의 예측이다.

① 리들(Riddle) : '서비스 산업 주도의 경제성장'의 저자 리들은 다음과 같이 서비스를 분류하여 유기적 상호작용을 설명하고 있다.

사업서비스	금융, 보험, 컨설팅, 법률
유통서비스	도·소매, 창고, 물류
사회기간서비스	교통, 통신, 철도, 인터넷망
사회서비스	의료, 교육, 보건, 복지
개인서비스	외식업, 숙박, 육아, 세탁
공공행정	정부, 국방, 주민행정

서비스 경제의 변동성은 매우 급진적이다. 새로운 서비스가 탄생되어 파급되는 것이 매우 빠른 것이 특징이다. 이러한 급진적인 변혁을 서비스 혁명(Service Revolution)이라 하고, 이는 물질적 풍요의 시대를 열었던 산업혁명과 비견될 만한 현상이다.

② **다니엘 벨** : 인류의 사회발전 단계를 전기 산업사회, 산업사회, 후기 산업사회로 분류하였다. 벨은 후기 산업사회를 서비스 경제의 프레임을 갖춘 사회로 인식하고 있다.

> **후기 산업사회로 전환되면서 나타나는 특징**
> - 산업발전과 재화유통을 위한 운송이나 유틸리티(공공사업)같은 서비스가 확장된다.
> - 대량소비와 인구증가로 인해 도・소매업과 함께 은행, 부동산, 보험업 등이 경제에서 차지하는 비중이 높아지게 된다.
> - 소득의 증가로 음식료에 대한 지출비중이 줄고, 내구재에 대한 소비지출이 증가한다. 또한 교육, 헬스케어, 휴가, 여행, 외식, 오락, 레저 등의 개인서비스 부문이 급속히 산업화되기 시작한다.

서비스 부문의 급격한 확장과 성장은 사회의 원동력을 '생산(Produce)'에서 지식, 정보 등 무형적 자본을 기반으로 한 서비스 '수행(Perform)'으로 전환시키게 된다. 이는 결국 하이테크형 제조중심의 사회로부터 하이터치형 인간중심 사회로의 전환을 의미하며, 이에 따라 지배적 패러다임 또한 과거의 산업화시대의 제조 우위에서 벗어나 새로운 지식과 정보를 강조하는 서비스 우위로 전환되고 있음을 이해해야 한다.

(2) 서비스 산업의 분류 ★★ 중요

일반적으로 제1차 산업과 제2차 산업을 물질적 재화 생산의 산업으로서, 제3차 산업은 서비스 산업이라고 생각하는 것이 보편적이다. 즉, 물질적 재화를 생산하는 노동과정을 제외한 기능적인 노동을 포괄적으로 다루는 산업이다.

구 분	전기 산업사회	산업사회	후기 산업사회
경 제	1차 산업(농업/어업/광업)	2차 산업(제조업)	3차 산업(서비스업)
직 업	농부, 광부, 어부, 미숙련노동자	반숙련노동자, 엔지니어	전문가, 과학자, 기술자
기 술	원료채집	생산력	지식과 정보
원 칙	토지, 자원의 한계	생산성과 효율성	가치창조

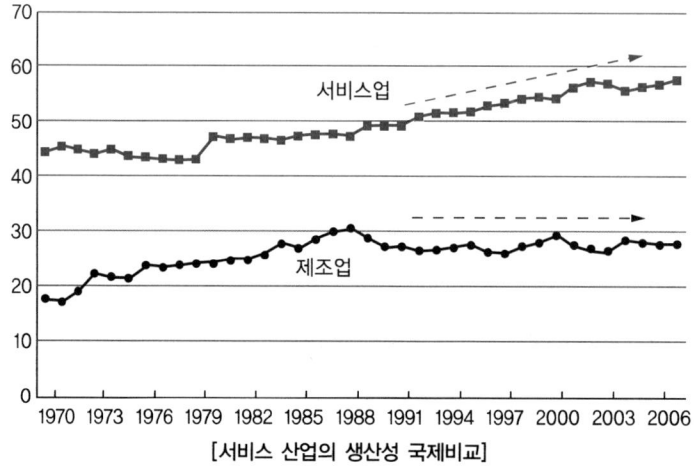

[서비스 산업의 생산성 국제비교]

출처 : 김정우, SERI 경제포커스 제197호

04 유형별 서비스의 이해

일반적으로 제품에 비해 서비스에 대한 이론적 연구가 적은 것은 두 가지 이유가 있는데, 두 경우 모두 서비스에 대한 정의의 문제에서 출발한다. 서비스의 범위를 너무 광범위하게 정의하는 경우에는 심층적으로 분석하기가 어렵고, 서비스의 범위가 너무 좁게 정의된 경우에는 일반화시킬 수가 없기 때문이다. 즉, 각 산업이 모두 다르다고 보는 시각, 예를 들면 '보험업은 항공업과 아무런 관련이 없다'고 보는 접근방식으로는 일반적인 이론을 도출하기가 어렵다.

(1) 서비스 유형별 관리의 필요성

- 유형별 서비스경영의 방법 차이
- 기업의 효율적인 서비스운영에 필요
- 서비스 개선과 서비스 개발에 활용

잘 분류된 체계는 특정 서비스를 이해하는 데에 큰 도움을 주어 분류된 서비스들 간의 차이점뿐만 아니라 유사점 역시 조명할 수 있게 한다. 서비스는 업종에 따라 다르다고 하나, 그 안에 속성을 보면 상호 공통된 요소가 매우 많다. 뿐만 아니라 마케팅 전략과 전술의 개발을 돕는다. 서비스의 유형별 분류는 서비스경영에 대한 체계적인 이해에 도움을 주며, 산업 간의 장벽을 초월하는 공통학습을 하게 한다.

(2) 서비스 유형의 분류방법

연구자	제안된 분류체제
Judd (1964)	• 제품의 임대(일정 기간 동안 제품을 사용하거나 소유할 권리를 취득) • 제품의 소유(소비자가 소유한 제품을 보수, 개선) • 비제품 사용(개인적 경험, 경험적 소유)
Hill (1977)	• 사람에게 영향을 주는 서비스 대 사물에 영향을 주는 서비스 • 서비스의 영원한 효과 대 일시적 효과 • 물질적 효과 대 정신적 효과 • 이러한 효과의 가역성 대 불가역성
Shostack (1977)	• 제품 단위에 포함되어 있는 물리적인 재화와 무형적인 서비스의 비율
Kotler (1983)	• 사람중심 대 설비중심 • 소비자의 참여가 중요 • 개인의 욕구만족 대 기업의 욕구만족 • 공공 서비스 대 개인적 서비스, 영리 서비스 대 비영리 서비스

Lovelock (1983)	• 수요의 기본적 특성
	  - 사람에게 제공 대 사물에 제공
	  - 수요와 공급의 불균형 정도
	  - 고객, 공급자의 이산적 관계 대 지속적 관계
	• 서비스 내용과 편익
	  - 물리적 재화의 포함 정도
	  - 일적 서비스의 포함 정도
	  - 단일 서비스 대 서비스 묶음
	  - 편익의 시점과 지속성

Lovelock (1983)	• 서비스 제공 절차
	  - 단일 입지 대 복수 입지 서비스 제공
	  - 예약 대 선착순
	  - 독립적 소비 대 집합적 소비
	  - 정해진 시간 대 정해진 과업
	  - 서비스 제공 시 고객의 존재 여부

Morris & Johnson (1987)	• 고객 처리 서비스 • 소유물 처리 서비스 • 정보 처리 서비스
Lovelock (1991)	• 서비스 행위의 성격 • 서비스 조직과 고객과의 관계 유형 • 서비스 제공자의 재량이나 욕구 대응 기회 • 서비스에 대한 수요의 성격 • 서비스 제공 방법 • 서비스의 속성

① **일차원적 서비스 분류체계** : 투입요소에 따른 분류

일차원적 분류는 한 가지 분류기준을 가지고 단일 선상에서 서비스를 분류·나열한 것을 말한다. 이것은 저드(Judd)에 의해 최초로 시도되었으며 세 가지로 나뉜다. 첫째는 제품을 보유하거나 사용하는 것이고, 둘째는 제품을 수리하거나 개선하는 것이며, 셋째는 비제품(개인적 경험, 경험적 소유)을 사용하는 것이다. 이밖에도 쇼스택(Shostack), 코틀러(Kotler), 모리스 & 존슨(Morris & Johnson) 등 많은 학자들이 일차원적인 분류를 시도하였다.

② **이차원적 서비스 분류체계** : 속성에 따른 분류

이차원적인 분류는 두 개 이상 기준의 조합에 의해 서비스를 평면적으로 분류·나열한 것을 말한다. 이러한 분류체계 내에서도 서비스만을 분류한 것과 서비스와 제품을 종합적으로 분류한 경우로 나눌 수 있다. 힐(Hill)과 러브락(Lovelock)은 분류기준에 있어 단일변수 기준보다는 다차원에서 변수를 조합하여 분석하는 것이 마케팅적으로 더욱 의미 있다고 보고 이차원적인 분류를 시도하였다. 러브락은 보다 포괄적으로 정밀하게 매트릭스로 분류체계를 제시하고 있으며, 각 분류에 속하는 서비스 업종을 예시하여 각 서비스의 성격 파악을 시도했고, 각각의 분류체계에 대한 마케팅 시사점을 제시하였다.

③ **모리스 & 존슨(Morris & Johnson)** : 투입요소에 따른 분류

모리스와 존슨은 서비스를 과정(Process)으로 정의한다. 과정이라 함은 어떤 투입물을 가지고 특정한 과정을 거쳐 처리해서 산출물을 얻게 되는 것을 말하는데, 이들은 관리적인 관점에서 세 가지 유형의 투입요소를 제시한 뒤 그에 따라 서비스를 분류하고 있다.

㉠ 고객 처리 서비스 : 고객이 그들 자신에게 직접 제공되는 서비스를 추구할 때 발생하는 것으로 이러한 서비스를 제공받기 위해서는 고객 자체가 서비스 시스템에 투입되어야 한다. 예를 들어 호텔에서 잠을 자고 식당에서 식사를 하며 병원에서 치료를 받게 된다. 이와 같이 보통 고객이 서비스 시스템 내에 있어야 하지만 때로는 전산매체 등을 통해 멀리 떨어진 곳에서도 서비스 제공이 이루어질 수 있다. 고객 처리 서비스의 산출물은 고객이 될 것이며, 서비스의 질을 향상시키기 위해서는 고객의 적극적인 협조가 필요하다.

㉡ 소유물 처리 서비스 : 고객이 자기 자신에 관한 것이 아니라 자신의 소유물에 관한 처리를 서비스 기업에 요구할 때 발생하는 것으로 자동차를 수리하기 위해 맡기는 경우를 예로 들 수 있다. 이때의 산출물은 소유물이 되고, 이것은 가시적으로 드러나는 분명한 실체라 할 수 있다. 이렇듯 서비스가

고객의 소유물에 대해서 일어날 때에는 서비스에 대한 고객의 신뢰노를 높일 수 있도록 고객의 참여를 유도하는 방안이 바람직할 것이다.

ⓒ 정보 처리 서비스 : 모든 서비스 중에서 가장 전형적인 형태로 대면접촉에 의해서 또는 텔레커뮤니케이션을 통해서 제시된다. 이때의 산출물은 편지, 보고서, 책, 테이프 등 다양한 물리적 형태로 제공된다. 이와 같이 효과적인 정보의 수집과 처리에 관련된 서비스로는 금융서비스, 회계, 법률, 교육, 시장조사, 컨설팅, 뉴스제공 등을 들 수 있다.

④ 러브락(Lovelock)의 서비스 분류 : 속성에 따른 분류

러브락은 서비스 행위의 특성, 고객과의 관계, 서비스 전달에서의 고객화와 판단, 수요와 공급의 특성, 서비스 전달의 방법에 따라 산업의 한계를 극복할 수 있는 전략적 차원의 서비스 분류체계를 제시하고 있다.

- 서비스 행위의 특성에 따른 분류
- 고객과의 관계에 따른 분류
- 서비스 전달에서의 고객화와 재량의 정도에 따른 분류
- 서비스 수요의 특성에 따른 분류
- 서비스 전달의 방법에 따른 분류

[러브락의 서비스 분류표 작성]

1. 서비스 행위의 성격에 따른 분류		서비스의 직접적인 대상	
		사 람	사 물
서비스 행위의 성격	유형적	의료, 호텔, 여객운송	화물운송, 장비수리
	무형적	광고, 경영자문, 교육	은행, 법률서비스

2. 고객과의 관계유형에 따른 분류		서비스 조직과 고객과의 관계유형	
		회원관계	공식적 관계없음
서비스 제공의 성격	계속적 제공	은행, 전화가입, 보험	라디오 방송, 경찰, 무료고속도로
	단속적 제공	국제전화, 정기승차권, 연극회원	렌트카, 우편서비스, 유료고속도로

3. 고객별 서비스의 변화와 재량의 정도에 따른 분류		고객에 따라 서비스를 변화시킬 수 있는 정도	
		높 음	낮 음
종업원이 고객욕구에 따라 발휘하는 재량 정도에 따른 분류	높 음	법률, 의료, 가정교사	교육, 예방의료
	낮 음	전화, 호텔, 은행, 고급식당	대중운송, 영화관, 패스트푸드, 레스토랑

4. 수요와 공급의 관계에 따른 분류		시간에 따른 수요의 변동성 정도	
		많 음	적 음
공급의 제한된 정도	피크수요를 충족시킬 수 있음	전기, 전화, 소방	보험, 법률서비스, 은행, 세탁
	피크수요에 비해 공급능력이 작음	회계, 여객운송, 호텔, 식당, 극장	위와 비슷하나 기본적으로 불충분한 설비능력 지님

5. 서비스 제공방식에 따른 분류		서비스 지점	
		단일입지	복수입지
고객과 서비스 기업과의 관계	고객이 서비스 기업으로 감	극장, 이발소	버스, 패스트푸드, 레스토랑
	서비스 기업이 고객에게로 감	잔디관리, 택시, 방역	우편배달, 긴급자동차수리
	떨어져서 거래함	신용카드, 지역 TV방송	방송네트워크, 전화회사

(3) 호로비츠의 분류와 서비스경영 ★★ 중요

호로비츠(Horovitz)는 서비스를 이차원적으로 분류, 서비스경영에 관한 다양한 이슈에 대하여 해결책을 제시하고 있다.

접점의 빈도와 지속시간

	낮 다	높 다
상호작용의 밀도 낮 다	일반화된 서비스(유쾌함과 즐거움) • 패스트푸드 • 택배서비스	안정된 서비스(거래에서 조언) • 호 텔 • 레스토랑
상호작용의 밀도 높 다	개인화된 서비스(즉각적 대응과 순발력) • 유지보수 • 문제에 대한 상담	사려깊은 서비스(관계능력과 전문성) • 법률서비스 • 컨설팅서비스 • 전문교육서비스

접점의 기간과 빈도는 접점이 지속되는 기간과 접촉하는 빈도수를 의미한다. 상호작용의 밀도는 서비스제공자와 고객 간의 상호작용에서 밀도 있는 커뮤니케이션과 정보의 범위에 의해서 높고 낮음으로 구분한 것이다.

접점의 기간이 길고 접점의 빈도가 높을수록 서비스의 일관성을 유지하는 데에 문제점이 발생할 수 있을 것이다. 서비스접점에서 고객과 직원의 만남이 길더라도 상호작용은 밀접하지 않을 수 있다. 거래에 따른 간단한 조언과 정보만을 필요할 수도 있다.

그러나 교육, 심리상담, 기술적 지원 등의 서비스에서 상호작용의 밀도는 상대적으로 높아질 것이다. 상호작용 밀도가 낮은 접점의 직원과 상호작용 밀도가 높은 접점의 직원은 서로 필요한 역량이 달라야 할 것이다. 이러한 관점으로 서비스를 분류해 사면으로 구성된 매트릭스를 작성할 수 있다.

일반화된 서비스	• 상호작용이 매우 피상적이며 기능적이다. • 직원은 고객에 대한 사전 지식이 깊을 필요가 없으며, 일반화된 서비스 제공을 위해서 숙련된 직원이 필요한 것은 아니다. • 서비스를 요청하는 고객의 요구사항도 복잡하거나 이질적이지 않아서 대개의 서비스가 제한되어 있고, 고객의 행동도 예측이 가능하다. • 대개의 경우 서비스생산의 행위가 표준화되어 있으므로, 매뉴얼이 잘 정비되고 명확한 것이 필요할 것이다. • 일반화된 서비스 접점의 분위기는 유쾌하고 즐거운 캠퍼스의 분위기가 적합할 것이다.
안정된 서비스	• 장소와 시간에 관계없이 직원의 행동에 일관성을 유지하는 것이다. • 서비스의 제공 과정이 주로 거래에 대한 조언이므로, 접점에 근무하는 모든 직원이 고객의 질문과 요구사항에 대해 응답할 수 있는 능력이 갖추어져 있어야 한다. • 어느 직원에게 물어보더라도 일괄된 정보와 행동 및 태도가 유지되는 것이 무엇보다 중요하다. • 고객의 의사결정에 영향을 주는 거래에 대한 조언에 대해 직원들의 제공정보가 동일하고 정중하게 제시되어야 한다.

개인화된 서비스	• 직원과의 접점이 짧거나 거리빈도가 낮은 고객들에게 제공하는 것이다. • 개인화된 서비스를 제공하기 위해서는 직원이 고객의 말에 경청을 하고 적절한 반응을 보일 줄 알아야 한다. • 고객의 질문이 전문적인 경우에는 이에 대해 적절한 문제해결능력을 갖춘 전문가가 활용되어야 할 것이다. • 개인화된 서비스를 요청하는 고객의 경우, 자신의 문제가 독특하고 개별적인 차원으로 다뤄지기를 원하므로, 접점의 빈도가 높지 않더라도 더 높은 집중력과 전문성이 요구된다.
사려깊은 서비스	• 직원들은 고객과의 인간관계를 유지하는 능력, 문제를 해결할 수 있는 전문적 능력, 고객관계를 발전시킬 수 있는 대화능력이 필요하다. • 반복적으로 고객을 접하면서 고객의 문제를 효과적으로 해결해주는 것과 고객의 상황에 대한 배려를 통해 비즈니스 관계를 확대할 수 있는 숙련자들이 필요한 접점이다.

유형의 분류를 통해 서비스콘셉트의 기초가 되는 접점의 바람직한 분위기, 접점인력의 선발기준, 직원의 훈련방법, 직원의 경력개발계획, 동기부여방법, 조직의 지원수준, 권한부여 수준을 어떻게 할 것인지를 체계적으로 파악할 수 있다.

서비스 유형에 따라 부서별로 다른 서비스자원관리를 해야 한다. 우수한 서비스직원을 채용하는 것도 중요하지만, 이들을 우수한 서비스직원으로 육성하기 위해서는 서비스유형별 혹은 서비스접점별 적합한 서비스자원유지전략을 활용해야 한다.

[서비스유형별 서비스자원관리 전략과 선택]

구 분	일반화된 서비스	안정된 서비스	개인화된 서비스	사려깊은 서비스
접점분위기	즐겁고 유쾌함	정중한 도움	즉각적 대응	사려깊은 전문성
선발기준	밝음, 정직, 젊음, 수용적, 첫직장, 저임금	밝음, 정직, 전문지식과 기술, 젊은 계층, 첫직장	유경험자, 숙련된 기술, 순발력과 대응성	전문성, 대화능력, 인간관계능력, 비즈니스 마인드
훈련	제품·서비스·회사에 대해 일선에서 접점 관리자가 역량 훈련을 시킴	회사문화와 서비스 품질, 전문지식에 대해서 일선에서 훈련을 시킴. 접점관리자는 코치의 역할을 제공	목표에 대한 훈련, 멘토제도, 새로운 지식이나 기술에 대한 빠른 업데이트	멘토제도, 우수한 수행자에 대한 특별보상, 회사문화에 대한 훈련, 개인적 전문성을 향상시키는 역량 개발
CDP	직원이 한 가지 직무에 머물러 있지 않도록 자주 회전을 시킴	내부승진을 통한 경로 제공	고객사이트의 출장과 사이트 변경을 통해 전문적 경험을 쌓게 함	내부승진과 파트너십, 성과 공유
동기부여	승리하는 분위기 유지, 자유로움과 열정적 분위기	내부고객만족과 경력기회에 대한 제공	개인의 실적에 따른 개인 보상, 인정과 우호성, 전문성 인정	주도적 업무수행, 독립적 의사결정, 도전과 지속적인 교육
조직지원	업무매뉴얼과 밀접한 지원	처리하기 어려운 문제에 대한 도움과 지원, 좋은 지원부서	개인적 면담, 완벽한 지원 시스템	고객과 관련되지 않은 문제까지 적극적인 도움
임파워먼트	제한된 범위의 계층에 따른 임파워먼트 리스트	정해진 행동리스트 범위에서 계층에 따른 차등	직무관련 완벽한 임파워먼트와 자율권	완전한 임파워먼트

(4) 서비스유형별 분류 매트릭스 작성 및 활용 ★★ 〔중요〕

① 고객의 참여

서비스 전달과정에서 고객의 참여에 관련된 문제는 사람을 대상으로 서비스를 제공하는 경우에 주로 발생한다. 유형별로 차이는 있으나 참여도가 높을수록 고객의 개별적 요구는 더욱 커지게 된다. 여기서는 주로 고객과 종업원과의 접촉문제와 다른 고객들과의 상호작용에 대한 관리가 필요하다.

② 수요관리의 중요성

서비스는 계절성을 지니고 있다. 수요가 일정하지 않고 성수와 비수의 급격한 변동성을 가지고 있어 고객수요의 변동 문제는 서비스업에서 중요한 관리상의 이슈이다.

③ 정보기술의 활용

서비스업에서 정보커뮤니케이션기술(ICT ; Information Communication Technology)의 활용은 경쟁력 향상에 매우 중요한 이슈가 되고 있다. 서비스 제공자와 고객이 분리될 수 있는 무형적 서비스 유형의 경우 원격교육, 원격진료 등의 경우가 있다.

④ 부가서비스 영역의 증가

고객의 요구가 점점 증가하고 기업들의 경쟁은 심화되고 있다. 이러한 환경요인으로 기업은 고객에게 제공되는 서비스부문의 영역을 크게 확대시키고 있다. 제품의 효과적인 이용을 지원하기 위한 전문정보의 제공, A/S의 제공, 제품 사용상 발생되는 다양한 문제에 대한 실시간 기술 지원서비스의 제공 등과 같이 제공되는 서비스의 영역은 확대되고 있다.

⑤ 고객접촉도에 따른 접점 관리

서비스업은 서비스 접점에서 발생하는 접촉도가 많고 적음에 따라 고접촉서비스와 저접촉서비스로 구분될 수 있다. 접촉도는 접점을 발생시킨다. 과연 몇 개의 접점으로 서비스를 제공하는 것이 바람직할지는 기업에게 매우 중요한 문제이다.

(5) 거래 프로세스별 서비스 분류

① 거래 전 서비스
   ㉠ 고객에게 사전에 서비스에 대해 소개하고 잠재고객 등을 발굴하는 등 거래 전의 준비단계이다.
   ㉡ 사전에 고객과 접촉하여 수요를 예측하고 고객별 맞춤 서비스가 가능하다.
   ㉢ 잠재고객에 마케팅을 진행하여 새로운 서비스 수요 창출이 가능하다.
   ㉣ 과한 거래 전 서비스는 고객으로 하여금 서비스에 대한 부담감, 불신을 초래할 수 있다.

② 현장 서비스
   ㉠ 서비스가 고객에게 직접 제공되고 있는 단계로서, 서비스 제공자의 역량이 가장 크게 발휘되는 단계이다.
   ㉡ 현장 서비스는 고객이 서비스 접점에 들어온 순간부터 시작된다.

③ 거래 후 서비스
   ㉠ 현장에서 서비스가 종료된 후 지속되는 것으로 충성고객 확보 등을 위해 거래 후 서비스도 중요하다.
   ㉡ 사후 서비스는 고객의 서비스에 대한 평가를 바꿀 수 있는 위기이자 기회이다.
   ㉢ 고객과의 지속적인 커뮤니케이션을 통해 부족한 부분을 피드백 받고, 보완할 수 있다.

05 서비스 패러독스

(1) 서비스 패러독스의 정의 ★★ 중요

서비스의 역설이라는 말로 경제가 성장하고 기술이 발전하여 과거에 비해 풍요롭고 경제적인 부와 자유시간 속에서 좋은 서비스를 누리고 있지만, 소비자들의 눈높이가 높아져 제공받는 서비스에 대한 만족감이 떨어지는 현상을 의미한다.

(2) 서비스 패러독스의 발생 원인 ★★ 중요

서비스 패러독스 현상을 이해하기 위해서 서비스업에서 제조업의 마케팅 이론을 그대로 적용해 이룬 서비스 공업화를 살펴보아야 할 것이다. 서비스 공업화는 효율성 제고 및 비용절감 등을 위해서 서비스 활동의 노동집약적 부분을 기계로 대체하고 자동차 생산 공장에서 채용하는 것과 같은 계획화, 조직, 훈련, 통제 및 관리를 서비스 활동의 전개에도 적용한다는 것을 의미한다. 서비스 공업화는 인간이 아니라 장치나 시스템이 매개가 된다는 것이 하나의 특징이 된다. 이런 제조업적 발상에 기초한 서비스 공업화가 성공한 사례는 패스트푸드의 프랜차이즈 체인, 슈퍼마켓, 자동판매기 등을 들 수 있다. 서비스 공업화가 여러 방면의 효율화를 가져왔지만, 그와 동시에 다음과 같은 몇 가지 한계점을 가지고 있다.

서비스의 표준화	종업원의 자유재량이나 서비스의 기본인 인간적 서비스가 결여되어 풍요로운 서비스 경제 가운데 서비스의 빈곤이라는 인식을 낳게 된다.
서비스의 동질화	인간적 서비스를 공업화하여 생산성의 증대나 품질의 일관성을 가져왔으나, 차별화를 추구하여야 하는 서비스에서도 획일적인 서비스를 제공하고 상황에 따라 유연하게 대응하지 못하고 경직되는 위험을 지니고 있다. 무리하게 서비스의 균일성을 추구하다보니 서비스의 핵심인 개별성을 상실하게 된 것이다.
서비스의 인간성 상실	제조업에서 공업화 초기에 인간이라는 요소에 충분히 신경쓰지 않아 기업에서 종업원의 사기가 현저히 떨어지게 되는 심각한 문제가 발생하였다. 경영자 측의 자동화 계획에 대한 노동자 측의 의심과 두려움 등으로 반목이 깊어진 것이다. 서비스 기업의 공업화를 추구하는 과정에서 효율성만을 강조하다 보면 인간을 기계의 부속품처럼 취급하게 됨으로써 제조업의 발전과정에서 나타났던 인간성 무시가 다시 생기게 된다(Knisely, 1984). 또 인건비 상승으로 인해 제한된 종업원의 수와 폭등하는 서비스 수요에 의해 종업원들은 정신적으로 육체적으로 피곤해지며, 무수히 많은 고객을 상대하다 보면 기계적으로 되는 것이 불가피해지기도 한다. 제조업과 달리 종업원의 사기 저하나 정신적 피로는 즉각적으로 서비스 품질에 반영된다. 서비스 생산은 상호작용적으로 종업원과 고객이 함께 참여하기 때문에 서비스 종업원의 인간성 상실은 제조업의 경우보다 훨씬 더 심각한 문제가 된다고 할 수 있다.
기술의 복잡화	제품이 너무나 복잡해져서 소비자나 종업원이 기술의 진보를 따라가지 못하는 경우가 있다. 손쉽게 인근 업소에서 수리받던 시대는 지나가고, 이제 고객이 멀리까지 가야 되고 또 기다려야 하는 시대가 되었다.
종업원 확보의 악순환	기업에서는 점차 인력확보가 힘들어짐에 따라 고객과 접하는 최일선 종업원을 충분한 교육훈련 없이 채용하게 된다. 그리고 고도의 기술 없이도 가능한 업무로 설계해서 종업원이 이직한 경우에도 손쉽게 채용하고 교육훈련 프로그램도 최소한도로 줄이려고 한다. 이렇게 되면 종업원의 실수는 줄일 수 있겠지만, 종업원의 사기를 저하시키고 문제가 발생했을 때 대처할 수 있는 능력을 갖추지 못하게 된다. 따라서 종업원이 제공하는 서비스 품질은 저하되고 이에 따라 이익은 낮아질 수밖에 없다.

(3) 서비스 패러독스의 극복 방안

① 일반적인 극복 방안
  ㉠ 고객의 기대수준을 더욱 면밀히 파악하고 최적의 관리를 해야 한다.
  ㉡ 서비스에 대한 지나친 과대 포장은 고객의 잘못된 기대를 형성하므로, 가능한 서비스가 가진 가치만큼만 약속을 해서 지나친 기대를 줄인다.
  ㉢ 서비스의 기계화 SSTs(Self Service Technologies)를 도입할 때 고객 측의 입장을 충분히 고려해야 한다.
  ㉣ 고객에게 자동화와 기계화에 대한 자세한 안내와 더불어 적절한 학습을 제공해야 할 필요가 있다.
  ㉤ 서비스 제공 과정의 기능적인 면만을 고려할 것이 아니라, 사회적 동물로서 인간의 사회적 기능에 대한 고려 또한 충분히 해야 한다.

② 인식 변화를 통한 극복 방안 ★★ 중요

S (Sincerity, Speed, Smile)	서비스에는 성의, 신속함, 미소가 있어야 한다. 이는 오랫동안 판매의 3S로 중시되어 온 것이다. 성의 있고 신속하게 제공되는 것이 중요할 뿐만 아니라 상냥한 미소가 좋은 서비스를 결정하는 것이다.
E (Energy)	서비스에는 활기찬 힘이 넘쳐야 한다. 종업원의 걸음걸이나 표정이 밝을 때 고객과의 대화나 접촉이 활기를 띨 수 있다. 활기찬 대응이 고객의 인상에 큰 영향을 미친다.
R (Revolutionary)	서비스는 신선하고 혁신적이어야 한다. 천편일률적인 서비스를 제공하는 것이 아니라 언제나 조금씩이라도 신선하고 혁신적인 요소가 부가되는 것이 중요하다.
V (Valuable)	서비스는 가치 있는 것이어야 한다. 서비스는 한쪽에게는 가치 있고 다른 쪽에는 일방적인 희생을 강요하는 것이 아니다. 서로에게 이익이 되고 가치 있는 것이 되어야 한다.
I (Impressive)	서비스는 감명 깊은 것이어야 한다. 기쁨과 감동이 없으면 서비스가 아니다.
C (Communication)	서비스에는 커뮤니케이션이 있어야 한다. 일방적으로 하는 것은 허용되지 않고 상호 커뮤니케이션이 필요하다.
E (Entertainment)	서비스는 고객을 환대하는 것이어야 한다. 이는 겉으로만 드러난 인사치레나 예절 수준이 아니라, 진심으로 언제나 고객을 맞이하는 것이어야 한다.

> **Tip** 절약의 역설(Paradox of Saving)
> 경제학에는 케인즈가 말한 절약의 역설이 있다. 이는 미시적으로는 개인이 절약을 하고 저축하는 것이 합리적으로 보일지 몰라도, 거시적으로는 소비가 줄어들면서 경기 침체가 오게 되어 부정적인 현상을 초래하게 되는 역설을 의미한다.

06 서비스 비즈니스 모델의 이해

(1) 서비스 생태계에서 비즈니스 환경의 이해

전통적인 비즈니스 생태계는 폐쇄된 채널에 고립되어 있었던 반면에, 서비스 중심의 산업생태계는 사용자와 고객을 중심으로 지식과 정보가 통합되는 개방된 생태계의 특징을 보이고 있다. 서비스중심의 산업환경에서 패러다임의 변화와 환경의 변화는 다음과 같다.

① 서비스 경제의 산업생태계 패러다임의 전환

Products (제품)	Value Paradigm (가치 인식체계)	Services (서비스)
Push (미는 전략)	Customer Paradigm (고객 패러다임)	Pull (당기는 전략)
Processes (과정)	Technology Paradigm (기술 패러다임)	Platforms (플랫폼)
Strategies (전략)	Competence Paradigm (능숙도 패러다임)	Capabilities (역량)
Scale (정률)	Revenue Paradigm (수익 패러다임)	Scope (범위)
Efficiency (능률)	Operation Paradigm (가동 패러다임)	Flexibility (유연성)

② 비즈니스 모델의 콘셉트

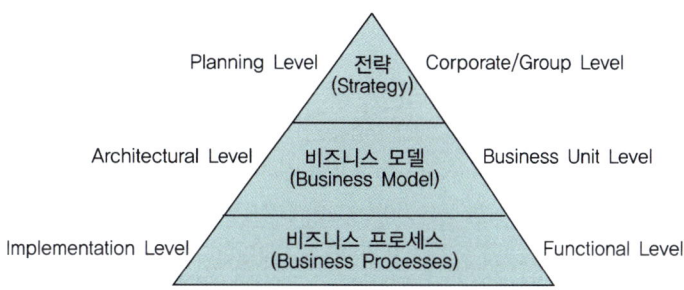

- 전략단계(Strategy) : 조직차원의 계획단계
- 비즈니스 모델(Business Model) : 시스템 구성 및 서비스 골격 구성단계
- 비즈니스 진행단계(Business Processes) : 기능을 이행, 실현·구현 단계

이와 같은 비즈니스 모델 콘셉트가 필요한 이유는 비즈니스 환경에서 올바른 방향의 제시와 가치를 창출하는 방법들을 관리하기 위해서이다.

(2) 서비스 비즈니스 모델

개방된 생태환경에서 서비스 비즈니스 모델을 포괄적으로 설명하면, '고객과 사회에 가치 있는 서비스를 제공함으로써, 고객의 경험을 확장하면서 사회의 가치를 향상시키는 데 기여하기 위해 기업이 추구하는 모델'을 의미한다.

고객관계 (Relationships)	고객 상호작용과 서비스 수준의 관계, 사회-기술적 네트워크, 부서 간의 협력, 조직 간의 협력
고객에게 제공 (Offerings)	전체적인 관점에서 서비스콘텐츠가 어떻게 가치를 제공을 하며, 고객의 문제를 해결하는 데 어떻게 활용되는지에 대한 이해
고객에게 제공되는 자원 (Resources)	서비스 생산과 전달시스템의 역량과 자산, 프로세스, 지식, 기술과 조직
수익모델 (Revenue Models)	가격관리, 수익관리, 서비스묶음을 포함한 가치산출의 요소에 대한 이해
사고방식 (Mindset)	기업의 서비스혁신에 주요 동인으로 학습, 가치, 정서, 인식에 대한 이해, 합리적이면서 정서를 이해하는 사고방식과 계획방법을 활용

(3) 서비스 비즈니스 모델의 성과평가

고객의 요구에 기반한 성과기반의 가치	기업은 고객이 원하는 성과를 중심으로 서비스와 해결안을 제공해야 하고 현존하는 서비스를 더 정교하게 제공해야 한다.
효과적인 가치전달	보다 높은 가치 제공을 위해서는 서비스 생태환경에서 다양하고 많은 수의 비즈니스 파트너와 협력을 해야 한다. 또한 더 높은 수준의 전문기술이 요구된다. 기업은 이러한 협력과 전문성을 활용한 효과적인 가치전달을 해야 한다.
책임과 의무의 전개	서비스 제공자는 약속한 서비스성과를 제공하는 것은 당연하며, 이와 관련된 다양한 유형의 위험에 대해서도 책임과 의무를 다해야 한다. 서비스와 관련된 위험을 측정하고 관리하는 것은 서비스 제공자의 매우 중요한 책무이다.

(4) 서비스 경제의 환경에서 기업의 생존 전략 ★★

① 제조업에서 서비스업으로 전환

경제의 패러다임이 바뀜에 따라 산업화시대에 제조업으로 성장을 해오던 기업들이 성장의 한계를 인식하고 서비스업으로 전환하고 있다. 서비스업과 제조업은 기업운영에 대한 기본원리와 패러다임이 매우 상이하므로, 제조업을 버리고 서비스업으로 전환한다는 것은 단지 사업의 영업을 바꾸는 것을 의미하는 것이 아니라, 기업의 근본적인 조직구조에서부터 조직의 시스템, 종업원의 수행방식과 마인드까지 전체를 전환하는 매우 광범위한 전환을 의미한다.

② 경영의 패러다임을 서비스경영 방식으로 전환

㉠ 제조업과 서비스업의 가치흐름 차이

제조업과 서비스업은 기본적으로 가치의 흐름을 달리하고 있다. 제조업의 가치흐름은 제품 송출(Product Out)의 흐름을 갖는 반면에, 서비스업은 제품 유입(Product In) 방식의 흐름을 갖는다.

㉡ 제조업과 서비스업의 경영방식 차이

제조업과 서비스업이 지닌 가치흐름의 차이는 경영방식에도 영향을 주게 된다. 서비스경영의 기본에는 가치흐름에 적합성이 있어야 한다. 제조업의 경영방식과 서비스업의 경영방식이 방법에 있어서 매우 별다른 것은 아니며, 가치흐름의 방향이 바뀐 것에 따른 경영방식의 선택과 적용방법이 달라질 필요가 있다.

서비스경영은 가치흐름의 기본전제와 경영범위와 대상이 전통적인 경영방식과 차이가 있다. 전통적인 경영방식은 제품을 잘 만드는 것이 경영의 범위이며, 제품의 생산과 판매과정이 경영의 대상이 된다. 서비스경영은 고객의 요청에 적합한 상품과 서비스를 생산하는 것이 경영의 범위가 되며, 사전적 기대와 사후적 관계까지 경영의 대상으로 확대된다.

③ 고객혜택을 중심으로 융합상품의 생산
  ㉠ 융합상품의 발생 이유
    단순히 제품만을 제공하는 것으로 기업이 원하는 수입을 달성하기는 어렵게 되었다. 기업이 원하는 수입을 달성하기 위해서 다양한 융합을 통해 고객의 가치를 향상시키는 혁신을 추구하게 된다. 기업들이 하나의 제품을 제공하거나 하나의 서비스로 제공하는 것을 벗어나 융합상품을 제공하는 것은 상품의 개발이 기업중심에서 고객혜택 중심으로 전환되었음을 반영한 것이다.
  ㉡ 융합상품의 개발방식 : Servitization과 Productization

    - 제품과 서비스의 결합(Product Servitization), 서비스의 상품화(Service Productization), 기존 서비스와 신규 서비스의 결합 현상을 포괄하는 개념이다.
    - 제품과 서비스의 결합 대표 사례로는 자동차에 유비쿼터스 환경을 구현해 주는 정보기술이 있으며, 서비스의 상품화 대표 사례로는 농촌체험마을 관광상품을 들 수 있다.

  ㉢ 융합상품의 형태 ★★ 중요
    기업이 제품을 만들 때 무엇을 만들 것인가를 먼저 생각하기보다는 고객의 혜택을 높이기 위해서는 어떤 제품이 만들어져야 하는가를 중심으로 사고함으로써 융합상품의 결합이 이루어진다. 이를 통해 기업은 더 높은 가치를 제공하고 수입을 증대하게 된다.

제품 + 제품의 융합	프린트 복합기, 스마트폰
서비스 + 서비스의 융합	의료관광, 실버타운, 복합문화공간
제품 + 서비스의 융합	아이팟과 아이튠스의 융합, 라이브공연 또는 강연내용을 CD로 제작·판매, 상담 또는 컨설팅 결과를 사례집 형태로 출판
제품의 서비스화	정수기나 비데 렌탈 서비스, 항공기엔진 렌탈 서비스
서비스의 제품화	안내원이 하던 관광안내를 단말기에 설치하고 필요한 사람들이 버튼을 누르면 재생되는 장치를 만듦 예 터치패드를 이용해서 정보를 제공하는 방법과 키오스크를 설치해서 정보를 제공하는 방법으로 전환

  ㉣ 기술의 발전과 고객중심의 서비스개발
    최근에 발생되는 정보커뮤니케이션기술의 발전은 서비스의 제품화를 촉진시키는 중요한 촉매제의 역할을 수행하고 있다. 호텔객실을 예약하는 방법도 과거에는 프론트 데스크에서 발생하던 서비스과정을 고객이 인터넷을 통해 직접 선택할 수 있다. 여행지의 선택과 여행상품의 구성을 위한 상담서비스를 원하지 않는 고객은 스스로 여행지의 선택과정과 여행상품의 구성을 직접 할 수 있도록 서비스를 하나의 표준화된 모듈로 묶어서 하나의 상품을 구성하는 제품화를 통해 가능하게 되었다.
    이러한 시도는 은행의 ATM을 비롯하여 수많은 서비스 업종에서 적극적으로 활용되고 있다. 아메리칸항공사의 자동예약시스템인 SABRE, 페더럴익스프레스사의 통합화물정보시스템인 COSMOS, 그리고 증권회사의 고객재무관리시스템인 Cash Management Account 등이 그 대표적인 사례이다.

[경제의 진화]

구 분	농 경	산 업	서비스	경 험	
경제적 제공	음 식	상 품	통상적인 서비스	고객서비스	비즈니스 서비스
기 능	채 취	제 조	전 달	공 연	공동창출
성 격	대체가능	유형적	무형적	기억에 남음	성과에 영향
특 징	자연적	표준화된	고객화된	개인적	성과 성장
공급방법	대량저장	재고가능	수요에 따라	시간흐름에 따라 표출	지속가능
판매자	중간상인	생산자	서비스 제공자	공연자	협력자
구매자	시 장	고 객	구매자	관 객	협력자
기대치 기준	수 량	형 태	혜 택	감 동	능 력

출처 : James A. Fitzsimmomons 저, 스마트 시대의 서비스 경영, 서비스경영연구회 역, McGraw Hill Korea, 2010

[확대되고 있는 디자인 산업의 수요시장 범위와 역할]

구 분	기존 수요시장	확대된 디자인 산업의 수요시장	
범 위	제조 산업	민간 서비스 산업	공공 서비스 분야
정 의	제품의 본원적 목적을 유지하면서도 사용자가 전달받는 가치가 향상되도록 하는 실체화의 과정 및 결과	서비스의 본원적 목적을 유지하면서도 사용자가 전달받는 가치가 향상되도록 하는 실체화의 과정 및 결과	공공분야의 문제점을 디자인을 통해 해결함으로써 국민의 삶의 질 향상을 이루는 산업 서비스 분야
디자인의 역할	제품가치 극대화를 통한 기업의 수익창출	• 서비스 가치 혁신 • 고객 경험가치 향상	• 공공 서비스 혁신 • 사회 문제 해결 • 국민의 삶 만족도 향상

출처 : 한국디자인진흥원, Ibid

④ 서비스 디자인 ★★
  ㉠ 서비스 디자인의 이해
    • 서비스 제공자와 고객 그리고 고객의 경험 사이의 상호작용이다.
    • 기존의 제품, 시각, 사용자 경험 디자인 등 다양한 분야를 통섭하고 있는 개념이다.
    • 양질의 서비스를 만들기 위해 서비스 터치 포인트, 서비스 시스템, 서비스 정책 등의 일관된 디자인이 필요하다.
    • 서비스 시장의 요구사항과 서비스 수요 매치는 시장분석에서부터 서비스의 비즈니스 적합성까지 합리적인 분석과정이 필요하다.
    • 고객의 요구사항이 복잡해지고 다양화됨에 따라 제품디자인과 같이 폭넓은 서비스 디자인이 요구된다.
    • 서비스 디자인은 사용자 환경 UI(User Interface), 사용자 경험 UX(User eXperience)을 고객의 입장에서 디자인해야만 한다.

[서비스 디자인의 다양한 정의]

사전	위키피디아 (Wiki)	• 서비스 디자인은 서비스 제공자와 고객, 고객경험 사이에 질을 높이기 위해 사람과 인프라, 커뮤니케이션 또한 서비스를 구성하는 물질적인 것을 계획하는 활동
학계	서비스 디자인 네트워크 (SDN)	• 유용하고 편리하며 바람직한, 효율적이고 효과적인 서비스 창출을 목적으로 함 • 고객경험에 초점을 둔, 서비스이용품질을 핵심가치로 추구하는 인간중심적 접근방식 • 전략, 시스템, 프로세스, 접점의 통합적 디자인을 고려한 전체론적 접근방식 • 사용자 지향적인 다학제적 접근, 지속적 학습을 통한 체계적, 반복적 프로세스
	인터렉션디자인 코펜하겐 연구소 (CIID)	• 서비스 디자인은 신흥 현장 경험을 통해 무형 및 유형 매체의 조합을 사용하여 좋은 생각을 창출하는 것
기업	리브워크 (Live Work)	• 고객이 다양한 경험을 할 수 있도록 시간의 흐름에 따라 사람들이 다다르게 되는 다양한 터치포인트를 디자인하는 것
	피어인사이트 (Peer Insight)	• 서비스 혁신을 위해 커뮤니케이션, 공간, 행동, 사람, 사물, 도식 등 서비스를 이루는 유·무형의 요소를 총체적으로 배열하고 리서치에 근거해 디자인하는 것
	디자인싱커스 (Design Thinkers)	• 창조적인 프로세스와 방법을 이용하여 서비스 제공자와 최종사용자 간의 상호작용을 디자인하고 조정하는 것
	엔진서비스 디자인 (Engine Service Design)	• 훌륭한 서비스를 개발해 제공하도록 돕는 전문분야로 서비스 디자인 프로젝트는 환경, 커뮤니케이션, 제품 등 디자인의 여러 분야를 포괄해 고객이 서비스를 쉽고 만족스럽고 효율적으로 누릴 수 있도록 각 요소를 개발하는 것

출처 : 한국디자인진흥원, op.cit

ⓒ 서비스 디자인의 특징

강화된 디자인 조사	다양한 관점과 숨겨진 고객의 욕구를 찾는 것에 더욱 중점을 둔다.
공동창작의 활성화	디자이너 혼자가 아닌 여러 이해관계자가 함께한다.
서비스의 시각화	유·무형의 해결책이 동시에 제시되므로, 무형의 경우 시각화를 통해 구체화한다.
다양한 고객의 경험	내부고객, 외부고객은 물론, 서비스 제공자와 협력하는 다양한 이해관계자의 요구를 반영한다.
총체적 접근을 통한 디자인	제품, 서비스는 물론 서비스가 제공되는 공간, 직원의 태도까지 디자인을 한다.

출처 : 서비스 디자인의 동향과 정책방향, 한국디자인진흥원, 2010, 김해찬

ⓒ 제품 디자인과 서비스 디자인의 특징 비교

제품 디자인	서비스 디자인
사용자 상호작용 디자인	고객경험 디자인
물리적 원형	개념 원형
유형의 제품	무형의 상호작용
제품 기반	디지털 기술 기반
가격모델	사업모델
일시적	지속적

출처 : 한수련, op.cit

② 서비스 디자인 영역 특징

서비스의 일반적인 특징	서비스 디자인을 통한 변화
무형성(Intangibility)	유형성(Tangibility)
서비스는 눈에 보이지 않음	서비스 디자인을 통해 추상적인 가치를 눈에 보이는 형태로 전달
이질성(Heterogeneity)	일관성(Consistency)
동일한 서비스라도 고객들이 경험하는 서비스에 대한 평가는 다름	서비스 디자인을 통해 고객 경험의 모든 것들을 일관성 있게 전달
소멸성(Perishability)	지속성(Persistence)
서비스는 구입 후 사용과 동시에 사라지는 특성을 지님	서비스 디자인을 통해 고객에게 지속적인 경험을 전달
비분리성(Inseparability)	시스템화(Systemization)
생산과 소비가 동시에 발생, 사전에 품질을 통제하기가 어려움	서비스 디자인을 통해 매뉴얼, 시스템화된 고객관리 가이드 확보

출처 : 박혜란, 서비스 디자인을 통한 1등 유지전략, 디자인 이슈 리포트15, 한국디자인진흥원, 2011

◎ 서비스 디자인 프로세스의 개념과 도구

구 분	개 념	도 구
발견 (Discover)	• 시장, 사용자 조사 등을 통해 사용자의 요구를 정의 • 많은 사실(Facts)과 요구(Needs)를 찾아내는 것이 목표	• 인터뷰 • 일상 조사 및 관찰 기록 • 고객여정지도 그리기
정의 (Define)	• 여러 요구와 가능성에서 중요한 것을 판단, 정리 • 정보의 패턴 및 테마를 찾아 이슈(Issue)를 찾는 단계	• 마인드 맵 그리기 • 상호관계의 중요 이슈 도출 • 사용자 정보 구성
개발 (Develop)	• 이슈로부터 아이디어를 발전시켜 디자인 주도의 해결책을 개발·반복·시험하는 단계 • 디자이너들이 만들어낸 아이디어를 제시하여 다양한 가능성을 알아보고 개선하는 과정	• 콘셉트 정하기 • 상호 의견 교류 • 아이디어 도출
전달 (Deliver)	• 제품 혹은 서비스를 관련 시장에 내놓는 단계로서 다양한 이해관계자들의 의견을 수렴 • 이해관계자들이 이해할 수 있도록 구성하여 전달하는 단계	• 프레젠테이션 • 스토리텔링 • 역할극

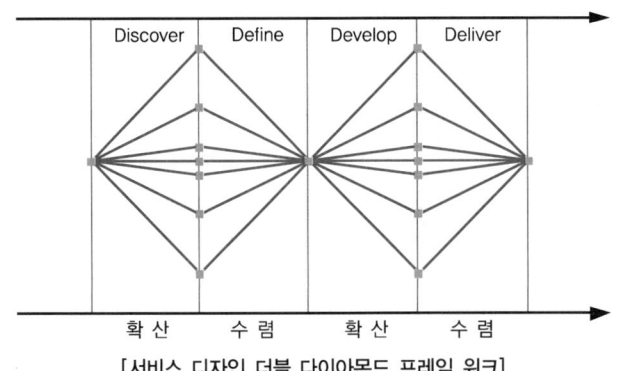

[서비스 디자인 더블 다이아몬드 프레임 워크]

교육은 우리 자신의 무지를
점차 발견해 가는 과정이다.

- 윌 듀란트 -

Part 01 / Module C 서비스경영 전문가가 꼭 알고 있어야 하는 전문용어

- 서비스 패키지 : 특정한 환경에서 서비스가 재화 및 정보와 함께 결합되어 제공되는 상품의 묶음으로, 고객 경험을 중심으로 명시적 서비스와 묵시적 서비스로 구성되며, 추가적으로 지원설비, 정보, 보조용품으로 구성됨
- 서비스 패러독스 : 자동차, 정비소, 식당, 은행, 보험회사 등에 대한 불평을 하는 소비자나 신문기자들을 쉽게 볼 수 있는데, 경제가 성장하고 기술이 발전함에 따라 현대 사회는 과거에 비해 풍요롭고 경제적인 부를 누리며 사람들은 더 많은 자유시간을 갖고 있는데도 서비스가 악화된다는 것은 아이러니라고 볼 수 있기 때문에 이와 같은 현상을 서비스 패러독스(Service Paradox)라 부름
- 서비스 비즈니스 모델 : 고객과 사회에서 가치 있는 서비스를 제공함으로써 고객의 경험을 확장하면서 사회의 가치를 향상시키는 데 기여를 달성하기 위해 기업이 추구하는 모델을 의미함
- 고객과의 관계(Relationships) : 고객상호작용과 서비스수준의 관계, 사회 – 기술적 네트워크, 부서 간의 협력, 조직 간의 협력
- 고객에게 제공(Offerings) : 전체적인 관점에서 서비스콘텐츠가 어떻게 가치제공을 하며, 고객의 문제를 해결하는 데 어떻게 활용되는지에 대한 이해
- 고객에게 제공되는 자원(Resources) : 서비스생산과 전달시스템의 역량과 자산, 프로세스, 지식, 기술과 조직
- 수익모델(Revenue Models) : 가격관리, 수익관리, 서비스묶음을 포함한 가치산출의 요소에 대한 이해
- 사고방식(Mindset) : 기업의 서비스혁신에 주요 동인으로 학습, 가치, 정서, 인식에 대한 이해, 합리적이면서 정서를 이해하는 사고방식과 계획방법을 활용
- 제품과 서비스의 결합(Product Servitization) : 융합상품의 개발 방식으로 서비스와 제품의 결합화를 의미함

- 서비스의 상품화(Service Productization) : 기존 서비스와 신규 서비스의 결합 현상을 포괄하는 개념
- 서비스 디자인 : 서비스 제공자와 고객 그리고 고객의 경험 사이의 상호작용으로 기존의 제품, 시각, 사용자 경험 디자인 등 다양한 분야를 통섭하고 있는 개념이며, 양질의 서비스를 만들기 위해 서비스 터치 포인트, 서비스 시스템, 서비스 정책 등의 일관된 디자인을 설계하는 과정
- 서비스 스펙트럼 : 필립 코틀러가 기업이 시장에 제공하는 것을 순수한 유형재인 재화에서부터 순수한 무형재인 서비스까지 구분하여 고객과의 접점 순간을 확장한 개념
- 서비스 혁명 : 고용비율이 전체 인구 중 서비스부분에서 50% 이상을 차지하게 되면 '서비스 경제'에 진입했다고 할 수 있고, 서비스 경제에서는 변동성이 급격하여 새로운 서비스가 탄생, 파급되는 속도가 매우 급진적인 상황을 '서비스 혁명'이라 함
- 틈새시장 : 원래 니치(Niche)란 적소, 특정분야, 특정 활동범위를 나타내는 말로서 니치시장은 곧 적소(틈새)시장, 특정분야의 소규모 시장을 의미. 마케팅적 시각에서 니치시장은 시장점유율이 낮은 기업이나 후발 기업이 기존시장에의 직접적 진출을 피하면서 아직 선점되지 않은 분야를 공략하여 자신의 입지를 넓혀가는 전략을 가지고 있을 때 선택됨
- 서비스 무형성 : 서비스는 제품처럼 유형화되지 않고, 무형적이라는 의미
- 동시성 또는 비분리성 : 서비스는 생산과 동시에 소비가 일어날 뿐만 아니라 생산과정과 소비과정이 엄격히 분리되어 있지 않으며, 생산과정에서 고객의 참여가 대부분 이루어짐
- 이질성 또는 불균질성 : 서비스는 대부분 행위에 의해, 사람에 의해 생산되기에 과정에서 질의 차이가 발생하여 품질통제가 제품(유형)에 비해 난해함
- 소멸성 또는 재고불능성 : 서비스는 저장, 재판매하거나 되돌려 받을 수 없는 속성으로 한 번 사용하면 소멸될 뿐 아니라 보관할 수 없음

Part 01 Module C 출제유형문제

일반형 문제

01 다음 중 서비스의 정의에 대한 설명으로 옳지 않은 것은?

① 서비스란 상대방에게 무형적이고 소유권 이전 없는 행위나 효용을 제공하는 것이다.
② 서비스란 상대방에게 제공되는 행위, 수행, 실행 자체이기에 근본적으로 무형적인 것이다.
③ 특정 장소와 시간에 고객에 대해 일정한 가치를 창조하거나 편익을 제공하는 경제적 활동이다.
④ 서비스는 대가를 지불하지 않아도 주어지는 부수적인 것까지 모두 포함한 의미이다.
⑤ 서비스는 기업의 가장 핵심가치로서, 고객을 유지하는 데 유형적 제공이 반드시 이루어져야 한다.

> 해설) 서비스는 대가를 지불하지 않아도 주어지는 부수적인 것, 중심적인 가치가 아닌 것으로 통용되는 경향이 있으나, 현대사회에서는 점점 이 서비스가 차지하는 비중이 커져 가고 있다. 하지만, 반드시 유형적 제공이 뒤따라야 하는 것은 아니다. 무형적 서비스 제공으로 만족을 이루어낼 수 있기 때문이다.

02 다음 중 서비스의 특성이 아닌 것은?

① 유형성
② 동시성
③ 이질성
④ 소멸성
⑤ 비분리성

> 해설) 서비스는 무형성의 특성을 가지며, 제품처럼 유형화되지 않는다. 저장할 수 없으며, 기업의 이미지, 브랜드 인지도 등도 포함된다.

정답 01 ⑤ 02 ①

03 다음 중 서비스 패키지에 대한 설명으로 옳은 것은?

① 서비스에 유형성과 무형성이 모두 포함되어 있는 것을 서비스 패키지라고 한다.
② 서비스 패키지는 특정한 환경에서 서비스가 재화 및 정보와 함께 결합되어 제공되는 상품의 묶음을 의미한다.
③ 서비스 패키지는 고객과 접점에서 만나는 모든 과정을 의미한다.
④ 서비스 패키지는 서비스 전 과정에서 고객이 느끼는 심리적 만족, 불만족의 감정 모두를 의미한다.
⑤ 제품이 생산되고 고객에게 가기까지 전 생산, 전달 과정을 서비스 패키지라 한다.

> **해설**) 서비스 패키지란 특정한 환경에서 서비스가 재화 및 정보와 함께 결합되어 제공되는 상품의 묶음을 의미한다. 서비스 패키지는 고객 경험을 중심으로 명시적 서비스와 묵시적 서비스로 구성되며 추가적으로 지원 설비, 정보, 보조용품으로 구성된다.

04 서비스 패키지의 구성요소가 아닌 것은?

① 명시적 서비스 - 오감을 통해 고객이 직접적으로 인지할 수 있는 서비스
② 묵시적 서비스 - 외관의 분위기나 감정을 통해 고객이 심리적으로 느끼는 서비스
③ 정보 - 고객이 가지고 있는 모든 기업에 대한 정보
④ 지원 설비 - 서비스 제공을 위해 반드시 필요한 물리적 시설 및 설비
⑤ 보조용품 - 고객이 추가적으로 구매하거나 제공받는 물품 등의 서비스

> **해설**) ③ 효율적이고 개인화된 서비스 제공을 위한 고객에 대한 정보를 의미한다.

05 필립 코틀러의 서비스 트라이앵글에 대한 설명으로 옳은 것은?

① 서비스에 있어 외부고객을 최우선에 두고 모든 서비스를 집중하는 트라이앵글 모형이다.
② 브랜드 가치는 회사가 마케팅 수단으로 회사로부터 고객에게 무작위로 주어지는 정보에 의한 가치를 의미한다.
③ 회사는 내부직원에 대한 서비스는 그리 중요하게 생각하지 않아도 된다.
④ 회사와 고객은 외부마케팅, 회사와 직원 간은 내부마케팅, 직원과 고객과는 상호마케팅을 통해 최고의 브랜드 가치를 창출하는 서비스모형이다.
⑤ 회사와 고객은 금액에서, 회사와 직원 간에는 급여와 복지, 직원과 고객은 개별적인 끈끈한 관계에 의해 최고의 서비스 가치가 창출되는 모형이다.

> **해설**) 필립 코틀러의 서비스 트라이앵글이란 회사와 고객은 외부마케팅, 회사와 직원 간은 내부마케팅, 직원과 고객과는 상호마케팅을 통해 최고의 브랜드 가치를 창출하는 서비스모형이다.

06 서비스 산업에 대한 특징으로 가장 옳지 않은 것은?

① 서비스 수요자에 대하여 서비스를 제공하는 것을 목적으로 하는 산업이다.
② 서비스를 생산, 공급, 판매하는 산업을 의미한다.
③ 물적 생산물과 더불어 서비스 생산물의 비중이 점점 커져가고 있는 산업을 의미한다.
④ 서비스 산업의 확대는 경제 발전 단계가 고도화되는 과정에서 나타나는 현상이다.
⑤ 서비스 산업은 경제가 불경기인 경우 할인과 저가 판매를 통해 서비스를 확대하는 산업을 의미한다.

해설) 서비스 산업의 특징
- 서비스 수요자에 대하여 서비스를 제공하는 것을 목적으로 하는 산업이다. 즉, 서비스를 생산, 공급, 판매하는 산업을 말한다.
- 일반적인 산업은 물적 생산물과 서비스 생산물로 구성되며, 점차 서비스 생산물의 비중이 커지고 있다.
- 서비스 생산물을 대상으로 하는 서비스 산업의 확대는 경제 발전 단계가 고도화되는 과정에서 나타나는 현상으로 광고, 정보, 용역연구, 디자인, 유통, 통신, 관광, 호텔 등이 있다.
- 서비스 상품의 특성의 하나인 재고의 불가능성으로 인하여 서비스 산업에서는 성수기나 비수기에 일반적으로 과밀공급현상과 과밀수요현상이 일어나는 경우도 있다.

07 서비스 패러독스가 발생하게 된 원인으로 가장 적절한 것은?

① 고객의 기대가 감소하여 발생하였다.
② 고객 스스로 서비스를 챙기는 셀프서비스가 증가하며 발생하게 되었다.
③ 개별화된 고객의 욕구가 증가하며 생겨났다.
④ 서비스가 생산되고 전달되는 과정에서 인간 존중의 가치가 증가하여 발생하게 되었다.
⑤ 전문적으로 숙련된 서비스 제공자의 증가로 발생하였다.

해설) 서비스 패러독스의 발생원인
- 셀프서비스의 증가
- 미숙련 근무자의 서비스 제공
- 서비스 표준화 시스템
- 기술기반 비인간적 서비스의 증가
- 일부 기업의 월등히 좋은 서비스 제공으로 고객의 기대 증가
- 약속 불이행의 서비스의 증가

08 러브락의 서비스 분류 중 속성에 따른 분류가 아닌 것은?

① 고객의 특성에 따른 분류
② 고객과의 관계에 따른 분류
③ 서비스 전달의 방법에 따른 분류
④ 서비스 전달에서 고객화의 재량 정도에 따른 분류
⑤ 서비스 수요의 특성에 따른 분류

해설) 러브락의 속성에 따른 서비스 분류
- 고객과의 관계에 따른 분류
- 서비스 전달에서의 고객화의 재량 정도에 따른 분류
- 서비스 수요의 특성에 따른 분류
- 서비스 전달의 방법에 따른 분류

09 호로비츠의 서비스 분류에 해당하지 않는 것은?

① 일반화된 서비스
② 안정된 서비스
③ 개인화된 서비스
④ 서비스 유형별 서비스 자원관리 전략과 선택
⑤ 기대 이상의 서비스

해설) 호로비츠의 서비스 분류
- 일반화된 서비스
- 안정된 서비스
- 개인화된 서비스
- 사려깊은 서비스
- 서비스 유형별 서비스 자원관리 전략과 선택

10 서비스의 유형을 분류하기 위해 매트릭스를 작성·활용하는 이유로 가장 옳지 않은 것은?

① 고객의 관심 유도
② 수요관리의 중요성
③ 정보기술의 활용
④ 부가서비스 영역의 증가
⑤ 고객접촉도에 따른 접점관리

해설) 매트릭스를 작성·활용하는 이유
- 고객의 참여성
- 수요관리의 중요성
- 정보기술의 활용
- 부가서비스 영역의 증가
- 고객접촉도에 따른 접점관리

정답 08 ① 09 ⑤ 10 ①

11 다음 중 서비스 원가 경쟁에서 우위를 점하기 위한 방안으로 가장 적절한 것은?

① 고객 서비스의 표준화
② 표적시장을 타깃으로 집중
③ 무형적 요소를 유형화
④ 서비스 종업원의 지속적 교육
⑤ 서비스 품질 관리

해설 우위를 점하기 위한 여러 가지 방안

서비스 원가 경쟁을 위한 방안	• 저가격 고객 확보 • 고객 서비스 표준화 • 서비스 전달 과정에서 직원의 개인적 요소를 감소 • 네트워크 비용을 감소
차별화전략을 위한 방안	• 무형적 요소의 유형화 • 서비스 종업원의 역량 개발 • 철저한 품질 통제
집중화전략을 위한 방안	• 표적시장에 집중

12 서비스 유형에 따른 관리 방안으로 가장 적절한 것은?

① 서비스 품질이 우수한 직원의 이직률을 낮추기 위해 엄격한 관리가 매우 중요하다.
② 고객과 접촉 빈도가 높은 서비스업은 업무 효율성을 제고하기 위해 모든 부분에서 고객과 접촉을 다각화 및 강화할 필요가 있다.
③ 고객과 상호작용이 낮은 서비스업은 개별화된 고객 응대를 위해 서비스의 유연성을 가장 필요로 한다.
④ 고객과 상호작용이 높은 서비스업에는 가능한 많은 서비스 전문 인력을 배치하고, 수직적 관리를 강화한다.
⑤ 계절적 특성을 가진 서비스업은 성수기에 수요를 최대화하는 것에 집중해야 한다.

해설 ② 꼭 서비스업이 고객과의 접촉을 모든 부분에서 강화할 필요는 없다. 꼭 필요한 부분은 접촉강화 전략을, 그렇지 않은 부분은 접촉감소 전략을 적절히 활용할 필요가 있다.
③ 고객과 상호작용이 낮은 서비스업은 표준화된 절차가 더욱 중요하며 엄격한 상하관계관리를 필요로 한다.
④ 고객과 상호작용이 높은 서비스업에는 서비스 제공 인력의 전문성을 높이고 수평적 관계관리가 중요하다.
⑤ 계절적 특성을 가진 서비스업은 성수기의 수요를 비수기로 전환하는 수요관리가 중요하다.

13 서비스 패러독스의 극복 방안 중 일반적 방법으로 적절하지 않은 것은?

① 고객의 기대수준을 더욱 면밀히 파악하여, 최적의 관리를 해야 한다.
② 서비스에 대한 지나친 과대 포장은 고객의 잘못된 기대를 형성하므로, 가능한 서비스가 가진 가치만큼만 약속을 해서 지나친 기대를 줄인다.
③ 서비스의 기계화 SSTs(Self Service Technologies)를 도입할 때 고객 측의 입장을 충분히 고려해야 한다.
④ 고객에게 자동화와 기계화에 대한 자세한 안내와 더불어 적절한 학습을 제공해야 할 필요가 있다.
⑤ 서비스 제공 과정의 기능적인 면을 최대한 극대화하여 자동화 시스템이 되도록 해야 한다.

해설) 서비스 제공 과정의 기능적인 면만을 고려할 것이 아니라 사회적 동물로서의 인간의 사회적 기능에 대한 고려 또한 충분히 해야 한다.

14 서비스 패러독스의 극복 방안 중 인식의 변화를 통한 극복 방안으로 적절하지 않은 것은?

① S(Speed) – 서비스에는 스피드가 생명이다. 아무리 좋은 서비스도 스피드가 떨어지면 좋은 인식변화에 효과를 가져올 수 없다.
② E(Energy) – 서비스에는 활기찬 힘이 넘쳐야 한다. 종업원의 걸음걸이나 표정이 밝을 때 고객과의 대화나 접촉이 활기를 띨 수 있다. 활기찬 대응이 고객의 인상에 큰 영향을 미친다.
③ R(Revolutionary) – 서비스는 신선하고 혁신적이어야 한다. 천편일률적인 서비스를 제공하는 것이 아니라 언제나 조금씩이라도 신선하고 혁신적인 요소가 부가되는 것이 중요하다.
④ V(Valuable) – 서비스는 가치 있는 것이어야 한다. 서비스는 한쪽에게는 가치 있고 다른 쪽에는 일방적인 희생을 강요하는 것이 아니다. 서로에게 이익이 되고 가치 있는 것이 되어야 한다.
⑤ I(Impressive) – 서비스는 감명 깊은 것이어야 한다. 기쁨과 감동이 없으면 서비스가 아니다.

해설) S(Sincerity, Speed & Smile)
서비스에는 성의, 신속함, 미소가 있어야 한다. 이는 오랫동안 판매의 3S로 중시되어 온 것이다. 성의 있고 신속하게 제공되는 것이 중요할 뿐만 아니라 상냥한 미소가 좋은 서비스를 결정하는 것이다.

15 서비스 디자인에 대한 설명으로 적절하지 않은 것은?

① 서비스 디자인은 디자인 전문가의 영역으로 고객은 아무런 영향을 끼치지 않는다.
② 기존의 제품, 시각, 사용자 경험 디자인 등 다양한 분야를 통섭하고 있는 개념이다.
③ 양질의 서비스를 만들기 위해 서비스 터치 포인트, 서비스 시스템, 서비스 정책 등의 일관된 디자인이 필요하다.
④ 서비스 시장의 요구사항과 서비스 수요 매치는 시장분석에서부터 서비스의 비즈니스 적합성까지 합리적인 분석과정이 필요하다.
⑤ 고객의 요구사항이 복잡해지고 다양화됨에 따라 제품디자인과 같이 폭 넓은 서비스 디자인이 요구된다.

해설) 서비스 제공자와 고객 그리고 고객의 경험 사이의 상호작용이다.

정답 ▶ 14 ① 15 ①

O/X형 문제

16 서비스는 무형성, 동시성, 이질성, 소멸성이 가장 큰 특징이다.

(① O / ② X)

> 해설) 서비스는 무형성, 동시성(비분리성), 이질성(불균질성), 소멸성(재고불능성)이 가장 큰 특징이다.

17 서비스 패키지란 특정한 환경에서 서비스가 재화 및 정보와 함께 결합되어 제공되는 상품의 묶음을 의미한다. 서비스 패키지는 고객 경험을 중심으로 명시적 서비스와 묵시적 서비스로 구성되며 추가적으로 지원설비, 정보, 보조용품으로 구성된다.

(① O / ② X)

18 신서비스의 하나로 산업지원 서비스 산업은 소비자수요의 다양화, 고급화, 전문화에 따라 기업이 부가가치를 창출하는 과정에서 필요한 것들을 외주화하는 데서 주로 생긴 서비스이거나 설비투자에 수반된 위험을 줄이고 재무상의 부담을 줄이기 위해 기업이 사용하는 리스업이나 렌탈업 등이 여기에 해당된다.

(① O / ② X)

19 가계소득 증대는 서비스 산업의 환경변화 중에 인구통계학적 환경에 속한다.

(① O / ② X)

> 해설) 서비스 산업의 인구통계학적 환경
> • 출생률과 인구성장률
> • 남녀의 비율과 자녀의 수
> • 생활주기와 교육수준

20 요즘 소비자들이 서비스에 대해 불평하는 것을 흔히 들을 수 있다. 자동차, 정비소, 식당, 은행, 보험회사 등에 대한 불평을 하는 소비자나 신문 기자들을 쉽게 볼 수 있다. 경제가 성장하고 기술이 발전함에 따라 현대 사회는 과거에 비해 풍요롭고 경제적인 부를 누리며, 사람들은 더 많은 자유시간을 갖고 있는데도 서비스가 악화된다는 것은 아이러니라고 볼 수 있다. 이와 같은 현상을 서비스 패러독스(Service Paradox)라 부른다.

(① O / ② X)

정답: 16 O 17 O 18 O 19 X 20 O

연결형 문제

[21~25] 다음 단어에 대한 설명으로 알맞은 것을 각각 골라 넣으시오.

① 서비스 패러독스
② 서비스 디자인
③ 서비스 산업
④ 서비스 마케팅 트라이앵글
⑤ 서비스 패키지

21 사회는 과거에 비해 풍요롭고 경제적인 부를 누리며 사람들은 더 많은 자유시간을 갖고 있는데도 서비스가 악화된다는 것은 아이러니라고 볼 수 있다. 이와 같은 현상을 (　　)(이)라 부른다.

22 서비스 제공자와 고객 그리고 고객의 경험 사이의 상호작용이며, 기존의 제품, 시각, 사용자 경험 디자인 등 다양한 분야를 통섭하고 있는 개념으로 양질의 서비스를 만들기 위해 서비스 터치 포인트, 서비스 시스템, 서비스 정책 등의 일관된 디자인이 필요한데 이것을 (　　)(이)라 한다.

23 다음은 어떤 특징을 설명하는 내용인가? (　　)

> 취급상품이 무형재이므로 생산성 향상과 조절에 어려움이 있다. 또한 상품에 대한 효용이 고객의 주관적 판단에 의존하므로 상품의 품질관리가 어렵고, 대부분은 노동집약적 성격을 띠게 되어 인건비 비중이 크다.

24 기업과, 고객, 직원 상호간의 적절한 역할분담으로 브랜드의 가치를 극대화하는 것은 무엇을 위한 노력의 일환이다. 이 세 영역의 모형을 무엇이라 하는가? (　　)

> **해설** 서비스 마케팅 트라이앵글(Service Marketing Triangle)
> 필립 코틀러(Philip Kotler)는 노스웨스턴 대학 켈로그 경영대학원 석좌교수로, '마케팅의 아버지'라 불리는 마케팅의 대가이자 세계적인 경영사상가로 서비스 마케팅 트라이앵글 이론을 주장하였다.

25 (　　)은(는) 특정한 환경에서 서비스가 재화 및 정보와 함께 결합되어 제공되는 상품의 묶음을 의미한다. 고객 경험을 중심으로 명시적 서비스와 묵시적 서비스로 구성되며, 추가적으로 지원 설비, 정보, 보조용품으로 구성된다.

정답 21 ①　22 ②　23 ③　24 ④　25 ⑤

많이 보고 많이 겪고 많이 공부하는 것은
배움의 세 기둥이다.

- 벤자민 디즈라엘리 -

PART 2

서비스 프로세스 설계 및 품질관리

01 서비스 프로세스
02 서비스 프로세스 연구개발
03 서비스 프로세스 설계
04 서비스 품질의 이해
05 서비스 품질 측정

배우기만 하고
생각하지 않으면 얻는 것이 없고,
생각만 하고 배우지 않으면
위태롭다.

- 공자 -

끝까지 책임진다! SD에듀!

QR코드를 통해 도서 출간 이후 발견된 오류나 개정법령, 변경된 시험 정보, 최신기출문제, 도서 업데이트 자료 등이 있는지 확인해 보세요! 시대에듀 합격 스마트 앱을 통해서도 알려 드리고 있으니 구글 플레이나 앱 스토어에서 다운받아 사용하세요. 또한, 파본 도서인 경우에는 구입하신 곳에서 교환해 드립니다.

PART 02 | 서비스 프로세스 설계 및 품질관리

▶ 무료 동영상 강의가 있는 SMAT Module C 서비스 운영전략

01 서비스 프로세스

(1) 서비스 프로세스의 개념 ★★

① 서비스 프로세스는 서비스 전달 절차나 메커니즘 또는 활동들의 흐름을 의미한다.
② 프로세스는 서비스 상품 그 자체이며, 동시에 서비스 전달과정인 유통의 성격을 가진다.
③ 서비스 생산의 흐름과 과정은 제품 마케팅보다 훨씬 더 중요하다.
④ 프로세스 단계와 서비스 제공자의 처리능력은 고객에게 가시적으로 보여지므로, 서비스 품질의 중요한 요소가 된다.
⑤ 이용고객의 만족 여부가 재구매 의도에 결정적인 영향을 준다.
⑥ 서비스 프로세스 설계 시 프로세스에 대한 고객의견 반영과 주의가 필요하다.

(2) 서비스 프로세스의 분류

서비스 프로세스는 고객과의 상호작용과 개별화 정도, 노동 집중도를 기준으로 구분한다.

상호작용과 개별화 정도	• 고객이 서비스 프로세스와 상호작용하는 정도와 서비스가 고객에 의해 개별화되는 정도
노동 집중도	아래 두 가지 의존도의 상대적인 비율 • 서비스 제공 필요장치나 설비 등 자본에 대한 의존도 • 사람에 의존하는 정도인 노동에 대한 의존도

		고객과의 상호작용과 개별화 정도	
		낮음	높음
노동 집중도	낮음	서비스팩토리 예 운송업, 호텔, 리조트	서비스숍 예 병원, 수리센터
	높음	대중서비스 예 소매금융업, 학교, 대중운송업	전문서비스 예 법률서비스, 컨설팅, 상담

[서비스 R & D(Reasearch and Development) 연구개발의 정의]

(3) 서비스 프로세스 청사진 ★★

① 서비스 청사진(Blue Print)
   ㉠ 서비스 시스템을 명확히 나타내고 있는 그림 또는 지도로서, 역할이나 관점을 객관화하는 작업이다.
   ㉡ 서비스 전 과정의 전체적인 흐름을 프로세스별로 단계를 나누어 한눈에 파악할 수 있는 청사진이다.
   ㉢ 고객과 종업원의 역할, 서비스 요소를 동시에 묘사하여 무형의 서비스를 시각화할 수 있다.

② 서비스 청사진의 구성요소

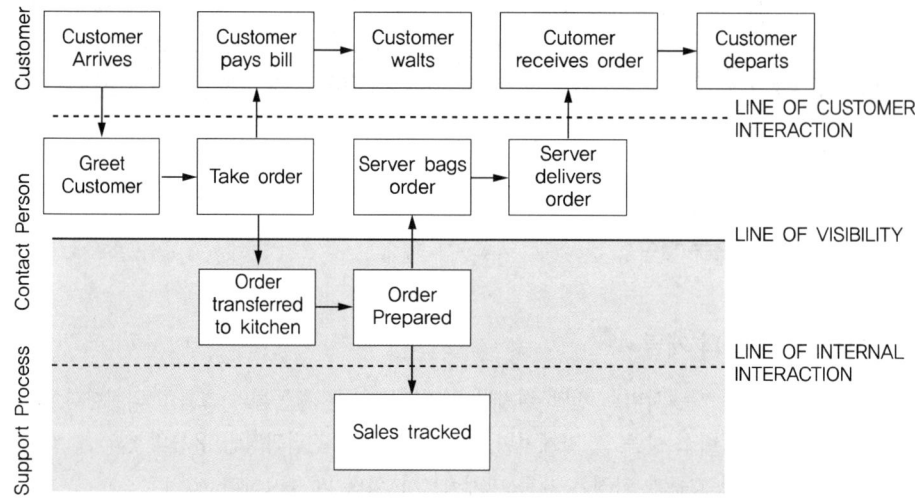

출처 : Thomson Corporation

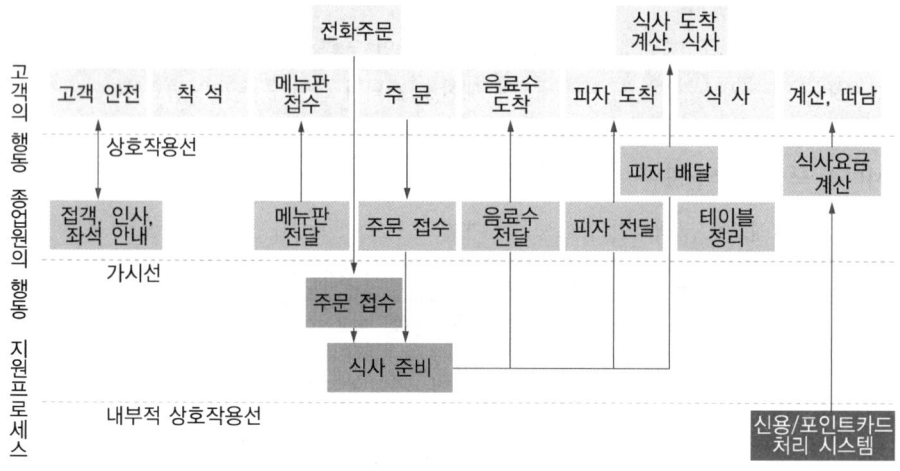

[피자매장의 서비스 청사진 작성사례]

영 역	상호작용선
고객의 행동 영역	• 고객과 조직 간의 직접·간접적인 상호작용 • 구매, 소비, 평가 프로세스에서 고객이 수행하는 모든 단계, 선택, 활동 포함
일선 직원의 접점행위 영역	• 고객에게 보이는 가시적 서비스 활동
후방 직원의 행위 영역	• 고객의 눈에 보이지 않는 서비스 활동 • 현장 직원의 행동을 지원하는 활동
지원 프로세스 영역	• 서비스 전달 직원을 지원하기 위한 내부적 서비스 활동

③ 서비스 청사진 작성

1단계	청사진으로 나타나야 할 서비스 프로세스의 파악
2단계	고객관점에서 서비스 프로세스를 도식화
3단계	현장과 후방에 있는 접점 직원의 행위를 도식화
4단계	
5단계	
6단계	내부 지원활동에 대한 도식화
7단계	
8단계	고객의 행동단계마다 서비스의 물리적 증거를 추가

④ 서비스 청사진의 이점
  ㉠ 직원에게 자신의 직무에 대한 전체 과정을 연결시켜 보게 함으로써 큰 그림으로 전체 경영활동을 이해할 수 있다.
  ㉡ 서비스의 실패 지점을 파악해 품질 개선을 위한 노력을 용이하게 할 수 있다.
  ㉢ 상호작용선, 가시선, 내부적 상호작용선은 서비스 설계와 끊임없는 품질개선에 도움을 준다.
  ㉣ 서비스 구성요소와 연결을 명확하게 함으로써 전략적 토의가 용이하다.
  ㉤ 서비스 각 요소에서 투입되는 비용과 수익 및 자본을 파악하고 평가하는 기초를 제공한다.
  ㉥ 내부 및 외부 마케팅을 위한 합리적인 기반을 제공한다.
  ㉦ 품질개선을 위한 상의하달(Top-down)과 하의상달(Bottom-up)을 촉진한다.

(4) 서비스 프로세스의 표준 ★★ 중요

① 표준화와 고객화
  ㉠ 표준화
    표준화된 서비스 프로세스는 서비스 전달과정을 표준화하여 대량서비스 또는 일관된 서비스를 추구한다. 서비스 프로세스의 표준화는 기업의 경영합리화 및 효율성증진, 서비스 생산성 증가의 목적으로 주로 사용된다.

[서비스 업무 표준화의 3가지 기준]

자동화된 기술적 환경	서비스 프로세스를 하나의 모듈로 표준화시켜서 이를 지원하는 다양한 기술과 업무를 표준화시키는 노력은 많은 기업들이 노력하는 부분이다.
업무 표준화	서로 다른 태도와 능력을 지닌 종업원들의 업무수행을 균질화시키기 위한 방법으로 서비스 수행에 대한 표준화된 매뉴얼로 업무의 수행을 표준화한다.
기술 환경 + 표준 매뉴얼	일정 부분을 기술과 기계의 지원을 받고, 나머지 작업은 표준수행 매뉴얼을 통해서 표준화를 지향하는 것이다.

  ㉡ 고객화
    서비스 전달과정을 고객화함으로써 고객의 다양한 요구에 효과적으로 응대하도록 하는 프로세스를 말한다. 고객의 욕구충족 및 관심사항을 우선적으로 고려하여 설계하는 것을 말한다.
② 직원들을 통해서 고객들에게 항상 동일하게 전달되도록 하기 위한 규칙이며 기준을 만드는 것이다.
③ 높은 품질의 서비스를 일관성 있게 제공하는 데 성공한 기업은 서비스를 제공하는 직원을 지도하기 위해 공식적인 표준을 설정하고 교육한다.

④ 기업은 고객의 관점에서 서비스 프로세스를 설계하고, 고객의 니즈와 기대수준을 반영한 고객이 정의한 서비스 표준에 의한 서비스 프로세스를 관리해야 한다.
⑤ 고객이 정의한 표준화란 서비스 제공과 관련된 모든 요소가 일관된 방식으로 행해지는 것이 아니라, 가장 중요한 요소는 '고객이 바라는 대로 행해지는 것'이다.

[고객이 정의한 하드표준]

고객이 정의한 하드 서비스표준	감사를 통해 관찰되거나, 시간, 생산성, 품질, 비용, 수요 등과 같은 요소로 측정될 수 있는 것이다. 신뢰성과 응답성이 중요하다.

기 업	고객의 우선순위	고객이 정의한 표준
페덱스	• 정시배달	• 늦게 배달된 수화물의 수 • 틀린 날짜에 배달된 수화물의 수 • 분실된 수화물의 수
델 컴퓨터	• 정시배달 • 컴퓨터의 정확한 작동 • 처음에 정확히 문제해결	• 표적고객에게 배달 • 초기 고장률 • 분실, 잘못된, 손상 비율 • 처음에 정확히 문제해결
사회보장청	• 전화 접속	• 5분 이내에 전화 응답률 95%
사우스웨스트항공	• 신뢰성 • 불평에 대한 응답성	• 정시 도착 • 편지에 대해 2주 내 응답
랜드크래프터즈	• 안경의 빠른 회전	• 1시간 내에 안경 준비
포토맷	• 사진의 빠른 현상	• 1시간 내에 사진 현상
하나웰	• 빠른 배달	• 주문한 날 받음
건축사업부	• 정시 배달 • 주문 정확성	• 약속한 날 배달 • 주문한 내용 정확히
서던피시픽	• 고객이 정의한 19개의 주요 속성	• 19가지 속성에 해당하는 구체적 측정치
뱅크원 신용카드	• 접 속	• 20초 내에 대답 • 전화가 왔을 때 못 받는 전화가 3%보다 더 낮아야 함
텍사스	• 위임 승낙	• 정시 배달
인스트루먼트	–	• 요구에 제품사양 일치
방위시스템	• 보다 많은 개인 접촉	• 개인방문의 빈도 증가

[고객이 정의한 소프트표준]

고객이 정의한 소프트 서비스표준	• 볼 수는 없으나 고객의 의견을 물어서 자료를 수집하는 것이다. • 고객의 지각을 개량화하여 직원에게 고객을 만족시킬 수 있는 방향, 지침, 피드백을 준다. • 전문적인 서비스의 제공과정이나 판매과정과 같은 인적접촉에서 특히 중요하다.

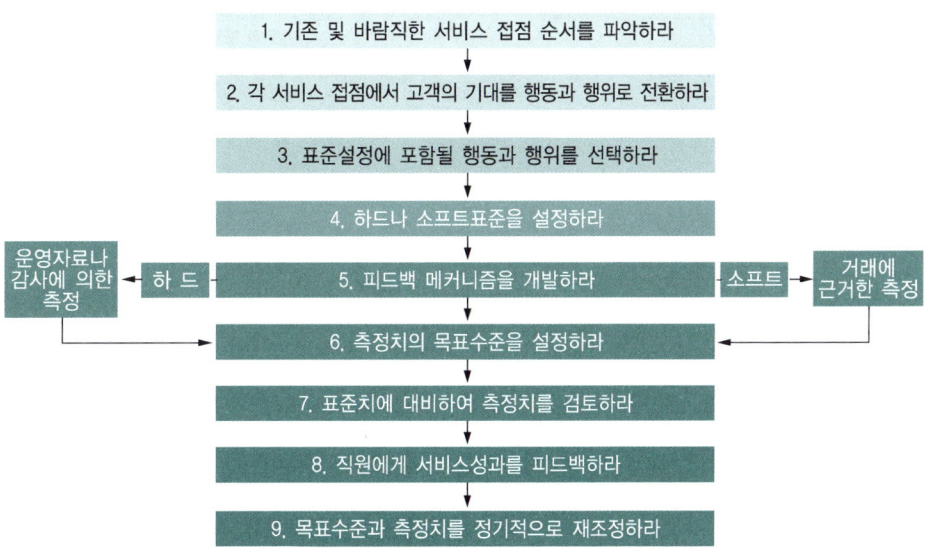

(5) 서비스 프로세스 개선과정

프로세스 개선은 '계획 – 실행 – 검토 – 개선'의 계속적인 순환을 통해 얻어져야 한다. 이러한 접근은 문제규정 – 해결이라는 단순한 전통적 방식과는 다르며, 다음 그림과 같은 6단계 과정을 나타낸다.

① 1단계 : 해결해야 할 문제를 정한다.
② 2단계 : 프로세스의 흐름도(Flow Chart)를 그린다.
③ 3단계 : 결과를 평가한다.
④ 4단계 : 현행 프로세스를 평가한다.
⑤ 5단계 : 새로운 프로세스를 도출한다.
⑥ 6단계 : 근본원인을 분석한다.

(6) 서비스 프로세스 개선을 위한 도구 ★★ 중요

① 피시본 다이어그램(Fishbone Diagram)
　㉠ 이름과 같이 물고기의 뼈모양을 닮았기 때문에 물고기뼈 도표라고도 불린다.
　㉡ 일본의 품질 전문가 카오루 이시가와(Kaoru Ishkawa)에 의해 개발된 것으로서, 잘못된 결과에 대해 원인을 찾아 연결하는 것이다.
　㉢ 인과관계도표(Cause and Effect Diagram)이라고도 하며, 이 도표는 주요 원인과 하위 원인들이 하나의 결과(증상)를 불러온다는 것을 나타내고 있다.
　㉣ 전형적인 팀 브레인스토밍 툴로서 잠재적인 근간의 문제를 정의하는 데 쓰인다.
　㉤ 보통 해결할 문제를 물고기의 머리 위치에 두고, 원인과 결과는 물고기 뼈를 따라 위치하게 되며 다른 종류의 가지에 분류된다. 그리고 원인은 그 가지의 옆에 위치시킨다.

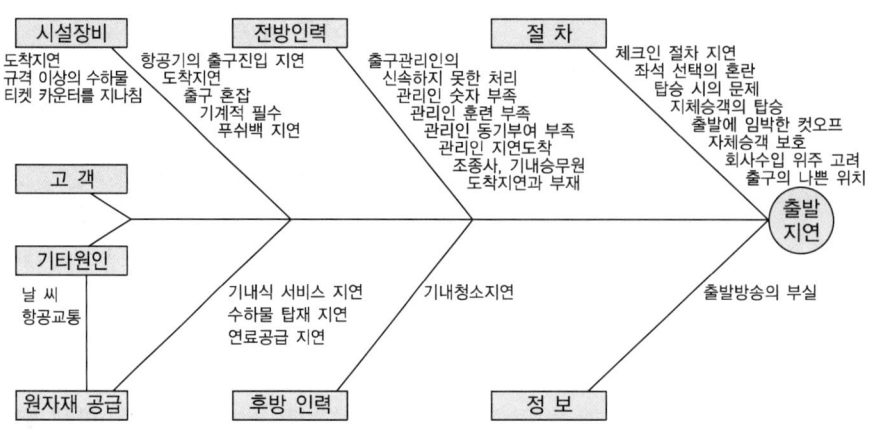

[피시본 다이어그램의 예시 : 항공기 출발지연 분석을 위한 인과관계]

② 플로우 차트(Flow Chart)
  ㉠ 서비스 프로세스의 흐름도를 말한다.
  ㉡ 문제의 범위를 정하여 분석하고, 그 해법을 명확하게 하기 위해서 필요한 작업이나 사무처리의 순서를 통일된 기호와 도형을 사용해서 도식적으로 표시한 것을 말한다.
  ㉢ 프로그램에 관해서는 논리의 흐름을 특정한 기호를 사용해서 도식적으로 표현한 다이어그램 또는 블록 다이어그램이라고도 한다.

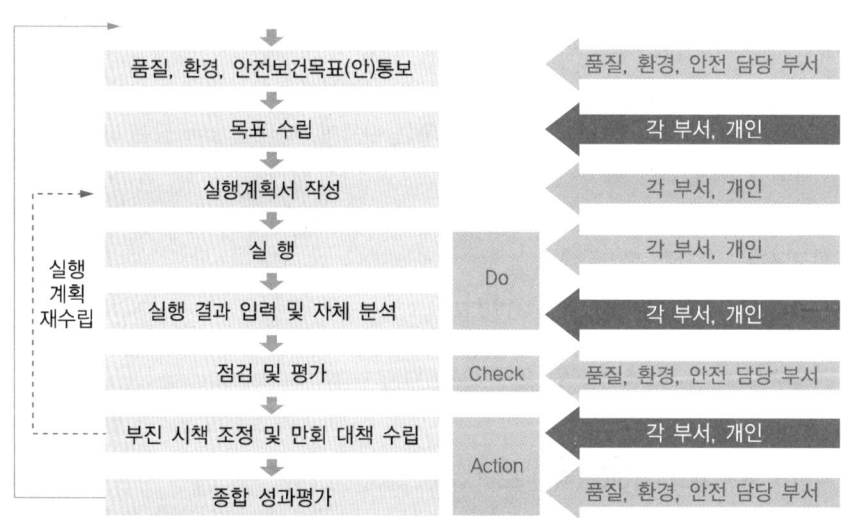

[플로우 차트의 예]

③ 파레토 차트(Pareto Chart)
  ㉠ 품질개선 과정에서 사용하는 중요한 도구로서, 최대의 이익을 얻을 수 있는 영역에 시간과 노력을 집중하기 위한 분석 도구이다.
  ㉡ 파레토그림은 공정에서 불량의 주된 원인을 찾는 중요한 도구로 많이 사용되고 있다.
  ㉢ 막대 차트의 한 종류로 어떤 범주 그룹이 가장 중요한지를 확인하고, 크게 개선이 일어날 수 있는 부분에 초점을 맞추도록 하는 그래프 분석법이다.
    예 불량품이나 결점, 클레임, 사고 등을 그 현상이나 원인별로 분류하여 불량개수나 손실금액이 많은 차례로 늘어놓아 그 크기를 막대그래프로 나타내어 무엇이 가장 문제인지를 찾는다.

불량항목	불량빈도	불량비율(%)	누적비율(%)
홈	270	0.63	0.63
바닥불량	73	0.21	0.84
얼 룩	18	0.05	0.89
벗겨짐	17	0.05	0.94
자재불량	7	0.03	0.97
박음질불량	5	0.01	0.98
찍 힘	5	0.01	0.99
치수불량	3	0.01	1.00
합 계	398	1.00	1.00

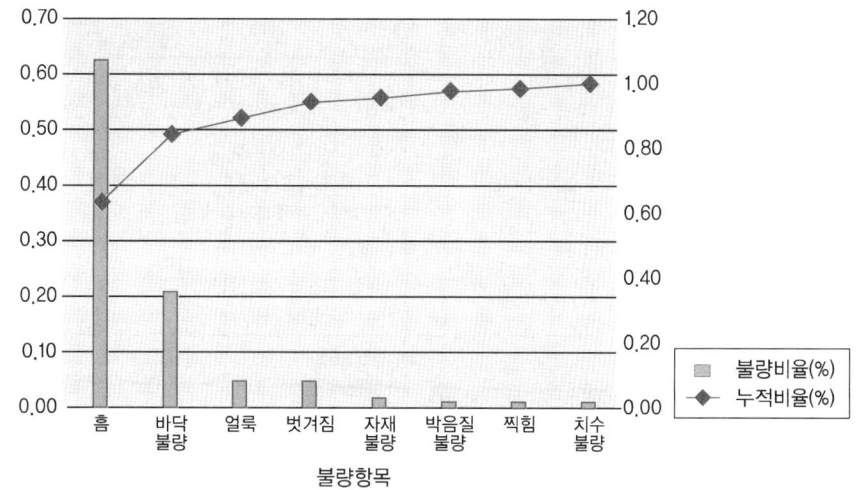

[신발 불량률 파레토 차트의 예]

④ 데밍사이클(관리사이클, Deming Cycle) – PDCA 사이클(Plan–Do–Check–Act)
  ㉠ 일정한 목표를 정해 놓고 이것을 달성하기 위해 행하는 모든 활동이다.
  ㉡ 항상 어떤 표준이나 한계를 정하여 그것에 대비시키면서 어떤 행동을 제어해 나가는 것을 의미한다.
  ㉢ 데밍사이클을 통하여 품질이 개선되면 곧 생산성 향상으로 연결되어 궁극적으로 기업 경쟁력 향상을 이룬다.

[PDCA 사이클]

Plan(계획)	활동계획을 세우는 단계
Do(실행)	계획을 실행해 보는 단계
Check(검증)	결과를 조사·평가·확인하는 단계
Action(활동·개선)	결과를 개선 및 유지하는 단계

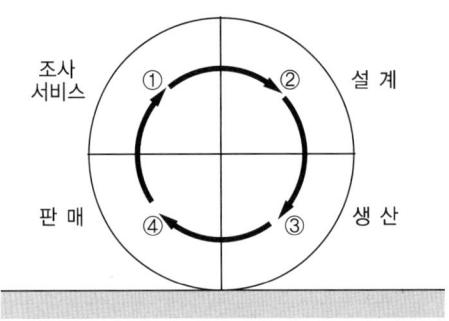

품질을 중시하는 관념 품질에 대한 책임감
[데밍사이클의 예]

ⓒ 데밍의 품질 개선 14개 실천 항목

항 목	내 용	실 행
1	경영참여 (고객과 직원)	• 조직의 명확한 사명과 목적 명시 • 회사나 다른 조직의 목적 및 목표를 기술한 문서제공 및 강조
2	새로운 철학의 학습	• 과거 사후검사 위주 • 고객지향적인 접근과 지속적 개선활동 • 중역에서 주주까지 새로운 철학 학습
3	원가절감 및 공정개선을 위한 검사의 목적이해	• 불량과 원가 상관관계 • 품질 변동과 생산공정 • 검사와 품질 개선
4	가격보다 품질 중심의 구매의사결정	• 원가 중심 • 불량과 원가 • 품질개선과 고객 충성도 • 다수구매선과 관리비용 및 품질 변동 감소
5	전사적으로 일관된 품질 개선 노력	• 자동화 • 제품 설계의 개선 • 통계적 방법 • 일관성
6	훈련의 제도화	• 통계적 도구와 지식 • 품질 해결 및 품질 개선 • 직원의 미래 투자
7	감독과 리더십의 제도화	• 감독자와 경영층의 의사소통 • 감독자가 작업자를 도와주는 태도 • 경영층과 작업자의 신뢰와 협조의 분위기
8	두려움 제거	• 실패, 무지, 변화의 두려움 • 처벌 두려움 • 단기적, 이기적 사고 조장 • 두려움 제거 활동 필요
9	팀노력의 극대화	• 팀의 구성원이 공동의 목표 달성을 위해 각 역할에 따라 책임을 다하고 협력적으로 행동하는 것 • 개인 간, 부서 간의 장벽 • 내부고객과 내부공급자 간의 벽 • 기업 목표를 실현하는 도구

10	작업자에 대한 강요 제거	• 방법과 수단 미제공 • 불신과 불만 증가 • 경영층 • 작업자의 동기부여(신뢰와 리더십)
11	생산목표 할당 및 목표관리의 제거	• 단기적 관점 및 장기적 개선 • 목표 달성 방법 제시 • 과정보다 결과
12	작업자들의 자존심 보호	• 부적절한 업적평가 제도 • 팀워크 파괴
13	전조직원의 교육 및 자기개선 실시	• 자기계발 기회 제공 • 교육에 대한 투자 • 중요한 동기부여 방법 모색
14	변혁을 위한 조치	• 문화적 변화(품질경영 철학) • 절차 개발

(7) 서비스 프로세스의 재설계 ★★중요

낡은 서비스 프로세스에 새 생명을 불어넣는 과정으로서 서비스 실패의 감소, 총 서비스 시간 최소화, 생산성 향상, 고객만족도 향상 등을 고려한다.

[서비스 프로세스 재설계의 혜택과 한계점]

구 분	기업 혜택	고객 혜택	한계점
가치창출에 기여하지 않는 단계의 제거	• 효율성 상승 • 생산성 상승 • 고객별 서비스 제공 • 차별화	• 효율성과 속도 상승 • 고객으로부터 기업으로 업무전가 • 서비스 활동과 배달 분리 • 고객별 서비스	• 효과적이고 원활하게 실행하기 위해 고객과 직원 교육 필요
셀프서비스로의 전환	• 비용감소 • 생산성 감소 • 기술에 대한 평판 상승 • 차별화	• 서비스 속도 상승 • 접근성 증대 • 비용 절약 • 통제력 증대	• 고객의 역할수행 위한 준비 필요 • 관계 형성을 위한 대면 기회 부족 • 피드백 부재
서비스를 고객에게 직접 배달	• 위치적 한계 극복 • 고객 기반 확장	• 편의성 증대 • 접근성 증대	• 물류 부담 • 비용 증대
일괄 서비스	• 차별화 • 고객보존 • 고객당 서비스 이용 증대	• 편의성 증대 • 고객별 서비스	• 표적 고객에 대한 광범위한 이해 필요 • 비경제적으로 인지될 수 있음
서비스 프로세스의 물리적 측면 재설계	• 직원 만족도 상승 • 생산성 상승 • 차별화	• 편의성 증대 • 기능의 향상 • 흥미 유발	• 모방이 쉬움 • 비용이 많이 필요 • 고객의 기대 심리 상승

02 서비스 프로세스 연구개발(Research & Development)

(1) 서비스 R&D ★★ 🗨️중요

① 정 의

  ㉠ R&D의 정의
  - 경제협력개발기구(OECD)는 R&D를 '인간·문화·사회를 망라하는 지식의 축적분을 늘리고 그것을 새롭게 응용함으로써 활용성을 높이기 위해 체계적으로 이루어지는 창조적인 모든 활동'이라 정의하고 있다.
  - 국제회계기준위원회(IASC)에서는 R&D에 대해 '연구(Research)'를 새로운 과학적·기술적 지식과 이해를 얻기 위하여 행해진 독창적·계획적 조사로, '개발(Development)'을 상업적 생산이나 사용하기 이전에 새로운 또는 개량된 재료·장치·제품·제조법·시스템 또는 서비스 생산 계획이나 설계에 연구 성과와 다른 지식을 적용하는 것으로 구분하여 정의하고 있다.

  ㉡ 서비스 R&D의 정의
  - 서비스 R&D는 '서비스 혁신을 위한 연구개발 활동'을 말하며, 일반적으로 제조업의 제품 및 신공정 개발에 대응하여 '새로운 서비스 상품 개발과 서비스 프로세스 혁신'을 의미한다.
  - 새로운 서비스의 창출 또는 서비스 전달체계의 개선, 제품과 서비스의 융합 등 새로운 지식을 얻거나 응용하는 체계적이고 창조적인 활동을 말하며, 기술개발, 비즈니스 모델 개발, 인문·사회·문화 측면에서의 연구개발 등을 포함한다.
  - 유형의 제품으로 완료되는 제조업의 R&D와 달리, 서비스 R&D는 앞서 기술한 무형의 서비스 특성으로 서비스 생성과 전달에 있어서 인적 자원의 역할이 많은 부분을 차지한다.

② 서비스 R&D의 분류

  ㉠ 신서비스(New Service)란 이제껏 소비자가 경험하지 못했던 새로운 서비스를 제공하는 것이며, 이것은 부가적 서비스 제공, 서비스 전달과정의 변화 및 소비자들이 새롭다고 느낄만한 서비스 전달과정의 결과로 나타난다.

  ㉡ 연구자별 신서비스 분류

연구자	신서비스 분류
Lovelock(1984)	• 대혁신, 신규사업화, 신서비스, 라인 확장, 개선, 형태 변경
Johne(1998)	• 상품개발, 공정개발, 상품증대개발
Johnson(2000)	• 급진적 혁신 : 주요혁신과 신설사업, 현재 서비스하는 시장을 위한 새로운 서비스 • 점진적 혁신 : 서비스라인 확장, 서비스 개선, 스타일 변경
Clark(2000)	• 급진적 혁신 : 서비스 전략, 포트폴리오, 개념 변화 • 점진적 혁신 : 개별 프로세스 변경, 자원 변경, 시장 확장

③ 신서비스 개발 프로세스 10단계

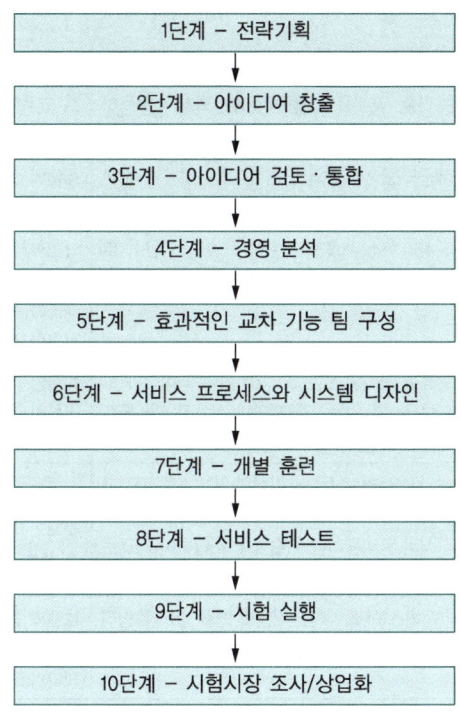

[앨런(Alan)의 신서비스 개발 10단계 프로세스]

④ 신서비스 개발 프로세스의 특징

연구자	프로세스 특징
Johnson (2000)	• 서비스는 출시 후 피드백을 통해 다시 디자인에 영향을 주는 사이클을 형성한다.
Alan (2006)	• 순차 프로세스와 병렬 프로세스 중 순차 프로세스가 더 이상적이다.
Ganz (2007)	• 서비스에 대해 기술하는 단계와 그 과정설계, 자원계획의 단계 과정을 제시했다.
POSTECH 품질시스템 연구실 (2007)	• 서비스 개발 4단계 <table><tr><td>1단계</td><td>서비스 기회 및 목표시장 포착</td><td>VOC, VOB, VOE 중요</td></tr><tr><td>2단계</td><td>서비스 콘셉트 확정</td><td>-</td></tr><tr><td>3단계</td><td>서비스 프로세스 디자인</td><td>VOE 중요</td></tr><tr><td>4단계</td><td>서비스 구현</td><td>VOC 중요</td></tr></table> • 고객의 의견 VOC(Voice of Customer) • 경영상의 의견 VOB(Voice of Business) • 직원의 의견 VOE(Voice of Employee)

(2) 서비스 혁신(Service Innovation) ★★ 중요

구 분	내 용	예
급진적 서비스 혁신	• 기존에 존재하지 않았던 완전히 새로운 역량이나 새로운 기술, 새로운 산출물이 개발되거나 적용하여 제공하는 것	은행 입출금 서비스가 창구에서 ATM 기술도입으로 고객이 원하는 시간에 기계를 이용하여 편리하고 빠르게 서비스받는 것
향상적 서비스 혁신	• 현재 제공되는 서비스의 단순한 역량 혹은 단순한 기술적 변화를 제공하는 것	호텔의 하우스키핑 담당 직원을 10명에서 20명으로 늘려 작업의 효율성을 높이는 것
점진적 서비스 혁신	• 기존의 서비스에 새로운 기술적 요소나 역량이 추가 혹은 축소되어 발전된 서비스를 제공하는 것	보험회사에서 제공하는 기본형 보험에 가입자가 추가적인 옵션을 선택하거나 기존의 서비스에서 제공하는 옵션을 축소시켜 가입자가 원하는 고객 맞춤형 제품으로 개선하는 것
에드-혹 서비스 혁신	• 특정 문제를 가지고 있는 고객이 관련 지식이나 노하우를 보유하고 있는 공급자와의 상호작용을 통해 적재적소에 제공받는 일시적인 서비스를 의미함	컨설팅 서비스같이 고객의 주문에 따라 컨설팅이 이루어지고 고객에 따라 해결책이 다르며, 동일한 서비스가 이루어지기 어려운 서비스에 제공
재결합 서비스 혁신	• 자사가 가지고 있는 두 개 이상의 서비스를 가지고 새로운 하나의 서비스를 만들어 내는 것 • 기존의 서비스 역량이나 기술들을 조합하여 새로운 서비스를 창출하는 것	여행사가 과거 항공권 예약, 호텔예약 서비스를 각각의 서비스로 분리 제공하였다면, 최근에는 이를 통합하여 제공하는 재결합 서비스를 제공
표준화 서비스 혁신	• 기존의 서비스 구조, 역량, 기술의 변화 없이 유형적이거나 무형적인 특성들을 시각화하는 것을 의미함	호텔의 룸 서비스 가운데 시각화한 것으로 화장실 내 화장지를 삼각형으로 접어 놓아 깨끗한 상태를 의미하고 클리닝 서비스가 완료되었음을 드러냄

03 서비스 프로세스 설계

(1) 서비스 프로세스 매트릭스 ★★중요

① 서비스 프로세스 매트릭스는 서비스 프로세스를 설계하기 위해 슈메너(Schmenner)가 제시한 것이다. 서비스 과정에 영향을 주는 두 개의 축, 노동비용 대 자본비용의 비율(노동집약도) / 고객과의 상호작용(고객화의 정도)을 기준으로 서비스를 분류하였다.

② 노동집약도와 고객과의 상호작용의 정도를 높고 낮음으로 구분한 후 대응시켜 각 기업들을 서비스공장, 서비스숍, 대량서비스, 전문서비스 4개의 영역으로 구분하였다.

상호작용과 고객화 정도

		낮음	높음
노동집약도의 정도	낮음	**서비스공장** • 공공서비스(도서관, 기타서비스) • 운송서비스 • 유통서비스 • 항공서비스	**서비스숍** • 병원서비스 • 공공서비스(보건소)
	높음	**대량서비스** • 금융서비스 • 보험서비스 • 교육서비스 • 공공서비스(사회복지시설, 행정)	**전문서비스** • 전문서비스

[슈메너의 서비스 프로세스 매트릭스]

구 분	특 징
서비스공장 (Service Factory)	• 노동집약도가 낮고, 고객과의 상호작용도 낮은 특성을 지니고 있는 형태 • 공장과 비슷한 흐름 생산이 가능한 표준화된 서비스를 대량으로 공급 예 항공사, 화물트럭, 호텔, 휴양시설 등
서비스숍 (Service Shop)	• 노동집약도가 낮고, 고객과의 상호작용은 높은 특성 • 고객화가 높은 서비스를 제공하지만, 서비스에 설비가 가지고 있는 능력이 많이 포함되므로 자본투자도 많이 소요 예 병원과 자동차 정비소, 기타 정비 회사 등
대량서비스 (Mass Service)	• 노동집약도가 높으며, 고객과의 상호작용은 낮은 서비스를 제공 • 서비스를 제공할 때 필요한 노동력이 기업에서 차지하고 있는 비중이 높고, 표준화된 서비스를 제공해주는 경우 예 소매업, 도매업, 교육서비스 중 대규모 강의 등
전문서비스 (Professional Service)	• 노동집약도와 고객과의 상호작용 모두 높은 산업 • 전문적으로 교육받는 전문가가 고객에게 고객화가 높은 다양한 서비스를 제공 예 의사, 변호사, 회계사, 건축사 등

(2) 서비스 프로세스 매트릭스의 영역별 과제

① 서비스 매트릭스는 서비스업체가 매트릭스의 어떤 부문에 속하는가에 따라 각 서비스 업체의 경영자에게 시사하는 바가 다르다. 각 부문별로 아래와 같은 의사결정에 중점을 두어야 한다.
② 서비스 매트릭스는 서비스를 유형화하고, 각각의 유형에서 경영자가 중점을 두어야 할 경영 시사점을 제공한다. 그러나 동일한 사업이 반드시 같은 유형에 속할 필요는 없으며, 다른 유형으로 이동할 때 차별화에 의한 새로운 사업기회가 생길 수 있다.

낮은 노동집약도 – 서비스업체	• 토지, 설비, 기기와 같은 자금결정 • 새로운 테크놀로지에 대한 결정 • 비수기와 성수기의 수요에 대한 결정 • 서비스공급의 스케쥴링에 대한 결정
높은 노동집약도 – 서비스조직	• 고 용 • 훈 련 • 직무수행에 대한 방법과 통제 • 인력자원에 대한 스케쥴링 • 복지후생
고객과의 접촉과 주문화 정도가 높은 서비스업체	• 일관된 서비스품질 유지 • 종업원의 충성심 • 소비자와 접촉할 때 종업원의 임무
고객과의 접촉이 낮은 서비스업체	• 마케팅 • 서비스표준화 • 서비스시설

(3) 서비스 프로세스의 설계

① 생산라인방식

제조시스템은 프로세스의 통제를 염두에 두고 설계되는데, 종종 설비의 작업속도가 제조시스템의 산출물이 되며, 수행되어야 할 명백한 작업들이 직무를 구성하게 된다. 특정 도구와 기계설비가 작업자의 생산성을 향상시키기 위해 제공되며, 이러한 생산라인방식을 채택한 서비스는 원가주도전략으로 경쟁적 우위를 획득할 수 있다.

제공되는 서비스의 표준화	• 생산라인의 장점은 표준화와 품질이다. • 표준화된 일상적인 서비스에 있는 고객들은 서비스성과의 일관성에 가치를 부여한다.
분 업	• 작업세분화를 통해 노동기능의 전문화를 달성한다. • 종업원이 직무수행에 필요한 기능에만 집중할 수 있다.
서비스인력의 기술대체	• 체계적으로 인력을 기계설비로 대체한 것은 제조업 발전에 원동력이 된다.

② 공동생산자로서의 고객

대부분의 서비스시스템에서 서비스가 수행될 때 고객이 참여한다. 수동적인 방관자가 아니라 고객은 필요한 그 순간에 생산적인 노동력을 제공한다. 그리고 서비스 활동의 일정부분을 고객에게 전가하여 생산성을 향상시킬 수 있는 기회도 있다.

셀프서비스	• 개별화된 서비스를 고객의 노동력으로 대체시키는 것은 운영비용 감축을 위한 방법이다. • 공동생산은 필요한 시점에 고객이 추가적인 서비스능력을 제공하기 때문에 서비스에서 수요 – 공급의 불일치 문제를 해결할 수 있다.
서비스수요 평준화	• 수요의 변동을 평준화할 수 있다면 필요서비스 능력을 줄일 수 있으며, 보다 균일하게 서비스능력을 사용할 수 있고 결과적으로 서비스생산성이 향상된다. • 수요평준화 전략을 적용하기 위해서는 고객이 반드시 참여하여 서비스 가용능력과 일치하도록 고객 수요의 시점을 조절해야 한다.
고객접촉방식	• 고객접촉정도란 시스템 내에 고객이 물리적으로 참여하는 것을 의미하며, 고객이 서비스시스템 내에서 소비하는 시간을 총서비스 수행시간으로 나눈 비율로 측정할 수 있다. • 고객접촉서비스에서 고객은 서비스 프로세스에 직접 참여하여 서비스 수요시점과 서비스 본질을 결정한다. • 저접촉 서비스의 프로세스에서는 고객이 직접 참여하지 않기 때문에 저접촉 시스템의 생산프로세스에 직접적인 영향을 미치지 않는다.

04 서비스 품질의 이해

(1) 서비스 품질의 개념 ★★ 중요

① 서비스 품질은 객관적으로 또는 획일적으로 규명할 수 있는 성질이 아니라, 고객에 의해 인식되고 판단되는 주관적인 평가라는 점에서 그 평가과정이 서비스를 받는 전 과정에서 이루어진다.
② 고객지향적 개념이라는 사실과 기대, 지각, 만족과의 관련하에서 해석되는 복합적인 개념이다.
③ 재구매와 관련하여 구매 전에 미리 평가할 수 있는 객관적 품질보다는 제품구매나 소비과정에서 평가하는 경험적 품질, 신념적 품질의 성격이 더욱 강하다.
④ 태도와 유사한 개념으로 만족이라는 개념보다는 지속적이고 장기적인 상태의 대상에 대한 전반적인 판단이며, 시간이 지남에 따라 동적으로 변화하는 역동적 구성개념이다.

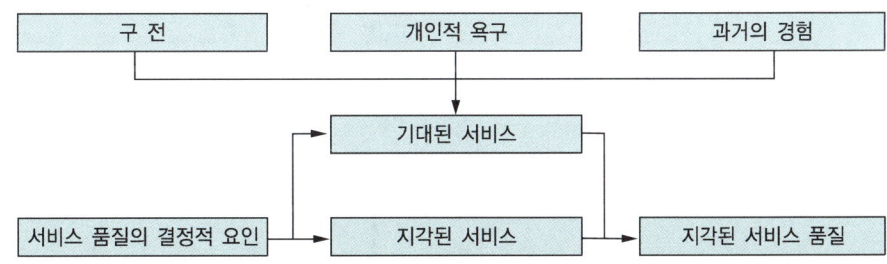

[Berry, Parasuranan and Zeithaml의 서비스 품질 결정요인 모형]

[서비스 품질의 대가인 가빈의 개념 정의(Garvin, Managing Quality, 1988)]

선험적 품질 (Transcendant)	• 품질은 정확하게 정의하기 어렵고, 단순하지만 분석이 불가능한 특성이 있으며, 오직 경험을 통해서만 인식할 수 있다. • 품질을 뚜렷한 기준과 높은 성취도를 나타내는 우월성과 동의어로 본다. 이는 예술공연 등의 경우에 적용되기도 한다. • 인간은 계속적인 경험을 통해 품질을 인지할 수 있다는 것이다.
제품 관점의 품질 (Productbased)	• 품질을 정확하고 측정가능한 변수로 파악한다. • 품질의 차이는 상품이 소유하는 속성이나 구성요소의 양적 격차를 반영한다. • 객관적인 시각이므로 주관적인 취향, 니즈, 선호도를 설명하지 못하는 단점이 있다.
사용자 관점의 품질 (User-based)	• 품질은 고객의 관점에 달려 있다고 보며, 고객만족과 동일시한다. 이러한 주관적이고 수요지향적인 정의는 고객은 각기 다른 니즈와 욕구를 가진다는 것을 감안한다. • 고객에게 제공하는 효용을 중심으로 '사용적합성(Fitness For Use)'처럼, 품질은 주어진 고객니즈를 만족시키기 위한 능력과 관계되는 제품이나 서비스의 특성 및 특징의 총합체를 가리킨다. • 상품은 고객의 다양한 니즈를 충족하기 위해 품질에서 의도적인 품질상의 차이를 반영한다. 이는 '설계품질(Quality Of Design)'이며, 품질특성이 상품에 설계되어 있는 정도를 나타낸다. • 상품은 성능, 크기, 특징 등 여러 품질특성에서 차이를 가질 수 있으며, 이러한 특성은 설계 시 반드시 고려되어야 한다.
생산자 관점의 품질 (Manufacturing -based)	• 생산이나 엔지니어링 관행과 밀접하며 '요구사항에 대한 일치성'을 중시한다. 품질의 우수함은 명세일치와 아울러 '처음부터 잘 만드는 것'과 상통하는 것으로 본다. • 서비스업에서 일치성이란 '정확성'이나 '정시성'과 통한다. 항공기의 정시운행과 은행거래 내역의 정확성이 그 예이다. 이 관점은 생산지향적이며, 품질은 엔지니어링과 제조관행에 달려있다고 본다. • 내부에서 정해진 생산성목표와 원가절감에 맞추어 정해진 상품명세를 일치시키는 것에 초점을 맞춘다. 상품설계는 설계명세가 되고, 이 명세에 추구하는 품질특성이 담겨 있다. • 생산자는 생산과정과 필요한 명세의 일치 정도로 품질을 평가한다. '요구사항에 대한 일치서' 혹은 '명세일치성'이라고 품질을 정의하며, 기준이나 목표로부터 편차의 최소화에 관심을 둔다. 이를 일치품질(Quality Of Conformance)이라 하는데, 일치품질은 인력, 장비, 자재 등 과정의 여러 구성요소에 의해 결정된다.
가치 관점의 품질 (Value-based)	• 서비스 품질은 고객에게 적합한 제품의 기능과 더불어 적당한 가격 상의 균형으로 정의한다.

(2) 서비스 품질과 고객 만족 간의 관계

① 서비스 품질(그뢴루스)

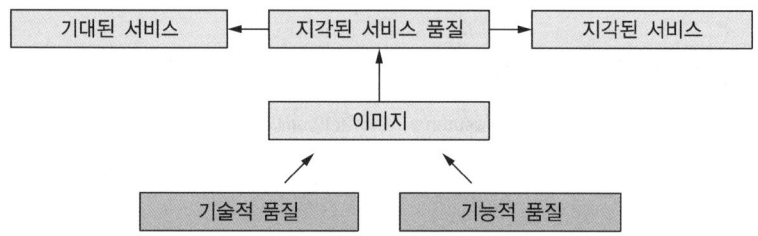

출처 : A Service quality Model & its Marketing Implications European Journal of Marketing, C. Grönroos(1984), vol.40, April

기술적 품질	고객이 서비스로부터 받은 결과의 품질로서 고객에 의해 다소 객관적인 방법으로 측정될 수 있다.
기능적 품질	서비스를 제공받는 방법의 품질로서 고객에 의해 매우 주관적인 방법으로 인식되고 평가된다.

② 서비스 품질의 구성
   ㉠ 고객 요구에 부응할 수 있는 정도
   ㉡ 유형성 / 무형성
   ㉢ 직원 / 고객과의 접촉도
   ㉣ 사람의 중요성
   ㉤ 차별성
   ㉥ 고객들이 회사를 변경할 수 있는 능력
   ㉦ 사람이나 사물에 영향을 주는 서비스
   ㉧ 고객 참여
   ㉨ 지속적/간헐적 상호작용

(3) 지각된 서비스 품질의 6가지 기준(그뢴루스, 1990) ★★ 중요

전문성과 기술	매우 전문적인 방안을 이용하여 서비스 공급자, 직원, 운영체계, 물리적인 자원들이 자신들의 문제를 해결하는 데 필요한 지식과 기술을 가지고 있다고 고객들이 인식하는 것(결과와 관련된 기준)
태도와 행동	고객들과 접촉하는 서비스종사원들이 매우 친절하고 자발적으로 고객들에 대해 관심을 기울이고, 문제를 해결하는 과정에서 고객의 입장에서 행동하고 있다고 고객들을 느끼게 하는 것(과정과 관련된 기준)
접근성과 융통성	서비스공급자, 서비스기관의 위치, 운영시간, 직원, 운영체계 등이 서비스받기 쉬운 위치에 존재하도록 설계되고 운영되어지고, 고객의 바람과 수요에 따라 융통성 있게 조절될 수 있다고 고객이 느끼는 것(과정과 관련된 기준)
신뢰성과 믿음	어떤 사항에서도 서비스 공급자와 직원 등은 고객들을 최우선으로 고려하여 서비스를 행할 것이라는 사실을 고객들이 믿고 신뢰하는 것(과정과 관련된 기준)
서비스 회복	잘못되거나 예측하지 못한 일에 대해 서비스 공급자가 즉각, 그리고 능동적으로 바로잡으려고 노력하며, 새롭고 수용가능한 해결대안을 찾아내려고 한다는 것을 고객이 느끼는 것(과정과 관련된 기준)
평판과 신용	서비스 공급자의 운영이 신뢰받고, 서비스 이용 요금에 대해 가치를 부여할 수 있으며, 고객과 서비스 공급자에 의해 그 서비스 운영이 성과와 가치를 나타낸다고 공감할 수 있다고 고객이 믿는 것(이미지와 관련된 기준)

(4) 서비스 품질의 특성

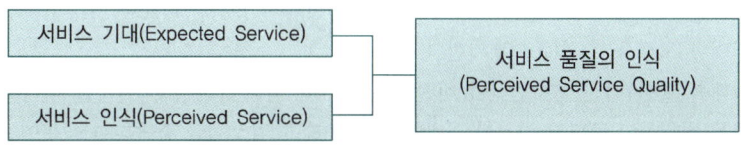

[서비스 품질의 인식]

① 서비스 품질은 고객의 지각과 관련된 고객 지향적인 개념이다.
   서비스 품질을 평가하는 객관적 측정치가 존재하지 않는 상황에서 서비스 품질을 측정하는 적절한 접근은 품질에 대한 고객의 지각을 측정하는 것이다.
② 서비스 품질은 태도와 유사한 개념이다.
   ㉠ 서비스 품질은 서비스에 대한 전반적인 우월성과 우수성을 나타내는 개념으로 만족과 다른 개념이지만, 태도와 유사한 개념으로 구체적인 속성이라기보다는 추상적이고 다차원적인 개념이다.

ⓒ 태도와 유사한 개념이므로 서비스 품질은 만족이라는 개념보다는 지속적이고 장기적인 상태로 대상에 대한 전반적인 판단이며, 시간이 지남에 따라 동적으로 변화하는 누적적 구성개념이다.

③ 서비스 품질은 서비스의 결과뿐만 아니라 과정에 대한 평가이다.
서비스 품질은 단지 서비스의 결과뿐만 아니라 서비스가 제공되는 과정까지도 고려되는 개념이다. 서비스 품질은 기대와 수행의 비교이고 서비스 품질의 평가는 결과뿐만 아니라 서비스 제공과정의 평가에서 이루어지며, 특히 서비스 제공자와 고객 간의 상호작용이 품질평가에 있어서 중요시되어야 한다고 했다.

④ 서비스 품질은 구매 전에 미리 평가할 수 있는 탐색적 품질보다는 제품구매나 소비과정에서 평가하는 경험적 품질의 특성이 더욱 강하다.
서비스는 무형성, 비분리성, 이질성, 동시성 등의 특징을 갖고 있기 때문에 서비스에 대한 선험적인 탐색이 어렵고, 그 평가는 서비스 제공 시점의 상호작용과 구매 후 평가로서 이루어지는 인지적 품질이라 할 수 있다.

⑤ 서비스 품질은 기대와 수행의 비교에 의해 결정된다.
고객들은 서비스 품질을 기대와 수행의 비교를 통해 인식한다는 데에는 대부분의 학자들에 의해 동의가 이루어져 왔다. 즉, 기대된 서비스와 지각된 서비스를 비교한 결과 서비스 품질이 인식되는데, 이것은 고객의 기대와 지각 사이에 있는 불일치의 정도와 방향이라고 볼 수 있다. 여기서 지각이란 제공받은 서비스 혹은 경험한 서비스에 대한 고객의 믿음으로 정의된다. 그리고 기대란 고객들의 욕구, 즉 고객이 서비스 기업이 제공해야만 한다고 느끼는 것으로 정의된다.

(5) 전사적 품질경영(Total Quality Management) ★★주요

① 정 의
TQM은 '종합적 품질경영', '전사적 품질경영'의 의미로서, 1980년대 초반 미국을 비롯한 유럽지역을 중심으로 기업의 경쟁우위를 확보하고 최고경영자를 중심으로 전 조직원과의 의식개혁을 통하여 품질 중심의 기업문화를 창출하고, 고객만족을 지향하는 시스템으로 변화하기 위한 경영활동이다.

② TQM 조직의 특성
㉠ 의사결정에 대한 권한과 책임이 적당하다고 생각되는 가장 저단계의 조직계층에 있다.
㉡ 문제는 발견 또는 징후가 있는 즉시 해결한다.
㉢ 품질문화를 정착시켜 모든 직원들이 품질 향상과 공급시간 감소에 끊임없는 노력을 하게 하고, 이러한 노력을 측정하고 평가한다.
㉣ 미래를 향한 비전을 수립, 이 비전을 달성하기 위해 모든 조직원들을 하나로 뭉치게 한다.
㉤ 모든 직원들이 올바른 직무를 올바르게 수행하고, 탐구심을 충족하며 직무에 흥미를 갖게 한다.
㉥ 최고경영자와 경영자의 개선에 대한 노력이 종업원을 선도한다.
㉦ 부서 간의 장벽을 제거하고 팀워크를 강력하게 추진한다.
㉧ 진행상황에 대한 원활한 의사소통으로 직원이 기업의 전략을 이해하고, 고객만족에 대한 가치를 공유하도록 한다.
㉨ 내부 고객의 이익을 위해 외부 고객의 만족을 희생시키지 않는다.
㉩ 고객만족과 고객에 대한 철저한 서비스가 강조된다.
㉪ 최고경영자의 임무가 절대적으로 중요하다.

③ TQM의 성과
  ㉠ 종업원이 고객중심적인 가치관을 가진다.
  ㉡ 고객만족이 증가한다.
  ㉢ 구매하는 원자재 및 부품의 품질이 향상된다.
  ㉣ 노사관계가 원만해진다.
  ㉤ 생산성이 향상된다.
  ㉥ 부가가치를 창출하지 않는 업무를 제거하여 비용을 감소시킨다.
  ㉦ 부품 공급업자와의 관계가 개선된다.
  ㉧ 종업원의 사기가 향상된다.
  ㉨ 종업원에게 혁신적인 사고의식을 심어 준다.
  ㉩ 고객에 대한 서비스 시간이 빨라진다.
  ㉪ 재고가 감소한다.

Tip	TQM(Total Quality Management)과 TQC(Total Quality Control)의 비교
TQM	• 고객만족을 얻기 위하여 최고경영자의 품질 방침에 따라 실시하는 모든 부문의 총체적 활동이다. • TQM은 TQC 위에 기업문화의 혁신을 통한 구성원의 의식과 태도 등에 중점을 두고 기업 및 구성원의 사회 참여 확대를 목적으로 추진되는 전략경영시스템이다.
TQC	• 요구 품질을 만족시키는 실시기법이다.

(6) 서비스 품질의 3부작(Service Quality Trilogy) ★★

① 품질 3부작의 기본 개념은 품질을 관리하는 것이 세 가지 기본 품질 중심의 프로세스로 구성되어 있다는 것이다.

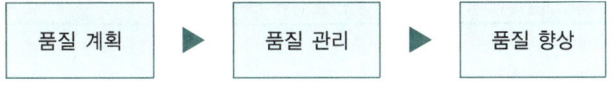

② 이러한 프로세스 각각은 보편적이고 이는 활동 불변 서열에 의해 수행된다.

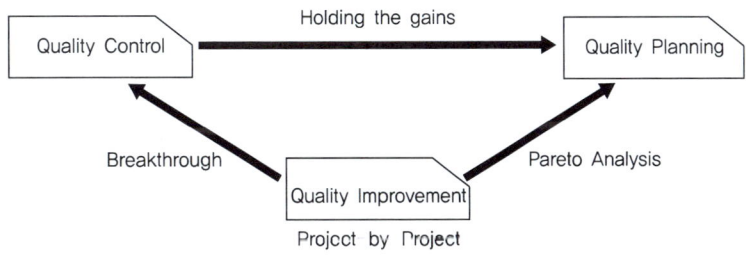

[쥬란(Joseph M. Juran)의 3대 품질 원칙]

서비스 품질 계획	서비스 품질 통제	서비스 품질 개선
• 품질목표수립 • 고객확인 • 고객요구파악 • 제품특성 개발 • 공정특성 개발 • 공정통제의 확립 및 업무에 적용	• 통제대상 선택 • 측정단위 선택 • 목표설정 • 성과측정 • 목표와의 차이해석 • 차이에 대한 조치	• 개선의 필요성 입증 • 개선 프로젝트의 선정 • 프로젝트팀의 결성 • 프로젝트의 필요성 및 임무의 확인 • 문제의 원인진단 • 대책수립 및 효과확인 • 변화에 대한 저항의 극복 • 효과유지를 위한 통제 실시

(7) 서비스 품질의 측정범위

서비스 품질을 측정하기 위한 종합적인 측면은 서비스내용의 표준화, 서비스가 수행되는 과정, 물리적인 시설, 고객만족 결과, 서비스가 미치는 영향 등이다.

범위	측정 내용
내용	표준 업무처리 절차에 의해 업무가 수행되는지가 관건이다. 서비스업무를 표준화하여 일관성 있게 수행되는지를 측정한다. 대표적 표준화는 ISO(International Organization for Standardization) 기준 절차가 있다. ISO 9000에 의한 품질보증 시스템을 관련 규격에 따라 공급자 스스로 수립하고, 공급자의 프로그램 이행상태를 인증기관이 평가·심사를 통하여 공급자가 품질시스템에 따라 경영할 수 있다는 능력을 인정하는 제도이다.
과정	서비스가 프로세스에 따라 운영되는지를 고객의 입장에서 체크하는 것이다. 이러한 서비스 운영과정은 서비스 전달시스템의 프로세스와 체크리스트를 통하여 측정한다.
구성 및 구조	서비스의 물리적 시설과 인적자원이 고객서비스에 적합하게 구성되었는지를 측정한다.
결과	최종적인 서비스 품질의 결정은 서비스결과의 평가를 통해 이루어진다. 고객이 만족했는가 여부 측정은 고객의 불만건수 추이를 비교하면 알 수 있다. 서비스의 영향으로 변화된 상태를 말한다. 프로세스 개선이라 회사 조직의 프로세스 안에 이미 존재하고 있는 성과를 둘러싼 문제점들의 근본 원인을 제거하기 위한 해결 방안을 모색하는 전략이다.
영향력	서비스가 고객에게 미치는 영향에 관한 측정이다.

(8) 서비스 품질 평가에 대한 비용

① 품질비용의 구성

항목	내용	세부 비용항목
내부 실패비용	고객에게 서비스가 전달되기 전에 부적합품질을 교정하는 비용	• 재작업 또는 수정비용 • 기계 수리 및 교체비용 • 시간지연비용
외부 실패비용	고객에게 전달된 후 부적합품질이나 불만족 사항을 교정하는 비용	• 실패 서비스의 재작업비용 • 서비스 결과의 수정비용 • 소송비용, 위자료 • 나쁜 구전과 미래 판매기회의 상실
평가비용	서비스가 품질수준을 만족하는지 알기 위해 서비스 제공 중에 상태를 확인하는 비용	• 검사비용 • 프로세스 통제비용 • 자료 수집과 확인비용 • 문제점 조사비용

예방비용	처음부터 실패가 발생하지 않도록 하거나 평가 비용을 최소화하기 위한 활동에 소요되는 비용	• 품질계획 수립 • 적절한 직원 선발 • 열악한 성과의 원인을 제거하기 위한 프로세스 재설계비용 • 지속적 개선을 위한 직원 훈련비용 • 보조용품 구매품질 향상을 위한 공급자의 협력비용

FedEx사의 1 : 10 : 100 법칙

품질불량 1 : 10 : 100 원칙(서비스 부문에서 말콤볼드리지상을 받은 FedEx의 서비스원칙)
- 1 : 품질불량이 생길 경우 즉각 고치는 데는 1의 원가
- 10 : 품질불량을 알고도 책임 소재나 문책이 두려워 이를 숨기고 제품을 그대로 보낼 때는 10의 원가
- 100 : 불량제품이 고객 손에 들어가 클레임으로 돌아오면 100의 원가가 소요된다는 의미 즉, 설계단계에서 결함을 바로 잡는 데 드는 원가가 1이라면 출하검사나 고객 사용단계에서 그 결함이 발생되어 수정하는 품질비용은 걷잡을 수 없이 커짐

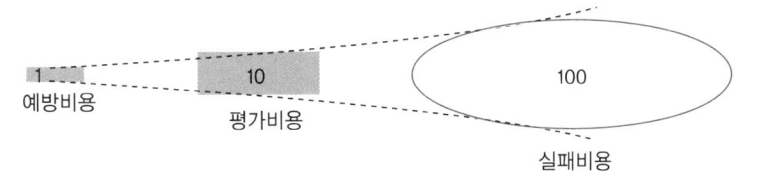

② 서비스 품질비용 모델
  ㉠ 기업의 품질비용과 불량품질비용
    • 품질비용(COQ ; Cost of Quality)
      - 품질수준 변화에 따라 발생하는 가시적인 비용의 측면에 중점
      - 품질의 관리를 위한 비용(Cost of Control)
      - 관리의 실패에 따른 비용(Cost of Failure of Control)
    • 불량품질비용(PQC ; Poor-Quality Cost)
      - 품질의 불량으로 인해 발생하는 다양한 가시적 및 비가시적인 비용에 중점
      - 서비스 품질관리를 위한 비용
      - 서비스 품질관리 실패에 따른 비용
  ㉡ 고객의 전환 비용과 전환 장벽
    • 전환비용
      - 서비스 제공자를 다른 제공자로 변경하는 데 드는 비용
      - 화폐적, 비화폐적인 모든 비용을 포함하여 고객이 실제적으로 지각할 수 있는 비용
      - 관계를 유지하는 데 기여하는 요소 등
    • 전환장벽
      - 고객이 전환비용을 초래하는 모든 것
      - 고객이 기존 업체와의 관계를 단절하고 다른 업체로 전환하는 데 따른 어려움

• 전환장벽의 종류

탐색비용 (Search Cost)	제품이나 서비스 제공자를 찾는 데 드는 비용
학습비용 (Learning Cost)	새로운 제품이나 서비스의 이용법을 습득하는 데 드는 비용
경제적 위험 (Economic Risk)	특정 제품이나 서비스를 이용함으로써 발생할 수 있는 금전적인 위험
프라이버시 위험 (Privacy Risk)	제품이나 서비스의 제공자가 고객의 정보를 다른 용도로 이용하는 경우의 위험
성과위험 (Performance Risk)	제공자를 바꾼 제품이나 서비스의 실제 수준이 자신의 기대에 미치지 못할 경우의 위험
개인적 위험 (Personal Risk)	제품의 이용이나 서비스 제공과정에서 소비자가 신체에 해를 입게 될 경우의 위험

ⓒ 고객전환 행동 모델

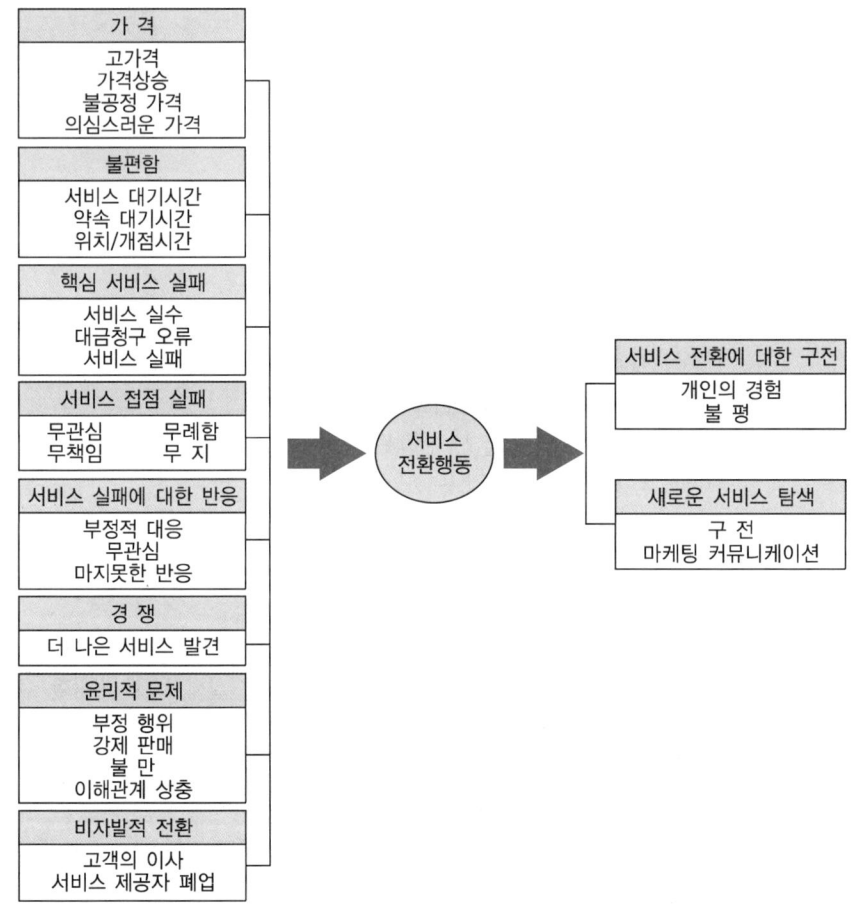

05 서비스 품질 측정

(1) 서비스 품질 측정의 이해

① 서비스 품질 측정의 필요성과 활용
  ㉠ 경쟁우위 확보를 위한 서비스 품질에 대한 중요성이 증대
  ㉡ 서비스 품질의 향상을 위해선 서비스 품질을 개선해야 함
  ㉢ 서비스 품질 개선을 하기 위한 첫 단계가 측정으로, 서비스개선을 위한 목적으로 사용해야 함

> **서비스 품질 측정이 어려운 이유**
> - 주관적 개념
> - 전달 이전에 테스트 불가
> - 고객으로부터 서비스 품질에 대한 데이터 수집에 어려움
> - 자원이 고객과 함께 이동하므로 고객이 자원의 변화를 관찰
> - 고객은 프로세스의 일부이며 변화 가능성이 있는 요인

② 서비스 품질 측정 견해 ★★ 중요

모델	내용
그뢴루스의 모델 (6가지 범주)	• 전문성과 기술 • 접근성과 융통성 • 서비스 회복 • 태도와 행동 • 신뢰성과 믿음 • 평판과 신용
알브레히트와 젬커의 모델 (4가지 범주)	• 돌봄과 관심 • 문제해결 • 자발성 • 회복
카노품질 모형 (5가지 범주)	• 매력적 품질요소 : 휴대폰의 MP3기능이 현재는 당연한 기능 → 진부화현상 • 일원적 품질요소 : 고객의 명시적 요구사항이며 이들이 충족될수록 만족은 증대 • 당연적 품질요소 : 최소한 마땅히 있을 것으로 생각되는 기본적인 품질요소 • 무관심 품질요소 : 충족되건 않건 불만도 일으키지 않는 품질요소 • 역 품질요소 : 충족되면 불만을 일으키고, 충족되지 않으면 만족을 일으키는 품질요소(생산자가 충족시키려는 노력을 기울이지만 결과적으로 사용자는 불만족스럽다고 평가하는 품질요소)
주란의 서비스 품질 구분 (5가지 범주)	• 사용자의 눈에 보이지 않는 내부적 품질 • 사용자의 눈에 보이는 하드웨어적 품질 • 사용자의 눈에 보이는 소프트웨어적 품질 • 서비스 시간성과 신속성 • 심리적 품질
가빈모델 (8가지 범주)	• 성 과 • 신뢰성 • 지속성 • 심미성 • 특 징 • 적합성 • 서비스 제공 능력 • 인지된 품질
파라슈라만, 자이다믈, 베리의 서비스품질 (5가지 범주)	• 유형성 • 반응성 • 확신성 • 신뢰성 • 공감성

(2) 서비스 품질의 측정방법 ★★ 중요

① SERVQUAL(Service Quality) 모형

㉠ SERVQUAL의 이해

- 파라슈라만, 자이다믈, 베리(PZB ; Parasuraman, Zeithaml, Berry)는 서비스 품질이 서비스의 고유한 특성으로 인해 객관적으로 측정하기 어려운 추상적인 개념이고, 기업이 서비스 품질을 평가하는 적절한 접근 방법은 소비자의 지각을 측정하는 것이라고 주장하였다.
- 서비스 행위에 대한 소비자의 기대와 실제서비스에 대한 인식을 기초로 측정된 품질이다.
- 평가대상의 전반적인 탁월성이나 우월성에 관한 소비자의 판단을 의미한다.
- 서비스를 제공받는 고객들을 12개의 고객집단으로 분류, 97개 항목의 인터뷰를 실시한 결과 제공받는 서비스의 형태가 서로 달라도 서비스 품질을 인식할 때 사용하는 평가기준은 10개의 결정요소(속성)가 있음을 발견 → 1988년에 5가지 품질차원으로 압축

> 용어 설명
> - SQ : 서비스 품질
> - PS : 지각서비스 품질
> - ES : 기대서비스 품질
> - ES > PS : 만족스럽지 못한 서비스 품질 수준
> - ES = PS : 만족스러운 서비스 품질 수준
> - ES < PS : 이상적인 서비스 품질 수준
> - P : 성과
>
> SQ(Service Quality, 서비스 품질)
> = PS(Perceived Service) 지각된 서비스[성과] − ES(Expected Service) 기대서비스[기대]
> = P(Performance, 성과)

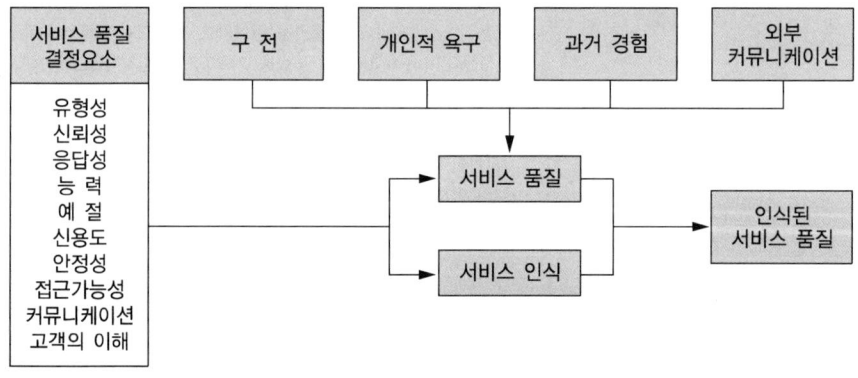

[SERVQUAL 모형]

출처 : A. Parasuraman, V. A. Zeithamal, I. L. Berry, "A Conceptual Model of Service Quality and Its Implication for Future Research" Journal of Marketing, 1985

[고객이 서비스 품질을 평가하는 10가지 차원]

SERVQUAL 차원	내 용	예
유형성	• 최신의 장비 구비 • 환경의 시각적인 측면 • 시설의 외형 청결성 • 서비스와 관련된 자료들의 외형적 측면	물적 시설, 장비, 종업원 외모, 서비스 시설 내의 다른 고객, 의사소통도구의 외형
신뢰성	• 약속 이행 • 문제 발생 시 진지한 해결의지 • 초기에 제대로 된 서비스 제공 • 약속한 시간에 서비스 제공 • 정확한 기록 보유	서비스 수행의 철저함, 청구서 정확도, 정확한 기록, 약속시간 엄수
대응성	• 서비스 수행 시점 정확한 고지 • 즉각적인 서비스 제공 • 고객을 항상 도우려는 준비 자세	서비스 적시성, 고객의 문의에 즉시 응답, 신속한 서비스 제공
확신성	• 고객들에게 신뢰를 심어 줌 • 고객들이 거래에서 안전함을 느낌 • 고객에게 항상 예의를 갖춤 • 고객 질문에 응답하는 직원의 전문지식	조직의 연구개발능력, 담당직원과 지원인력의 지식과 기술
공감성	• 고객 개인에게 관심을 가짐 • 고객이 편리한 시간에 업무를 수행 • 고객의 관심 사항에 대한 이해 • 고객의 특별한 요구 이해	고객의 재산과 시간에 대한 배려, 담당종업원의 정중한 태도
신용도	• 서비스 제공자의 진실성, 정직성	기업평판, 기업명, 종업원의 정직성, 강매의 정도
안정성	• 위험, 의심으로부터의 자유	물리적 안전, 금전적 안전, 비밀보장
접근가능성	• 접근가능성과 쉬운 접촉	전화예약, 대기시간, 서비스 제공시간 및 장소의 편리성
커뮤니케이션	• 고객의 말에 귀를 기울이고 고객에게 쉬운 말로 알림	서비스에 대한 설명, 서비스 비용의 설명, 문제해결 보증
고객이해	• 그들의 욕구를 알려는 노력	고객 요구사항 학습, 개별적 관심 제공, 사용 우량고객 인정

ⓒ SERVQUAL 모형의 중요성 : 소비자 행동 측면을 서비스 품질개념으로 통합하였으며, 소비자와 서비스 제공자들이 서비스 수행과정과 품질표준을 평가하는 데 이용할 수 있는 차원들에 관한 논의를 했다는 점에서 가치를 인정받고 있다.

ⓒ SERVQUAL 모형의 문제점 : 티즈(Teas, 1993)는 SERVQUAL 모형에서 기대(Expectation)에 대한 개념 정의와 측정 타당도에 문제가 있다고 지적하였다. 기대수준은 규범적 기대수준이므로 SERVQUAL은 어떤 이상적 기준과의 비교를 나타내며 예견된 서비스와 제공된 서비스의 차이를 나타내지는 않는다고 주장하였다. 또한, SERVQUAL 모형은 기대서비스 수준과 지각 서비스 수준을 함께 측정하기 때문에 설문 응답자에게 정보 과잉(Information Overloading) 또는 부담을 초래할 위험이 있다.

② 서비스 갭분석 모형 ★★🔑

㉠ SERVQUAL은 서비스 기대 측정, 서비스 경험 측정의 2가지를 구분하여 전자를 먼저 측정한 후, 후자를 측정하여 측정된 기대와 성과의 차이 즉, 격차(Gap)를 이용하여 서비스 품질을 평가하는 방법으로 이를 도식화하면 다음의 그림과 같다.

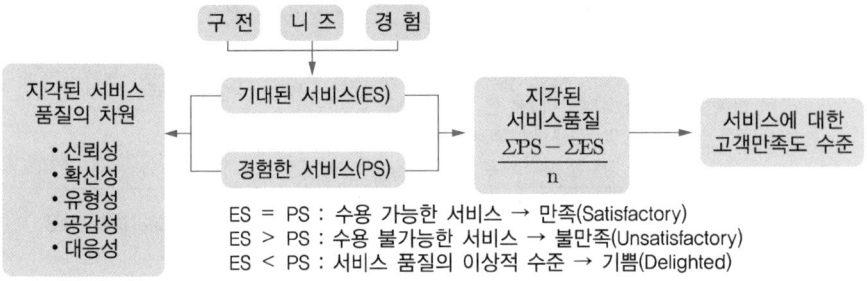

[지각된 서비스 품질의 결정요인]

㉡ 갭(Gap)모형 진단 : 표적집단면접에 의한 탐색적 고객연구와 이에 대한 실증적·정량적 연구를 통해 고객의 서비스 품질 지각을 측정할 수 있는 도구인 SERVQUAL을 개발한 이들은 다음 제3단계 작업으로 서비스 품질에 영향을 미치는 기업 내부의 요인들에 대한 연구를 시작하여 고객이 지각한 품질상의 문제점을 기업 내의 결점이나 격차(Gap)와 연결시키는 개념적 모형을 개발하였다.

㉢ 갭(Gap)의 격차

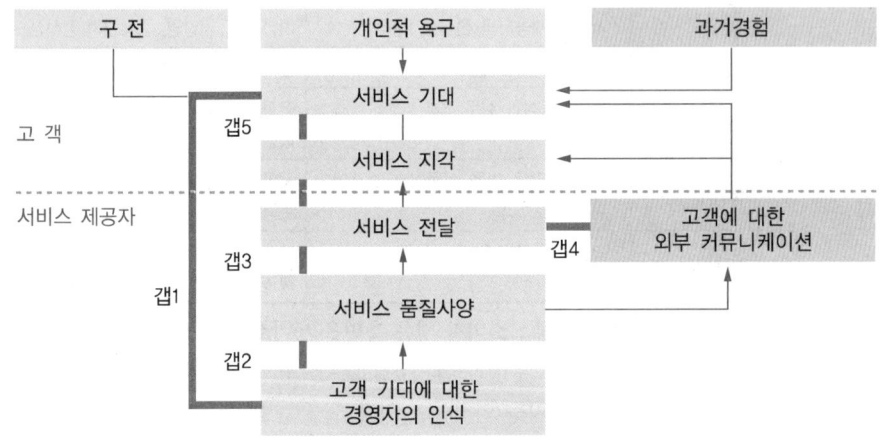

[갭분석 모형(Gap Model)]

출처 : A. Parasuraman, V. A. Zeithamal, L. L. Berry, "Communication and Control Press in the Delivery of Quality" Service Journal of Marketing, Vol. 52

- 서비스 품질은 갭 5에 의해 결정됨
- 갭 5는 갭 1~4에 의해 결정됨

> - 갭 1 : [기대된 서비스 – 경영진의 고객의 기대에 대한 인식] = 경영자 인지 격차
> - 갭 2 : [경영자 인식의 품질명세화 – 경영진의 고객의 기대에 대한 인식] = 경영자 인지 격차
> - 갭 3 : [서비스 전달 – 경영진 인지의 품질명세화] = 서비스 전달 격차
> - 갭 4 : [서비스 전달 – 고객에 대한 외적 커뮤니케이션] = 시장 커뮤니케이션 격차
> - 갭 5 : [기대한 서비스 – 경험(인지)한 서비스] = 경험한 서비스 격차

- 서비스 품질 Gap 모형

> - Gap 1 : 고객의 기대가 형성되는 과정에 대한 경영자의 이해 부족
>   → 시장조사 강화, 경영자와 고객접촉 직원과의 의사소통 촉진, 고객과의 거리축소 조직
> - Gap 2 : 품질에 대한 경영자 참여 부족, 혹은 고객의 기대 충족 불가능하다는 인식
>   → 목표설정, 서비스 전달 업무 표준화
> - Gap 3 : 서비스 전달이 규격과 불일치
>   → 팀워크 고취, 적절한 직원 선발 및 교육, 적절한 직무 설계
> - Gap 4 : 외부 전달 과정에서 형성된 과다 약속 및 이에 대한 서비스 제공자의 정보 부족과 서비스 전달 사이의 격차
>   → 고객과의 명확한 커뮤니케이션으로 과다 기대 방지
> - Gap 5 : 고객 기대와 인지와의 차이
>   → Gap 1∼4의 크기와 방향 조정

③ SERVPERF 모형

크로닌과 테일러(Cronin & Taylor, 1994)가 제안하였으며, 기존 PZB의 SERVQUAL 모형과는 달리 서비스 성과만을 서비스 품질의 측정수단으로 사용해야 한다는 개념(서비스에 대한 기대는 제외)이다. 기대가 형성되지 않은 서비스에 대해서도 사용할 수 있다는 장점(신종 서비스업이나 컨설팅업과 같은 고도의 서비스업의 경우에는 고객의 기대가 형성되기 힘들고, 형성되었다 하더라도 고객마다 각각의 편차가 너무 커서 측정 결과를 비교하기 힘들기 때문에 서비스 성과만을 측정하는 이 모형을 사용하여 서비스 성과 평가의 결과 비교를 통해 고객의 니즈를 파악할 수 있고, 어떤 서비스를 개선해야 하는지도 쉽게 알 수 있음)이 있다.

> - SERVQUAL = 성과 − 기대
> - 가중한 SERVQUAL = 중요도 × (성과 − 기대)
> - SERVPERF = 성과
> - 가중한 SERVPERF = 중요도 × 성과

[SERVPERF와 SERVQUAL 모형의 비교]

구 분	SERVPERF 모형	SERVQUAL 모형
제안자	Cronin and Taylor	Parasuraman, Zeithaml, Berry
모델의 구성	성과	성과 − 기대
기대의 정의	기대 측정 안 함	규범적 기대(제공해야만 할 수준)
측정차원	5개 차원 22개 항목	5개 차원 22개 항목

㉠ 용어 설명
- 희망서비스(Es) : 고객의 바람(Wants)과 소망(Hopes), 이상적인(Ideal)이고 기원하는(Wished-for) 서비스 수준
- 적정서비스(Ea, Adequate Service) : 고객이 불만 없이 받아들일만한 서비스 수준
- 예측된 서비스(P, Predicted Service) : 고객이 해당 기업으로부터 실제로 받을 것이라고 기대하는 서비스 수준
- 허용서비스 : 희망서비스와 적정서비스 수준 사이에 있는 영역으로 서비스 실패가 잘 드러나지 않는 미발각지대(No Notice Zone)

㉡ 고객의 서비스 기대 허용영역에 따른 서비스 품질 측정

- P = 서비스성과의 지각점수
- Ea = 고객이 받아들일 수 있는 최소 서비스 기대수준의 점수
- Es = 고객이 희망하는 서비스 기대수준의 점수
- 서비스 적정도(MSA ; Measure of Service Adequacy) = P − Ea
- 서비스 우수성(MSS ; Measure of Service Superiority) = P − Es

Tip 기대수준 간의 허용 범위

파라슈라만(Parasuraman, 1994)의 고객의 인내성·기대감·만족감을 동시에 평가할 수 있는 허용 영역(Zone of Tolerance) 개념 제안

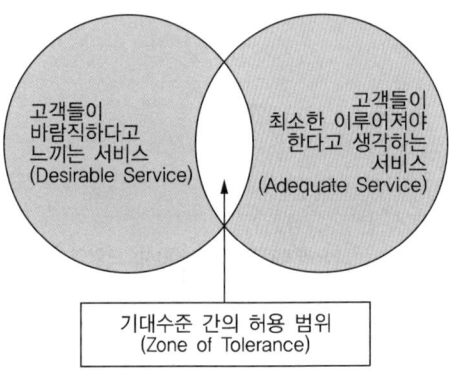

㉢ 서비스 우위도와 적정도에 따른 경쟁적 위치

고객의 기대와 인식 수준	서비스 적정도와 우위도	경쟁적 위치
인식된 서비스	MSA = + MSS = +	고객 충성도
이상적 서비스		
인식된 서비스	MSA = + MSS = −	경쟁 우위
적정 서비스	MSA = − MSS = −	경쟁 열위
인식된 서비스		

(3) 서비스 품질의 향상방법 ★★ 중요

① 고객의 서비스에 대한 기대를 이해하고 확인하기
  ㉠ 데이터 수집을 위한 도구의 설계
  ㉡ 프로세스 흐름도 작성
  ㉢ 투입요소 검토 : 정보, 고객, 자재
② 각 프로세스 단계별 서비스 품질 요구사항 정의하기
  ㉠ 서비스 전달 시스템 설계
  ㉡ 대기시간, 투입품질 규정, 산출품질 규정, 불만고객수, 절차 및 체크리스트에 대한 운영기준 등 설정
③ 품질기준을 설계하고 실행하기
④ 서비스 품질 전달시스템의 설계에 피드백하기

> **Tip** 서비스 품질과 고객만족과의 비교 분석
>
> | 구 분 | 서비스 품질 | 고객만족 |
> |---|---|---|
> | 정 의 | 제공되는 서비스의 상대적 우수성 혹은 열등성에 대한 전반적인 인상 | 불일치된 기대와 사전적 기대의 일치, 그 이상의 만족 |
> | 선행변수 | 가격, 지원부서, 전문성 | 신속성, 서비스 회복, 물리적 환경 |
> | 태 도 | 장기적이고 전반적인 평가 | 일시적이고 특정상황에 따른 판단으로 장기적인 태도의 선행변수 역할 |
> | 기 대 | 규범적인 기준 | 예측적인 기준 |
> | 구성속성 | 한정적 | 포괄적 |
> | 평가의 객관성 | 보다 객관적 평가 | 보다 주관적 평가 |
> | 특징 및 유용성 | • 구체적인 요소 하나하나에 대한 평가가 반영
• 구체적인 개선방안 모색 가능
• 서비스가 제공하는 핵심적 기능(품질구성요소)에 초점 | • 보다 포괄적(품질과 관련 없는 요소도 영향을 미침)
• 서비스 제공자의 친절성을 강조 |
>
> 출처 : 서비스 품질 차원이 고객만족에 미치는 영향의 차이에 관한 연구(김희수, 2008)

Part 02 / Module C   서비스경영 전문가가 꼭 알고 있어야 하는 전문용어

- 서비스 프로세스(Service Process) : 서비스가 전달되는 과정
  - 서비스가 전달되는 절차나 구조 또는 활동의 흐름
  - 서비스 상품 자체를 의미하기도 하지만 전달 과정인 유통의 성격을 포함
- 피시본 다이어그램(인과관계 도표) : 잘못된 결과에 대한 원인을 찾아서 연결하는 도표의 일종(머리 – 직면하고 있는 문제점 기술, 뼈와 가시 – 문제를 일으키는 중요요소 표시, 작은 가시 – 각 원인에 대한 상세한 이유 기술)
- 서비스 청사진 : 서비스 시스템을 정확하게 묘사해서 그 서비스를 제공하는 데 관계되는 서로 다른 사람들이 그들의 역할과 관점에 상관없이 그 서비스를 이해하고 객관적으로 처리할 수 있도록 해주는 그림
- 플로우 차트(Flow Chart) : 서비스의 프로세스 흐름도를 말함
- 파레토 차트(Pareto Chart) : 막대 차트의 한 종류로 품질개선 과정에서 사용하는 중요한 도구로 공정에서 불량의 주된 원인을 찾는 중요한 도구로 많이 사용되고 있으며, 최대의 이익을 얻을 수 있는 영역에 시간과 노력을 집중하기 위한 분석 도구
- 데밍사이클(Deming Cycle, 관리사이클) : 일정한 목표를 정해 놓고 이것을 달성하기 위해 행하는 모든 활동으로 품질이 개선되면 곧 생산성 향상으로 연결되어 궁극적으로 기업 경쟁력 향상을 이루기 위한 사이클
- PDCA 사이클(Plan-Do-Check-Act) : 서비스 제공 활동을 계획하고 실행하며, 결과를 조사·평가·확인하여 결과에 대한 개선과 유지를 이루는 서비스 사이클
- 서비스 R & D : 서비스 혁신을 위한 연구개발 활동을 말하며, 일반적으로 제조업의 제품 및 신공정 개발에 대응하여 새로운 서비스 상품 개발과 서비스 프로세스 혁신을 의미
- 신서비스(New Service) : 이제껏 소비자가 경험하지 못했던 새로운 서비스를 제공하는 것이며, 이것은 부가적 서비스 제공, 서비스 전달과정의 변화 및 소비자들이 새롭다고 느낄만한 서비스 전달과정의 결과로 나타남
- 급진적 서비스 혁신 : 기존에 존재하지 않았던 완전히 새로운 역량이나 새로운 기술, 새로운 산출물이 개발되거나 적용하여 제공하는 것
- 향상적 서비스 혁신 : 현재 제공되는 서비스의 단순한 역량 혹은 단순한 기술적 변화를 제공하는 것
- 점진적 서비스 혁신 : 기존의 서비스에 새로운 기술적 요소나 역량이 추가 혹은 축소되어 발전된 서비스를 제공하는 것
- 에드-훅 서비스 혁신 : 특정 문제를 가지고 있는 고객이 관련 지식이나 노하우를 보유하고 있는 공급자와의 상호작용을 통해 적재적소에 제공받는 일시적인 서비스를 의미함

- 재결합 서비스 혁신 : 자사가 가지고 있는 두 개 이상의 서비스를 가지고 새로운 하나의 서비스를 만들어 내는 것과 기존의 서비스 역량이나 기술들을 조합하여 새로운 서비스를 창출하는 것
- 표준화 서비스 혁신 : 기존의 서비스 구조, 역량, 기술의 변화 없이 유형적이거나 무형적인 특성들을 시각화하는 것을 의미함
- 서비스 프로세스 매트릭스 : 서비스 프로세스를 설계하기 위해 슈메너(Schmenner)가 제시한 것으로 서비스 과정에 영향을 주는 두 개의 축, 노동비용 대 자본비용의 비율(노동집약도) / 고객과의 상호작용(고객화의 정도)을 기준으로 서비스를 분류
- 분업 : 작업 세분화를 통해 노동 기능의 전문화를 달성하고 종업원이 직무수행에 필요한 기능에만 집중할 수 있음
- 셀프서비스 : 대중 음식점, 슈퍼마켓, 대형할인 의류판매 유통점 등의 자급식 판매 방법을 말함. 개별화된 서비스를 고객의 노동력으로 대체시키는 것은 운영비용 감축을 위한 방법임
- 기술적 품질 : 고객이 서비스로부터 받은 결과의 품질로서 고객에 의해 다소 객관적인 방법으로 측정될 수 있음
- 기능적 품질 : 서비스를 제공받는 방법의 품질로서 고객에 의해 매우 주관적인 방법으로 인식되고 평가됨
- 전사적 품질경영(Total Quality Management) : TQM은 "종합적 품질경영", "전사적 품질경영"의 의미로, 1980년대 초반 미국을 비롯한 유럽지역을 중심으로 기업의 경쟁우위를 확보하고 최고경영자를 중심으로 전 조직원과의 의식개혁을 통하여 품질중심의 기업문화를 창출하고, 고객만족을 지향하는 시스템으로 변화하기 위한 경영활동
- 전사적 품질관리(Total Quality Control) : TQC는 요구 품질을 만족시키는 실시기법
- 품질비용(COQ ; Cost of Quality) : 품질수준 변화에 따라 발생하는 가시적인 비용의 측면에 중점을 두며 품질의 관리를 위한 비용(Cost of Control), 관리의 실패에 따른 비용(Cost of Failure of Control)을 모두 포함함
- 불량품질비용(PQC ; Poor-Quality Cost) : 품질의 불량으로 인해 발생하는 다양한 가시적 및 비가시적인 비용에 중점을 두며, 서비스 품질관리를 위한 비용, 서비스 품질의 관리 실패에 따른 비용을 모두 포함함
- SERVQUAL(Service Quality) : PS(Perceived Service) 지각된 서비스(성과) − ES(Expected Service) 기대서비스(기대) = P(Performance) 성과
- 고객의 희망서비스 : 바람(Wants)과 소망(Hopes), 이상적인 서비스(Ideal Service), 기원하는(Wished-for) 서비스 수준
- 적정서비스(Adequate Service) : 고객이 불만 없이 받아들일만한 서비스 수준
- 예측된 서비스(Predicted Service) : 고객이 해당 기업으로부터 실제로 받을 것이라고 기대하는 서비스 수준
- 허용서비스 : 희망서비스와 적정서비스 수준 사이에 있는 영역으로, 서비스 실패가 잘 드러나지 않는 미발각지대(No Notice Zone)

Part 02 Module C 출제유형문제

📋 일반형 문제

01 다음 중 서비스 프로세스의 중요성에 대한 설명으로 옳지 않은 것은?

① 서비스의 프로세스는 서비스 전달 절차나 메커니즘 또는 활동들의 흐름을 의미한다.
② 프로세스는 서비스 상품 그 자체이며 동시에 서비스 전달과정인 유통의 성격을 가진다.
③ 서비스 생산의 흐름과 과정은 제품 마케팅보다 훨씬 더 중요하다.
④ 프로세스 단계와 서비스 제공자의 처리능력은 고객에게 가시적으로 보이므로 서비스 품질의 중요한 요소가 된다.
⑤ 이용고객의 만족 여부가 재구매 의도에 결정적인 영향을 미치지 않는다.

> **해설** 이용고객의 만족 여부가 재구매 의도에 결정적인 영향을 준다.

02 서비스 청사진에 대한 설명으로 옳은 것은?

① 서비스 시스템을 명확히 볼 수 있는 그림 또는 지도로서 역할이나 관점을 객관화해 나가는 작업이다.
② 서비스 청사진은 고객이 경험하게 되는 서비스의 일부 과정을 프로세스별로 단계를 나누어 평가하는 도구이다.
③ 고객과 종업원의 역할, 서비스 요소를 동시에 묘사해 무형의 서비스를 청각화할 수 있다.
④ 일선직원의 접점 행동을 기록화하는 작업이다.
⑤ 매 서비스 순간마다 사진으로 촬영, 기록하는 작업이다.

> **해설** ② 서비스 청사진은 고객이 경험하게 되는 서비스의 전 과정을 프로세스별로 단계를 나누어 제공되는 서비스로서 전체적인 흐름을 한눈에 파악할 수 있다.
> ③ 고객과 종업원의 역할, 서비스 요소를 동시에 묘사해 무형의 서비스를 시각화할 수 있다.
> ④ 일선 직원의 접점행위 영역을 구분, 고객에게 보이는 가시적 서비스 활동을 나열한다.
> ⑤ 서비스의 전 과정을 단계별로 나누어 전체흐름을 파악하고, 고객과 종업원의 역할과 서비스 요소를 묘사해 시각자료화할 수 있는 작업이다.

정답 01 ⑤ 02 ①

03 서비스 청사진의 구성요소가 아닌 것은?

① 고객의 행동 영역
② 고객의 인터넷 상 행동 영역
③ 일선 직원의 접점행위 영역
④ 후방 직원의 행위 영역
⑤ 지원 프로세스 영역

> **해설** ② 서비스 현장에서의 서비스 행위를 시각화하는 작업이므로, 고객의 인터넷 상 행동영역은 서비스 청사진의 구성요소에 해당하지 않는다.

04 서비스 청사진 작성 단계로 옳은 것은?

① 청사진으로 나타나야 할 서비스 프로세스 파악 → 현장과 후방 접점직원의 행위 도식화 → 고객 관점에서 서비스 프로세스 도식화 → 내부지원활동에 대한 도식화 → 고객의 행동 단계마다 서비스의 물리적 증거를 추가
② 고객 관점에서 서비스 프로세스 도식화 → 청사진으로 나타나야 할 서비스 프로세스 파악 → 고객의 행동 단계마다 서비스의 물리적 증거를 추가 → 현장과 후방 접점직원의 행위 도식화 → 내부지원활동에 대한 도식화
③ 청사진으로 나타나야 할 서비스 프로세스 파악 → 고객 관점에서 서비스 프로세스 도식화 → 현장과 후방 접점직원의 행위 도식화 → 내부지원활동에 대한 도식화 → 고객의 행동 단계마다 서비스의 물리적 증거를 추가
④ 고객 관점에서 서비스 프로세스 도식화 → 내부지원활동에 대한 도식화 → 청사진으로 나타나야 할 서비스 프로세스 파악 → 고객의 행동 단계마다 서비스의 물리적 증거를 추가 → 현장과 후방 접점직원의 행위 도식화
⑤ 현장과 후방 접점직원의 행위 도식화 → 고객 관점에서 서비스 프로세스 도식화 → 내부지원활동에 대한 도식화 → 청사진으로 나타나야 할 서비스 프로세스 파악 → 고객의 행동 단계마다 서비스의 물리적 증거를 추가

> **해설** 서비스 청사진 작성 단계
> - 1단계 : 청사진으로 나타나야 할 서비스 프로세스 파악
> - 2단계 : 고객 관점에서 서비스 프로세스 도식화
> - 3단계 : 현장과 후방 접점직원의 행위 도식화
> - 4단계 : 내부지원활동에 대한 도식화
> - 5단계 : 고객의 행동 단계마다 서비스의 물리적 증거를 추가

05 서비스 청사진의 장점이 아닌 것은?

① 직원에게 자신의 직무에 대한 전체 과정을 연결시켜 보게 함으로써 큰 그림으로 전체 경영활동을 이해할 수 있다.
② 서비스의 실패 지점을 파악해 품질 개선을 위한 노력을 용이하게 할 수 있다.
③ 상호작용선, 가시선, 내부적 상호작용선은 서비스 설계와 끊임없는 품질 개선에 도움을 줄 수 있다.
④ 외부 판촉을 위한 기초 자료로 활용할 수 있다.
⑤ 서비스 각 요소에서 투입되는 비용과 수익 및 자본을 파악하고 평가하는 기초를 제공할 수 있다.

해설 ④ 내부 및 외부 마케팅을 위한 합리적인 기반을 제공할 수 있다.

06 서비스 업무 표준화 3가지 기준이 모두 옳은 것은?

구 분	기준 1	기준 2	기준 3
①	수동화된 기록 문화	업무의 이질성을 기록	표준 매뉴얼
②	자동화된 기술적 환경	특별고객관리 대장	기술환경의 발달
③	업무 표준화	서비스 청사진을 통한 도식화	기술환경과 융합
④	업무 표준화	수동화된 기록문화	특별고객 관리 대장
⑤	자동화된 기술적 환경	업무 표준화	기술환경과 표준 매뉴얼

해설 서비스 업무 표준화의 3가지 기준
- 자동화된 기술적 환경 : 서비스 프로세스를 하나의 모듈로 표준화시켜서 이를 지원하는 다양한 기술과 업무를 표준화시키는 노력은 많은 기업들이 노력하는 부분이다.
- 업무 표준화 : 서로 다른 태도와 능력을 지닌 종업원들의 업무수행을 균질화시키기 위한 방법으로 서비스수행에 대한 표준화된 매뉴얼로 업무의 수행을 표준화한다.
- 기술환경과 표준 매뉴얼 : 일정 부분을 기술과 기계의 지원을 받고 나머지 작업은 표준수행 매뉴얼을 통해서 표준화를 지향하는 것이다.

07 서비스 프로세스 개선과정의 단계별 설명으로 옳은 것은?

① 1단계 - 근본원인을 분석한다.
　2단계 - 해결해야 할 문제를 정한다.
　3단계 - 결과를 평가한다.
　4단계 - 현행 프로그램을 평가한다.
　5단계 - 새로운 프로세스를 도출한다.
　6단계 - 프로세스 흐름도(Flow Chart)를 도식화한다.
② 1단계 - 해결해야 할 문제를 정한다.
　2단계 - 프로세스 흐름도(Flow Chart)를 도식화한다.
　3단계 - 결과를 평가한다.
　4단계 - 현행 프로그램을 평가한다.
　5단계 - 새로운 프로세스를 도출한다.
　6단계 - 근본원인을 분석한다.
③ 1단계 - 프로세스 흐름도(Flow Chart)를 도식화한다.
　2단계 - 해결해야 할 문제를 정한다.
　3단계 - 결과를 평가한다.
　4단계 - 현행 프로그램을 평가한다.
　5단계 - 새로운 프로세스를 도출한다.
　6단계 - 근본원인을 분석한다.
④ 1단계 - 현행 프로그램을 평가한다.
　2단계 - 프로세스 흐름도(Flow Chart)를 도식화한다.
　3단계 - 결과를 평가한다.
　4단계 - 해결해야 할 문제를 정한다.
　5단계 - 새로운 프로세스를 도출한다.
　6단계 - 근본원인을 분석한다.
⑤ 1단계 - 결과를 평가한다.
　2단계 - 프로세스 흐름도(Flow Chart)를 도식화한다.
　3단계 - 해결해야 할 문제를 정한다.
　4단계 - 현행 프로그램을 평가한다.
　5단계 - 새로운 프로세스를 도출한다.
　6단계 - 근본원인을 분석한다.

해설 서비스 프로세스 개선 과정의 단계
- 1단계 : 해결해야 할 문제를 정한다.
- 2단계 : 프로세스 흐름도(Flow Chart)를 도식화한다.
- 3단계 : 결과를 평가한다.
- 4단계 : 현행 프로그램을 평가한다.
- 5단계 : 새로운 프로세스를 도출한다.
- 6단계 : 근본원인을 분석한다.

정답 07 ②

08 피시본 다이어그램에 대한 설명으로 옳은 것은?

① 이름과 같이 물고기의 뼈모양을 닮았기 때문에 물고기뼈 도표라고도 불린다.
② 러브락에 의해 고안된 개선 도구이다.
③ 서비스 품질 향상을 위해 고안된 플로우 차트이다.
④ 인과관계도표와 다른 서비스 청사진의 일종이다.
⑤ 문제해결을 위한 차트로 문제를 꼬리에 두고 원인을 찾아 나가는 방법이다.

해설) 피시본 다이어그램
- 일본의 품질 전문가 카오루 이시가와(Kaoru Ishkawa)에 의해 개발된 것으로 잘못된 결과에 대해 원인을 찾아 연결하는 것이다.
- 인과관계도표(Cause and Effect Diagram)라고도 하며, 이 도표는 주요원인과 하위원인들이 하나의 결과(증상)를 불러온다는 것을 나타내고 있다.
- 전형적인 팀 브레인스토밍 툴로서 잠재적인 근간의 문제를 정의하는 데 쓰인다.
- 보통 해결할 문제는 물고기의 머리 위치에 두고, 원인과 결과는 물고기 뼈를 따라 위치시키며 다른 종류의 가지에 분류된다. 그리고 원인은 그 가지의 옆에 위치시킨다.

09 플로우 차트에 대한 설명으로 옳지 않은 것은?

① 서비스 프로세스의 흐름도를 말한다.
② 문제의 범위를 정하여 분석하고, 그 해법을 명확하게 하기 위해서 필요한 작업이나 사무처리의 순서를 통일된 기호와 도형을 사용해서 도식적으로 표시한 것을 말한다.
③ 프로그램에 관해서는 논리의 흐름을 특정한 기호를 사용해서 도식적으로 표현한 다이어그램 또는 블록 다이어그램이라고도 한다.
④ 피시본 다이어그램과 동일한 기법의 서비스 분석도구이다.
⑤ 서비스의 흐름보다는 문제의 원인을 파악하고 해결하기 위한 문제인식 분석도구이다.

해설) 플로우 차트
- 서비스 프로세스의 흐름도를 말한다.
- 문제의 범위를 정하여 분석하고, 그 해법을 명확하게 하기 위해서 필요한 작업이나 사무처리의 순서를 통일된 기호와 도형을 사용하여 도식적으로 표시한 것을 말한다.
- 프로그램에 관해서는 논리의 흐름을 특정한 기호를 사용해서 도식적으로 표현한 다이어그램 또는 블록 다이어그램이라고도 한다.
- 피시본 다이어그램과 동일한 기법의 서비스 분석도구이다.

10 PDCA 사이클에 대한 설명으로 옳은 것은?

① P – Plan 단계로 활동계획을 세우는 단계이다.
② P – Play 단계로 활동을 시행하는 단계이다.
③ D – Do It Your Self 단계로 서비스접점에서 스스로 판단 활동하는 단계이다.
④ C – Choice 단계로 고객이 서비스를 선택하도록 하는 단계이다.
⑤ A – A Plus 단계로 최고 A단계의 서비스로 끌어 올리는 단계이다.

> **해설** PDCA 사이클
> • Plan(계획) : 활동계획을 세우는 단계
> • Do(실행) : 계획을 실행해 보는 단계
> • Check(검증) : 결과를 조사, 평가, 확인하는 단계
> • Action(활동·개선) : 결과에 대한 개선 및 유지단계

11 서비스 프로세스 연구개발에 있어 R&D의 정의로 옳은 것은?

① 서비스 혁신을 위한 연구개발 활동을 말하며, 일반적으로 제조업의 제품 및 신공정 개발에 대응하여 새로운 서비스 상품 개발과 서비스 프로세스 혁신을 의미한다.
② 표적시장을 타깃으로 연구개발하는 행위이다.
③ 무형의 제품으로 완료되는 제조업의 R&D와 달리 서비스 R&D는 앞서 기술한 유형의 서비스 특성으로 서비스 생성과 전달에 있어서 인적 자원의 역할이 많은 부분을 차지한다.
④ 새로운 서비스의 창출 또는 서비스 전달체계의 개선, 제품과 서비스의 융합을 제외한, 새로운 서비스 제공에 대한 연구와 개발로 실현 가능보다 창의성에 역점을 둔다.
⑤ 기술개발, 비즈니스 모델 개발, 인문·사회·문화 측면에서의 연구개발 등은 포함되지 않는다.

> **해설** ③ 유형의 제품으로 완료되는 제조업의 R&D와 달리 서비스 R&D는 앞서 기술한 무형의 서비스 특성으로 서비스 생성과 전달에 있어서 인적 자원의 역할이 많은 부분을 차지한다.
> ④ 새로운 서비스의 창출 또는 서비스 전달체계의 개선, 제품과 서비스의 융합 등 새로운 지식을 얻거나 응용하는 체계적이고 창조적인 활동을 말한다.
> ⑤ 기술개발, 비즈니스 모델 개발, 인문·사회·문화 측면에서의 연구개발 등을 포함한다.

정답 10 ① 11 ①

12 서비스 품질의 측정이 어려운 이유로 가장 적절한 것은?

① 서비스 품질은 고객의 주관적인 개념이기에 측정이 어렵다.
② 객관적인 데이터 도출이 너무 용이하여 측정이 어렵다.
③ 서비스 품질의 측정은 고난도의 측정 도구를 활용해야 하기에 측정이 어렵다.
④ 고객이 서비스 프로세스에 참여하지 않기 때문에 측정이 어렵다.
⑤ 서비스 품질이 우수한 사례를 벤치마킹하여 따라하는 기업이 증가하므로 품질측정은 무의미하다.

해설 ② 객관적인 데이터 도출이 곤란하다.
③ 서비스 품질 측정도구는 꼭 고난도의 도구를 활용할 필요는 없다.
④ 고객은 서비스 프로세스 일부에 참여를 한다.
⑤ 서비스 품질이 우수한 사례는 벤치마킹하기 쉽지 않다.

13 서비스 혁신에 있어 점진적 혁신에 대한 설명으로 옳은 것은?

① 기존에 존재하지 않았던 완전히 새로운 역량이나 새로운 기술, 새로운 산출물이 개발되거나 적용하여 제공하는 것이다.
② 현재 제공되는 서비스의 단순한 역량 혹은 단순한 기술적 변화를 제공하는 것이다.
③ 기존의 서비스 구조, 역량, 기술의 변화 없이 유형적이거나 무형적인 특성들을 시각화하는 것을 의미한다.
④ 자사가 가지고 있는 두 개 이상의 서비스를 가지고 새로운 하나의 서비스를 만들어 내는 것이다.
⑤ 기존의 서비스에 새로운 기술적 요소나 역량이 추가 혹은 축소되어 발전된 서비스를 제공하는 것이다.

해설 ① 급진적 혁신 : 기존에 존재하지 않았던 완전히 새로운 역량이나 새로운 기술, 새로운 산출물이 개발되거나 적용하여 제공하는 것이다.
② 향상적 서비스 혁신 : 현재 제공되는 서비스의 단순한 역량 혹은 단순한 기술적 변화를 제공하는 것이다.
③ 표준화 서비스 혁신 : 기존의 서비스 구조, 역량, 기술의 변화 없이 유형적이거나 무형적인 특성들을 시각화하는 것이다.
④ 재결합 서비스 혁신 : 자사가 가지고 있는 두 개 이상의 서비스를 가지고 새로운 하나의 서비스를 만들어 내는 것이다.

14 서비스 품질을 측정하는 요소에 대한 설명으로 가장 적절한 것은?

① 유형성 - 물적 시설, 장비, 인력 등과 같은 서비스를 제공하는 물리적 환경이다.
② 공감성 - 고객을 돕고 신속한 서비스를 제공하는 표현이다.
③ 신뢰성 - 서비스 접점에서 서비스를 유연하게 응대하는 능력이다.
④ 대응성 - 고객에 대한 대응능력으로, 상황에 따라 대응할 수 있는 능력이다.
⑤ 확신성 - 직원의 스피디한 업무 추진 능력이다.

해설 ② 공감성 : 고객에 대한 배려와 개별적 관심을 보이는 정도이다.
③ 신뢰성 : 약속된 서비스를 신뢰할 수 있게 정확히 수행하는 능력이다.
④ 대응성 : 고객을 돕고, 신속한 서비스를 제공하겠다는 의지의 표현이다.
⑤ 확신성 : 직원의 서비스 제공 능력뿐 아니라 지식과 예의바른 근무 자세를 말한다.

15 서비스 수준에 따라 서비스 혁신을 구분하는데, 현재 제공되는 서비스의 특성을 변경하는 것은 어느 단계에 해당하는가?

① 서비스 개선
② 주요 혁신
③ 신설 서비스 사업 구현
④ 서비스 라인 확장
⑤ 스타일 변경

해설 ② 주요 혁신(급진적 혁신) : 시장에서 새로운 서비스 사업을 시작하는 경우
③ 신설 서비스 사업 구현(급진적 혁신) : 기존 시장과 고객을 대상으로 완전 새로운 서비스를 창출하는 경우
④ 서비스 라인 확장(점진적 혁신) : 새로운 서비스의 추가 및 새로운 코스를 추가하여 서비스 라인을 더 늘려 나가는 경우
⑤ 스타일 변경(점진적 혁신) : 기존의 서비스에 대해 고객의 감정, 인식 변화에 영향을 주는 경우

O/X형 문제

16 서비스 청사진은 서비스 시스템을 명확히 나타내고 있는 그림 또는 지도로서 역할이나 관점을 객관화하는 작업이다. 서비스 청사진은 고객이 경험하게 되는 서비스의 전 과정을 프로세스별로 단계를 나누어 제공되기 때문에 서비스의 전체적인 흐름을 한눈에 파악할 수 있다.

(① O / ② X)

17 표준화된 서비스 프로세스는 서비스 전달과정을 표준화하여 대량서비스 또는 일관된 서비스를 추구한다. 서비스 프로세스의 표준화는 기업의 경영합리화 및 효율성 증진, 서비스 생산성 증가의 목적으로 주로 사용된다.

(① O / ② X)

18 피시본 다이어그램(Fishbone Diagram)은 이름과 같이 물고기의 뼈모양을 닮았기 때문에 물고기 뼈도표라고도 불리며, 일본의 품질 전문가 카오루 이시가와(Kaoru Ishkawa)에 의해 개발된 것으로 잘못된 결과에 대해 원인을 찾아 연결하는 것이다.

(① O / ② X)

19 피시본 차트는 서비스 프로세스의 흐름도를 말하며, 문제의 범위를 정하여 분석하고 그 해법을 명확하게 하기 위해서 필요한 작업이나 사무처리의 순서를 통일된 기호와 도형을 사용해서 도식적으로 표시한 것을 말한다.

(① O / ② X)

> 해설) 플로우 차트에 대한 설명이다.

20 파레토 차트(Pareto Chart)는 품질개선 과정에서 사용하는 중요한 도구로 최대의 이익을 얻을 수 있는 영역에 시간과 노력을 집중하기 위한 분석 도구이다. 그림은 공정에서 불량의 주된 원인을 찾는 중요한 도구로 많이 사용되고 있다.

(① O / ② X)

21 데밍 사이클(관리 사이클, Deming Cycle)이라고도 불리는 PDCA 사이클(Plan-Do-Check-Act)은 일정한 목표를 정해 놓고 이것을 달성하기 위해 행하는 모든 활동으로서 항상 어떤 표준이나 한계를 정하여 그것에 대비시키면서 어떤 행동을 제어하여 나가는 것을 의미한다.

(① O / ② X)

정답 16 O 17 O 18 O 19 X 20 O 21 O

연결형 문제

[22~27] 다음 단어에 대한 설명으로 알맞은 것을 각각 골라 넣으시오.

① 데밍 사이클	② 파레토 차트
③ 신서비스 개발	④ 급진적 서비스 혁신
⑤ 에드-훅 서비스 혁신	⑥ 재결합 서비스 혁신

22 (　　)은(는) 막대 차트의 한 종류로 어떤 범주 그룹이 가장 중요한지를 확인, 크게 개선이 일어날 수 있는 부분에 초점을 맞추도록 하는 그래프 분석법이다(예 불량품이나 결점, 클레임, 사고 등을 그 현상이나 원인별로 분류하여 불량개수나 손실금액이 많은 차례로 늘어놓아 그 크기를 막대그래프로 나타내어 무엇이 가장 문제인지를 찾는다).

23 활동 계획을 세우고, 계획을 실행하여 그 결과를 조사·평가·확인하는 단계를 거쳐, 결과에 대한 개선과 유지를 하는 단계로 PDCA 사이클을 이용하는 관리 사이클은 무엇인가? (　　)

24 10단계의 개발 프로세스(1. 전략기획 → 2. 아이디어 창출 → 3. 아이디어 검토·통합 → 4. 경영분석 → 5. 효과적인 교차기능 팀 구성 → 6. 서비스 프로세스와 시스템 디자인 → 7. 개별 훈련 → 8. 서비스 테스트 → 9. 시험 실행 → 10. 시험시장 조사 및 상업화)는 무엇을 개발하기 위한 프로세스인가? (　　)

> 해설) 신서비스 개발을 위한 10단계의 개발 프로세스이다.

25 기존에 존재하지 않았던 완전히 새로운 역량이나 새로운 기술, 새로운 산출물이 개발되거나 이를 적용하여 제공하는 서비스는 어떠한 혁신에 해당하는가? (　　)

26 특정 문제를 가지고 있는 고객이 관련 지식이나 노하우를 보유하고 있는 공급자와의 상호작용을 통해 적재적소에 제공받는 일시적인 서비스를 의미하는 것은 무엇인가? (　　)

27 자사가 가지고 있는 두 개 이상의 서비스를 가지고 새로운 하나의 서비스를 만들어 내는 것과 기존의 서비스 역량이나 기술들을 조합하여 새로운 서비스를 창출하는 것을 무엇이라 하는가? (　　)

정답 ▶ 22 ② 23 ① 24 ③ 25 ④ 26 ⑤ 27 ⑥

우리가 해야할 일은 끊임없이
호기심을 갖고 새로운
생각을 시험해보고
새로운 인상을 받는 것이다.
- 월터 페이터 -

PART 3

서비스 수요와 공급

- **01** 서비스 수요관리 및 수요예측
- **02** 서비스 공급계획 및 전략
- **03** 서비스 수요와 공급관리
- **04** 서비스 대기관리
- **05** 서비스 가격관리 및 수율관리
- **06** 서비스 기대관리

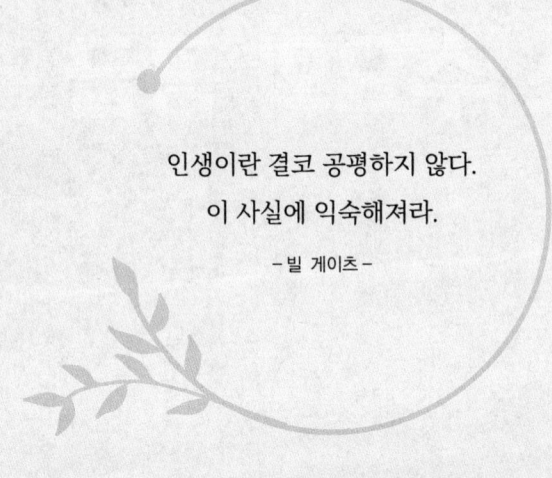

인생이란 결코 공평하지 않다.
이 사실에 익숙해져라.
- 빌 게이츠 -

끝까지 책임진다! SD에듀!
QR코드를 통해 도서 출간 이후 발견된 오류나 개정법령, 변경된 시험 정보, 최신기출문제, 도서 업데이트 자료 등이 있는지 확인해 보세요! 시대에듀 합격 스마트 앱을 통해서도 알려 드리고 있으니 구글 플레이나 앱 스토어에서 다운받아 사용하세요. 또한, 파본 도서인 경우에는 구입하신 곳에서 교환해 드립니다.

PART 03 | 서비스 수요와 공급

▶ 무료 동영상 강의가 있는 SMAT Module C 서비스 운영전략

01 서비스 수요관리 및 수요예측

(1) 서비스 수요관리의 이해 ★★ 중요

① 서비스 수요관리의 개념
  ㉠ 기업이 고객의 서비스 요청에 아무리 철저히 대비해도, 많은 고객이 한꺼번에 밀려오면 서비스 품질은 나빠지고 이러한 품질저하는 곧 충성고객을 잃게 만든다.
  ㉡ 한여름과 한겨울의 전력수요 피크는 국가차원의 대형 정전사태를 일으키기도 하며, 설이나 추석 등 명절에는 명절선물세트의 대량 주문과 배송으로 택배회사의 업무가 마비되기도 한다. 즉 이러한 서비스 수요를 관리하고 통제하는 것을 서비스 수요관리(Demand Management)라고 한다.

② 서비스 수요의 특성

변동성	서비스 수요는 시간대별, 요일별, 주별 또는 월별 등에 따라 높은 변동성을 보인다.
재고관리의 어려움	서비스 수요는 눈에 보이지도 않고 또 만들어지면서 바로 소비되기 때문에 재고의 저장이 불가능하거나 아주 어렵다. 따라서 서비스 수요는 발생 순간에 즉시 제공되지 못하면 수요 자체가 사라져버리는 경우가 많다.
다양성과 이질성	서비스는 종류가 다양하고 이질적인 특성을 지니고 있어 서비스 간의 호환을 어렵게 한다. 만일 공급량이 서비스 수요보다 크면 남은 공급능력은 그대로 버려야 하며, 반대로 수요량이 공급능력을 넘어서면 넘치는 수요는 포기해야 한다.
시간과 공간의 제약	서비스는 특정시간에 제공되어야 하거나, 공간사이의 이동 불가능 등 제약이 따르는 경우가 많아, 원하는 시간과 장소에 제대로 서비스를 제공하지 못하는 결과로 이어질 수 있다. 또한 서비스를 제공한다고 해도 추가비용이 발생할 수 있는 문제로 이어질 수 있다.

(2) 서비스 수요예측

① 수요예측의 개념
  ㉠ 수요예측(Demand Forecasting)이란 언제 얼마만큼의 서비스가 판매될 것인가를 전망하는 활동이다.
  ㉡ 수요예측이 필요한 직접적인 이유는 수요에 대한 정확한 예측을 바탕으로 공급계획을 수립해야만 공급의 과잉이나 부족문제를 방지할 수 있기 때문이다.
  ㉢ 수요예측이 잘못되면 공급계획이 잘못되고, 제때에 제대로 공급이 이루어지지 못하면 다른 모든 경영기능이 연쇄적으로 타격을 입게 된다.

② 수요예측 기법의 종류 ★★ 중요

정성적 기법 (질적평가)	의 미	• 어느 일정기간 동안의 성과를 위주로 평가하는 방법이다.
	장 점	• 정성적 예측의 장점은 단순성과 명확성에 있다. 고객을 가장 잘 파악하고 있는 사람과 조직이 가장 현실적이고 직접적인 정보를 바탕으로 예측하기 때문이다.
	한계점	• 너무 근시안적인 정보만을 가지고 접근하는 오류를 범할 수 있다. • 주관적인 판단으로 인해 과학적이고 논리적인 근거가 부족한 문제도 지적되고 있다. • 일반적으로 소비자 구매결정이 이성적 사고과정을 거친다고 전제를 한다(가격, 품질 등 상품 속성별 중요도와 호감도를 기준으로 하여 논리적 사고과정을 거쳐 상품이 선택된다고 봄).
정량적 기법 (양적평가)	의 미	• 어느 일정기간 동안의 성과를 총량 또는 평균적으로 평가하는 방법이다.
	한계점	• 정량적 조사는 객관적 측면에서는 유용하지만 소비심리를 심층적으로 이해하는 데는 한계가 있다. • 정량적 자료해석에 치중하여 고객의 숨겨진 마음을 읽지 못해 실수하는 경우도 많이 있었다. • 고객들이 사회통념이나 도덕에 위배되는 사항에 대해서 답변을 기피하는 경향이 있으므로 조사결과를 그대로 해석하는 데는 위험요소가 있다. [말로 표현되는 니즈는 5%에 불과] 하버드 경영대 잘트만(Zaltman) 교수는 "인간 사고의 95%는 무의식에서 일어나고, 나머지 5%도 언어로 나타낼 수 없는 부분이 많다"고 주장, 카네기멜로 대학 로웬스틴(Lowenstein) 교수도 "인간행동을 설명하는 데 의식(Consciousness)의 역할이 종종 과장된다"는 연구결과를 도출했다.

> **Tip** 정성적 기법과 정량적 기법
>
> • **정성적 기법의 예시 : 변화와 개성을 추구하는 P세대의 부상**
> 제일기획은 한국을 주도하는 10~30대를 참여(Participation), 열정(Passion), 잠재력(Potential), 힘(Power), 패러다임 변화(Paradigm-shift) 등의 키워드로 묘사되는 'P' 세대로 정의, 새로움과 변화, 느낌과 감성, 즐거움과 재미를 추구하며 선(善)과 악(惡)보다는 호(好)와 불호(不好) 중심으로 판단하고 이러한 욕구를 충족시키기 위해 기업은 맞춤상품, 개성표출 상품 등에 주력하는 경향을 보이고 있다.
> 출처 : 2010년 제일기획 자료
>
> • **정량적 기법의 예시 : 빅맥지수(Big Mac Index)**
> 1986년 9월 영국 경제 전문지 이코노미스트에 처음 등장, 120개 국가의 물가수준과 통화가치를 비교해 주는 명확한 자료가 되고 있다. 맥도날드는 세계 여러 나라에 체인점이 있고 조리법이 동일하다. 이에 국가 간의 물가지수를 비교하기 가장 용이한 기준으로 사용되며 햄버거와 최저임금이 노동력과 그 가치를 환산하는 절대적 기준수치의 표본으로 활용되어지고 있다.
>
> | 미 국 | 아르헨티나 | 호 주 | 브라질 | 영 국 |
> |---|---|---|---|---|
> | $4.07 | $4.84 | $4.94 | $6.16 | $3.89 |
> | $0 / 0% | $0.77 / 19% | $0.87 / 21% | $2.09 / 51% | -$0.18 / -4% |

㉠ 정성적 예측기법(Qualitative Forecasting Methods)
- 정성적 예측기법은 주로 과거의 데이터가 없거나 변질되었을 때, 또는 외부환경요인에 크게 변화하여 과거의 데이터가 의미가 없어졌을 때, 그리고 시장의 수요가 어느 한 가지 요인의 특성보다 여러 요인들 사이의 복합적인 상호관계에 의해 결정되어져야 할 때 사용되는 예측기법이다.
- 중장기적 예측에 적합한 예측기법으로서 제품의 개발이나 시장전략, 공장의 입지 선택과 같이 중장기적 전략 결정 등에 적용될 수 있으며, 경영자의 판단이나 전문가의 의견, 시장조사 결과 등을 참고하여 주관적으로 미래의 수요예측을 하는 방법을 통칭하는 개념이다. 따라서 예측기법의 적용에 소요되는 시간과 비용이 다소 높다.

[정성적 예측 기준]

1	억양, 눈맞춤, 몸짓, 주시동작 등 준언어(Paralanguage)적 의미를 포착하도록 노력
2	고객이 자신이 의도하는 것을 말로 쉽게 설명하지 못하고, 특히 추상적인 요구사항을 스스로 정의하여 표현하기 어렵다는 것을 이해
3	사람들은 자신의 생각이나 감정을 의식하지 못하는 경우가 대부분이며, 사고 형태도 억양과 이미지가 혼재되어 나타남
4	언어로 표현되지 않는 무의식적인 필요(Needs)까지 고려하여야 함
5	이성적 사고와 함께 감성적·정서적 상황이 고객의 심리와 행동에 영향을 미침

- 시장 조사법
  ⓐ 사용자와의 인터뷰, 시장동향의 분석, 대규모의 설문조사, 전화, 개별방문 등
  ⓑ 신서비스를 시장에 출시하기 전에 미래의 수요를 예측하기 위해 사용
  ⓒ 시장의 정보를 수요예측에 직접 반영하기 때문에 단기적으로는 정확도가 높지만, 장기적으로는 기술과 환경의 변화로 인해 정확도가 떨어질 수 있음
  ⓓ 시장에서 직접 자료를 수집하고 분석해야 하기 때문에 시간과 비용이 많이 소요됨
- 지명집단기법(Nominal Group Technique) 또는 포커스그룹 인터뷰 FGI(Focus Group Interview)
  ⓐ 8~12명 정도의 전문가가 모여서 자유로운 토론을 하거나 투표를 함
  ⓑ 전문가는 기업내부와 외부를 모두 포함하며, 주로 기업 내의 경영기획, 마케팅, 생산부문의 담당자와 기업외부의 관련분야 전문가 또는 주요고객들이 포함됨
- 델파이(Delphi)기법
  ⓐ 앞의 지명집단기법을 바탕으로 규모도 더 키우고 과정도 좀 더 조직화한 방법
  ⓑ 전문가집단의 의견들을 조정, 통합하거나 개선시키기 위한 방법
  ⓒ 중요문제에 대해 설문지를 우송하여 표본 개인들에게 일련의 집중적인 질문을 하고, 매회 설문에 대한 반응을 수집 및 요약하며 그것을 다시 표본 개인들에게 송환해 주어 개인들 자신의 견해나 평정을 수정해 감
  ⓓ 반복적인 설문조사를 통해 신뢰성 있는 합의점을 도출하는 과정을 반복하면 처음에는 전문가들 간의 예측치에 대한 편차가 크지만 점차 만족할 만한 범위 안으로 의견이 수렴됨
  ⓔ 개인들은 면대면(面對面)으로 만나지 않기에 익명(匿名)을 보장받을 수 있어 쉽게 반성적 사고를 하게 되며, 새로운 의견이나 사상에 대하여 솔직해질 수 있음
  ⓕ 이제는 예측뿐 아니라 의견의 폭주 시 해결방안을 모색하는 등 여러 장면에서 쓰이고 있으며, 의견이 다양할 때에는 욕구나 우선순위를 확인 또는 서열화하는 데 사용할 수 있음

> **Tip** 델파이기법의 어원과 유래
>
> 델파이기법의 어원은 고대 그리스 아폴로 신전인 델포이 신전에서부터 전해졌다. 델포이 신전은 당시 가장 존경받는 성지였으며, 아폴로는 젊음과 미의 상징으로 미래를 통찰할 수 있는 능력을 가진 신으로 유명했다.
>
> 이후, 미국 RAND社의 철학자인 카프란(Kaplan)에 의해 고안되었으나, 1950년대에 RAND社에서 국방부 프로젝트를 담당하던 수학자이자 논리학자인 오라프 헤머(Helmer)와 미래학계 동료인 테드 고든(Gordon) 그리고 노먼 달키(Dalkey) 이 세 사람에 의해 델파이(Delphi)라는 기법이 공동 개발되었다.
>
> 델파이(Delphi)기법은 국방성의 요청에 따라 미국에 대규모 원자탄 공격이 가해졌을 경우 예상되는 효과를 평가하고자 하는 목적으로 개발되었으며, 기존의 전통적인 회의식 기법이 심한 갈등과 좋지 않은 토의 분위기로 판단을 흐리게 한다는 비판에서 대두되어 개발된 것이다.
>
> 그러나 1950년에서 1963년까지 군에서 진행된 14개의 델파이 연구는 베일에 가려져 있었고, 1964년에 처음으로 테드 고든(Gordon)과 오라프 헤머(Helmer)의 연구보고서가 출간되면서 델파이기법이 전 세계적으로 알려지게 된 계기가 되었다.
>
> 이렇게 델파이기법은 1960년대 중반부터 산업계의 기술발전을 예측하는 데에 광범위하게 활용되기 시작하였고, 이후 미래예측뿐만 아니라 조직의 목표설정 및 정책수립에 이르는 영역이 확대되었다.

- 사다리기법(Laddering)
    ⓐ 사다리기법은 제품의 물리적 특성과 고객가치(Values) 간의 연결관계를 파악하여 심리지도(Mental Map)를 만드는 조사방법
    ⓑ 소비 행태를 유발하는 근본 이유를 파악하기 위해 사다리를 오르듯이 지각과정(Perceptual Process)을 거슬러 개인의 내면 가치에 접근
    ⓒ 상품의 구매와 사용을 유도하는 구체적·현실적 핵심 요소와 추상적·존재적 가치를 연결

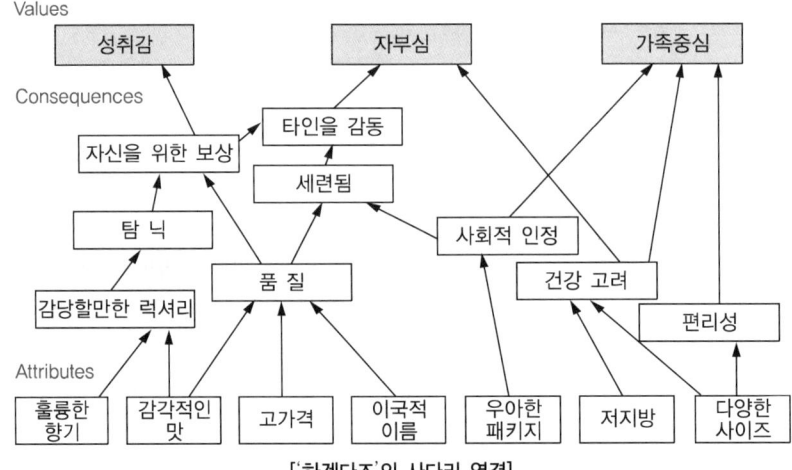

['하겐다즈'의 사다리 연결]

- 전문가 모니터링
    ⓐ 트렌드 리더(Leader), 또는 전문지식이 있는 고객이 관찰을 하도록 하는 기법으로 소비자와 관찰자의 역할을 동시에 수행하므로 시장조사자가 일방적으로 관찰하는 것보다 훨씬 현실적 결과를 도출할 수 있음
    ⓑ 상품, 시장에 대한 전문적 지식과 경험, 적극적 마인드를 보유한 모니터일수록 보다 심층적인 관찰과 분석이 가능
    ⓒ 트렌드를 주도하는 사고방식과 라이프스타일을 보유해야 유행을 선도하는 아이템을 파악할 수 있고 제시하는 의견이 신빙성이 있음(이들을 통한 제품 콘셉트와 이미지의 홍보도 가능)
    ⓓ 정기적으로 교육을 실시하거나 토론과 발표를 권장하여 모니터 요원 간 지식 공유와 시너지를 극대화함
ⓒ 정량적 예측기법(Quantitative Forecasting Methods)

전기 수요법	최근의 실제 수요량 조사
인과형 예측기법	회귀분석, 산업연관 분석, 투입산출모형, 선도지표법 등
시계열 예측기법	이동평균법, 지수평활법, 최소자승법, 목측법, 박스제킨스법 등

- 전기 수요법 : 최근의 실제 수요량을 다음 수요량으로 예측하는 기법
- 인과형 예측기법
    - 수요에 영향을 주는 환경 요인들을 파악하고 수요와 이 요인들 간의 인과관계를 파악함으로써 미래의 수요를 예측하는 기법
    - 수요를 종속변수로 하고, 수요에 영향을 주는 요인들을 독립변수로 함
- 시계열 예측기법(Time-series Analysis) : 정량적 예측기법은 시간의 경과에 따라 과거의 데이터를 이용하기 때문에 '시계열 분석'이라고도 한다. 시계열 수요예측은 과거의 자료를 시각적으로 살펴보고 '시계열(시간, 일, 주, 월, 년 등)을 따라 발생한 실적(과거데이터)을 바탕으로 미래를 예측하는 기법'이다.

[시계열 분석의 4가지 변동요소]

추세변동 (Secular Variation)	장기간에 걸쳐 나타나는 지속적인 변동으로 단위시간당 변인의 평균변화가 직선이나 곡선의 경향으로 설명되는 발달경향이다. 수요가 단순히 오르락내리락하는 것만 아니라 시간의 흐름에 따라 일정한 방향성을 가지고 변한다는 것을 뜻한다. 그러나 추세는 꾸준히 늘어날 수도 있고 계속 줄어들 수도 있기 때문에, 이 경우에 수요예측을 하는 방법은 과거의 평균값에다 증가추세가 있는 경우에는 추세의 차이만큼을 더해주고 반대로 감소추세가 있는 경우에는 빼주는 것이다. 이때 평균값은 이동평균이나 지수평균을 통해 계산할 수 있다.
계절변동 (Seasonal Variation)	1년 혹은 그 이하의 일정기간 동안의 변동이다. 즉, 시계열 자료를 몇 개의 기간으로 나누었을 때 기간 사이에 수요의 차이가 존재하는 일반적인 경우를 의미한다. 이러한 계절변동이 있는 경우 수요예측은 과거의 평균값에다 해당되는 계절변동의 수준을 곱하는 것을 기본으로 한다.
순환변동 (Cycle Variation)	2년 이상 장기간에 걸쳐 나타나는 변동이다.
불규칙변동 (Irregular Variation)	불규칙변동은 전쟁이나 지진 등 기상천외의 사건들에 의해 발생되는 예측 및 추정이 불가능하거나 쉽게 확인되는 변동이다. 따라서 추세변동, 계절변동, 순환변동을 분석할 때 이러한 불규칙 변동요인을 시계열 자료에서 제거해야 한다.

[시계열 분석의 방법]

이동평균법 (Moving Average)	시간의 흐름에 따라 계속 움직이면서 가장 최근의 자료만을 가지고 계산한 평균이다. 즉, 가장 오래된 자료를 제거하는 대신에 가장 최근의 자료를 추가하여 평균값을 갱신함으로써 미래의 수요를 예측하는 방법이다.
지수평활법 (Exponential Smoothing)	지수평균을 이용하여 차기값을 예측하는 기법으로, 단순지수평균(EA)의 식을 통해 당기를 t-1기라고 하여 풀어서 써보면, 아래의 공식과 같이 표현할 수 있다. 차기예측치 = 당기예측치 + α(당기실적치 - 당기예측치) = 당기예측치 + α×당기실적치 - α×당기예측치 = α×당기실적치 + (1 - α)×당기예측치 = α×At - 1 + (1 - α)×Ft - 1 이 식이 의미하는 것은 실적치와 예측치의 고려하는 비중을 어떻게 하느냐하는 것으로 실적치에 α만큼을 고려하면 예측치에는 (1 - α)만큼 고려하여 차기예측치로 삼는 것을 의미한다.

Tip 단순지수평활법에 의한 수요예측

α = 0.4라고 가정하고, 단순지수평활법에 의한 수요예측을 계산해보자.
- 지수평활법에 의한 예측수요량 계산

월	실제수요량	예측치	다음 달 수요예측치
1	10	11	0.4 × 10 + 0.6 × 11.0 = 10.6
2	12	10.6	0.4 × 12 + 0.6 × 10.6 = 11.2
3	13	11.2	0.4 × 13 + 0.6 × 11.2 = 11.9
4	-	11.9	-

이때, α값의 결정은 기업의 상황이나 계수의 성질에 따라 신중하게 결정해야 하며, 일반적으로 α값은 0.01~0.3의 값으로 예측한다. 단, 수요가 불안정한 경우 0.5~0.9의 값을 선정하여 예측한다. 즉, 수요추세가 안정적이면 α값을 작게 하여 과거의 예측치를 많이 고려하고, 수요추세가 변동성이 크고 동태적이면 α값을 크게 하여 과거의 실제수요를 많이 고려하는 것이 좋다. 그러나 수요추세는 확률적이고 임의성을 띄고 있어서 예측을 평활화하기 위해서는 0.005~0.3 사이의 값을 사용하는 것이 바람직하다.

02 서비스 공급계획 및 전략

(1) 서비스 공급계획의 이해 ★★ 중요

① 서비스 공급계획의 개념
  ㉠ 수요가 예측되면 수요에 맞추어 공급계획을 수립해야 한다.
  ㉡ 서비스를 공급하는 방식은 크게 자체적으로 공급능력을 확보하는 방식과 외부에서 주문하는 고정주문 및 일회주문 방식으로 나눌 수 있다.

② 서비스 공급모형과 전략
  ㉠ 자체공급모형 : 수요에 맞추어 자체적으로 서비스공급능력을 확보하는 방식이다. 이러한 자체공급모형은 3가지 전략적 선택에 따라 달라진다.

수요추구형전략 (Chase Strategy)	수요추구형전략은 그때그때 수요예측치의 크기에 따라 공급의 크기를 조정하는 전략이다. 수요량에 따라 인력수준 또는 공급수준을 신축적으로 바꾸게 된다. 예를 들어, 첫 달에 100건의 서비스가 예상되면 첫 달에는 100건의 서비스를 제공할 수 있는 공급능력을 확보하고, 다음 달에 200건의 수요가 예상되면 다음 달에는 200건의 서비스를 제공할 수 있는 공급능력을 확보하는 식이다. 이 전략의 장점은 재고가 남거나 부족한 문제가 없는 점이며, 단점으로는 서비스인력을 그때그때 채용하거나 해고하는 데 많은 비용이 든다는 점이다.
공급평균화전략 (Level Strategy)	공급평균화전략은 일정 기간 수요를 모아서 평균을 낸 후 항상 평균적 크기의 공급능력을 확보하는 전략으로서, 수요량에 상관없이 매월 일정수준의 고용과 공급량을 할당하는 전략이다. 예를 들어, 앞의 수요추구형전략의 예에서 두 달을 합친 수요가 300건이면 한 달의 평균수요는 150건이다. 그러므로 첫 달과 다음 달 모두 150건의 공급능력을 확보하는 식이다. 이 전략의 장점은 인력이나 장비를 안정적으로 유지할 수 있다는 점이며, 재고관리가 부담이 된다는 단점이 있다. 단, 재고 부족과 공급지연을 허용하는 경우와 재고 부족과 공급지연을 허용하지 않는 경우로 나뉠 수 있다.
혼합전략 (Mixed Strategy)	혼합전략은 위의 두 전략을 적절히 혼합하여 사용하는 전략이다. 따라서 각각의 전략이 장점과 단점을 모두 가지고 있다. 이 전략은 재고관리 비용과 채용 및 해고 비용이 어떻게 정해지느냐에 따라 두 가지 비용을 합한 총비용의 크기가 달라지고, 결국 총비용의 크기에 따라 어느 전략이 더 좋을 수도 있고 나쁠 수도 있다. 그러므로 총비용의 크기를 기준으로 총비용이 최소가 되는 전략을 선택해야 한다.

  ㉡ 고정주문모형 : 고정주문량 모형(Fixed Order Quantity Model)은 매번 주문량이 고정되어 있는 대신 주문시점과 주문간격을 신축적으로 바꾸는 방식이다. 따라서 이 방식을 사용하기 위해서는 수요의 변화와 공급량의 재고를 항상 살펴보면서 적절한 주문시점을 결정하는 항시통제시스템을 갖추고 있어야 한다. 이 모형에서는 주문량(Q, Quantity)과 재주문 시점(R, Reorder Point)에 대한 결정을 내려야 한다.

주문량의 결정	주문량을 정하는 기준은 다양하게 제시될 수 있지만, 가장 오래전부터 사용되는 기준은 경제적 주문량(EOQ ; Economic Order Quantity)모형이 있다. EOQ모형은 구매비용, 주문비용, 재고유지비용 등을 합쳐 총비용을 최소로 할 수 있는 주문량을 찾는 모형이다. 총비용(TC)은 아래의 식으로 표현할 수 있다. 총비용 = 구매비용 + 유지비용 + 주문비용 경제적 주문량(Q^*)을 구하는 식을 표시하면 아래와 같다. $EOQ = \sqrt{2 \times 연간수요량 \times 1회발주비 \div 재고유지비용}$ $\therefore Q^* = \sqrt{\dfrac{2DS}{h}}$ EOQ모형의 기본 가정은 아래 4가지 가정을 토대로 한다. • 수요가 일정하다. • 단위가격이 일정하다. • 재고부족은 없다. • 주문에서 실제 조달까지 걸리는 리드타임이 일정하다. [고전적 EOQ 재고모형] 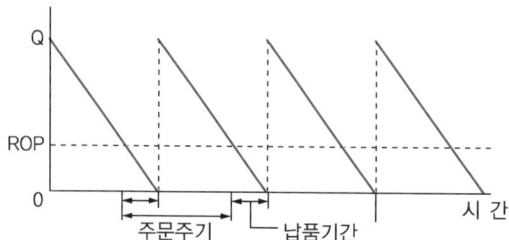 출처 : 송재명, 〈자재관리〉, 한올출판사, 2001 한 번의 주문량이 도착하고 그 다음번 주문량이 도착할 때까지의 시간을 하나의 주기, 즉 Cycle Time이라고 하며, 이러한 EOQ모형의 재고수준은 일정한 수요(D)에 따라 일정한 비율로 줄어들다가 미리 정해놓은 수준 이하로 재고가 줄어들면 재주문(r^*)하는 식의 주기적 형태를 띠고 있다.
재주문 시점의 결정 (ROP ; Reorder Point)	재주문 시점은 언제 주문을 발주할 것인가를 결정하는 문제이다. 재주문 시점을 정하는 기준은 주문에서 도착까지 걸리는 리드타임(Lead Time) 동안 얼마나 수요가 있을 것인가에 따라 정하면 된다. 예를 들어, 매일 10건의 수요가 있고 리드타임이 10일이라면 현재 남아 있는 서비스공급량의 재고가 100건 정도 시점에서 주문을 내면 재고의 부족 없이 공급을 관리할 수 있다. 다만, 문제는 실제수요는 평균수요보다 더 많을 수도 있고 더 적을 수도 있다는 불확실성이 있다. 특히 리드타임 동안에 평균수요보다 실제수요가 더 많으면 재고부족이 일어나기 때문에 이를 방지할 수 있는 안전장치가 필요하다. 이때 재고부족의 경우를 대비하여 추가적으로 보유하게 되는 재고를 안전재고(Safety Stock)라 한다. 따라서 재주문점(r^*)은 위의 수식과 같이 안전재고와 리드타임(LT) 동안의 평균수요를 더한 양만큼으로 결정된다. $ROP = r^* =$ (LT 동안의 평균수요) + Z(LT 동안 수요의 표준편차)

ⓒ 고정주문간격모형 : 고정주문간격모형은 고정주문량모형과 반대로, 매번 주문간격은 고정되어 있고 대신에 주문량을 신축적으로 바꾸는 방식이다. 고정주문간격모형을 사용하기 위해서는 주기적으로 재고량에 대한 검사를 통해서 필요한 만큼 주문을 하는 주기적 통제시스템을 갖추어야 하며, 이 모형의 주문시점 간격은 기업의 내부방침이나 시장 환경에 따라 정해진다. 고정주문량모형에서의 주문량을 주기적 주문량(POQ ; Periodic Order Quantity)이라고 하며 POQ는 매번 달라진다. POQ를 정하기 위해서는 수요는 변동하고 리드타임은 상수인 것을 가정해야 한다. POQ를 정하는 방법은 주문간격(OI)과 리드타임(LT)을 더한 기간만큼 동안의 평균 수요량에다가 안전재고량을 더하면 된다. 만일 보유재고량(IOH ; Inventory On Hand)이 있다면 그만큼을 빼준다. POQ는 아래의 식으로 표현될 수 있다.

$$POQ = Q*(OI+LT) + Z(OI+LT \text{ 수요의 표준편차}) - \text{보유재고량}$$
$$= \bar{d}(OI+LT) + Z\sqrt{OI+LT_{\sigma_d}} - IOH$$

고정주문량모형과 비교하여, 고정주문간격모형은 다음과 같은 장·단점을 가지고 있다.

[고정주문간격모형의 장·단점]

장 점	단 점
• 주기적으로 재고수준을 점검하기 때문에 통제비용이 적게 소요된다. • 같은 공급자에게 반복주문을 하므로, 주문비용이 절감된다.	• 안전재고의 수준이 높다. • 관리에 관한 기간이 리드타임(LT)에서 주문간격(OI) + 리드타임(LT)으로 늘어났기 때문에 안전재고도 늘어나게 된다. • 주문기간과 시점이 정해져 있으므로, 관리의 유연성이 낮다.

ⓔ 일회주문모형 : 일회주문모형은 유통기한이 있는 서비스를 얼마나 주문할 것인가를 결정하는 모형이다. 예를 들어, 명절이나 휴가시즌 동안에만 일회성 수요가 몰리는 서비스의 경우, 그 기간이 지나면 더 이상 수요가 발생하지 않는다. 따라서 공급량에 대한 주문량이 수요량보다 적을 경우 수요를 포기할 수밖에 없고, 반대로 많을 경우 주문한 공급량을 그대로 버릴 수밖에 없다. 이 모형에서는 일회성의 문제이기 때문에 주문시점을 정할 필요는 없고 주문량만 정하면 된다. 주문량을 정할 때에 앞의 모형들은 총비용최소화 기법을 적용했으나, 여기서는 한계분석의 개념을 사용한다. 한계분석의 기본개념은 서비스 제공에서 얻는 이익은 기대한계이익과 기대한계손실이 같을 때 최대가 된다.

• 한계분석 : 하나의 단위가 추가적으로 증가할 때의 영향력을 분석하는 것이다.
• 한계부족비용(C_s) : 한 단위만큼의 공급부족으로 인해 실현되지 못하는 이익을 말한다.
• 한계초과비용(C_e) : 한 단위만큼의 공급초과로 인해 실제로 발생한 손실로서, 비용에서 잔존가치(Salvage Value)를 제한 값이다.

$$C_e P(Q) = C_s (1 - P(Q))$$
$$P^*(Q) = \frac{C_s}{C_s + C_e}$$

03 서비스 수요와 공급관리

(1) 서비스 수요와 공급의 불일치 ★★중요

서비스의 공급이 수요를 초과하게 되면 서비스시스템 내에서는 재고문제가 발생하고, 공급이 부족하게 되면 제때에 서비스를 받지 못한 고객이 줄을 서서 기다리게 되는 대기문제가 발생한다.

① 서비스 수요 – 공급의 불일치 상황

과잉 수요	• 수요가 서비스 제공 최대 공급능력을 초과한 경우 • 찾아온 고객에게 서비스를 제공치 못하는 경우 발생 • 기업 입장에서 수요에 대응하지 못하는 것은 수익을 창출하지 못하게 되는 것이므로 기회비용에 해당
수요가 적정 공급량 초과	• 제한된 인적, 물적 요소로 적정 공급량이 초과한 수요에 대응해야 하므로 업무 부하량과 강도가 높아짐 • 최대공급능력을 초과하지 않은 상황이므로 기회비용은 발생하지 않음 • 서비스 품질의 하락이 발생할 가능성 높음 • 고객 입장에서 과밀현상(Crowding)을 경험하게 되고 서비스 품질에 대한 지각이 낮아짐
과잉 공급	• 공급이 수요보다 초과하는 경우 • 수요의 부족으로 서비스인력과 시설의 낭비 발생 • 기업 입장에서 이미 갖추어 놓은 시설이나 환경을 활용하지 못해 매몰비용이 발생
수요와 공급의 균형	• 가장 이상적인 상태 • 서비스공급에 있어서 양질의 서비스 제공 • 서비스이용객 입장에서 양질의 서비스를 제공받음 • 서비스 품질에 대한 지각이 높아짐

② 서비스 공급능력 계획기준

장기적으로 서비스 공급능력이 수요를 능가해야 하며, 이 조건을 만족할 수 없다면 아래와 같은 현상들이 발생할 수 있다.

 ㉠ 서비스를 제공하는 데 시간이 부족하면, 최소한의 서비스를 제공하고 시간 소모적인 부분을 제거한다. 그러므로 서비스 공급능력은 증가한다.
 ㉡ 수요가 늘어나면 서비스 제공자는 서비스를 빠르게 제공하려고 노력하고 곧 서비스 공급능력은 늘어난다. 하지만 서비스에 대한 품질이 떨어지고, 불친절하게 고객을 대할 수 있다.
 ㉢ 고객의 대기시간이 길어지면 일부 고객은 거래를 그만두게 되고, 수요가 감소하게 된다.
 또한, 고객은 자신의 구매의사에 대해 한 번 더 고민하게 되고 이는 구매취소로까지 이어진다.

(2) 서비스 수요와 공급의 보완적 관리기법 ★★중요

서비스 수요와 공급의 가장 바람직한 방식은 예측수요와 실제수요를 일치시키는 것이다. 그러나 현실적으로 수요와 공급을 정확하게 맞추는 것은 불가능하다. 따라서 수요 – 공급의 불일치는 항상 발생할 수 있는 것으로 인식해야 한다. 수요 – 공급의 불일치가 발생하면 이에 대한 대응방법으로 수요 측 조정기법과 공급 측 조정기법이 있다.

① 수요 측 조정기법 : 수요 측 조정기법은 수요량의 조정이나 변화를 통해 수요 – 공급을 조화시키는 전략이다. 단, 수요조정전략은 성수기와 비수기에 따라 달리 한다. 즉, 성수기에는 몰리는 수요를 분산시킬 방법을 모색하여 수요를 감소시키고, 비수기에는 수요를 진작시키는 전략을 실행해야 한다.

[수요조정전략]

성수기 수요감소전략	비수기 수요진작전략
고객들과의 의사소통	현재시장의 수요진작
고객 우선순위 관리	가격차등화
비수기 인센티브 제공	비수기 인센티브 제공
서비스 영업시간 및 장소의 조정	서비스 시설의 용도변경
예약제도의 활용	서비스상품의 다변화
성수기 가격전액 부과	-

② 공급 측 조정기법 : 수요와 공급을 맞추기 위한 두 번째 방법은 공급능력(Capacity)을 변화시키는 것이다. 즉, 성수기에는 서비스의 기본적인 자원(시간, 종업원, 장비, 설비)을 확충시켜 늘어난 수요에 부응해야 하고, 비수기에는 이를 잘 조정해서 자원의 낭비를 최소화해 나가야 한다.

[공급조정전략]

성수기 공급증대전략	비수기 공급조정전략
노동시간 및 시설확충	서비스 시설 및 장비 보수
파트타임 종업원 활용	서비스 시설 및 장비 변경
종업원 교차훈련	종업원 교육
아웃소싱	종업원 휴가

(3) 리스크 관리(ERM ; Employee Relationship Management)

구분	방법	내용
1	내부위험 관리환경 (Internal Environment)	• 구성원들의 리스크 인지 및 대응방식에 영향을 주는 조직 내의 분위기 및 제도 등을 의미함 • ERM의 원리와 구조를 제공하여 다른 구성요소들의 근간 역할 수행
2	목표 설정 (Objective Setting)	• 기업 비전을 추구하기 위한 고차원적인 전략 목표 및 세부 관련 목표들을 설정하는 것을 의미함 • ERM의 출발점이며 각각의 목표들은 기업의 리스크 취향 및 허용 한도와 일관성을 지니도록 함
3	위험요인 인식 (Event Identification)	리스크를 발생시킬 수 있는 대·내외적인 요인들을 체계적으로 파악하는 것을 의미함 • 외부적 요인 : 경제적, 정치적, 사회적, 기술적, 경쟁관계, 자연 환경적 요인 등 • 내부적 요인 : 경영자의 의사결정, 임직원의 행동, 운영 프로세스의 지속성, 정보기술
4	위험 평가 (Risk Assessment)	• 잠재적인 리스크가 기업의 목표달성에 어느 정도 영향을 미치게 될 것인가를 예상하는 것을 의미함 • 리스크 평가방법은 일반적으로 정량적 기법과 정성적 기법으로 구분
5	위험 대응방법 (Risk Response)	• ERM의 가장 핵심적인 활동(리스크 감수, 회피, 감소, 공유의 4가지 방식으로 이루어짐)
6	통제 활동 (Control Activities)	• 리스크 대응방법이 효과적으로 수행되도록 하기 위한 징책과 절차를 의미함(기업 내 모든 조직과 수준에서 이루어짐)
7	정보 및 의사소통 (Information & Communications)	• 기업의 외부 및 내부에서 리스크 관리에 관련된 정보를 인지, 획득, 공유하는 과정을 의미함
8	모니터링 (Monitoring)	• ERM의 각 요소들이 효과적으로 수행되는가를 관찰, 평가하는 것을 의미함(지속적인 평가, 개별 평가의 형태로 수행)

04 서비스 대기관리

(1) 대기관리의 개념 ★★

대기는 고객이 서비스를 받을 준비가 되어 있는 시간부터 서비스가 개시되기까지의 시간을 의미하며, 그러한 시간을 관리하는 것을 서비스 대기관리라 한다. 대기시간은 고객의 감정에 영향을 주고 이에 따라 고객 불만을 낳고 불만을 야기하며, 재구매의도를 약화시키는 요소가 되기도 한다. 대기시간이 '인내영역' 이상이라고 느낀 고객들은 불만을 가지게 되고 서비스품질도 낮게 인식할 것이다.

① 대기의 기본개념과 원인 : 대기는 서비스공급의 부족에 의해서 발생될 수도 있고 일시적인 고객몰림(Crowding)에 의해서 발생될 수도 있다. 대기행렬이 발생되는 원인은 수요측면과 공급측면으로 나누어 볼 수 있다.
  ㉠ 수요측면 : 서비스에 대한 수요가 일정하지 않고 비교적 짧은 시간에 수시로 변화하는 경우 또한 그 변화폭이 상당히 큰 경우, 그리고 수요의 형태가 다양한 경우에 대기행렬이 발생한다.
  ㉡ 공급측면 : 서비스설비의 설치 및 운영에 수반되는 직접경비가 적으면 문제가 되지 않으나, 대부분 많은 비용이 소요되므로 특정 시점에서의 최대수요에는 부족하도록 서비스설비를 설계하는 것이 대기행렬의 발생 원인이 된다.

② 대기행렬의 분석목적
  ㉠ 대기행렬의 분석목적은 서비스용량을 늘리는 데 들어가는 비용과 고객의 대기에서 발생하는 비용을 합친 총비용을 최소화시키는 데에 있다.
  ㉡ 일반적으로 직접비용인 서비스용량은 종업원의 수가 될 수도 있으며, 작업 기계의 수가 될 수도 있다.
  ㉢ 간접비용인 고객대기비용은 고객이탈뿐만 아니라 서비스 유휴(Idle)에 따른 비용이나 서비스를 받기 위해 대기하는 장소(Space) 등의 관리비를 포함한다.
  ㉣ 결국 직접비용과 간접비용 사이의 균형을 통해 대기시스템에서 발생하는 총비용을 최소화하는 서비스용량의 수준을 찾는 것이 대기행렬이론의 목적이다.

③ 대기행렬의 종류와 형태
대기에는 다양한 형태가 존재하며, 기업은 가장 적합한 대기형태를 선택해야 한다.

[대기행렬의 종류와 형태]

단일선 / 단일서비스 제공자 / 단일단계	
단일선 / 단일서비스 제공자 / 다단계	
다수서비스 제공자에 대한 평행 대기선	

지정서비스 제공자에 대한 지정 대기선	
다수서비스 제공자에 대한 단일 대기선 (뱀형)	
번호표 순번대기 (단일 혹은 여러 직원)	

㉠ 단일선 / 단일서비스 제공자 / 단일단계(Single Line / Single Server / Single Stage) : 가장 일반적인 행렬로서, 차례대로 한 줄 서기를 하는 형태이다.

㉡ 단일선 / 단일서비스 제공자 / 다단계(Single Line / Single Server / Sequential Stages) : 고객은 몇몇 서비스단계를 거치게 된다. 어떤 단계에서는 이전 단계보다 더 오래 걸릴 수도 있다. 카페의 경우 계산대와 비용지불 및 거스름돈 수령 등의 여러 경우를 거친다.

㉢ 다수서비스 제공자에 대한 평행 대기선(Parallel Lines to Multiple Servers) : 다수의 서비스 제공자에 대한 평행 대기선은 고객으로 하여금 몇 개의 대기선 중 하나를 선택하도록 한다. 이 행렬의 단점은 동일한 속도로 처리되지 않는 경우 상대적으로 늦어지는 불리함을 경험하게 된다.

㉣ 지정서비스 제공자에 대한 지정 대기선(Designated Lines) : 특정 범주의 고객에 대해 다른 대기선을 할당한다. 슈퍼마켓에서 소량계산대를 별도로 두거나, 항공기 탑승구에서 비행기 1등석에 대한 라인을 따로 두는 것 등이다.

㉤ 다수서비스 제공자에 대한 단일 대기선(Take a Number) : 뱀형 행렬이라고 하는 이 행렬은, 대기하는 고객으로 하여금 줄서기를 피할 수 있고, 얼마나 기다려야 하는지에 대한 추측을 할 수 있게 해준다. 특히, 대형공연의 티켓판매대나 박람회 입장 등에서 사용된다.

㉥ 번호표 순번대기(Wait List) : 고객의 이름을 적은 목록이나 대기표가 있어서 순서대로 진행이 된다. 하지만, 좌석의 허용 인원이나 사전예약 여부 등을 고려해야 하며, VIP 전용좌석과 대규모 행사 등을 적절히 조율하여 불공정한 인식을 최소화해야 한다.

> **Tip** 마이스터(Maister, 1984)의 대기심리학
>
> 기다림의 문제를 분석적 모형을 벗어나 인지와 기대관리에 의한 행위적 측면으로 접근한 마이스터는 고객만족이 실제 대기시간(Objective Waiting Time)보다는 지각된 대기시간(Perceived Waiting Time)에 근거를 두고 있기 때문에 실제 대기시간뿐만 아니라 고객들이 대기시간을 어떻게 지각하는가에 대해서도 관심을 기울여야 한다고 주장하며 이론을 발전시켰다.
>
> 1. **기다림에 대한 심리적 대기관리**
>   마이스터는 실제 대기시간 뿐만 아니라 이들에 대한 고객의 지각에 관심을 두고 대기관리의 기본원칙을 아래와 같이 설명하였다.
>   - 아무 일도 하지 않고 있는 시간이 뭔가를 하고 있을 때보다 더 길게 느껴진다.
>   - 구매 전 대기가 구매 중 대기보다 더 길게 느껴진다.
>   - 근심은 대기시간을 더 길게 느껴지게 한다.
>   - 언제 서비스를 받을지도 모른 채 무턱대고 기다리는 것이 얼마나 기다려야 하는지를 알고 기다리는 것보다 대기시간을 더 길게 느껴지게 한다.
>   - 원인이 설명되지 않은 대기시간이 더 길게 느껴진다.
>   - 불공정한 대기시간이 더 길게 느껴진다.
>   - 서비스가 더 가치 있을수록 사람들은 더 오랫동안 기다릴 것이다.
>   - 혼자 기다리는 것이 더 길게 느껴진다.
>
> 2. **대기관리에 대한 2가지 서비스 법칙**
>   - 고객의 기대와 인지
>   - 고객이 기대한 것보다 더 나은 서비스를 받으면 고객은 행복하고 만족하게 되어 그 서비스는 트리클 다운효과로 이득을 보거나 호평을 받을 수 있다.
>   - 트리클 다운(Trickle-down) 효과 : 정부 자금을 대기업에 유입시키면 그것이 중소기업과 소비자에게까지 미쳐 경기를 자극한다는 이론으로, 기대이상의 서비스가 제공되었을 때 발생하는 효과라는 의미를 담고 있다.
>   - 고객따라잡기의 어려움
>   첫 인상이 나머지 서비스 경험에 영향을 미친다. 기다림을 견딜만하게, 즐겁고 생산적으로 만들기 위해, 창조적이고 경쟁적인 서비스관리가 필요하다.

④ 대기관리 보완전략

고객 대기시간과 서비스 용량 사이의 최적화를 위해 서비스 용량을 결정하는 모형들을 현실에 완전히 적용할 수 없기에 몇 가지 보완적 전략이 사용된다.

㉠ 예약제도의 활용 : 고객에게 사전예약을 받아서 대기시간을 최소화하는 방법이다. 이러한 예약시스템을 도입할 때에는 초과 및 중복예약에 대한 대비책이 필요하다.

㉡ 인센티브 제공 : 고객이 몰리는 시간을 스스로 피할 수 있도록 여유로운 시간에 가격 할인 정책을 제공하는 것도 고객 대기시간을 줄이고 서비스 용량 수준을 적절하게 결정하고 유지할 수 있는 방법이다.

㉢ 보완적 서비스의 개발 : 음식점의 경우 사람이 몰리고 혼잡할 때 고객을 라운지로 안내하여 수익성과 고객 대기시간의 지루함을 줄이는 등 보완적 서비스를 개발하는 것이다.

㉣ 게시판의 활용 : 게시판을 활용하여 현재 예약사항 및 고객 도착현황을 미리 알려주어 고객들이 서비스가 집중되는 시간을 피해 스스로 조정할 수 있도록 한다.

ⓜ 구체적인 예상 대기시간 통보 : 고객들은 무작정 기다리는 것에 답답함을 느끼기 때문에 "잠시만 기다리십시오."라는 말보다는 정확한 숫자를 대어 "5분만", "30분 후에" 등 구체적인 시간을 언급하여 남는 시간을 고객이 활용할 수 있도록 유도하는 것이다.
ⓑ 대체 채널의 개발 : 기존의 채널만으로는 고객의 대기시간을 줄일 수 없을 때, 이를 대체할 수 있는 채널을 설치하는 것도 좋은 방법이다. 예를 들어, 은행의 ATM 기기는 기존의 창구업무의 고객 대기시간을 감소시키는 데에 크게 일조하였다.

(2) 대기행렬시스템의 이해 ★★ 중요

① 대기행렬분석의 목적
  ㉠ 대기행렬분석의 궁극적인 목적은 가장 경제적인 서비스시스템의 설계에 있다. 채널의 수를 늘리면 서비스 제공능력이 늘어나지만 투자비용과 인건비가 늘어날 것이다. 결국 총비용을 최소화하는 채널의 수를 찾는 결제성 분석이 필요하다.
  ㉡ 채널의 수를 늘리는 비용과 고객을 기다리게 하는 데 드는 비용의 비교를 통해 최적의 서비스용량, 즉 채널의 수를 찾아낼 필요가 있다.

② 대기행렬시스템의 구성요소와 용어
대기행렬시스템의 기본적 구성요소를 살펴보면 아래의 그림과 같다.

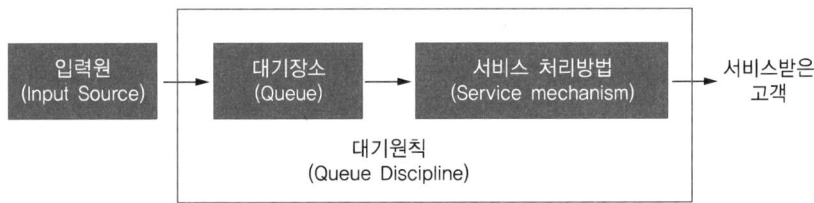

[대기행렬시스템의 구성요소]

  ㉠ 고객모집단 : 고객모집단은 서비스를 요구하는 잠재고객의 수로 정의된다. 그러나 이러한 고객모집단을 명확하게 정의하기 위해서는 먼저 고객이 누구인가를 정해야 한다. 고객을 어떻게 정의하느냐에 따라 고객의 수가 유한할 수도 있고 무한할 수도 있다.
    • 무한집단(Infinite Source) : 고객모집단이 한정되지 않는 경우로, 편의점, 대형마트, 약국, 은행, 영화관 등이 이에 해당한다.
    • 유한집단(Finite Source) : 고객모집단이 한정된 경우로, 음반시장에서 기념 음반이 500장 한정으로 나온다면, 고객은 500명으로 한정된다.
  ㉡ 서비스채널 : 서비스를 처리하는 인력이나 시설을 의미한다. 채널이 한 번에 한 명의 고객을 처리한다고 가정할 때, 채널 수가 많을수록 시스템의 처리용량은 늘어나게 된다.
    • 단일채널시스템(Single Channel System) : 채널이 하나일 경우
    • 다중채널시스템(Multiple Channel System) : 채널이 둘 이상인 경우
  ㉢ 서비스단계 : 서비스를 처리하기 위해 거쳐야 하는 작업 순서의 길이를 의미한다.
    • 단일단계(Single Stage) : 하나의 단계만을 거치는 것으로서, 물건을 사고 계산을 하는 하나의 단계만을 거쳐 서비스가 종료되는 것이다.
    • 다중단계(Multi Stage) : 여러 단계를 거치는 것으로서, 공항과 같이 티켓팅, 화물검사, 여권검사 등을 거치는 서비스 시스템이다.

㉣ 우선순위 규칙 : 우선순위 규칙이란, 서비스를 처리하는 순서의 배정규칙(Queue Discipline)을 말하는 것으로서, 대기라인에 여러 사람이 서 있을 경우, 어떤 순서로 이들을 처리할 것인가에 대한 순서규칙(Sequencing Rule)으로 볼 수 있다. 이러한 우선순위 규칙은 크게 정적 규칙과 동적 규칙이 있다.

정적 규칙	동적 규칙
이미 정해진 기준대로 처리하는 규칙으로, 가장 많이 사용하는 기준으로는 선착순규칙(FCFS)과 최단작업시간규칙(SPT)이 있다. • **선착순규칙**(First Come First Service) : 먼저 온 순서대로 서비스를 제공하는 것이다. 그러나 서비스상황이나 고객상황에 대한 상황적 고려를 하지 않는다는 점에서는 재고의 여지가 있을 수 있다. • **최단작업시간규칙**(Shortage Processing Time) : 서비스에 최우선 순위를 부여하는 것으로, 즉, 작업시간이 최단인 고객부터 서비스를 처리하는 것이다. 이러한 SPT는 서비스처리의 평균시간을 최소화한다는 것이 장점이며, 단점은 처리시간이 긴 작업은 갈수록 우선순위가 뒤로 밀린다는 데 있다. 따라서 선착순규칙에 비해서 효율성은 올라가지만 공정성은 떨어질 수 있다.	기다리는 서비스들의 마감시간을 확인한 후에, 마감시간이 가장 임박한 서비스부터 먼저 처리하는 규칙이다. 이러한 동적 규칙에는 긴급률규칙과 선점규칙이 있다. • **긴급률규칙** : 얼마나 급한 서비스인지, 일을 끝내야 하는 만기시간이 얼마나 남았는지를 나타내는 긴급률(CR ; Critical Ratio) 값을 정한 후, 그 값이 최소인 작업에 우선순위를 부여하는 기준이다. • **선점규칙**(Peemptive Priority Rule) : 높은 우선순위를 가진 고객이 나타나면 다른 모든 서비스를 중단하고 그 서비스부터 처리하는 규칙이다. 우선순위를 정하는 기준은 서비스시스템마다 달라질 수 있지만 대부분은 예기치 않은 긴급 상황이 발생할 때 그 상황을 우선 해결하는 것에 초점을 맞추게 된다.

㉤ 포아송분포와 지수분포

대기는 고객이 도착하는 간격이나 서비스에 걸리는 시간 등 불확실한 요소에 의해서도 발생된다. 언제 수요가 발생하고 또 그 수요를 만족시키는 데 걸리는 시간이 어느 정도인지를 정확하게 알 수만 있다면, 공급이 부족한 때에 필요한 양의 공급을 늘리면 대기가 생기는 것을 미리 막을 수 있을 것이다. 그러나 문제는 수요가 발생하는 정확한 시간과 수요량을 알 수 없기 때문에 공급의 부족에 대해 미리 대처할 수 없다는 데 있다. 불확실성 혹은 변동성 때문에 대기행렬 이론을 통해 과학적인 대응이 필요한 것이다. 이러한 서비스 시간과 고객의 도착시간이라는 변동성은 확률분포에 의해 설명된다.

• 포아송분포 : 포아송분포(Poission Distribution)는 정해진 시간 안에 어떤 사건이나 이벤트, 서비스 수요가 발생하는 횟수를 나타내는 확률 분포이다. 즉, 대기행렬이론에서 고객이 서비스시스템에 들어오는 빈도인 도착률은 포아송분포를 따른다. 포아송분포를 따르는 변수의 값은 10회, 20회 등과 같이 이산적(Discrete)이다.

• 지수분포 : 지수분포(Exponential Distribution)는 이벤트가 일어나는 시간의 간격을 나타내는 확률 분포이다. 이러한 서비스시스템이 한 고객을 처리하는 데 걸리는 서비스시간은 지수분포를 따른다. 지수분포는 5.3분, 10.2분 등과 같이 연속적(Continuous)이다. 포아송분포와 지수분포는 서로 역의 관계를 지닌다. 예를 들어, 은행에 한 시간당 평균 30명의 고객이 들어온다고 한다면, 고객이 은행에 도착하는 시간 간격은 2분이 된다.

㉥ 대기장소

서비스를 받기 전에 고객들이 기다리는 장소이다. 대기장소의 규모는 대기장소에 기다릴 수 있는 고객의 최대 인원수가 무한인 경우와 유한인 경우가 있다. 규모가 한정 시 대기장소가 고객들로 모두 차 있으면 고객은 떠나게 된다.

③ 대기행렬 모형(Queuing Model)

대기행렬의 구성요소들이 어떻게 정해지는가에 따라 다양한 형태의 대기행렬이 만들어진다. 이 형태를 대기행렬 모형(Queuing Model)이라고 한다. 이러한 대기이론에서 사용되는 기본적 용어(기호)와 각 용어의 관계를 정리하면 다음과 같다.

[대기모형 분석에 사용되는 기호와 의미]

기 호	의 미	역 할
λ	(평균) 고객도착률	결정변수
μ	(평균) 서비스율	결정변수
M	채널의 수	결정변수
L_q	대기열에서 기다리는 고객의 평균 수	성능특성
L_s	시스템에서 있는 전체 고객의 평균 수	성능특성
e	시스템 가동률(이용률)	성능특성
W_q	대기열에서의 평균 대기시간	성능특성
W_s	시스템에서 소요되는 평균 총 시간	성능특성
P_0	시스템 내에 고객이 없을 확률	성능특성
P_n	시스템 내에 고객이 n명 있을 확률	성능특성

각 기호들은 결정변수(Decision Variables)와 성능특성(Operating Characteristics)으로 나누어져 있다.

㉠ 결정변수(Decision Variables) : 서비스시스템의 구조와 형태를 결정하는 역할을 하는 변수
㉡ 성능특성(Operating Characteristics) : 결정변수들이 어떤 값을 갖느냐에 따라 실제로 시스템의 성능이 어떻게 나타나느냐를 보여주는 특성

> **정상해(Stationary Solution)**
> 서비스가 시작된 초기에는 불안정한 상태를 보이지만 오랜 시간이 흐르면서 서비스시스템은 안정화되는데, 이렇게 제자리를 잡은 상태를 안정상태라 하고, 이러한 안정상태에 접근하면서 서비스시스템의 성능특성들은 어떤 값으로 수렴되는데 이렇게 수렴된 값을 정상해라 한다. 대기이론에서는 서비스시스템이 오랫동안 운영될 때 나타나는 값, 즉 시스템이 안정된 상태에 도달하면서 수렴되는 값을 정상해라고 부른다. 정상해는 P_n으로 표기한다. 정상해 P_n은 $P_u(T)$의 극한값이 된다.
>
> $$P = \lim_{T \to 0} P_n(T)$$
>
> 그러면 정상해를 구하기 위해서는 값이 안정되어야 하고, 안정된 값이 되려면 변화율이 0이 되어야 한다. 왜냐하면 시간이 변한다고 해서 확률값이 변하는 일이 없어야 하기 때문이다. 따라서 시간 T에 대한 미분값은 0이 되어야 한다.
>
> $$\frac{dP_n(T)}{dT} = 0$$
>
> 또한, '$\rho = \lambda/\mu$'라고 할 때, 위의 식으로부터 아래의 관계를 도출할 수 있다.
>
> $$P_0 = 1 - \rho$$
> $$P_n = (1-\rho)\rho^n$$

L_s : 시스템 내 고객의 수

서비스시스템이 안정된 상태에 도달하면 그 시스템 안에 얼마나 많은 고객이 존재하게 될까. 시스템 내에 존재하는 고객의 수를 L이라고 하자. 그리고 이제 어느 시점에서 서비스시스템 내에 있는 모든 고객의 수, 즉 서비스를 받고 있는 고객과 서비스를 받기 위해 대기하고 있는 고객을 모두 합친 모든 고객의 수를 L_s라고 하자. 이 값은 하나의 기댓값이다. 고객의 수가 0에서 출발하여 1, 2, 3, … 으로 변할 때, 각 경우가 일어날 확률에 고객의 수를 곱한 값을 더한 값을 의미한다. 따라서 L_s는 아래와 같이 표현할 수 있다.

$$L_s = \sum_{n=1}^{\infty} n \times P_n \text{ (단, } P_n = (1-\rho)\rho^n\text{)}$$

따라서, 위의 식으로부터 값은 다음의 식으로 계산할 수 있다.

$$L_s = \frac{\rho}{1-\rho} = \frac{\lambda}{\mu - \lambda}$$

L_q : 대기 중 고객의 수

어느 시점에서 서비스시스템 내에서 대기하고 있는 고객의 수는 어떻게 구할 수 있을까. 시스템 내에 있는 모든 고객의 수를 n이라고 한다면, 대기하고 있는 고객의 수는 현재 서비스를 받고 있는 사람을 제외한 (n-1)이 된다. 그러므로 대기하고 있는 고객의 수 L_q는 다음과 같이 구할 수 있다.

$$L_q = 0 \times P_0 + \sum_{n=1}^{\infty} (n-1)P_n = \sum_{n=1}^{\infty} n \times P_n - \sum_{n=1}^{\infty} P_n$$

$$L_q = \frac{\rho^2}{1-\rho^2} = \frac{\lambda^2}{\mu(\mu-\lambda)}$$

즉, 위의 두 식은 아래의 관계가 성립한다.

$$L_q = L_s - \rho$$

Little의 법칙

Little의 법칙이란, 서비스시스템에 존재하는 고객의 수와 고객이 시스템 안에 머무르는 시간과의 관계를 보여주는 수식이다. 이 법칙은 서비스시스템이 안정된 상태에 이르렀을 때, 서비스시스템에 존재하는 고객의 평균값은 서비스시스템에 도착하는 고객의 평균값에 고객이 서비스시스템에 머무르는 평균시간을 곱한 값이 된다는 것이다. 이를 식으로 표현하면 아래와 같다.

$$L = \lambda \times W$$

*L=시스템 내에 존재하는 고객의 수
W=고객이 시스템에 머무르는 시간
λ=일정시간 내에 서비스 시스템에 도착하는 고객의 평균값

이 법칙을 이용하면 W_s와 W_q의 값도 구할 수 있다. 서비스시스템에서 고객이 보내는 시간을 W_s라고 하고, 대기행렬 안에서 기다리는 시간을 W_q라고 할 때 아래의 식으로 표현이 된다.

$$W_s = \frac{L_s}{\lambda} = \frac{1}{\mu - \lambda}$$

$$W_q = \frac{L_q}{\lambda} = \frac{\lambda}{\mu(\mu-\lambda)} = W_s - \frac{1}{\mu}$$

05 서비스 가격관리 및 수율관리

(1) 서비스 가격관리 ★★

① 서비스 가격관리의 4가지 목표

수익적 목표	수익적 목표는 기업의 이윤추구 목적과 부합된다. 기업이 이윤을 극대화하려는 목표와 특정 수준의 목표이익에 도달하기 위해서 서비스는 적절한 가격을 유지해야 한다. 서비스는 고정된 생산능력을 바탕으로 시간에 따라 가격과 표적시장을 전략적으로 선택해서 최대수익을 창출해야 한다. 이러한 수익적 목표를 달성하기 위해 기업은 수익관리시스템을 통해서 가격관리를 한다.
원가보전 목표	기업이 생존하기 위해서는 손실을 발생시키지 않는 것이 중요한데, 이를 위해서는 서비스생산과 전달과정에서 발생된 원가를 보전할 수 있는 수준으로 가격이 유지가 되어야 한다. 서비스의 원가에는 직접적인 비용뿐만 아니라 간접비를 포함한 총비용을 말하며, 원가보전은 총비용을 보전할 수 있는 수준을 의미한다. 원가보전에서는 추가생산단위나 추가 고객에게 서비스 판매를 위해 증가된 비용까지 고려되어야 한다.
수요창출 목표	서비스는 수요에 대응한 생산을 한다. 그러므로 적정수요를 만들어 내는 것이 필요하다. 최소 수준의 수익이 얻어지도록 수요창출을 할 수 있는 가격이 제시되어야 한다. 높은 수준의 서비스생산능력 활용은 모든 고객에게 가치창출을 제공할 수 있게 된다. 예를 들어, 만석의 야구경기장은 스포츠의 열기와 경쟁심을 불러일으켜 고객에게 더 높은 가치를 제공하게 된다. 그러므로 서비스가격관리의 목표는 적정수요를 창출할 수 있도록 해야 한다.
고객기반구축 목표	고객에게 서비스의 채택을 촉진시키는 것은 높은 시설비용을 수반하는 신규 서비스, 혹은 수용 후 지속적인 사용으로부터 대규모 수익이 창출되는 멤버십유형의 서비스에서 매우 중요하다. 서비스의 가격관리에서는 고객의 선택을 촉진시킬 수 있는 요소가 고려되어야 한다. 또한 높은 수준의 규모의 경제가 존재할 경우 시장점유율과 대규모 고객기반을 구축할 수 있도록 가격관리가 이루어져야 한다.

② 서비스 가격결정

고객에게 있어서 서비스에 지불되는 가격은 종종 이해가 안 되거나, 비윤리적으로 인식될 때가 있다. 그러나 이것은 서비스가 지닌 특성으로 인해 가격의 산정과 원가 및 가치의 산정이 매우 복잡하기 때문이다. 이러한 서비스의 가격결정이 제품의 경우보다 어려운 이유는 다음과 같다.

㉠ 서비스 생산능력의 활용 정도에 따라 가격의 변동폭이 크다.
㉡ 서비스는 전달과정의 시간요소에 의해 변동성이 발생한다.
㉢ 서비스의 원가를 고객이 이해할 수 있도록 준거하기가 어렵다.
㉣ 서비스의 원가는 물적 환경에 의해서 영향을 받는다.
㉤ 서비스의 가격은 수요에 의해 영향을 받는다.

③ 가격결정 방법

가격결정 방법은 원가중심의 가격결정, 경쟁중심의 가격결정, 수요중심의 가격결정 3가지 가격결정의 방법으로 나뉜다. 각각의 방법에 대해 알아보자.

㉠ 원가중심의 가격결정

가장 전통적인 방법으로서 고객보다는 기업과 경쟁사를 바탕으로 한 방법이라고 할 수 있다. 즉, 원가에 기초한 가격결정은 원자재와 인건비로 직접비를 산정하고, 여기에 간접비와 이익을 추가해서 산정한다. 따라서 이 방법은 공공서비스, 하청, 도매, 광고 등에서 널리 사용되고 있다.

- 원가에 기초한 가격결정의 기본 공식

  > 가격 = 직접비 + 간접비 + 이익마진
  > - 직접비 : 서비스전달과 관련된 재료비와 인건비가 포함됨
  > - 간접비 : 고정비의 일부분이 포함됨
  > - 이익마진 : 총비용(직접 + 간접)의 일정 퍼센트

- 원가구성요소
  - 고정원가 : 서비스를 제공하지 않는다고 하더라도 항상 일정하게 발생되는 원가이다.
  - 준변동원가 : 제공하는 서비스의 양과 관계없이 발생하는 일정액의 고정원가와 서비스 양의 변화에 따라 단위당 일정비율로 증가하는 변동원가의 두 부분으로 구성된 원가이다.
  - 변동원가 : 제공하는 서비스의 양과 직접적으로 비례하여 증가하는 원가이다.
- 원가중심의 가격결정의 어려움
  - 서비스를 구매단위로 규정하여 단위당 가격을 설정하는 것은 어려움이 있다. 때문에 많은 서비스가 산출단위보다는 투입단위로 가격을 결정하게 된다. 주로 컨설팅, 엔지니어링, 건축, 상담 등의 대부분의 전문서비스가 시간당 가격으로 결정된다.
  - 원가에 기초하여 서비스가격을 결정할 때, 특정 서비스의 원가를 산출하기 어렵다. 특히 기업이 다양한 서비스를 제공할 때 계산이 더 복잡해진다.
  - 원가의 구성요소가 원자재가 아닌 직원의 시간이므로, 계산하기가 복잡하다.

ⓒ 경쟁중심의 가격결정

경쟁중심의 가격결정 또한 고객보다는 기업과 경쟁사를 바탕으로 한 방법으로서, 같은 업종 내의 경쟁 기업들에 의해서 부과되는 가격에 근거를 두고 그것과 상대적으로 비슷하거나 차이를 갖도록 결정하는 것이다. 이러한 경쟁중심의 가격결정 전략을 사용하는 곳은 주로, 소수의 서비스 제공자들이 서비스를 과점적으로 제공하는 경우에 많이 발생된다. 특히 항공사나 렌터카 업종이 대표적이다. 또한 서비스표준화가 명확하고 가격이 유일한 비교대상이 되는 업종에서도 경쟁중심 가격결정 전략을 사용하고 있다.

가격정책에 미치는 경쟁요소	• 첫 번째 요소는, 판매량이다. 판매량은 가격에 가장 직접적인 영향을 갖게 된다. 그러나 가격을 경쟁중심으로 결정하게 되면 자율적인 가격책정이 아니라 경쟁사의 가격정책에 따라 움직이게 되므로 판매량도 경쟁사의 가격정책에 의해 달라진다. • 두 번째 요소는, 경쟁사의 반응이다. 한 기업의 가격정책에 대해 경쟁사 역시 계속해서 반응을 하게 된다. 특히 서비스가 표준화된 업종에서 경쟁사들은 서로의 가격정책에 대해 민감하게 반응하게 된다.
가격경쟁이 심해지는 경우	• 경쟁자 수의 증가　　　　　　　　　• 대체재 수의 증가 • 경쟁자 혹은 대체재의 폭넓은 분포　• 산업 내의 과잉생산 능력의 증가
가격경쟁의 감소 방안	• 고객에게 가격보다는 시간이나 노력의 절감이 더 중요하다면, 가격경쟁의 강도는 감소할 것이다. • 개인화 혹은 고객화 수준이 높은 서비스의 경우 개별 서비스공급자와의 관계는 고객에게 매우 중요하다. 개별 서비스공급자와의 개인적 관계는 고객을 경쟁자로부터 막을 수 있는 방법이다. • 공급자를 전환하는 데 상당한 시간, 노력, 비용이 소요된다면, 고객은 경쟁 상품으로 전환하지 않을 것이다. • 차별화를 통해 고객이 서비스를 특정 장소나 특정 시간에 사용하길 원한다면, 그들이 선택할 수 있는 대안은 별로 없다.
경쟁중심 가격결정의 어려움	• 가격이 고객가치를 반영하지 않을 수도 있다. • 서비스 제공자들 간의 서비스의 이질성은 가격이 비슷할지라도 가치가 비슷하지는 않을 수 있다. • 작은 기업들은 너무 가격을 경쟁적으로 낮게 책정하면 생존을 위한 충분한 마진을 확보하지 못할 수도 있다.

ⓒ 수요중심의 가격결정

수요중심의 가격결정은 앞에서 다루어진 두 가지 방법과 다르게 고객의 가치인식과 부합하는 가격을 책정하는 것이다. 앞서 설명한 두 방법은 모두 고객이 준거 가격을 갖고 있지 않을 수 있고, 비금전적 가격에 민감할 수 있으며, 가격을 바탕으로 품질을 판단할 수도 있지만, 수요중심의 가격결정은 그런 면에서 다르다.

- 비금전적 비용
  - 비금전적 비용이란, 서비스의 정보탐색, 구매, 사용과 관련된 시간, 노력, 그리고 불편함 등을 반영한 비용이다. 고객은 때로 이 비용을 '노력' 혹은 '부담'으로 표현하기도 한다.
  - 비금전적 비용은 고객이 생산과정에 관여할 때 증가하는 경향이 있다.
  - 비금전적 비용에는 시간비용, 물리적 비용, 심리적 비용, 감각비용 등 4가지 유형이 있으며, 기업은 고객가치의 증대에 필요한 이러한 비금전적 비용과 금전적 비용을 최소화시킴으로써 경쟁우위를 확보할 수 있다.
  - 이러한 경쟁우위 확보를 위한 방법으로는 첫째, 기업은 서비스 구매, 전달 및 소비에 필요한 시간 절약을 운영전문가와 협업해야 한다. 둘째, 각 단계에서 서비스의 불필요한 심리적 비용을 제거해야 한다. 셋째, 원하지 않는 물리적 노력을 제거해야 한다. 넷째, 매력적인 시각환경을 조성하고, 소음을 줄이며, 쾌적한 물리적 환경을 조성한다. 다섯째, 다른 서비스공급자와 제휴를 통한 할인이나 온라인 전달 등을 이용해 고객의 금전적 비용을 줄일 수 있는 다양한 방법을 개발한다.

- 가격탄력성(Price Elasticity)

가격결정의 중요한 요소 중 하나가 수요의 가격탄력성이다. 특정 가격으로 소비자가 구매하려는 서비스의 양을 서비스 수요라고 하는데, 수요와 가격의 관계는 탄력성의 관점에서 측정되어 왔다. 수요의 가격탄력성은 가격의 변화에 대한 제품이나 서비스 수요량의 변화율로 측정된다. 가격이 상승함에 따라 수요가 많이 감소하는 경우 수요의 가격탄력성은 탄력적이라고 하며, 가격의 변화에 따라 수요가 변화하는 폭이 적으면 수요의 가격탄력성은 비탄력적이라고 한다.

$$가격탄력성 = \frac{수요변화율}{가격변화율}$$

가격탄력성이 1(Unity)이면, 서비스판매는 가격이 하락(상승)하는 비율대로 증가(감소)한다.

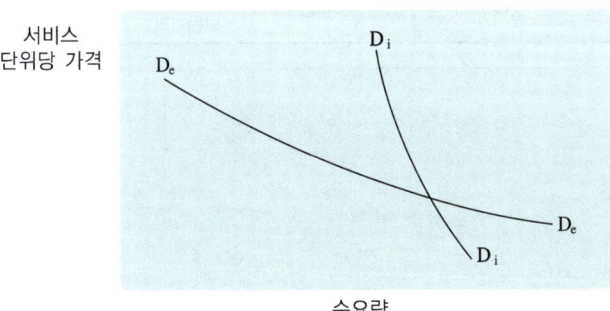

[가격탄력성의 예시]

D_e : 수요가 가격탄력적임. 가격의 큰 변화가 수요에 큰 영향을 미침
D_i : 수요가 가격비탄력적임. 가격의 큰 변화가 수요에 거의 영향을 미치지 못함
출처 : Jochen Wirtz, Patricia Chew 외 1명 저, 김재욱 외 2명 역, 〈서비스 마케팅(시그마프레스, 2014)〉

서비스의 가격에 대한 수요탄력성을 결정하는 요소들은 다음과 같은 것들이 있다.

- 서비스 품질의 속성
- 대체 서비스
- 경쟁사 가격과의 관계
- 서비스의 사치성, 필수성 여부
- 소비자의 개인적 성향
- 시간의 흐름

- 수요중심의 가격결정의 어려움
  - 가치는 일반적으로 사람들이 제품이나 서비스를 통해 기대하는 이익이나 혜택으로 파악되며, 소비자가 서비스를 통해 얻는 것과 그것을 위해 지불하는 것 사이의 상대적 상쇄관계로서 가격보다 상위개념의 가치로 고려된다.
  - 가치를 바탕으로 서비스가격을 결정하는 것의 어려움 중 하나가 비금전적 비용과 효익이 고객의 지각된 가치를 계산하는 데 고려된다는 점이다.
  - 서비스에 시간, 불편, 심리적 탐색비용이 든다면 금전적 비용은 보상으로서 조절되어야 하기 때문에, 상기 비용을 줄이게 되면 고객은 좀 더 높은 금전 가격을 지불하려고 할 것이다. 단, 이러한 방법으로 가격을 책정할 때 원가에 대한 정보를 알기 어려워 금전가격이 뚜렷하지 않고 덜 중요한 요인이 될 수도 있다.

Tip 가치차원 가격전략

고객이 인식하는 가치의 차원은 4가지가 있으며, 그에 따른 기업의 가격전략 요소들은 무엇인지 살펴보자.

고객이 인식하는 가치의 차원	가격정책	
가치란 낮은 가격이다.	• 할 인 • 일치가격	• 단수가격 • 침투가격
가치란 제품이나 서비스에 내가 원하는 모든 것이다.	• 품위가격 • 초기고가격	
가치란 지불한 가격에 대해 내가 얻는 품질이다.	• 가치가격 • 세분시장가격	
가치란 주는 모든 것에 대해 받는 모든 것이다.	• 기준가격 • 보완가격	• 묶음가격 • 결과중심가격

(2) 서비스 수율관리 ★★ 중요

① 수율관리의 개념
  ㉠ 제조공정에서 '수율(Yield)'이란 양품률의 개념이다. 즉, 공정의 각 단계에서 재작업 또는 부품의 폐기 등의 불량을 포함하여 관리하는 지표를 말한다.
  ㉡ 서비스에서 수율관리는 정확한 표현은 아닐 수 있다. 오히려 서비스에서의 수율관리는 '수익관리(Revenue Management)'라는 표현이 더 정확할 것이다.
  ㉢ 수율관리를 효과적으로 사용하는 업종으로는 항공사, 호텔, 렌터카, 탁송서비스 등이 대표적이다.
  ㉣ 서비스에서 수율관리는 '가용능력이 제한된 서비스에서 수요 - 공급의 관리를 통해 수익을 극대화하는 것'을 말한다.

② 수율 공식
서비스는 수요의 변동에 따라 다른 가격을 적용할 수 있다. 서비스공급 능력에서도 최저가용능력에서 최고가용능력의 범위가 존재하고, 가격측면에서도 최저가격에서 최대가격까지 범위가 존재할 수 있다.

- 수율 = 실제수익 / 잠재수익
- 실제수익 = 실제사용량 × 실제가격
- 잠재수익 = 전체가능용량 × 최대가격

③ 수율관리 상황
수율관리는 아래와 같은 상황에서 더 적합성이 높아진다.

세분화 가능한 시장	세분시장을 나눌 수 있는 가능성이 있어야 차별적인 가격과 제공을 통해 수율관리가 더 효과적으로 사용될 수 있다. 즉, 세분화가 불가능한 시장에서는 수율관리의 적합성이 떨어지게 된다.
변동하는 수요	고객의 서비스 수요에 대한 변동성이 높아서 성수기와 비수기의 구분이 명확하고 계절적인 수요가 발생하는 상황이 수율관리의 적합성이 높아진다. 즉, 수요의 변동성이 거의 없고 안정적인 수요가 꾸준히 발생되는 상황에서는 수율관리의 적합성은 떨어진다.
사전판매	사전판매가 가능한 상황에서 수율관리는 가능하다. 서비스가격은 시간의 요소에 의해 많은 영향을 받게 된다. 사전판매 혹은 선불판매를 할 수 있는 상황이 수율관리의 적합성이 높아지게 되고, 사전판매가 불가능한 경우라면 수율관리의 적합성은 낮아지게 된다.
소멸하는 재고	서비스판매가 이루어지지 못하면 서비스 가용능력이 소멸되는 경우에 수율관리가 더 적합하다. 서비스 가용능력의 재고화가 가능한 영역은 판매되지 못한 것을 재고화할 수 있을 것이다. 소멸성이 높은 서비스 가용능력을 지닌 상품일수록 수율관리가 적합하다.
가용능력변경비용과 한계판매비용	서비스 가용능력을 변경하는 비용이 높아서 수요의 변동에 맞추어 서비스 공급능력을 쉽게 조절할 수 없는 경우, 즉 서비스공급이 제한되어 일정 수준 이상의 서비스 수요가 발생되면 공급량 이상의 수요에 대해서는 포기해야 하는 한계판매 비용이 낮은 상황에서 수율관리의 적합성은 높아진다.

④ 수율관리시스템의 기본요소

수율관리시스템의 초과예약, 서비스능력 배분, 차별적 가격결정 등의 세 가지 기본요소로 구성되어 있다.

㉠ 초과예약(Overbooking)
- 초과예약은 서비스기업의 가용능력을 효율적으로 활용하기 위해 시행되는 것이다.
- 초과예약은 수입손실을 최소화하기 위한 노력으로 도입되었다. 특히, 예약을 한 고객 중에 노쇼(No-show)가 발생이 되면 예약한 좌석이나 서비스가 소멸되어 가치를 잃게 되므로, 기업은 초과예약 접근법에 따라 실제 정원을 넘는 예약을 받는 것이다.
- 초과예약 수준을 결정하기 위한 실무적인 방법으로서의 초과예약 접근법은 아래 3가지가 있다.

평균 사용	과거의 노쇼(No-Show)의 경험에 대한 데이터를 근거로 노쇼의 평균값을 구하는 방법으로, 평균값이 4명이라면 4명까지 초과예약을 받는 것이 합리적이라고 결정하는 방법이다. 단, 이러한 접근법은 직관적이고 편리하다는 이점이 있으나 평균을 사용하게 되면 관련 비용을 가늠하지 못하는 단점이 있다.
전자계산지 분석	전자계산지는 모든 가능한 시나리오에 대한 기대비용을 계산한 것으로서, 비용을 고려하고, 노쇼의 발생확률을 사용하여, 초과예약과 발생비용을 계산해서 의사결정을 돕는 방법이다. 노쇼로 인해 판매되지 못하고 남은 서비스가용능력의 비용을 재고과잉비용이라고 하고, 반대로, 예약을 한 고객이 초과예약으로 인해 서비스 제공을 받지 못하여 발행하는 비용을 재고부족비용이라 한다.
한계비용접근법	수익의 극대화를 위해서는 기대수입이 마지막 초과예약으로 발생하는 기대손실보다 적거나 같게 될 때까지 초과예약을 받으려 노력할 것이다. 즉, 노쇼의 발생확률과 초과예약의 수, 비용의 관계를 따져보아 초과예약자의 수가 노쇼의 수보다 같거나 클 때까지 초과예약을 하려 할 것이다.

㉡ 서비스능력 배분
- 항공사의 경우, 10개의 서로 다른 고객층을 한 비행기 내에 태울 수 있다. 그런데 이들 각각의 서비스능력 배분 결정에는 문제가 발생한다. 기업은 고수익을 주는 고객에게 서비스를 제공하고 싶지만, 고수입 고객만을 대상으로 서비스능력을 모두 사용할 수는 없으니, 후일의 고수입 고객의 예약을 기대하면서 어느 시점에서는 낮은 수입의 고객을 미리 차단할 것인가를 적절히 결정해야 한다.
- 서비스능력 배분 방법은 동적방법과 정적방법으로 구분되며, 정적배분은 다시 고정시간, 고정숫자에 따른 규칙과 보호수준에 따라 나뉜다.

동적방법	할인고객을 얼마나 받을 것인지, 혹은 언제까지 할인을 할 것인지에 대한 결정은 한 번의 결정으로 이루어질 수 없다. 즉, 고객의 예약상황을 면밀하게 분석하면서 가격 및 할인정책을 동적으로 움직여야 한다는 것이다. 이러한 동적 서비스능력 배분을 위해서는 고객 행태에 대한 많은 양의 데이터를 보유하고 있어야 한다.
정적방법 – 고정시간규칙	기업이 특정 날짜까지는 할인예약을 받기로 정한 규칙이다. 고정시간규칙은 정해진 할인 숫자는 정하지 않기 때문에 고객에게 투명하게 적용되고, 실행이 편리하다. 그러나 수익 면에서 보면 수익성이 낮은 고객의 비중이 높아질 가능성이 있다.
정적방법 – 고정숫자규칙	정해진 숫자까지는 할인예약을 받고 그 숫자가 넘어서면 더 이상 할인예약을 받지 않는 규칙이다. 할인고객을 할당된 양으로 한정하기 때문에 수익관리에서 더 유리하지만, 할당한 숫자가 적합하지 못할 경우에는 수익 면에서 문제가 발생할 수 있기 때문에 고정 숫자의 예측을 정확히 하는 것이 무엇보다 중요하다.

정적방법 – 보호수준	둥지형 정적방법이라고 하는 이 방법은, 예를 들어 항공사가 100개의 좌석을 판매하는 데 75개의 좌석은 정상가에, 25개의 좌석은 할인가에 판매할 계획일 경우, 정상가로 판매할 계획인 75개의 좌석은 '보호수준'으로 설정하는 것이다. 이 시스템에서는 할인 구매자가 '보호수준'으로 들어오는 것이 허락되지 않는다. 그러나 반대로 보호된 그룹은 '보호수준' 밖으로 나갈 수는 있다.

ⓒ 차별적 가격결정
- 수율관리는 서로 다른 여러 개의 세분시장으로 분할하여 각각에 대해 다른 가격을 부과하는 것이다.
- 가격에 덜 민감한 고객들에게는 보다 높은 가격을, 가격에 민감한 고객들에게는 보다 낮은 가격을 부과하는 것이다.
- 다만, 가격에 민감한 고객들은 임박한 예약이 어려울 것이며 일찍 예약을 해야 하는 부지런함을 보여야 한다.

⑤ 수율관리의 실행 이슈
ⓐ 기업이 이익극대화에만 과도하게 집중하는 것은 바람직하지 않다.
ⓑ 고객이 서로 다른 가격에 불쾌감을 느끼지 않도록 학습을 시켜야 한다.
ⓒ 수율관리 시스템이 성과급 구조와 조화를 이루어야 한다.
ⓓ 종업원들이 수율관리프로그램에 대한 이해도를 높일 것이다.

06 서비스 기대관리

(1) 서비스 기대수준(Customer's Expectation Level) ★★

고객의 서비스에 대한 기대는 서비스성과에 대한 평가의 준거점으로 활용되며 서비스 제공에 대해 고객이 갖고 있는 신념이다. 고객은 자신이 갖는 서비스에 대한 준거점을 기준으로 서비스성과를 비교하여 서비스의 품질을 평가하기 때문에 기업에게는 고객의 기대를 잘 이해하는 것이 중요하다.

① 서비스 기대수준

고객의 기대수준은 최고서비스, 희망서비스, 최저서비스, 허용구간, 예상서비스 등 5가지 수준으로 구성되어 있다.

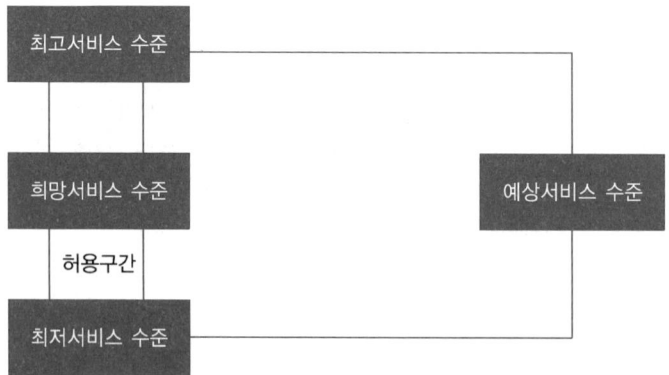

출처 : 김성용, 〈관광마케팅〉, 기문사, 2006

㉠ 최고서비스(Ideal Service) : 고객이 희망하는 서비스의 최고점은 고객이 이상적으로 생각하는 서비스의 수준이다. 서비스가 이루어지기 전에 고객이 원하던 부분과 미처 예상치 못한 부분까지 제공되면 고객의 효익을 제고시켜주는 서비스 수준을 말한다.

㉡ 희망서비스(Desired Service) : 고객이 서비스를 제공받기 전 서비스 제공자로부터 받기를 희망하는 서비스의 성과수준을 의미한다. 일반적으로 고객들은 최고서비스 수준의 서비스는 제공받기가 쉽지 않기 때문에 그보다 낮은 수준의 희망서비스에 대한 기대를 갖게 된다. 고객 자신의 지불능력과 서비스 제공자의 제공수준을 고려하여 희망과 바람은 높지만, 고객에 따라 희망서비스 수준에 대해 수용할 의지를 갖고 있다.

㉢ 최저서비스(Adequate Service) : 고객이 받아들일 수 있는 최저수준의 서비스이며, 고객이 불만족스럽게 생각하지 않고 받아들일 수 있는 최소한의 서비스 수준을 의미한다. 이 경우 고객들은 제공되고 있는 서비스에 대해 최소허용 기대치만을 가지게 된다.

㉣ 허용구간(Tolerance Zone) : 서비스는 서비스 제공자에 의해 또는 상황에 따라 달라질 수 있는 이질적인 특성을 지니고 있다. 고객이 이러한 이질성을 지각하고 수용할 수 있는 한계가 바로 허용구간이다. 즉, 고객이 서비스에 대한 가변성을 인정하고 수용하고자 하는 정도로서, 고객들은 허용구간 내에서 서비스를 제공받게 되면 받아들이지만 최저서비스 수준보다 낮아서 허용구간 밖으로 더 낮아지면 불만족스럽게 생각한다. 반대로 희망서비스 수준을 넘어서 허용구간 밖으로 높아지면 고객들의 만족도도 높아지게 된다.

㉤ 예상서비스(Predicted Service) : 예상서비스 수준이란, 고객들이 서비스를 제공받을 때 기대하는

서비스 수준으로 최고서비스 수준부터 최저서비스 수준까지에 이르는 전 구간 범위에 걸쳐 있다.
② 고객기대의 선행요인

Kurtz and Clow(1998)에 따르면, 고객의 기대는 내부요인, 외부요인, 상황요인, 서비스기업요인 등에 의해서 영향을 받는다.

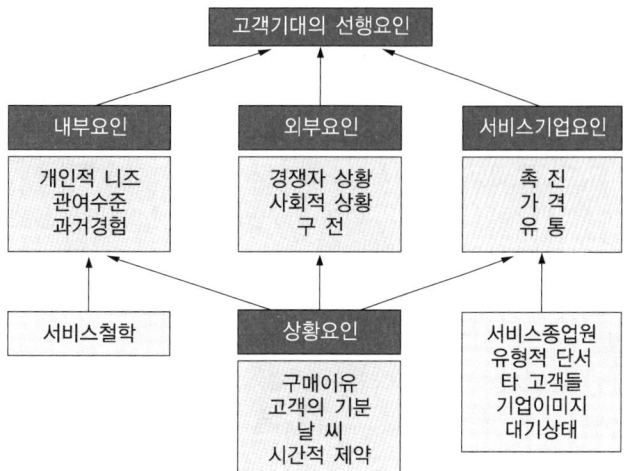

출처 : 김성용, 〈관광마케팅〉, 기문사, 2006

㉠ 내부요인 : 내부요인은 개인적 니즈, 관여수준, 과거경험이 해당한다. 이러한 내부요인은 고객들이 가지고 있는 최고서비스 수준, 희망서비스 수준, 최저서비스 수준에 영향을 미친다.
㉡ 외부요인 : 경쟁자 상황이나 사회적 상황, 구전상황이 외부요인에 해당한다. 특히 구전커뮤니케이션은 최고서비스 수준과 희망서비스 수준에 영향을 미친다.
㉢ 서비스기업요인 : 서비스기업요인은 기업의 촉진활동, 가격, 유통 등이 해당된다.
㉣ 상황요인 : 상황요인은 정상적인 상황에서의 일시적인 변화로 구매이유, 고객의 기분, 날씨, 시간적 제약 등이 있으며, 이러한 상황요인은 내부요인, 외부요인, 서비스기업요인에 영향을 미친다.

Part 03
Module C 서비스경영 전문가가 꼭 알고 있어야 하는 전문용어

- **서비스 수요관리(Demand Management)** : 한여름과 한겨울의 전력수요 피크는 국가차원의 대형 정전사태를 일으키기도 하며, 설이나 추석 등 명절에는 명절선물세트의 대량 주문과 배송으로 택배회사의 업무가 마비되기도 함. 즉 이러한 서비스 수요를 관리하고 통제하는 것
- **수요예측(Demand Forecasting)** : 언제, 얼마만큼의 서비스가 판매될 것인가를 전망하는 활동으로서 만일 잘못되면 공급계획이 잘못되고, 제때에 제대로 공급이 이루어지지 못하면 다른 모든 경영기능이 연쇄적으로 타격을 입게 됨
- **정성적 예측기법** : 주로 과거의 데이터가 없거나 변질되었을 때, 또는 외부환경요인이 크게 변화하여 과거의 데이터가 의미가 없어졌을 때, 그리고 시장의 수요가 어느 한 가지 요인의 특성보다 여러 요인들 사이의 복합적인 상호관계에 의해 결정되어야 할 때 사용되는 예측기법임. 중장기적 예측에 적합한 예측기법으로 제품의 개발이나 시장전략, 공장의 입지 선택과 같이 중장기적 전략 결정 등에 적용될 수 있으며, 경영자의 판단이나 전문가의 의견, 시장조사 결과 등을 참고하여 주관적으로 미래의 수요예측을 하는 방법을 통칭하는 개념
- **시장조사법** : 정성적 예측기법 중 하나로, 사용자와의 인터뷰, 시장동향의 분석, 대규모의 설문조사, 전화, 개별방문 등을 통해 신서비스를 시장에 출시하기 전에 미래의 수요를 예측하기 위해 사용함. 시장의 정보를 수요예측에 직접 반영하기 때문에 단기적으로는 정확도가 높지만, 장기적으로는 기술과 환경의 변화로 인해 정확도가 떨어질 수 있음. 또한 시장에서 직접 자료를 수집하고 분석해야 하기 때문에 시간과 비용이 많이 소요됨
- **델파이(Delphi)기법** : 지명집단기법을 바탕으로 규모도 더 키우고 과정도 좀 더 조직화한 방법으로서, 전문가집단의 의견들을 조정, 통합하거나 개선시키기 위한 방법임. 또한 중요 문제에 대해 설문지를 우송하여 표본 개인들에게 일련의 집중적인 질문을 하고, 매회 설문에 대한 반응을 수집 및 요약하며 그것을 다시 표본 개인들에게 송환해 주어 개인들 자신의 견해나 평정을 수정해 가는 방식
- **정량적 예측기법** : 시간의 경과에 따라 과거의 데이터를 이용하기 때문에 시계열분석(Time-series Analysis)이라고도 함. 이 기법은 시계열 자료에서 발견되는 특정한 경향이나 규칙성을 미래 예측과 추정의 근거로 삼는 것
- **이동평균법** : 시간의 흐름에 따라 계속 움직이면서 가장 최근의 자료만을 가지고 계산한 평균으로서, 가장 오래된 자료를 제거하는 대신에 가장 최근의 자료를 추가하여 평균값을 갱신함으로써 미래의 수요를 예측하는 방법
- **지수평활법** : 지수평균을 이용하여 차기값을 예측하는 기법

- 수요추구형전략 : 그때그때 수요예측치의 크기에 따라 공급의 크기를 조정하는 전략으로, 수요량에 따라 인력수준 또는 공급수준을 신축적으로 바꿈
- 공급평균화전략 : 일정 기간 수요를 모아서 평균을 낸 후 항상 평균적 크기의 공급능력을 확보하는 전략으로서, 수요량에 상관없이 매월 일정수준의 고용과 공급량을 할당하는 전략
- 고정주문량모형(Fixed Order Quantity Model) : 매번 주문량이 고정되어 있는 대신 주문시점과 주문간격을 신축적으로 바꾸는 방식임. 이 방식을 사용하기 위해서는 수요의 변화와 공급량의 재고를 항상 살펴보면서 적절한 주문시점을 결정하는 항시통제시스템을 갖추고 있어야 함
- EOQ모형 : 구매비용, 주문비용, 재고유지비용 등을 합쳐 총비용을 최소로 할 수 있는 주문량을 찾는 모형
- 안전재고(Safety Stock) : 재고부족의 경우를 대비하여 추가적으로 보유하게 되는 재고
- 고정주문간격모형 : 매번 주문간격은 고정되어 있고 대신에 주문량을 신축적으로 바꾸는 방식. 고정주문간격모형을 사용하기 위해서는 주기적으로 재고량에 대한 검사를 통해서 필요한 만큼 주문을 하는 주기적 통제시스템을 갖추어야 하며, 이 모형의 주문시점 간격은 기업의 내부방침이나 시장 환경에 따라 정해짐
- 일회주문모형 : 유통기한이 있는 서비스를 얼마나 주문할 것인가를 결정하는 모형
- 과잉수요 : 수요가 최대 공급능력을 초과하는 경우로, 기업의 입장에서는 수익을 잃어버린 것이므로 기회비용이 됨
- 과잉공급 : 수요가 공급에 미치지 못하는 경우로, 기업은 보유하고 있는 서비스 인력과 시설을 제대로 활용하지 못하게 됨
- 수요 측 조정기법 : 수요량의 조정이나 변화를 통해 수요–공급을 조화시키는 전략. 단, 성수기와 비수기에 따라 달리해야 함
- 공급 측 조정기법 : 수요와 공급을 맞추기 위한 두 번째 방법은 공급능력(Capacity)을 변화시키는 것. 즉, 성수기에는 서비스의 기본적인 자원(시간, 종업원, 장비, 설비)을 확충시켜 늘어난 수요에 부응해야 하고, 비수기에는 이를 잘 조정해서 자원의 낭비를 최소화해 나가야 함
- 대기관리 : 대기는 고객이 서비스를 받을 준비가 되어 있는 시간부터 서비스가 개시되기까지의 시간을 의미하며, 그러한 시간을 관리하는 것을 말함
- 고객모집단 : 서비스를 요구하는 잠재고객의 수로, 이를 명확하게 정의하기 위해서는 먼저 고객이 누구인가를 정해야 하며, 고객을 어떻게 정의하느냐에 따라 고객의 수가 유한할 수도 있고 무한할 수도 있음
- 서비스채널 : 서비스를 처리하는 인력이나 시설을 의미하며, 유한과 무한으로 나뉨
- 서비스단계 : 서비스를 처리하기 위해 거쳐야 하는 작업 순서의 길이를 의미하며, 단일과 다중으로 나뉨
- 우선순위규칙 : 서비스를 처리하는 순서의 배정규칙(Queue Discipline)을 말하는 것으로, 대기라인에 여러 사람이 서 있을 경우, 어떤 순서로 이들을 처리할 것인가에 대한 순서규칙(Sequencing Rule)으로 볼 수 있으며, 크게 정적규칙과 동적규칙이 있음
- 정적규칙 : 성적규칙은 이미 정해진 기준대로 처리하는 규칙으로, 가장 많이 사용하는 기준으로는 선착순 규칙(FCFS)과 최단작업시간 규칙(SPT)이 있음

- **선착순규칙(FCFS ; First Come First Service)** : 먼저 온 순서대로 서비스를 제공하는 것으로, 서비스상황이나 고객상황에 대한 상황적 고려를 하지 않는다는 점에서는 재고의 여지가 있을 수 있음
- **최단작업시간규칙(SPT ; Shortage Processing Time)** : 서비스에 최우선 순위를 부여하는 것으로, 즉, 작업시간이 최단인 고객부터 서비스를 처리하는 것
- **동적규칙** : 기다리는 서비스들의 마감시간을 확인한 후에, 마감시간이 가장 임박한 서비스부터 먼저 처리하는 규칙. 이 규칙에는 긴급률규칙과 선점규칙이 있음
- **긴급률규칙** : 얼마나 급한 서비스인지, 일을 끝내야 하는 만기시간이 얼마나 남았는지를 나타내는 긴급률(CR ; Critical Ratio) 값을 정한 후, 그 값이 최소인 작업에 우선순위를 부여하는 기준
- **선점규칙(Peemptive Priority Rule)** : 높은 우선순위를 가진 고객이 나타나면 다른 모든 서비스를 중단하고 그 서비스부터 처리하는 규칙
- **포아송분포(Poission Distribution)** : 정해진 시간 안에 어떤 사건이나 이벤트, 서비스 수요가 발생하는 횟수를 나타내는 확률 분포로, 대기행렬이론에서 고객이 서비스시스템에 들어오는 빈도인 도착률을 나타냄. 10회, 20회 등과 같이 이산적임
- **지수분포(Exponential Distribution)** : 이벤트가 일어나는 시간의 간격을 나타내는 확률 분포로, 서비스시스템이 한 고객을 처리하는 데 걸리는 서비스 시간. 5.3분, 10.2분 등과 같이 연속적임
- **Little의 법칙** : 서비스시스템에 존재하는 고객의 수와 고객이 시스템 안에 머무르는 시간과의 관계를 보여주는 수식. 이 법칙은 서비스시스템이 안정된 상태에 이르렀을 때, 서비스시스템에 존재하는 고객의 평균값은 서비스시스템에 도착하는 고객의 평균값에 고객이 서비스시스템에 머무르는 평균시간을 곱한 값이 된다는 것
- **비금전적 비용** : 서비스의 정보탐색, 구매, 사용과 관련된 시간, 노력, 그리고 불편함 등을 반영한 비용으로서 고객은 때로 이 비용을 '노력' 혹은 '부담'으로 표현하기도 함
- **서비스 수율관리** : 가용능력이 제한된 서비스에서 수요 – 공급의 관리를 통해 수익을 극대화하는 것
- **초과예약(Overbooking)** : 초과예약은 서비스기업의 가용능력을 효율적으로 활용하기 위해 시행되는 것으로, 수입손실을 최소화하기 위한 노력으로 도입됨
- **최고서비스(Ideal Service)** : 고객이 희망하는 서비스의 최고점은 고객이 이상적으로 생각하는 서비스의 수준으로서 서비스가 이루어지기 전에 고객이 원하던 부분과 미처 예상치 못한 부분까지 제공되면 고객의 효익을 제고시켜주는 서비스 수준을 말함
- **최저서비스(Adequite Service)** : 고객이 받아들일 수 있는 최저수준의 서비스이며, 고객이 불만족스럽게 생각하지 않고 받아들일 수 있는 최소한의 서비스 수준을 의미
- **허용구간(Tolerance Zone)** : 서비스는 서비스 제공자에 의해 또는 상황에 따라 달라질 수 있는 이질적인 특성을 지니고 있는데, 고객이 이러한 이질성을 지각하고 수용할 수 있는 한계
- **예상서비스(Predicted Service)** : 고객들이 서비스를 제공받을 때 기대하는 서비스 수준으로 최고서비스 수준부터 최저서비스 수준까지에 이르는 전 구간 범위

Part 03 / Module C 출제유형문제

📰 일반형 문제

01 서비스 수요의 특성에 대한 설명으로 옳지 않은 것은?

① 서비스는 이질적인 특성을 지니고 있으며, 그 종류가 매우 제한적이다.
② 서비스 수요가 급격한 변동을 보일수록 수요예측은 어려워진다.
③ 수요량이 공급능력을 넘어서면 기업의 입장에서는 수익을 잃은 것이 되며 기회비용이 된다.
④ 서비스는 시간과 공간의 제약이 있어 공간 사이의 이동이 불가능하다.
⑤ 서비스는 재고의 저장이 불가능하다.

해설 서비스는 종류가 무한하며 매우 다양한 특성을 가지고 있고, 진화한다.

02 수요 예측기법 중 정성적 예측기법이 아닌 것은?

① FGI기법
② 시장조사법
③ 델파이(Delphi)기법
④ 역사적 유추법
⑤ 이동평균법

해설 이동평균법이란 과거 일정 기간의 실적을 평균해서 예측하는 방법으로서 정량적 예측법이다. 이동평균법에는 과거 여러 기간의 실적치에 동일한 가중치를 부여하는 단순이동평균법과 최근의 실적치에 가장 높은 가중치를 부여하는 가중이동평균법이 있다.

03 서비스 수요 예측기법에 대한 설명으로 옳지 않은 것은?

① 지명집단기법은 정량적 예측기법으로서 그 해석이 다소 주관적일 수 있다.
② 정성적 예측기법은 경영자의 판단, 마케팅 부문의 정보와 경험 등을 참고하여 미래의 수요예측을 하는 방법을 통칭하는 개념이다.
③ 종전의 데이터가 없거나 정보 수집에 지나치게 많은 비용과 시간이 드는 경우에는 정성적 예측을 한다.
④ 수요예측이 잘못되면 공급계획이 잘못되고 다른 모든 기능까지 연쇄적으로 타격을 입게 되므로 정확한 수요예측이 요구된다.
⑤ 정량적 예측기법은 시간의 경과에 따라 과거 정보를 이용하므로 시계열 분석이라 부르기도 한다.

해설 지명집단기법은 정성적 예측기법이며, 해석은 다소 주관적일 수 있다.

정답 01 ① 02 ⑤ 03 ①

04 정량적 예측기법의 특징 및 장단점이 아닌 것은?

① 비용과 시간이 많이 소요되는 단점이 있다.
② 전체 모집단을 대표할 수 있는 표본을 대상으로 측정한다.
③ 구조화된 질문지로 양적 자료를 수집한다.
④ 수집한 자료는 다목적성과 객관성을 갖는다.
⑤ 전체시장을 대표하기는 어렵다.

해설 전체시장을 대표하지 못하는 부분은 정성적 예측기법의 단점에 해당하는 내용이다.

05 서비스 공급 능력이 수요를 능가하지 못하는 상황이 장기적으로 지속될 경우 발생하는 일은?

① 서비스 제공 시간 부족 시 최소한의 서비스를 제공하고 시간 소모적인 부분을 제거한다. 그러므로 서비스 공급 능력은 증가한다.
② 고객의 대기 시간이 길어지면 모든 고객은 거래를 그만두며 수요는 중단된다.
③ 수요가 늘어나면 서비스 제공자는 서비스를 빠르게 제공하려고 노력하지만 공급 능력은 저하된다.
④ 수요가 늘어나는 것과 서비스 품질은 별개의 문제로 다루어야 한다.
⑤ 대기시간이 길어질수록 고객은 자신의 구매의사에 대해 고민하게 되고 조급한 마음에 구매를 서두르려 노력한다.

해설
② 모든 고객이 거래를 그만두게 된다고 보기는 어려우며, 일부고객이 거래를 그만두게 되고 그에 따라 수요가 감소하게 된다.
③ 수요가 늘어나면 서비스 제공자는 서비스를 빠르게 제공하려고 노력하고, 따라서 공급 능력은 늘어난다.
④ 수요가 늘어난 것과 서비스 품질은 밀접한 관련을 맺고 있다.
⑤ 대기시간이 길어지면 고객은 자신의 구매의사에 대해 한 번 더 고민하게 되고 이는 구매취소로 이어진다.

06 다음 중 허용구간(Zone of Tolerance)에 대한 설명으로 옳지 않은 것은?

① 고객의 서비스 기대 수준은 결정적인 한 점에서 결정되는 것이 아니라 허용수준의 범위에서 결정된다.
② 허용구간이 동일한 고객일지라도 상황에 따라 허용구간이 확장될 수도 있고 줄어들 수도 있다.
③ 서비스 제공자는 언제, 어떻게 이 허용구간이 확장되고 줄어드는지에 대한 이해보다 제공요소에 더 신경쓰도록 한다.
④ 일반적으로 제공받는 서비스의 '매우 중요한 요소'와 '덜 중요한 요소'에 따라 허용구간은 달라질 것이다.
⑤ 서비스는 제공자에 의해 또는 상황에 따라 달라질 수 있는 이질적 특성을 지니고 있으며 고객이 이를 지각하고 수용할 수 있는 한계가 허용구간이다.

해설 서비스 제공자는 허용구간의 범위뿐만 아니라 언제, 어떻게 이 허용구간이 확장되고 줄어드는지에 대해 이해해야 한다.

07 수용할 만한 서비스의 기대를 형성하는 요인이 아닌 것은?

① 일시적인 서비스의 증강인자
② 지각된 서비스의 대안
③ 고객이 지각하는 자신의 서비스 역할
④ 상황적 요인
⑤ 예상수준 이상의 서비스

해설) 예상수준 이상이 아닌 예상된 수준의 서비스가 수용할 만한 서비스의 기대를 형성하는 요인이다.

08 이동평균법에 대한 설명으로 옳지 않은 것은?

① 단순 변동만 있는 경우 지수평활법과 함께 수요예측에 주로 사용되는 방법이다.
② 시간의 흐름에 따라 계속 움직이면서 가장 최근의 자료만을 가지고 계산한 평균이다.
③ 가장 오래된 자료를 제거하는 대신에 가장 최근의 자료를 추가하여 평균값을 갱신함으로써 미래 수요를 예측하는 방법이다.
④ 최근 값을 m으로 표시하며, 값이 작을수록 민감도(Sensitivity)가 낮아진다.
⑤ 최근 값이 커질수록 안정성(Stability)이 올라간다는 장점이 있다.

해설) 최근 값이 작을수록 민감도는 올라가게 된다.

09 가격결정에서 수요의 가격탄력성에 대한 설명으로 옳지 않은 것은?

① 서비스 품질의 속성과 관련이 깊다.
② 경쟁사 가격에 따라 탄력적일 수 있다.
③ 소비자의 개인적 성향에 따른 영향을 받지는 않는다.
④ 서비스의 사치성 및 필수성 여부와 밀접하다.
⑤ 주요변수 중 하나는 시간의 흐름이다.

해설) 소비자 개인적 성향은 서비스 수요의 가격탄력성을 결정짓는 주요 요소이다.

10 대기관리 보완전략으로 적절하지 않은 것은?

① 예약 제도를 두어 고객으로부터 미리 사전 예약을 받아서 대기시간을 최소화하는 방법이 있다.
② 고객이 몰리는 시간을 피할 수 있도록 복잡한 시간에 가격상승 정책을 실시하여 서비스 용량 수준을 적절하게 유지할 수 있다.
③ 음식점에 고객이 몰리고 혼잡할 때 고객을 라운지로 안내함으로써 고객이 대기시간 동안 받는 지루함을 줄여준다.
④ 은행에서 ATM기기를 활용한 대체 채널을 확보함으로써 고객의 대기시간을 대폭 줄였다.
⑤ 게시판을 활용하여 현재 예약 고객 도착 현황을 미리 알려주면 고객들은 서비스가 집중되는 시간을 피하려 할 것이다.

해설) 고객이 몰리는 시간을 피할 수 있도록 비교적 여유로운 시간에 가격 할인 정책을 제공하는 인센티브 제공 전략은 고객 대기시간을 줄이고 서비스 용량 수준을 적절하게 결정하고 유지한다.

11 마이스터가 제시한 기다림에 대한 심리적 대기관리 중 지켜져야 하는 기본원칙으로 옳은 것은?

① 구매 중 대기가 구매 전 대기보다 더 길게 느껴진다.
② 근심(Anxiety)은 대기시간과 관련이 없다.
③ 원인 설명과 관계없이 대기시간은 길게 느껴진다.
④ 서비스가 더 가치 있을수록 사람들은 더 오래 지체할 수 없다.
⑤ 아무 일도 하지 않고 있는 시간이 뭔가를 하고 있을 때보다 더 길게 느껴진다.

해설) ① 구매 전 대기가 구매 중 대기보다 더 길게 느껴진다.
② 근심(Anxiety)은 대기시간을 더 길게 느껴지게 한다.
③ 원인이 설명되지 않은 대기시간이 더 길게 느껴진다.
④ 서비스가 더 가치 있을수록 더 오래 기다릴 수 있을 것이다.

12 수요 측 조정기법 중 성수기 수요감소전략이 아닌 것은?

① 고객들과의 의사소통
② 고객 우선순위 관리
③ 성수기 가격 전액 부과
④ 서비스 시설의 용도 변경
⑤ 예약제도의 활용

해설) 서비스 시설의 용도 변경은 비수기 수요진작전략에 해당한다.

13 다양한 줄서기의 형태에 대한 설명으로 옳지 않은 것은?

① 다수 서비스 제공자에 대한 평행 대기선의 단점은 동일한 속도로 처리되지 않는 경우 상대적으로 늦어지는 불리함을 경험하게 된다.
② 슈퍼마켓 소량 품목 계산대, 비행기 1등석에 대한 별도의 라인 등의 경우는 다수 서비스 제공자에 대한 지정 대기선을 할당한다.
③ 다수 서비스 제공자에 대한 평행 대기선의 문제점을 극복하기 위해 단일 대기선으로 전환한 것이 뱀형 대기선이다.
④ 대기하는 고객으로 하여금 줄서기를 피할 수 있고 얼마나 기다려야 하는지에 대한 추측을 할 수 있게 하기 위하여 번호표 순번대기가 효과적이다.
⑤ 고객의 이름을 적은 목록이나 대기표가 존재한다.

해설) 슈퍼마켓 소량 품목 계산대, 비행기 1등석에 대한 별도의 라인 등의 경우는 지정 서비스 제공자에 대한 지정 대기선을 할당한다.

14 제품가격 책정보다 서비스의 가격결정이 어려운 이유가 아닌 것은?

① 서비스 생산 능력의 효용 정도에 따라 가격의 변동 폭이 크다.
② 서비스는 전달 과정의 시간요소에 의해 균일한 특징을 지닌다.
③ 서비스의 원가를 고객이 이해할 수 있도록 준거하기가 어렵다.
④ 서비스의 원가는 물적 환경에 의해서 영향을 받는다.
⑤ 서비스의 가격은 수요에 의해 영향을 받는다.

해설) 서비스는 전달 과정의 시간요소에 의해 변동성이 발생한다.

15 서비스 가격 관리의 목표에 대한 설명으로 옳지 않은 것은?

① 기업이 이윤을 극대화하려는 목표와 특정 수준의 목표 이익에 도달하기 위해서 서비스는 적절한 가격을 유지해야 한다.
② 서비스의 원가란 직접적인 비용뿐만 아니라 간접적인 비용을 포함한 총비용을 말하며 원가보전은 총비용을 보전할 수 있는 수준을 의미한다.
③ 서비스는 공급이 가능한 생산만을 하므로 공급만큼의 수요를 만들어 내는 것이 필요하고, 최대수준의 수익이 얻어지도록 수요 창출을 할 수 있는 가격이 제시되어야 한다.
④ 서비스의 가격 관리에서는 고객의 선택을 촉진시킬 수 있는 요소가 고려되어야 한다.
⑤ 높은 수준의 규모의 경제가 존재할 경우 시장 점유율과 대규모 고객 기반을 구축할 수 있도록 가격관리가 이루어져야 한다.

해설) 서비스는 수요에 대응한 생산을 한다. 따라서 적정한 수요를 만들어 최소수준의 수익이 얻어지도록 수요창출을 할 수 있는 가격이 제시되어야 한다.

정답 13 ② 14 ② 15 ③

16 다음의 상황 중 가격 경쟁의 강도가 강화되는 것은?

① 고객이 서비스를 특정 장소에서 받기를 원하는 경우
② 고객에게 있어 시간이나 노력의 절감이 가격보다 더 중요하다 느껴지는 경우
③ 개인화, 혹은 고객화 수준이 높은 개별 서비스 공급자와의 개인적 관계가 돈독한 경우
④ 고객이 원하는 시간대에 서비스를 받기 원하는 경우
⑤ 공급자를 전환하는 데 수월하여 경쟁 상품으로 전환이 용이한 경우

[해설] ⑤ 공급자를 전환하기 수월한 경우에는 가격 경쟁의 강도는 증가한다.
①·④ 고객이 원하는 장소 및 시간대에 서비스를 제공받기 원하는 경우에는 그들이 선택할 수 있는 대안이 별로 없으므로 가격 경쟁의 강도는 약화된다.
② 고객에게 시간이나 노력의 절감이 가격보다 중요하다면 가격 경쟁의 강도는 감소한다.
③ 개별 서비스 공급자와 고객의 관계가 돈독할 때 가격 경쟁의 강도는 감소한다.

17 기업은 고객가치 증대에 필요한 비용을 최소화시킴으로써 경쟁우위를 확보할 수 있는데, 그에 대한 방법으로 적절하지 않은 것은?

① 운영 전문가와 협업 시 비용이 발생하므로 서비스 구매, 전달, 소비에 필요한 시간을 위한 절약은 자체적으로 설계한다.
② 각 단계에서 서비스의 불필요한 심리적 비용을 제거한다.
③ 원하지 않는 물리적 노력을 제거한다.
④ 매력적인 시각 환경과 쾌적한 물리적 환경을 조성하고 소음을 줄인다.
⑤ 다른 서비스 공급자와 제휴를 통한 할인이나 온라인 전달 등을 이용해 고객의 금전적 비용을 줄일 수 있는 다양한 방법을 개발한다.

[해설] 서비스 구매, 전달, 소비에 필요한 시간을 절약하기 위해 운영 전문가와 협업해야 한다.

18 고객이 인식하는 가치 차원이 '낮은 가격'일 때, 적절한 가격정책이 아닌 것은?

① 가치가격
② 할 인
③ 단수가격
④ 일치가격
⑤ 침투가격

[해설] 가치가격은 '가치란 지불한 가격에 대해 내가 얻는 품질이다'에 대한 차원의 내용이다.

19 수율관리 실행에 대한 내용으로 옳지 않은 것은?

① 기업이 이익 극대화에만 과도하게 집중하는 것은 바람직하지 않다.
② 고객이 서로 다른 가격에 불쾌감을 느끼지 않도록 학습을 시켜야 한다.
③ 수율관리 시스템이 성과급 구조와 조화를 이루어야 한다.
④ 종업원들이 수율관리 프로그램에 대한 이해도를 높일 것이다.
⑤ 수율관리 시스템은 초과예약, 고객 그룹별 차별적 가격결정의 두 가지 기본요소로 구성되어 있다.

해설) 수율관리 시스템은 초과예약, 고객 그룹별 차별적 가격결정, 고객 그룹별 서비스 능력배분의 세 가지 기본요소로 구성되어 있다.

20 명절이나 휴가기간 등과 같이 유통기한 있는 서비스를 얼마나 주문할 것인지를 결정하는 모형은?

① 일회주문모형
② 자체공급모형
③ 주문공급모형
④ 고정주문간격모형
⑤ 고정주문량모형

해설) 유통기한이 있는 서비스의 경우 그 시간이 지나면 더 이상 수요가 발생하지 않는다. 그러므로 공급량에 대한 주문량이 수요량보다 적을 때 수요를 포기할 수밖에 없고, 반대로 많은 경우에는 주문한 공급량을 그대로 버릴 수밖에 없다.

21 다음 중 성수기 수요감소전략으로 옳은 것은?

① 서비스 시설의 용도 변경
② 비수기 인센티브 제공
③ 예약제도의 활용
④ 가격 차등화
⑤ 현재 시장의 수요진작

해설) 예약제도의 활용은 성수기에 몰리는 수요를 분산시키는 방법이며, ①·④·⑤ 비수기 수요진작전략에 해당한다. 참고로 '② 비수기 인센티브 제공'은 성수기 수요감소전략 및 비수기 수요진작전략 모두에 해당한다.

정답) 19 ⑤ 20 ① 21 ②, ③

O/X형 문제

22 서비스 공급 계획 방법 중 유통기한이 있는 서비스를 얼마나 주문할 것인가를 결정하는 모형을 일회주문모형이라 한다.

(① O / ② X)

23 레이거노믹스(Reaganomics)란 정부가 투자 증대를 통해 대기업과 부유층의 부를 먼저 늘려주면 중소기업과 소비자에게 혜택이 돌아가게 되고, 이것이 결국 총체적인 국가 경기를 자극하게 되어 기대 이상의 효과를 가져온다는 뜻이다.

(① O / ② X)

> 해설) 정부 자금을 대기업에 유입시키면 그것이 중소기업과 소비자에게까지 영향을 미쳐 경기를 자극한다는 이론으로 기대 이상의 서비스가 제공되었을 때 발생하는 효과를 뜻하는 용어는 트리클 다운(Trickle Down)이다.

24 대기행렬 시스템에서 기다리는 서비스들의 마감 시간을 확인한 후에, 마감 시간이 가장 임박한 서비스부터 먼저 처리하는 규칙을 일컬어 선점규칙이라 한다.

(① O / ② X)

> 해설) 대기행렬 시스템에서 기다리는 서비스들의 마감 시간을 확인한 후에, 마감 시간이 가장 임박한 서비스부터 먼저 처리하는 규칙을 일컬어 동적 규칙이라 한다.

25 고객이 희망하는 서비스 수준에 가장 큰 영향을 미치는 두 가지 요소는 서비스에 대한 '개인적 욕구'와 '지속적 서비스 증강 인자'이다.

(① O / ② X)

> 해설) 고객은 서비스에 더 민감하도록 하는 개별적이면서 안정적인 요인인 '지속적 서비스 증강인자'와 '개인적 욕구'를 충족시키는 요소를 기본으로 희망하고 있다.

26 수요의 변동성이 거의 없고 안정적인 수요가 꾸준히 발생되는 상황에서는 수율관리의 적합성은 높아진다.

(① O / ② X)

> 해설) 수요의 변동성이 거의 없고 안정적인 수요가 꾸준히 발생되는 상황에서는 수율관리의 적합성은 떨어진다.

정답) 22 O 23 X 24 X 25 O 26 X

연결형 문제

[27~31] 다음 단어에 대한 설명으로 알맞은 것을 각각 골라 넣으시오.

① 델파이기법　　　　② Little의 법칙
③ 포아송분포　　　　④ FCFS
⑤ 시장조사법

27 (　　)은(는) 사용자와의 인터뷰, 시장 동향의 분석, 대규모의 설문조사 등 주로 새로운 서비스를 출시하기 전에 미래의 수요를 예측하기 위해 사용되는 방법이다.

28 (　　)은(는) 먼저 온 순서대로 서비스를 제공하는 것을 뜻하는 용어로서 장점은 단순성과 공정성에 있다. 그러나 서비스 상황이나 고객 상황에 대한 상호적 고려를 하지 않는 점에서는 재고의 여지가 있을 수 있다.

> **해설** FCFS(First Come, First Service)란 대기행렬 시스템에서 먼저 온 순서대로 서비스를 제공하는 규칙이다.

29 (　　)은(는) 고객이 서비스 시스템에 들어오는 빈도인 도착률을 가정의 근거로 하여 단위시간 동안 어떤 사건이나 이벤트가 일어나는 수를 나타낸다.

> **해설** 포아송분포(Poisson Distribution)란 단위 시간 동안 어떤 사건이나 이벤트가 일어나는 수를 나타내는 확률분포이다.

30 (　　)은(는) 서비스 시스템에 존재하는 고객의 수와 고객이 시스템 안에 머무르는 시간과의 관계를 보여주는 수식이다.

> **해설** Little의 법칙이란 서비스 시스템이 안정한 상태에 이르렀을 때, 시스템 안에 존재하는 고객의 평균값은 서비스 시스템에 도착하는 고객의 평균값에 고객이 서비스 시스템에 머무르는 평균시간을 곱한 값이 된다는 법칙이다.

31 (　　)은(는) 미래를 예측하는 질적 예측 방법의 하나로서, 가장 두드러진 특징은 예측을 위해 대상분야와 관련이 있는 여러 전문가가 동원되어 의견을 모으고, 교환하고, 발전시키는 것이다.

> **해설** 델파이기법(Delphi Technique)이란 집단의 의견들을 조정, 통합하거나 개선시키기 위한 방법이다.

정답 27 ⑤　28 ④　29 ③　30 ②　31 ①

작은 기회로부터
종종 위대한 업적이 시작된다.
- 데모스테네스 -

PART 4
서비스 인적자원관리

01	인적자원관리의 이해
02	서비스인력 선발
03	서비스 직무평가 및 보상
04	노사관계관리
05	서비스인력 노동생산성 관리

무언가를 위해 목숨을 버릴 각오가 되어
있지 않는 한 그것이 삶의 목표라는 어떤
확신도 가질 수 없다.

– 체 게바라 –

끝까지 책임진다! SD에듀!

QR코드를 통해 도서 출간 이후 발견된 오류나 개정법령, 변경된 시험 정보, 최신기출문제, 도서 업데이트 자료 등이 있는지 확인해 보세요! **시대에듀 합격 스마트 앱**을 통해서도 알려 드리고 있으니 구글 플레이나 앱 스토어에서 다운받아 사용하세요. 또한, 파본 도서인 경우에는 구입하신 곳에서 교환해 드립니다.

PART 04 | 서비스 인적자원관리

▶ 무료 동영상 강의가 있는 SMAT Module C 서비스 운영전략

01 인적자원관리의 이해

(1) 인적자원관리의 개념

① 인적자원관리(HRM ; Human Resources Management)는 기업의 경영 목적 달성에 필요한 인적자원의 선발, 개발, 배치, 유지, 평가 및 동기부여에 관한 일련의 과학적 관리기법을 의미한다.
② 기업이나 조직에서 추구하는 철학과 비전, 그에 맞는 인재상, 추구하는 바를 실현하는 제도, 그리고 기술적인 부분의 시스템을 모두 아울러 인적자원관리라고 할 수도 있다.
③ 과거에는 단순히 '인사관리(PM ; Personnel Management)'라는 용어를 사용했지만, 현대의 기업들이 인적자원의 가치를 중요하게 생각하면서 인적자원관리로 변화하고 있는 추세에 있다.
④ 서비스기업은 고객만족이 기업과 조직의 성과로 직결되기 때문에 효과적인 인적자원관리를 해야 하며, 서비스 인재를 선발하고, 평가하고, 성과에 따른 보상을 실시하는 전 과정을 통합적으로 계획 및 관리해야 한다.
⑤ 인적자원관리(HRM)는 다음과 같은 과정들을 포함하는 포괄적인 개념이라 할 수 있다.

인적자원계획(HRP ; Human Resource Planning)	조직에서 각 사업이나 프로젝트에 필요한 인력을 시기적으로 판단하여 사전에 예측하고 결정하여, 내·외부의 인적자원을 수급, 배치(이동), 정리하는 인사기능을 말한다. 이를 흔히 인력계획(Manpower Planning) 또는 인사계획(Personnel Planning)이라고 한다.
인적자원개발(HRD ; Human Resource Development)	조직의 성과 창출을 위해 인적자원을 개발하고 개선시키는 최적의 방법을 결정하는 과정, 훈련, 개발, 교육 외적인 해결책(Non-training Interventions)의 총체적인 접근을 포함한다. 인적자원개발의 최종 목표는 구성원의 역량개발과 업무수행개선을 통해 성과향상(Performance Improvement)을 이루는 것이다.
인적자원활용(HRU ; Human Resource Utilization)	인적자원을 조직 내에서 활용하는 것을 말하고 여기에는 승진, 평가, 부서이동, 보상이 포함된다. 또한, 인재의 현재능력과 가능성을 파악하고 효과적으로 활용하는 일도 병행된다. 구체적으로는 업무과 성과관리, 처우, 배치와 직무순환, 인사고과 등 주로 인사제도와 인사운영에 관련된 부분들을 말하는 것이다.

(2) 인적자원관리의 중요성 ★★ 중요

① 조직이 생존·번영하기 위해서는 우수한 인적자원을 채용하여 활용하고 유지하는 것이 필수요건이다. 조직이 목표를 달성하게 하는 것은 조직의 구성원들이며, 이들을 어떻게 관리하는가에 따라서 조직의 성패가 좌우되기 때문이다.
② 기업의 경쟁우위를 확보하고 조직이 변화하는 고객의 욕구와 전략적 요구에 적응할 수 있도록 하는데 영향을 미치는 조직역량이 중시되고 있다. 조직역량은 공유가치, 인적자원 유지전략, 변화역량, 리더십의 네 가지 요소로 구성되며, 그러한 조직역량은 인적자원을 통해서만 확보되고 발현될 수 있고 장기간에 걸쳐 형성되며 경쟁기업과도 차별화된다.

③ 기업경쟁력의 원천은 사람이며, 인적자원은 기업의 가장 소중한 전략적 자산이다. 특히 서비스 산업은 그 특성상 인적자원의 중요성이 더욱 강조된다.

> **Tip** 인적자원관리시스템(HRMS)과 전사적 자원관리(ERP)
>
> - 인적자원관리시스템(HRMS ; Human Resource Management System)
>   - 인적자원관리시스템은 인사관리프로그램에 인적자원개발(HRD)과 인적자원관리(HRM)를 포괄하는 기능을 확장하여 기업 인재들이 역량을 최대한 발휘할 수 있도록 지원하는 솔루션이다.
>   - 기존의 단순한 인사관리에서 탈피하고, 채용부터 교육, 승진, 이동 및 급여, 복리후생까지 모든 인력관리 업무를 체계적으로 정리할 수 있고, 이를 통해 경영전략에 입각한 인력채용과 조직관리 프로세스를 마련할 수 있다.
> - 전사적 자원관리(ERP ; Enterprise Resource Planning)
>   - 전사적 자원관리는 기업 내 생산, 물류, 재무, 회계, 영업과 구매, 재고 등 경영활동 프로세스들을 통합적으로 연계하여 관리해주고, 기업의 정보들을 공유하고 새로운 정보생성과 의사결정을 빠르게 할 수 있도록 도와주는 전사적 통합시스템을 말한다.
>   - ERP는 조직의 모든 기능영역이 끊김 없이 정보가 흐를 수 있도록 하는 것이다. 그러나 ERP는 단순한 전산화시스템을 도입하는 것을 말하는 것이 아니라, ERP를 통해서 업무의 처리 방법이나 기업의 구조를 본질적으로 혁신하여 생산성을 극대화하는 것이라고 할 수 있다.
>
>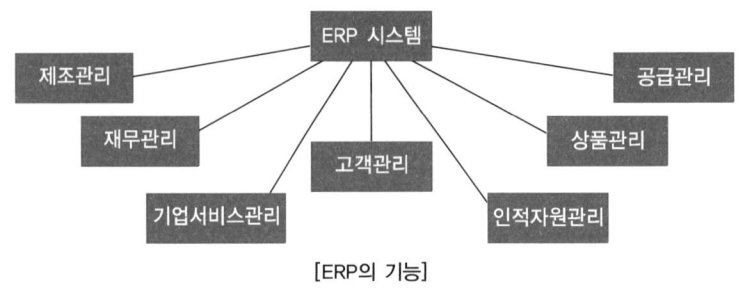
>
> [ERP의 기능]

(3) 인적자원관리의 원칙 ★★ 중요

① 기업의 경영활동에서 인적자원관리가 행해지는 기본적인 기준을 인적자원관리의 원칙이라고 한다.
② 인적자원관리의 원칙은 인간의 노동력을 상품화시키거나 노동자를 생산의 도구 또는 수단으로 인식하는 노동기계화 등을 대체할 수 있는 인간화 원리(Principle of Personalization)에 따라 그 원칙이 구축되었다. 그리고 인간성의 소외현상과 기업의 효율성 저하를 회복하기 위한 관심으로 변화되었다.
③ 이러한 인적자원관리의 원칙은 다음과 같이 6가지의 원칙으로 구성된다.

전인주의의 원칙	직원의 인간적 측면의 중시 및 인간성 실현에 중점을 두고 있는 인적자원관리의 원칙이다. 즉, 직원은 인간으로서 안정된 고용, 쾌적한 업무환경, 인간관계에서의 욕구, 그리고 성취감 등의 욕구·기대·목적을 보유하고 있으므로, 이러한 인간의 다원적 요구를 관리하고 동기부여가 절대적으로 중요하다.
능력주의의 원칙	직원의 학력, 연령, 근속연수, 성별 등의 연공요소가 아닌 직원의 실력과 업적에 근거하여 공정한 인사처우를 실현해가는 원칙이다. 따라서 각자의 노력에 따른 성과가 능력평가에 반영될 수 있어야 한다.
공정성의 원칙	인적자원관리의 실시과정 및 실시결과에 대한 공정한 평가와 함께 공정한 근로조건의 개선향상을 위해 요구되는 공정성 유지의 원칙이다. 모든 인사의 문제는 정실(情實, 사사로운 정이나 관계에 이끌리는 일)을 배제하고 공평·공정하게 처리되어야 한다.

직무중심의 원칙	직무기술서, 직무명세서 등의 직무정보자료에 적합한 유능한 인재를 확보하고 교육훈련, 배치·이동·승진 등의 인적자원관리 활동을 이룩해가는 인적자원관리의 원칙이다.
정보공개의 원칙	기업의 경영문제에 대해 종사원의 참여 의욕을 고취시키기 위해 기업은 기업경영에 관한 최대한의 정보를 직원들에게 공개해야 한다는 원칙이다. 또한, 직무분석 및 평가결과나 인사고과 등 인사정보자료의 공개화를 통하여 종업원의 배치 및 이동·승진·승격 등의 인사처우를 공정하게 실현해가야 한다.
참여의 원칙	모든 직원들은 스스로 문제를 해결할 수 있는 능력을 보유하고 있다는 전제 하에, 인적자원관리의 기본방침 결정 및 인사계획의 수립과정을 비롯한 인적자원관리제도의 실시과정에 직원의 적극적인 참여와 의견수렴을 하는 원칙이다. 이로 인해 직원의 동기부여 및 기업 내 민주적 노사관계 정립에 기여할 수 있다.

(4) 인적자원관리의 목표 ★★ 중요

① 유능한 인재의 확보
② 핵심역량 강화 및 기업의 경쟁력 향상
③ 핵심인력의 육성 및 개발
④ 근로의욕 고취(동기부여)
⑤ 생산성·품질 향상 및 고객만족
⑥ 기업의 목표 및 사업전략과의 연계
⑦ 조직 내 커뮤니케이션 활성화
⑧ 공정한 보상
⑨ 고용관리의 유연성

(5) 인적자원관리의 내용

인적자원을 효율적으로 관리하기 위해서는 가장 먼저 고용해야 할 정확한 인원을 산출하기 위한 고용계획을 수립해야 하며, 직무에 맞는 인력의 질적인 요건을 규정해야 한다. 또한 채용이후 인사고과 및 근무평가에 의한 해직이나 해고가 어려운 국내 상황에서 고용관리는 더욱 중요하다고 할 수 있다. 특히, 직원의 인적서비스가 주된 서비스업계에서의 인적자원관리는 매우 중요한 과정이다.

모 집	직원모집, 즉 리쿠르팅(Recruiting)은 인력을 충원 또는 증원을 하기 위해 공고를 내고, 자격을 갖춘 인재를 찾는 과정이다.
선 발	모집된 인원들 중에서 조직의 직무를 수행할 수 있는 최적의 요건을 지닌 지원자를 채용하고 선택하는 과정이다. 서비스 기업에서는 고객만족형 인적자원을 선발해야 한다.
배치 및 전직·이동	신규채용자를 특정한 직무에 배치하는 것과 조직개편이나 인원정리 필요에 따라 실시되는 배치전환, 즉 전직·이동이 있다. 이 과정에서는 직무특성에 적합한 직원을 적재적소에 배치하고 전직·이동시켜야 하는 것이 중요하다.
교육훈련	직원의 잠재적·현재적 능력개발을 목표로 직원의 지식, 기술, 태도를 향상시키고, 직원이 직무에 만족을 느끼고 직무수행능력을 발전시켜 기업의 생산성 제고에 기여하도록 한다.
인사평가	직원의 능력, 태도, 직무관련 실적을 평가하여 배치, 승진, 보상 등을 실시할 때 객관적 근거자료로 활용한다.
승진관리	권한과 책임 그리고 보수 등의 신분상의 승진을 의미하며, 구성원들에게 만족감과 근로의욕을 고취시키고 동기를 유발시켜 조직에서 개인의 목표와 조직의 목표를 일치시키는 활동이다.
보 상	금전적 보상(임금, 복리후생비 등)과 비금전적 보상(직무관련)을 통해 우수한 인적자원을 확보하고 유지하는 활동이다.
복리후생	직원에게 부가적으로 제공하는 부가급여로, 직원들의 경제적 안정과 생활의 질을 개선시켜 성과향상과 동기부여를 시킨다.
경력개발 관리	개인적인 경력목표를 장기적으로 설정하고 이를 달성하기 위한 경력계획을 수립하여 조직의 욕구와 개인의 욕구가 합치될 수 있도록 경력을 개발하는 활동이다.
이직관리	이직은 기업과 직원 간의 고용관계의 종료를 의미한다. 이러한 이직은 기업의 경쟁력이나 프로젝트의 결과와 성공여부에 깊은 관계가 있으므로, 이직의 원인을 파악하고 관리할 필요가 있다.

02 서비스인력 선발

(1) 모집관리

① **모집관리의 의의**
  ㉠ 모집, 리쿠르팅(Recruiting)은 인적자원관리 과정의 출발점이자 가장 먼저 선행되는 단계로서 기업이나 조직이 인력을 충원 또는 증원을 하기 위해 공고를 내고 자격을 갖춘 인재를 찾는 과정이다.
  ㉡ 모집은 기업이 필요로 하는 유능한 인재를 선발하기 위하여 입사희망자들에게 적극적으로 지원하도록 정보를 제공하고 유인하는 과정이며, 선발비율을 높게 할 목적으로 수행된다는 의미에서 적극적인 고용 활동이라 볼 수 있다.
  ㉢ 모집활동은 조직의 인력수요 예측과 노동시장 상황을 고려하여 충분한 시간적 여유를 가지고 전개되어야 한다.

② **모집방법**
선발할 인원 및 직무에 대한 공고를 내는 모집은 사내모집과 사외모집으로 구분된다.
  ㉠ 사내모집(Internal Recruiting)
    • 조직 내부에서 적격자를 찾는 방법이다.
    • 사내모집을 하는 방법으로는 인사고과기록을 활용하여 전직 또는 직무순환을 시키는 방법, 내부구성원이나 부서장의 내부추천, 사내게시판에 공개적으로 모집공고를 내는 사내공개모집제도, 인사관리자의 기능목록표를 참고하여 적합한 인력을 찾는 방법 등이 있다.

> **Tip 기능목록표**
> 조직의 모든 인력에 대한 인사기록카드에는 각 개인의 전문 분야, 자격과 경력, 근무 부서, 현 부서의 근무기간, 승진예정 시기, 희망근무처 등 자세한 정보가 기록되어 있다.
>
> **인사기록카드**

ⓒ 사외모집(External Recruiting)
- 외부모집은 외부의 인력시장을 통해 선발대상자를 모집하는 것이다.
- 사외모집의 방법에는, 직원의 소개를 통한 추천, 교육기관의 추천, 인턴사원제, 채용사이트 공고 게재, 채용아웃소싱 및 헤드헌팅 등 채용관련 업체, 직업소개소, 채용박람회, 취업설명회, 신문 및 잡지 등에 의한 광고매체를 통한 방법 등이 있어 다양하게 이루어진다.

구 분	사내모집	사외모집
장 점	• 외부모집보다 간편 • 추가적인 홍보활동이 필요 없음 • 재직자들이 적성에 맞는 부서로 이동할 수 있는 기회 제공 • 직원들에게 동기부여를 제공할 수 있고, 장기근속을 유인함 • 능력이 검증된 적임자를 찾을 수 있음 • 교육훈련 및 조직적응화 시간 단축	• 모집의 범위가 다양하고 폭넓기 때문에 우수인력을 확보할 수 있음 • 신규 아이디어 및 새로운 견해의 유입으로 활기 찬 분위기 유발 • 기업의 입장에서 전환기의 외부충원은 효과적일 수 있음 • 경력자를 채용하는 것은 직무훈련비용이 절감됨
단 점	• 모집의 범위 제한적 • 내부적 과잉경쟁 발생우려 • 탈락자의 불만 야기 • 보직 이동 시 교육비용 발생	• 모집과 인력개발에 비용이 발생하여, 사내모집에 비해 더 많은 비용이 소요됨 • 기존 구성원들의 사기 저하 • 신규입사자의 적응기간 소요

③ 고용형태
ⓐ 정규직원 : 정규직원은 기간을 정하지 않은 고용계약을 맺고 전일제(Full-time) 근무를 하는 직원으로써, 기업 내 인사고과, 승진, 교육훈련, 복리후생 제도 등의 모든 적용을 받는 근로자를 말한다.
ⓑ 기간제근로자 : 기간제근로자는 기간의 정함이 있는 근로계약(기간제 근로계약)을 체결한 근로자를 말한다.
ⓒ 기타근로자
- 단시간 근로자 : 주간의 소정근로시간이 당해 사업장의 동종업무에 종사하는 통상근로자의 1주간의 소정근로시간에 비하여 짧은 근로자를 말한다. 즉, 소정근로시간을 초과하여 근로하게 하는 경우에는 당해 근로자의 동의를 얻어야 하며, 이 경우에도 1주간에 12시간을 초과하여 근로시킬 수 없다.
- 일일근로자 : 고용・근무형태와 관계없이 근무지속성, 규칙성이 없이 일자리가 생겼을 경우 단기간 근무하는 자를 말한다.
- 재택근무자 : 컴퓨터 환경과 원격 통신 수단을 사용하여 직장의 업무를 제3의 장소에서 행하는 원격지근무(Telecommuting)를 하는 형태로, 직장의 통제하에 근로자가 사무실 이외의 장소에서 직장 일을 지속하는 것을 말한다.
- 가내근로자 : 본업으로서 세대주 자신이 종사하며 그것으로 생계를 유지하거나, 주부나 노인과 같이 세대주 외의 가족이 세대의 본업과는 별도로 가계 보충을 위하여 근로하는 것, 즉 '내직'이거나, 다른 곳에 본업이 있는 세대주가 본업 외에 행하는 노동에 대한 공임을 받는 농업이나 어업 등의 예가 있다.
ⓓ 소속 외 근로자
- 사내하도급직원 : 원 사업주로부터 업무를 도급받은 수급사업주가 원 사업주의 사업장에서 업무를 수행하는 것으로, 사내하청이라고도 한다.
- 용역직원 : 어떤 업무에 대한 용역계약을 체결하고 쌍방 간에 의뢰한 용역 업무를 하는 직원으로, 예를 들면 청소나 건물관리 등의 용역이 이에 해당된다.

- 파견근로자 : 파견사업주가 고용한 근로자로서, 근로자파견의 대상이 되는 자를 말한다. 즉, 사용자가 근로자를 고용하여 그와의 고용관계를 유지하면서 다른 사용자의 지휘·명령 아래 그 근로자를 근로하게 하는 것을 말한다.

> **Tip** 고용형태공시제
> - 2014년 7월부터 시행된 제도로서, 대기업이 고용하고 있는 근로자들의 유형을 노동부 워크넷에 입력하면, 노동부가 이 자료를 정리한 뒤 일반에 공개하는 제도이다.
> - 고용정책기본법 제15조의2 제1항에 근거한 것으로 대통령령이 정한 기준(현재 300인) 이상의 근로자를 고용하고 있는 기업의 직원 고용형태를 의무적으로 공시하는 제도이다. 따라서 기준에 해당되는 기업들은 매년 3월 1일을 기준으로 사업장에서 근로하는 정규직과 기간제 근로자, 기타근로자, 소속 외 근로자의 수를 공개해야 한다. 한편 고용형태공시제 미이행 시 벌칙은 없으나, 일반에 공개될 때 미공개기업으로 표기된다.

(2) 선발관리

서비스기업들은 글로벌 경쟁이 치열한 상황에서 '차별화된 인재'를 선발하기 위해 과학적이고 체계적인 선발 절차를 개발하고 운영해야 한다.

① 선발관리의 의의
  ㉠ 선발은 모집된 인원들 중에서 조직이 필요로 하는 직무에 가장 적합한 자질을 갖추었다고 판단되는 인적자원을 고용하는 과정이다.
  ㉡ 선발관리는 인적자원이 조직으로 유입되는 과정을 관리·통제하는 기능이다.

② 선발절차
선발절차는 기업의 특성에 적합한 방법을 선택해야 하며, 일반적으로 많은 기업들이 채택하고 있는 선발절차의 순서는 다음과 같다.

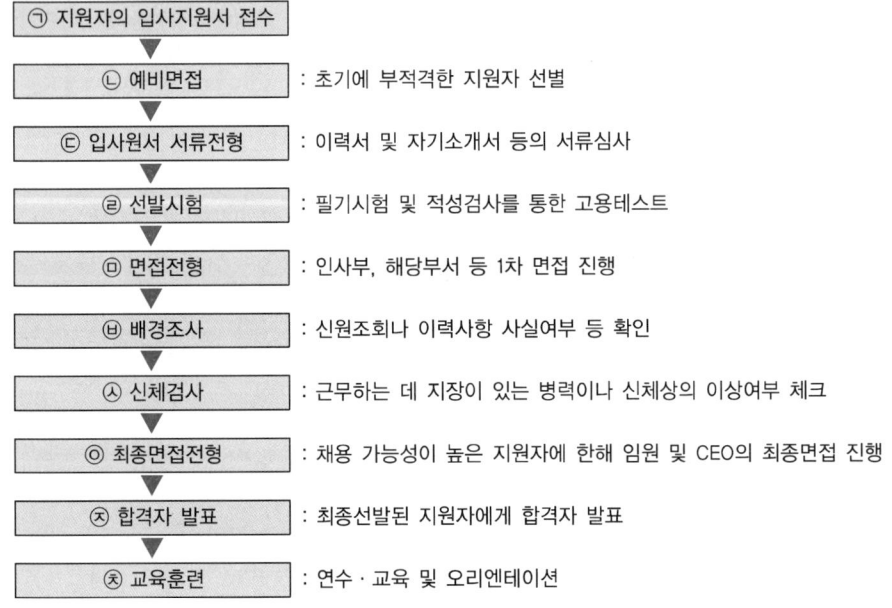

- ㉠ 지원자의 입사지원서 접수
- ㉡ 예비면접 : 초기에 부적격한 지원자 선별
- ㉢ 입사원서 서류전형 : 이력서 및 자기소개서 등의 서류심사
- ㉣ 선발시험 : 필기시험 및 적성검사를 통한 고용테스트
- ㉤ 면접전형 : 인사부, 해당부서 등 1차 면접 진행
- ㉥ 배경조사 : 신원조회나 이력사항 사실여부 등 확인
- ㉦ 신체검사 : 근무하는 데 지장이 있는 병력이나 신체상의 이상여부 체크
- ㉧ 최종면접전형 : 채용 가능성이 높은 지원자에 한해 임원 및 CEO의 최종면접 진행
- ㉨ 합격자 발표 : 최종선발된 지원자에게 합격자 발표
- ㉩ 교육훈련 : 연수·교육 및 오리엔테이션

③ 선발기준

지원자들 중에서 선발 여부를 판단하기 위해서는 이들을 서로 비교해볼 수 있는 척도가 존재해야 한다.
- ㉠ 교육수준 : 직무와 관련된 지식의 보유여부와 직무에 필요한 교육의 이수 사항 및 기간 등으로 선발여부 판단
- ㉡ 경험 및 경력 : 지원자가 보유하고 있는 직무경험이 지원자의 직무능력을 판단하는 기준이 되며, 직무에 임하는 태도를 나타냄
- ㉢ 신체적 특성 : 지원자들의 신장·체중·시력·건강상태·용모 등
- ㉣ 기타 개인적 특성 : 연령, 성별, 취미, 적성, 결혼 여부 등

(3) 선발도구 ★★중요

① 선발시험

기업에서는 선발과정 중 지원자의 전문능력이나 성격, 심리특성 등을 측정하기 위하여 다양한 시험 및 검사를 실시하고 있다.
- ㉠ 필기시험 : 외국어시험, 전공시험, 상식시험, 한자시험, 논술시험 등
- ㉡ 적성검사 : 특정 분야의 직무를 수행할 수 있는 잠재적 능력을 평가
- ㉢ 인성검사 : 성격, 기질 등을 측정
- ㉣ 지능검사 : 지적능력(IQ) 및 감성능력(EQ) 등으로 문제 해결능력 테스트
- ㉤ 흥미검사 : 지원자의 관심, 기호, 취미를 측정하여 적합한 직무유형 판단

> **Tip** 스팟 스터디(Spot Study)
>
> 기업의 채용전형이 다양해지고 입사경쟁이 심해짐에 따라 최근에는 그에 맞춰 단기간 진행하는 그룹 스터디가 늘어나고 있다. 이러한 스팟 스터디는, 기업별로 다른 입사전형에 맞춰 스터디를 만들고 짧은 시간 안에 그 기업에 입사하기 위한 준비를 하는 그룹 스터디 방법을 말한다. 최근 들어 기업들이 영어면접·프레젠테이션·인적성검사·심층면접 등 다양한 평가방식을 도입하면서 스팟 스터디는 점점 다양한 방법으로 활용되고 있다.
> 단계별(서류·1차면접·2차면접·인적성 시험 등) 합격자 발표 당일에 인터넷 채팅·e메일·휴대전화 등을 통해 즉시 인원을 모아 구성하는 것이 보통이고, 인원은 대략 5~6명으로 하여, 나이·출신학교·토익점수·학점 등이 담긴 자기소개서를 이메일로 주고받아 온라인을 통해 멤버를 모은다.

② 면접전형

지원자의 능력이나 정보를 보다 구체적으로 확인하기 위한 선발도구로서 지원자가 기업환경에 대해 어떻게 생각하고 행동할 것인가에 대해 체계적·종합적으로 평가하는 것이다. 이러한 면접은 필기시험으로는 측정하기 어려운 수험자의 인품, 인간관계 등을 측정하는 데 매우 유용하다.

[질문 제시방식에 따른 면접의 유형]

구조화 면접 (Structured Interview)	• 정형적 면접, 지시적 면접 • 질문지나 테스트지 등을 이용하여 행하거나, 직무명세서를 기초로 미리 질문의 내용목록을 준비해두고 면접관이 차례로 질문해 나가는 유형 • 구조화 면접은 미리 준비한 질문 리스트의 순서대로 차례차례 질문을 해 나가는 것으로, 준비된 질문에 대한 답 이외에는 얻기 어렵기 때문에 바람직하지 않은 방법 • 얻어진 정보가 표준화되어 측정은 가능하지만 규격화된 정보를 얻는 데만 그칠 수 있음

비구조화 면접 (Unstructured Interview)	• 비지시적 면접, 계획적 면접, 심층면접, 행동면접 • 다루고자 하는 일정한 범위의 주제나 논제에 대해 개방적이고 대화적인 형식으로 진행하며, 자발적으로 의견을 말하게 하는 방식 • 지원자의 감정, 생각, 의도, 행위 등에 따라 그들의 주변세계를 해석할 수 있어, 잠재적인 성공이나 실패의 가능성을 면밀히 찾는 면접 • 풍부한 정보, 심층심리의 진단이라는 점에서 유리하며 가장 이상적이지만 전문연구자가 아니면 실시하기 어려워 표준화가 안 됨 • 분석시간이 많이 걸리므로 반구조화 면접을 실시하는 경우가 많음
반구조화 면접 (Semi-Structured Interview)	• 반구조화 면접에서는 미리 준비한 질문리스트를 사용하되 답변내용에 따라서 필요한 질문을 추가하고, 질문순서를 바꾸기도 함 • 탐색되어야 할 일련의 질문과 쟁점은 정하지만 명확한 표현이나 질문의 순서는 미리 정하지 않는 방식 • 면담자가 여러 명이거나 연구 결과의 신뢰성을 위해 양적인 자료가 필요한 경우에는 반구조화된 면담을 사용하는 것이 효과적임

[면접대상에 따른 면접의 유형]

다대다 면접 (多 : 多)	• 집단면접(Group Interview) • 지원자가 면접관에 비해 복수이거나 다수인 경우 • 면접관이 다수의 지원자를 상대로 질문을 하기 때문에 시간이 절약되고 지원자 간 상대평가가 가능 • 단, 지원자 간 상대평가는 대비효과의 오류가 나타날 수 있음 　예) A면접집단에 소속되어 최고점수를 받은 지원자가 B면접집단의 최하위 점수를 받은 지원자에 비해 우수하다고 평가할 수는 없기 때문
다대일 면접 (多 : 一)	• 패널면접(Panel Interview), 위원회면접 • 한 명의 지원자가 여러 명의 면접관 앞에서 평가받는 경우 • 평가 시 면접관 전원이 서로의 의견을 교환하기 때문에 광범위한 평가가 가능
일대일 면접 (一 : 一)	• 개별면접, 1 : 1면접 • 한 명의 지원자와 한 명의 면접관으로 진행되는 경우 • 비교평가가 힘듦 • 면접관의 주관이 많이 작용됨

[기타 면접의 유형]

PT 면접	• 사전에 주어진 주제에 맞추어 지원자가 준비한 내용을 발표하게 하는 방식 • 여러 개의 주제 중 하나의 주제를 선택하여 프레젠테이션함 • 지원자의 문제해결능력, 창의력, 전문성과 함께 프레젠테이션 작성능력 및 보고능력 등의 평가에 사용됨
그룹토론	• 한 주제에 대해 토론을 진행하는 방식 • 보통 5~6명의 지원자들끼리 발언을 하고, 합석한 면접관들이 평가를 함 • 지원자의 인격, 태도, 가치관, 지식의 수준 등이 드러나므로, 리더십·논리력·사고력 등의 평가에 사용됨
합숙면접	• 지원자들이 일정기간 동안 한 장소에서 합숙을 하며 지내는 방식 • 합숙기간 중 그룹토론, 팀별 프로젝트, PT발표, 팀워크 활동, 식사 등을 하며 생활함 • 지원자들 사이에서 친화력, 리더십, 협동정신 등을 판단하기에 확실한 방법임 • 단, 비용과 시간이 많이 소요된다는 단점이 있음

> **Tip** 면접일지의 예시

면접일지는 채용 면접 중에 면접관이 면접 내용을 기록하는 서식으로서, 면접일시, 장소, 대상기관, 평가항목, 배점, 점수, 평가요소 등이 다양하게 기록된다.

신입사원 면접일지

결재	담 당	부서장	임 원	사 장

- 작성자 :
- 작성일자 :

면접자	
면접자 정보요약	성별 / 연락처
	나 이 · 미혼 결혼
	학 력

신입사원 업무내용요약	

인터뷰 / 시간 / 장소	
경력관련 인터뷰 요약	
직업관 관련 인터뷰 요약	
인간관 관련 인터뷰 요약	
일의 목표 관련인터뷰 요약	
종합의견	

종합평가 결과

3	2	1	0	-1	-2	-3
매우 우수	우수	적합	보통	약간 부적절	부적절	매우 부적절

03 서비스 직무평가 및 보상

(1) 직무평가(Job Evaluation)

① 직무평가의 의의 ★★중요
  ㉠ 직무분석에 따른 직무기술서와 직무명세서 등의 정보자료를 바탕으로 조직 내 각 직무가 가지고 있는 숙련도, 책임, 난이도, 복잡성, 필요노력, 위험도 등의 가치를 상대적으로 평가하는 것이다.
  ㉡ 조직 내에서의 상대적인 중요도를 평가하므로 동종의 직무라 해도 어느 조직에 속하였는가에 따라 직무평가 결과인 '직무값'이 다를 수 있다.
  ㉢ 직무평가의 과정은 직무에 관한 사실을 분석, 파악하고 그 결과를 직무기술서나 직무명세서로 정리하여 직무평가를 하며, 그에 상응하는 임금을 비롯한 직무상 서열 및 제반, 합리적인 인적자원관리를 결정한다.

② 직무평가의 성격
  ㉠ 직무평가는 과학적, 객관적이라고 할 수는 없다.
  ㉡ 직무평가는 직무를 담당하고 있는 사람이 아니라 직무에 대하여 행하는 것이다.
  ㉢ 직무평가는 공통적 기준으로 이루어져야 한다.
  ㉣ 직무평가 결과는 수치로 표현된다.
  ㉤ 직무평가는 판단의 공정성·객관성을 확보하는 과정이다.

③ 직무평가의 목적
  ㉠ 공정한 사내 임금체계를 구축할 수 있는 합리적인 기반을 마련한다.
  ㉡ 직무의 상대적인 공헌도와 중요성 파악을 통한 인적자원관리이다.
  ㉢ 임금조건의 불공평성이나 불규칙성 제거를 통한 직원의 불평을 최소화한다.
  ㉣ 직무배치, 조직 내 인사이동과 승진 등의 결정에 중요한 기준이 된다.
  ㉤ 합리적인 직무평가의 결과는 노사 간 단체교섭에 유익한 자료가 된다.

④ 직무평가의 요소 ★★중요
직무의 상대적 가치를 평가함에 있어 조직의 상황과 방침에 따라 가장 적합한 평가요소를 선정한다.

평가요소	세부내용
숙련요소	교육, 지식, 경험, 판단력 등
노력요소	육체적, 정신적 노력 등
책임요소	감독·설비·원재료 책임 등
작업조건	작업 환경 등

⑤ 직무평가의 방법
직무평가요소가 확정되면 각 직무평가방법을 선정해야 하며, 대표적인 직무평가 방법으로는 서열법, 분류법, 요소비교법, 점수법이 있다. 기업은 직무평가를 통해 직무의 등급마다 단일 임률이나 범위 임률을 설정한다.

서열법	• 직무를 중요한 것부터 경미한 것으로 서열을 매기는 방법 • 직무의 상대적 가치를 전체적으로 고려하여 순위를 정함 • 간단하고 신속하게 이루어질 수는 있지만, 평가의 기준이 모호하고 유사직무 간에 혼란이 발생할 수 있음
분류법	• 직무등급 명세표를 작성하여 미리 등급을 결정하여 놓고, 각 직무를 평가해서 분류하는 방법 • 서열법보다는 발전된 평가방법이지만, 다양한 직무를 평가하는 데 한계가 있음 • 명확한 등급의 정의가 곤란하며, 포괄적인 접근으로 인해 분류가 어렵고, 직종이 다양하거나 직무수가 많은 경우 사용이 곤란함
요소비교법	• 급여율이 가장 적정하다고 생각되는 직무를 기준직무로 선정하고, 조직 내 각 직무가 공통적으로 포함하고 있는 직무의 특징을 평가요소로 추출하여, 직무의 상대적 가치를 결정하는 방법 • 요소비교법은 여러 직무들을 전체적으로 비교하지 않고 직무의 요소별 서열을 매기는 데 초점이 있음 • 평가요소의 종류는 정신적 요인, 신체적 요인, 작업조건, 숙련 및 책임 등이 있음 • 비교적 객관성 있는 평가를 할 수 있는 반면, 기준직무가 잘못 추출되면 평가가 불공평해지고, 기준직무의 내용이 변경될 경우 전체 직무평가를 다시 해야 한다는 단점이 있음
점수법	• 기술(능력과 지식), 노력(정신적, 신체적), 책임(의무), 작업조건(작업환경) 4가지 항목을 중심으로 직무 평가요소를 추출하고, 각 요소의 중요도에 따라 가중치를 설정하여 점수를 부여한 다음, 점수의 합계로써 직무가치를 정함 • 평가척도의 신뢰성을 높일 수 있고, 합리적으로 직무의 상대적 차이를 낼 수 있어, 노사쌍방이 쉽게 이해할 수 있음 • 정확한 평가요소 선정 및 각 요소 간의 비중과 점수 배분문제로 상당한 전문성이 요구되며, 개발에 많은 시간과 비용이 듦

> **Tip** 직무평가표의 예시
>
> **직무평가표**
>
> | 평가자 | 성 명 | 소 속 | 현 직 위 | 현 직 무 명 |
> |---|---|---|---|---|
> | | | | | |
>
> | 평가대상자 | 성 명 | 소 속 | 현 직 위 | 사 원 번 호 |
> |---|---|---|---|---|
> | | | | | |
> | | 현 직 무 명 | 현 직 무 등 급 | 현 직 무 수 준 | 평가대상기간 |
> | | | | | |
>
> ■ 평가기준
>
> | Master | 해당 직무기술서상의 모든 역할을 실제 업무에서 탁월하게 수행하며, |
> |---|---|
> | | 해당 분야에서 요구되는 모든 직무요건을 갖추고 있는 수준 |
> | Average | 해당 직무기술서상의 대부분의 역할을 실무에서 무난히 수행하며, |
> | | 해당 분야에서 요구되는 대부분의 직무요건을 갖추고 있는 수준 |
> | Base | 해당 직무기술서상의 기본적인 역할을 수행해 낼 능력이 있으며, |
> | | 담당 영역에서 요구되는 필요경험 및 스킬을 습득하고 배워나가는 수준 |
>
> ■ 직무내용 및 평가
>
> | 직무내용 | 경 험 | | 직무수준 | | | |
> |---|---|---|---|---|---|---|
> | | Y | N | 본인평가 | 상사평가 | | |
> | | | | | N | A | B |
> | | | | | | | |
>
> ■ 직무수준 평가결과
>
> | 평가결과 | 직무등급 | 직무수준 | 승진추천여부 | 평가자 Comments | 평가자 / 서명 |
> |---|---|---|---|---|---|
> | | | | (Y / N) | | |

(2) 인사고과(Merit Rating) ★★ 중요

① 인사고과의 의의
- ㉠ 직원의 근무성적과 능력을 평가하여 직원의 현재적 유용성과 잠재적 유용성을 체계적으로 파악하는 과정이다.
- ㉡ 직원의 업적, 성격, 적성, 장래성 등을 판정하는 것으로 근무평가, 업적평가라고도 한다.
- ㉢ 직원의 능력과 업적을 평가함으로써 각종 인적자원관리 정책에 필요한 정보를 획득하고 활용하려는 것이다.

② 인사고과의 성격
- ㉠ 인사고과는 조직구성원을 대상으로 한다. 직무평가는 직무 자체의 가치결정을 하는 데 비하여, 인사고과는 본질적으로 사람을 대상으로 그 가치를 평가한다.
- ㉡ 인사고과는 직원과 직무와의 비교를 원칙으로 한다. 즉 직원이 직무를 수행함에 따라 나타나는 업적을 중점적으로 파악한다.
- ㉢ 인사고과는 상대적·부분적인 비교평가이다.
- ㉣ 인사고과는 객관성을 높이기 위하여 특정 목적에 적합하도록 시행된다. 예를 들면, 임금을 위해서는 실적을 중심으로 평가하고, 승진 및 교육훈련을 위해서는 능력을 중심으로 평가한다.

③ 인사고과의 목적
경영에 있어서 직원의 가치를 객관적으로 정확히 측정하여 합리적인 인적자원관리의 기초를 부여함과 동시에 직원의 관리능률을 향상시키고 동기유발을 형성시키는 데 있다.
- ㉠ 인사고과는 인력의 배치 및 이동목적으로서 직원의 적성·능력 등을 가능한 정확히 평가하여 적재적소의 배치 및 이동한다.
- ㉡ 직원의 현재 능력 및 잠재능력을 평가하여 기업의 요구 및 직원 각자의 성장의 기회를 충족시킨다.
- ㉢ 공정한 대우로서, 직원의 능력 및 업적을 평가하여 급여·상여·승격·승진 등에 반영함으로써 적정한 대우를 실시하며, 동기부여를 통해 업무성적을 증진시킨다.
- ㉣ 인적자원계획, 성과 피드백, 근로의욕증진, 각종 인적자원관리 활동의 입력자료 등의 목적이 있다.

[인사고과의 목적과 활용]

목 적	활 용
인력배치 및 이동	배치, 전환, 승진, 복직, 채용, 해고 등
인력개발	교육, 훈련, 개발 등
인력계획 및 인사기능의 타당성 측정	인력계획의 인적 데이터 확보, 채용, 배치, 전환, 승진 등의 인사기능의 타당성 측정
성과측정 및 보상	승진, 상여금, 임률결정 등
조직개발 및 근로의욕 증진	직무개선, 성취의욕 증진 등

④ 인사고과의 요소
인사고과의 요소는 인사고과에서 평가할 대상항목들을 의미하며, 업무성과, 업무수행태도, 그리고 업무수행능력 등 세 가지로 요약할 수 있다. 어느 고과요소에 비중을 두고 평가하는가는 조직과 목적에 따라 다르다.

[인사고과의 예]

평가구분	평가항목	평가요소
업무성과	• 업적달성도 : 양적성과, 질적성과 • 업무처리내용 : 정확성, 신속성 • 섭외활동실적 : 유대관계유지 및 목적달성 정도 • 부하 육성 : 계획적 업무부여, 개발의욕고취	성과평가요소
업무수행태도	• 업무수행태도 : 책임감, 자부심, 헌신감, 노력 정도 • 품성 : 모범성, 공정성	태도평가요소
업무수행능력 (잠재능력 포함)	• 업무추진력 : 의욕, 적극성 • 지도통솔력 : 통솔능력개발 및 업무능률 향상 • 판단처리력 : 판단 및 처리능력 • 기획 및 창의력 : 기획능력, 아이디어 창출능력	능력평가요소

⑤ 인사고과의 분류
  ㉠ 자기고과
    • 본인 스스로 하는 평가는 직무수행과 직무의 성과와 관련된 정보의 양이 풍부하다는 것이 장점이다.
    • 자신의 성과를 과대포장하거나 문제의 원인을 환경이나 타인에게 전가시킬 가능성이 있다는 것이 단점이다.
    • 개인이 가진 결함의 파악과 개선에 효과가 있기 때문에 많은 조직에서 상위자가 고과를 할 때 참고자료로 사용한다.
  ㉡ 상사에 의한 고과
    • 상사가 부하를 고과하는 것으로 가장 많이 활용되고 있는 방법이다.
    • 상사가 부하를 비교적 잘 알고 있는 장점이 있으나 고과가 주관적으로 될 수 있다.
    • 최근에는 참여적 관리이념에 따라 상사와 부하가 충분한 의사소통(고과면접)이 필요하다.
  ㉢ 동료에 의한 고과
    • 동료가 서로 평가하는 것이다.
    • 피고과자의 직무성과를 알 수 있고, 예측 타당성이 높으며, 부서 간 의사소통을 촉진시킬 수 있는 장점이 있다.
    • 동료 간에 경쟁이 유발되어 정확한 평가가 어려울 수 있으며, 편파적인 평가가 될 수 있다는 것이 단점이다.
  ㉣ 부하에 의한 고과
    • 부하가 상사를 고과하는 것으로 상사의 업무수행의 능력, 부하와의 관계 등을 평가하는 것이다.
    • 조직 내 상하 간의 의사소통을 원활하게 하는 기회를 제공하지만, 상사를 평가할 수 있는 부하들의 능력 및 훈련이 부족하며, 보복의 두려움이 존재하는 단점이 있다.
  ㉤ 인적자원관리자나 전문가에 의한 고과 : 객관성을 유지하기 위해 외부 전문가에게 맡기는 것으로서, 현장토의법이나 평가센터 등의 방법을 사용한다.
  ㉥ 다면적 고과 : 여러 방법 가운데 두 개 이상을 종합하여 사용하는 방법으로서, 고과지의 주관과 편견을 감소시키는 효과를 얻을 수 있다.

⑥ 인사고과의 방법

구체적인 고과기법은 고과를 실시하는 조직의 업종, 규모, 기술수준, 조직특성, 사용목적, 고과자의 평가능력 등에 따라서 각 조직별로 차이가 있다. 고과방법은 전통적 기법(서열법, 평정척도법, 대조리스트법, 강제할당법)과 현대적 기법(목표관리법, 평가센터법)이 있다.

[고과방법]

전통적 기법	서열법	• 성적순위법이라고도 함 • 직원들 간의 근무성적이나 능력에 대하여 순위로 서열을 매기는 방법 • 서열법은 시간과 비용이 덜 들고 간단한 방법이지만, 평가자의 주관적인 기준이 반영될 수 있어 주의해야 함
	평정척도법	• 각 고과요소들에 대해 직원의 자질과 지식 및 능력을 직무수행의 달성가능 정도에 따라 사전에 마련된 척도를 근거로 하여 고과하는 방법 • 점수가 등급별로 부과되어 서열법의 단점을 피할 수 있으나, 고과자의 관대화, 가혹화 오류 등은 피하기 어려움
	대조리스트법	• 성과나 평가특성에 대한 질문을 중심으로 피고과자를 평가하는 방법 • 다른 방법보다 객관성과 신뢰성이 높으나, 고과항목의 배열 등이 용이하지 않음
	강제할당법	• 전체 평정등급을 나누어 미리 정한 비율에 맞추어 피고과자를 강제로 할당하는 방법
현대적 기법	목표관리법	• 목표에 의한 관리(MBO) 방법은 전사적 목표를 기준으로 해당 직원이 상사와 협의하여 작업목표량을 결정하여 이에 대한 성과를 부하와 상사가 함께 평가하는 방법
	평가센터법	• 관리직 인력을 선발할 때 주로 도입되며 다수의 지원자를 특정장소에 합숙시키면서 여러 종류의 선발도구를 동시에 적용하여 지원자들을 고과하는 기법

Tip [한화호텔&리조트] 서비스 교육 필수 이수제… 교육 점수 인사고과에

최고의 휴양 시설에서 고객이 최상의 여가를 보낼 수 있도록 임직원을 대상으로 한 고객만족 서비스 교육도 체계적으로 시행하고 있다. 한화호텔&리조트는 지난 2013년 서비스 교육기관인 '서비스아카데미'를 설립해 임직원이 고객에게 편안한 서비스, 진심 어린 서비스, 그리고 전문적인 서비스를 제공할 수 있도록 지원하고 있다. 고객만족 서비스 교육을 뒷받침하기 위해 인사제도와 연계한 '서비스 교육 필수 이수제'를 도입하고 교육 수료 여부와 교육 점수를 인사고과에 반영한다. 또한, 사업장별 사내 강사를 양성해 현장서비스 실행력을 높이기 위해 노력하고 있으며, 다양한 모니터링을 통해 고객 의견을 수렴해, 이를 경영활동에 적극 반영하고 있다.

출처 : 조선일보 2014년 10월 7일

(3) 보상관리

① 보상의 의의
   ㉠ 보상은 조직의 구성원으로서 개인이 조직체에서 수행한 직무 또는 성과에 대한 대가로서 받는 임금, 상여금, 복리후생 등 금전적인 것과 도전감, 책임, 안전, 성취감, 발전기회, 직무환경 등 비금전적 보상 모두 포함된다.
   ㉡ 보상은 직원의 가장 주요한 관심사항일 뿐만 아니라 조직으로서도 인적자원의 유지와 활용이라는 관점에서 가장 중요한 요소이다.
   ㉢ 보상은 개인의 노력에 대한 대가이기도 하지만, 인적자원의 확보, 유지를 위한 투자이기도 하다.

② 보상의 중요성
   ㉠ 인적자원 투자 : 보상은 개인의 노력에 대한 대가일 뿐만 아니라 개인능력의 확대재생산비로서 장기적으로는 인적자원의 개발을 위한 투자이다.

ⓒ 구성원의 만족과 동기부여 : 보상은 구성원의 만족감과 성과에 크게 영향을 미친다. 금전적 보상은 구성원의 불만족 요인을 제거하지만, 보상의 불공정성은 구성원의 사기를 떨어뜨리고 생산성을 저해한다.

③ 보상관리의 체계

보상구분		보상내용
금전적 보상	직접보상	임금, 월급, 상여금, 일당, 주급
	간접보상	보험(의료, 고용, 재해, 연금 등), 주택지원, 교육비 지원, 금융지원, 건강 및 문화시설 등 복리후생시설 이용지원
비금전적 보상	직무자체	직무충실감 있는 직무, 도전감, 책임감, 안정감, 성취감, 승진기회
	직무환경	경영정책, 유능한 감독, 동료, 작업환경, 근무시간

> **Tip** 경영성과배분제
> 경영성과가 목표치를 넘어섰을 경우, 기업이 그 초과분을 특별보너스 등의 형태로 근로자들에게 돌려주는 제도를 '경영성과배분제'라고 한다. 이 제도는 노사분규가 절정에 올랐던 1980년대 후반 노사갈등을 해소하기 위한 방안으로 시도되었다. 현재도 일부 기업에서는 시행하고 있으며, 초과분의 지급은 현금, 주식, 복지기금 등 다양한 형태로 이루어져 있다. 일본의 경우 23%, 미국은 18%에 해당하는 기업들이 이 제도를 도입 및 시행하고 있다.

④ 보상관리의 원칙

직원에 대한 정당한 보상을 통하여 동기를 유발하고 잠재능력을 개발하여 조직목적에 기여하도록 하기 위한 보상관리의 원칙들은 다음과 같다.

ⓐ 적절성과 타당성 : 보상체계는 사회경제, 노사관계, 인적자원 관계법규의 관점에서 적절하게 결정되어야 하고, 조직은 전반적으로 납득할 수 있는 적절한 임금수준을 유지해야 한다.

ⓑ 공정성과 안정성 : 조직구성원 각자의 노력·능력·기술 등 여러 기준에 대해 공정해야 하고 구성원의 경제적 안정과 그들의 안정욕구 충족에 기여해야 한다.

ⓒ 균형성 : 임금·복리후생 등 여러 종류의 보상방법들이 균형 있게 혼합되어야 한다.

ⓓ 경제성 : 보상은 조직의 지불능력에 따라 일관성을 유지하고 조직에 과도한 경제적 부담을 주어서는 안 된다.

ⓔ 동기부여 제공 : 보상은 구성원의 생산성을 높이는 데 기여해야 한다.

⑤ 재해보상

ⓐ 재해보상이란, 일반적으로 근로자의 업무상의 재해(업무상의 사유에 의한 근로자의 부상·질병·신체장해 또는 사망 등)를 보상하는 것을 말한다.

ⓑ 업무상의 재해로 인한 근로자의 손실에 대하여는 일정범위 내에서 사용자의 과실이 없어도 보상책임을 지도록 하는 입법이 바로 재해보상제도이다.

ⓒ 근대산업의 대규모적 기계화에 따라 업무상의 장해가 증가되고 있어, 업무책임론 및 무과실책임론 등이 거론되며 근로자의 재해보상제도가 확립되기에 이르렀다.

ⓓ 재해보상에는 요양보상, 휴업보상, 장해보상, 유족보상, 장의비 및 일시보상의 6종이 있으며, 각각 그에 따른 지급요건과 지급금액의 기준이 정해져 있으며, 재해보상을 보험의 방식으로 해결하는 제도로서 산업재해보상보험이 있다.

04 노사관계관리

(1) 노사관계의 기초

① 노사관계의 의의 ★★주요
  ㉠ 근로자와 사용자와의 관계, 노동조합과 사용자 사이의 조직적인 관계를 의미한다.
  ㉡ 근로자조직과 산업경영자 간의 처리뿐만 아니라 임금, 생산성, 고용보장, 경영자의 고용관행, 노동조합의 정책 및 노동문제에 대한 정부의 행동을 포괄한 노동의 모든 영역을 포함하고 있다.
  ㉢ 추가로 흔히, '노·사·정'이라 하면, 근로자와 경영자 그리고 정부를 포함한 상호관계를 뜻하며, 정부는 근로자와 경영자 사이에서 노사정책, 단체교섭, 노사분쟁에 관한 규정을 설정하고 다루는 역할을 하게 된다.

② 노사관계의 목표
노사관계의 공익성을 바탕으로 한 노사관계의 산업평화적 이념의 정립, 생산성 향상과 공정한 성과배분의 실현, 노사관계의 안정에 있다.

[노사관계의 목표]

산업평화적 이념의 정립	생산성 향상과 성과배분 실현	노사화합의 정착
• 인격존중의 원리 • 대화타협의 원리 • 공동체 원리	• 생산성 향상 • 경쟁력 제고 • 성과배분 실현	• 노사분쟁원인 제거 • 노동관계제도 정착 • 근로자 생활의 질 향상

③ 노사관계 관리의 방향
최근 선진국들은 국가경쟁력을 높이기 위한 핵심적 국가전략과제의 하나로 노사관계 개혁을 추진하여 노동시장의 유연성을 높이고, 대립과 갈등의 노사관계를 참여와 협력의 노사관계로 전환시켜 나가고 있다. 이러한 여건의 변화 속에서 노사관계의 패러다임의 방향은 다음과 같다.
  ㉠ 산업평화적 노사관계 간의 정립이다. 종래의 전근대적인 권위주의적·종속적 노사관계는 산업평화를 정착할 수 있는 노사관계관으로 인식전환이 필요하다.
  ㉡ 노사당사자의 가치관과 행동양식을 전환할 수 있어야 한다. 사용자들은 근로자 참여의 기회를 제공해 주고 노동조합을 동반자로 인식해야 하며, 근로자의 고용보장을 위해 노력해야 할 것이다.
  ㉢ 과학적인 경영관리방식 및 제도를 적극 활용해야 한다. 경쟁력 위주의 성과분배의 공정성을 확보하고 근로자들의 복리후생을 강화해야 한다.
  ㉣ 정부는 중립적 입장에서의 공정한 노사관계를 실현시켜 나가야 한다.
  ㉤ 노사공존공영(Win-Win System)의 원칙이 지켜져야 한다. 근로자 참여와 협력의 노사관계는 제도적·환경적 뒷받침이 이루어져야 한다.

[노·사·정의 협력체제]

근로자·노동조합	사용자(경영자)	정 부
• 준법정신의 확립 • 노조의 대내적 민주성 확보 • 조직률의 질적 재고 • 적절한 요구조건 제시 • 경제·경영분석 • 능력제고 • 근로자 애사심 정신교육 강화	• 근대적 노조관 정립, 부당노동 행위 금지 • 신뢰성 회복, 인간존중 • 기업경영의 투명성 제고와 성실한 공개 • 공정한 성과배분 • 사회적 책임 실현 • 국제경쟁환경 능력제고 • 사용자 및 관리자 의식개혁 교육 지속적 실시	• 노사정위원회의 정착 • 근로자의 상대적 빈곤감·박탈감 해소 • 산업평화적 민주화·국제화 감각에 순응한 노동관계법 개정 • ILO, WTO, OECD 가입규약 존중 • 건전한 노조 보호·육성 • 노사관계 정신교육 의무화

> **Tip** 노사관계의 역사 및 발전단계
>
> 노사관계는 18세기 중엽, 영국에서 시작된 산업혁명 이후 오늘날까지 여러 과정을 배경으로 성립되었다. 노사관계는 그 시대와 사회에 따라 국가별로도 각기 다른 양상을 보이게 되는데, 고용조건을 결정하는 기구의 성격에 따라 구분해 보면 다음과 같다.
>
> • **전제적 노사관계**
>
>   자본주의 초기에 성행하여 19세기 중기까지 존재하던 형태이다. 자본주의 초기에 자유로운 자본시장이 성립되긴 했으나, 근대적 노동시장은 성립되지 못하였다. 대부분의 기업이 소유자 경영단계에 있었던 까닭에, 사용자와 노동자의 관계가 절대명령과 복종이 있을 뿐이었고 인간적인 측면은 거의 무시되었다. 이러한 노사관계는 흔히 공산주의 국가에서 볼 수 있는 형태이다.
>
> • **온정적 노사관계**
>
>   이것은 19세기 초에서 20세기 초 사이에 존재하던 형태이다. 자본주의적 생산의 발달과 함께 정착근로자가 증대되어 감에 따라 사용자도 근로자의 협조를 얻어야 하는 상태에 이르렀다. 생산성이 떨어지는 단계에 이르면 주택, 의료 등 복리후생시설을 제공하고, 근로자는 사용자가 베푸는 은혜에 보답함으로써 노사관계가 순조롭게 유지될 수 있다고 본 것이다. 이와 같은 노사관계는 거의 1세기에 걸쳐 보편화되었으며 일명 친권적 노사관계라고도 한다.
>
> • **완화적 노사관계**
>
>   산업혁명이 진전됨에 따라 근대적인 기업형태의 주식회사가 보편적으로 확대되고 관리의 합리화도 추진되었다. 그러나 자본과 경영의 분리를 촉진할 정도가 되지 못하고 여전히 개별자본의 성격이 강하게 나타나던 시기였다. 노동에 있어서도 직업별 노동조합의 출현과 같은 근대적 노동시장이 형성되어 갔지만, 근로자와 종업원적인 성격은 계속해서 강하게 남아 있었다. 단체교섭에서도 노동자의 힘이 부족하여 자본가들의 전제적인 속성을 완화시키는 정도에 그쳤을 뿐이다. 흔히 이를 근대적 노사관계라고도 한다.
>
> • **민주적 노사관계**
>
>   1930년대 초기의 세계 대공황 이후에 자본의 집중과 독점화가 고도로 진전되고 기업의 경영 규모도 더욱 확대됨에 따라, 소유와 경영의 분리가 촉진되어 전문경영자가 핵심적 역할을 담당하게 됨으로써 조직화가 일반화되었다. 이처럼 기업 규모가 확대되면서 노동자의 고용형태도 달라지고 기계화와 표준화의 발달로 인해 미숙련 노동자, 여성노동자가 대량으로 진출함으로써 노동조합의 조직도 직업별 조직에서 산업별 조직형태로 변하였다. 본질적으로는 자본주의 주도 아래에 있지만 산업사회에 있어서 대등한 지위를 당연한 것으로 보는 산업민주주의 이념이 형성되기에 이르렀다. 오늘날 가장 바람직한 노사관계는 민주적 노사관계라고 볼 수 있다.

(2) 노동조합 ★★중요

① 노동조합의 의의
  ㉠ 근로자가 주체가 되어 자주적으로 단결하여 근로조건의 유지·개선하고 근로자의 경제적·사회적 지위의 향상을 도모함을 목적으로 조직하는 단체이다.
  ㉡ 근로자들은 스스로 단결하여 결성함으로써 집단세력을 형성하여 사용자들과 대등한 위치에서 노동력의 보다 나은 조건을 실현시키려는 의도에서 노동조합을 형성하였다.
  ㉢ 오늘날 노동조합은 자본주의 경제의 내재적인 구성요소인 동시에 정치·경제·사회·문화적으로 커다란 영향력을 보유하였다.

② 노동조합의 기능

경제적 기능	• 노동조합의 기능 중에서도 가장 기본적인 기능으로 임금수준의 인상과 근로조건의 개선 등 종업원의 경제적 이익과 권리를 추구하기 위해 노동력의 판매자로서의 교섭기능이다. • 노동조합이 경제적 기능을 발휘하는 방법은 단체교섭 및 경영참가제도이다.
공제적 기능	• 조합원 상호간에 수행되는 기업내적 기능으로 복지증진의 일환이다. • 조합원이 질병, 재해, 사망, 실업 등으로 노동능력을 일시적 또는 영구적으로 변화가 발생하였을 때 상호부조하기 위하여 기금을 설치하고 상호공제하는 활동이다. • 오늘날에는 조합원을 위하여 병원이나 진료소를 건립·운영하고 주택공급 사업, 휴양소, 소비조합, 장학제도, 퇴직위로금, 연금지급 등의 생활보조 등 광범위하게 확대되고 있다.
정치적 기능	• 임금과 근로조건의 개선을 위한 노사 간의 교섭과 분쟁을 조정하고, 해결하거나 노동관계법을 비롯한 법률의 제정 및 개정을 위해 정부나 사회단체를 대상으로 협상하는 기능이다. • 정치적 기능에는 최저임금제의 실시, 노동시간의 단축, 공해, 환경오염의 방지 등의 많은 문제들이 포함되어 있다.
교육 및 문화적 기능	• 노동조합의 기능과 역할이 다양해짐에 따라 근로자들의 지적 능력의 향상과 의식수준의 향상을 위한 교육적 기능이 중요시되고 있다. • 직장생활의 질적 향상이 강조되고 근로자들의 문화·예술적 욕구를 충족시켜 주기 위한 문화적 기능도 간과할 수 없는 기능이 되었다.

③ 노동조합의 조직형태
  ㉠ 직업별 노동조합 : 직종별 조합 또는 직능별 조합이라고도 하는데, 같은 직업에 종사하는 노동자가 결성하는 조합이다.
  ㉡ 산업별 노동조합 : 직종에 관계없이 동일산업에 종사하는 노동자를 대상으로 하는 노동조합이다. 교섭력과 투쟁력이 크고 교섭비용이 절감되는 등의 장점이 있으나 산업분류상의 문제가 발생할 가능성이 있다.
  ㉢ 일반 노동조합 : 직종이나 산업의 종류에 구애되지 않고, 동일지역에 근무하는 중소기업의 근로자를 대상으로 하여 결성되는 조합이다.
  ㉣ 기업별 노동조합 : 동일 기업에 종사하는 노동자에 의하여 조직되는 노동조합으로서 개별 기업을 조합의 기반으로 한다. 조합원이 모두 기업의 종업원이므로 종업원 의식이 강하여 단체교섭이 쉽게 이루어지나 복수노조의 발생가능성이 높다.

④ 노동조합의 가입방법 ★★🔖

　㉠ 클로즈드 숍(Closed Shop) : 기업의 근로자 전원이 가입해야 하는 방법이다. 기업과 노동조합의 단체협약으로서 기업이 노동조합원 이외 근로자를 채용하지 못하고, 반드시 조합원 중에서 채용해야 하는 강력한 제도이다.

　㉡ 오픈 숍(Open Shop) : 고용관계에 있어서 고용주가 노동조합의 가입조합원뿐만 아니라 조합원 이외의 근로자까지도 고용할 수 있는 제도이다.

　㉢ 유니온 숍(Union Shop) : 클로즈드 숍과 오픈 숍의 중간형태로 노동조합원 이외의 근로자를 자유롭게 고용할 수 있으나, 일단 고용된 근로자는 일정 기간 중에 조합에 가입해야 하는 제도이다.

　㉣ 매인트넌스 숍(Maintenance Shop) : 클로즈드 숍 제도의 완화된 형태로서 조합원 유지 숍 제도라고도 한다. 일단 단체협약이 체결되면 기존의 조합원은 물론 단체협약이 체결된 이후에 가입한 조합원도 협약이 유효한 기간 동안 조합원 자격이 유지되는 제도이다.

　㉤ 프레퍼런셜 숍(Preferential Shop) : 비조합원의 채용은 가능하지만, 조합원에 대하여 채용상의 차별적 대우를 주는 제도이다. 예를 들어, 채용 시 조합원을 우선 채용하는 방법이다.

> **Tip** 노동조합을 바라보는 시각
>
> 노동조합에 대한 시각이 모두 호의적인 것만은 아니다. 노동조합을 보는 경제학자들의 시각은 크게 두 가지로 구분된다. 일부 경제학자들은 노동조합을 노동공급의 독점자로 간주하고 노동조합으로 인해 사회적 손실이 발생한다고 본다. 그러나 일부 노동경제학자들은 노동조합의 집단적 목소리가 기업에 유리하게 작용할 수 있으며, 기업성장의 디딤돌 역할을 할 수 있다고 주장한다.
>
> 기업의 사용자가 노동조합을 회사의 내부 구조의 하나로 인식 및 간주하고, 이들이 제기하는 문제점을 개선해 나간다면 노동 생산성은 향상된다. 노동자의 집단 목소리(Collective Voice)와 사용자의 반응(Institutional Response)이 호혜적으로 작용할 수 있는 가능성을 현실에서 완전히 배제하기는 어려울 것이다.
>
> 대부분의 짐승은 살아남기 위해 수단과 방법을 가리지 않는다. 사람이 짐승과 구분되는 가장 큰 덕목은 약자에 대한 배려와 연민이다. 사람은 남을 보듬고 돕는 데서 스스로의 만족을 느끼며, 어렵고 힘든 사람에 대한 연민은 신이 인간에게 부여한 가장 큰 선물이다. 공생의 중요성이 강조되는 이유이다.
>
> 출처 : 아주대 경제학과 김철환 교수의 글 중 일부 발췌

(3) 단체교섭

① 단체교섭의 의의

　㉠ 노동자대표로서의 노동조합과 사용자 측 간의 단체협약서 또는 임금협정서를 작성하기 위한 교섭과정이다.

　㉡ 노사의 대표자가 근로자의 임금, 근로조건 등에 관하여 협정의 체결을 위해 평화적으로 타협을 모색하는 절차이다.

② 단체교섭의 기능

　㉠ 작업현장의 제 규율을 설정·개정 및 운용하는 절차의 기능

　㉡ 종업원들의 경제적 보상(보수, 수당 등)을 결정하는 과정의 기능

　㉢ 협약유효기간 중 협약의 개시 또는 종료 시기에 발생하는 노사분규 해결수단의 기능

　㉣ 노사의 일체감(공동체 의식)의 조성과 근로자의 욕구불만을 조정하는 기능

(4) 노사협의제도

① 노사협의제도의 의의
  ㉠ 노사협의제는 노사협의회, 경영협의회, 종업원대표위원회, 기업위원회 등이라고도 한다.
  ㉡ 경영자와 근로자가 대등한 입장에서 단체교섭에서 취급되지 않은 사항으로서, 노사쌍방이 이해관계를 공통으로 하는 사항에 대하여 협의함으로써 상호의 이해를 넓히고 협력하는 기능을 가진 제도이다.

② 노사협의제도의 목적
  ㉠ 근로자와 사용자 쌍방이 참여와 협력을 통하여 노사공동의 이익을 증진함으로써 산업평화를 도모하고 국민경제 발전에 이바지하기 위함이다.
  ㉡ 노사협의는 상호이해와 협조를 바탕으로 하는 노사의 협동적 관계를 수립하기 위한 것이므로, 참여에 의한 노사공동의 이익을 증진하는 것이다.

③ 노사협의제도의 성격
  ㉠ 근로자참여 및 협력증진에 관한 법률에 의하여 30인 이상 사업 또는 사업장 단위로 설치와 운영이 의무화되어 있다.
  ㉡ 노사협의회 기능은 경영관리적 내지 경영참가적 성격을 띤다.
  ㉢ 노동조합의 이원적 기능을 가진다. 즉, 근로자 과반수로 조직된 노동조합이 있는 사업 또는 사업장의 경우 노조가 위촉하는 근로자를 대표위원이 되도록 한다.
  ㉣ 노사협의회 조직과 운영은 행정지도와 감독을 할 수 있도록 하는 등, 우리나라 노사협의제도는 경영관리 및 참가적 성격을 가지고 있다.

[단체교섭과 노사협의제도의 비교]

구 분	단체교섭	노사협의회
목 적	근로조건의 개선	노사공동의 이익증진과 산업평화의 도모
배 경	노동조합 및 기타 노동단체의 조립을 전제로 하고 자력구제로서의 쟁의를 배경	노동조합의 성립 여부와 관계없이 쟁의행위라는 위협이 배경 없이 진행
당사자	노동조합의 대표자 및 사용자	근로자의 대표자 및 사용자
대상사항	임금, 근로시간, 기타 근로조건에 관한 사항처럼 이해가 대립	기업의 경영이나 생산성향상 등과 같이 노사 간 이해가 공통
결 과	단체교섭이 원만히 이루어진 경우 단체협약 체결	법적 구속력이 있는 계약체결이 이루어지지 않음

05 서비스인력 노동생산성 관리

(1) 직원의 만족도 제고

① 직원만족도(ESI ; Employee Satisfaction Index)
   ㉠ 직원만족도(ESI)란 기업 내부 직원의 만족도지수를 말한다. 이는 기업 구성원이 여러 가지 측면에서 느끼고 생각하는 바를 파악하게 해주고, 기업이 합리적인 인적자원관리와 경영의 방향을 정하는 데에 좋은 자료가 된다.
   ㉡ 기업성과와 조직활성화에 지대한 영향을 미치는 사내 고객인 직원들의 만족도 진단을 통하여 직원들의 만족 및 불만 요인을 추출함으로써, 조직활성화 저해요인에 대한 정확한 처방과 효과적인 치유에 도움을 주는 핵심적인 수단이다.
   ㉢ 직원만족은 이직률이 저하되고 좋은 회사라는 구전효과를 가져오며, 우수인력이 유지됨으로써 고객만족으로 이어져 고객지향적인 기업이 되고, 기업의 이익이 증대됨으로써 직원의 복지증진으로 직원만족도가 다시 향상되는 선순환의 효과를 가져올 수 있다.

② 직원만족과 관련된 요인

직접적 요인	• 전략, 교육 및 역량개발, 직무특성, 직무범위, 성과평가관리, 보상 및 보수체계, 인사체계, 복리후생 등이 있다.
환경적 요인	• 기업의 비전 및 미션 : 직원들에게 얼마나 공유되고 인정받을 만한 것인가에 따라 직원만족도에 중요한 영향을 미치게 된다. • 기업문화 및 커뮤니케이션 전략 : 직원들로 하여금 회사의 일원으로서 참여의식을 느끼고 동기를 부여받을 수 있는 중요한 요인으로 작용할 수 있다. • 상사 리더십 : 상사가 발휘하는 리더십이 과업중심과 인간중심이 적절히 조화되어 발휘될 때 직원만족도에 긍정적으로 작용할 수 있다는 점을 의미한다.

> **Tip** 한국지역난방공사의 직원만족도 제고 사례
>
> 한국지역난방공사(사장 김영남)는 직원만족도 제고를 통한 조직의 성과를 향상시킴으로써 고객에게 제공하는 상품과 서비스의 품질을 높이는 데 최선을 다한다. 이를 위해 매년 직원만족도를 객관적으로 측정하고 이를 전략적으로 활용하고 있다. 내부고객만족이 외부고객만족이 된다는 진리를 적극적으로 추진하고 있는 것이다. 즉, 임직원들의 회사에 대한 종합 직원만족도(ESI)를 파악해 직원들의 만족도를 제고시킬 수 있는 정량적인 자료를 수집하고 있다.
>
> 직원만족도 조사 구성은 현재 공사 직원들의 회사에 대한 만족도는 어느 정도인가, 직원들의 회사에 대한 충성도를 높이기 위해 개선해야 할 요소는 무엇인가를 직원만족도 조사의 이슈로 한다. 지난해 말부터 올 초까지 공사 임직원 전체를 대상으로 온라인을 통해 구조화된 설문지에 자기기입식으로 조사를 진행했다.
>
> 조사의 틀은 종합적인 직원만족도를 측정할 수 있도록 구성했다. 직원만족도는 직장비전, 직무만족, 인사관리, 근무환경, 복리후생, 인간관계 등 6개의 만족요소로 구성시켰다.
>
> 개개인별 직무특성과 상사의 리더십은 직원만족도에 영향을 미치고, 이 직원만족도는 직무와 회사에 대한 충성심에 영향을 준다는 구조를 기반으로 했다. 또 직장의 비전, 커뮤니케이션, 기업문화는 직원만족도의 환경적 요인으로 구분했다.
>
> 각 세부항목에 대해 동의를 묻는 질문항목의 7점 척도 평균값을 100점 만점으로 환산했다. 또 종합 ESI는 직장에 대한 전반적인 만족 점수를 100점 만점 점수로 환산했다.

조사결과 회사에 대한 직원들의 전반적 체감만족도가 2006년에 비해 향상된 것으로 밝혀졌다. 요소별 만족에서는 직무·공사에 대한 만족도가 높아 공사의 성과 향상을 극대화할 수 있는 장점을 보유한 것으로 나타났고, 조직문화 만족도에서는 청렴성이 가장 높게 나타나 고무적이었다. 또 각 요소별 만족도를 통해 현 수준과 직원들의 니즈를 파악할 수 있었다.

공사는 요소만족도 결과를 기반으로 개선을 위한 중점 추진과제를 도출했다. 이를 통해 직원만족도 제고를 통한 고객만족 향상을 도모하고자 한다. 공사는 앞으로도 조직 활성화를 위한 노력을 지속하고, 직원들의 요구를 적극 수렴한 인사관리와 평가에 대한 개선을 지속해나갈 방침이다.

출처 : KMAC, 2008년 5월 8일

(2) 직무재설계 및 일정 조정 프로그램 ★★ 중요

① 직무재설계 개념 및 목적
  ㉠ 직무설계란 직무의 의미를 부여하고 만족감을 주어 조직의 목표를 보다 효율적으로 달성할 수 있도록 직무를 조화롭게 결합하는 활동을 의미한다.
  ㉡ 직무재설계(Job Redesign)는 직무설계와 같은 내용이지만, 기존직무에 의미 있는 과업이 추가되고 더 큰 책임과 복잡성이 포함될 경우, 필요성이 커진다.
  ㉢ 직무설계와 직무재설계의 목적은 능률 및 생산성 향상이라는 조직목표의 달성과 동기부여 및 인간성회복이라는 개인목표를 동시에 달성하려는 것이다.

② 직무순환
  ㉠ 직무순환이란 직원이 지금까지 담당했던 직무와는 기능, 작업조건, 권한, 책임 등에 있어서 다른 직무로의 이동을 의미한다.
  ㉡ 다양한 작업 및 직무경험을 통해서 개인의 적성에 가장 맞는 직무를 발견하고 개발함으로써 직원의 능력을 극대화시키기 위한 목적을 가지고 있으며, 주로 수평적 인사이동인 배치전환적 성격을 띠고 있다.
  ㉢ 직무순환은 일시적으로 단조로움이나 권태감이 완화되고 다른 일련의 단조로운 직무에 접하게 될 뿐으로서 직무성과는 크게 바뀌지 않는다는 비판이 있다.

③ 직무확대
  ㉠ 직무확대란 직무의 수를 늘리는 것으로 중심과업에 다른 관련 직무를 추가하여 수행함으로써 직무를 중심과업으로부터 넓게 확대하는 것이다.
  ㉡ 개인을 대상으로 한 수평적인 직무확대화이다. 구조적으로 직무수를 크게 함으로써 단순화된 직무에서 느끼던 권태감이나 단조로움을 줄이며, 직무만족을 높이고, 결근이나 이직 또한 감소될 것이라고 본다.
  ㉢ 직무의 다양성을 높일 수 있는 장점이 있으나, 직무의 본질적인 내용에 변화가 없어 작업량 증대와 인원감축의 한 수단이 된다는 단점이 있다.

④ 직무충실화
  ㉠ 한 사람이 더 많은 종류의 과업을, 더 많은 책임과 권한을 가지고 수행하게 하는 개인 대상의 수직적 직무확대화이다.
  ㉡ 직무의 질적 개선, 곧 작업내용에 질적인 변화를 주어 직무수행에 만족을 주고 생산성을 높이는 데 목적을 두고 있다.

ⓒ 보다 많은 계획, 보다 많은 통제, 보다 많은 의사결정에의 참여를 통해 완전직무를 수행하도록 관리적 기능까지 위임하는 것이므로 직무확대와는 속성이 다르다.

⑤ 자유시간근무제
ⓐ 근로시간을 자율적으로 정할 수 있는 근무제도로, 선택적 근로시간제, 자유출퇴근제, 탄력적 근무제라고도 한다.
ⓑ 탄력적 근무제는 환경의 변화로 인한 미래지향적인 관리사고방식으로 직원들의 직장생활의 질과 생활의 질을 향상시키는 데 중점을 두고 있다.
ⓒ 장점으로는 업무효율을 향상시키고 대도시권의 경우 교통 혼잡 감소와 직원의 지각, 결근자가 감소하고, 잔업시간이 소멸된다.
ⓓ 단점으로는 직원에 대한 감독이 힘들고, 상이한 근무시간으로 인한 업무조정, 고객 대응 등에 문제가 있을 수 있다.

⑥ 집중근무시간제
ⓐ 하루의 소정 근로시간 내에 일정시간 동안 고유업무에만 전념토록 하는 제도이다.
ⓑ 예를 들면, 생산성 향상을 위하여 오전 9시 30분부터 11시 30분, 오후 2시부터 4시까지 하루 4시간 동안을 집중근무시간으로 정해 놓고, 고유업무에만 전념하여 이 시간 동안에는 회의도 없으며 사무실 내에서 이동하는 것도 금지되어 있다.

⑦ 원격근무
ⓐ 정보기술(IT)을 활용하여 장소에 구애받지 않고 언제 어디서나 업무를 수행하는 새로운 근무방식이다.
ⓑ 장점으로는 직원에 대한 근무장소 제공 등으로 인한 회사 경비를 감소시킬 수 있으며 높은 생산성과 이직률을 줄이는 효과를 가져 올 수 있다. 또한 육아 때문에 직장을 다닐 수 없는 주부, 이동에 불편함을 겪는 장애인 등에게 일할 기회를 제공하는 순기능을 가지고 있다.
ⓒ 직원의 효율적인 관리체계 구축과 기업의 보안 시스템 구축, 네트워크 장비 구축 등을 미리 준비해야만 긍정적인 결과를 낼 수 있다는 문제점이 있다.

> **Tip** "삼성전자, 자율출근 – 재택근무 등 육아부담 줄여"
> 삼성전자는 여성 임직원들이 육아 부담을 덜 수 있도록 다양한 지원책을 운영 중이다.
> 우선 전국 사업장에 어린이집을 운영하고 있다. 2009년부터는 오전 6시부터 오후 1시 사이 각자 원하는 시간에 출근해 하루 8시간을 근무하는 자율출근제를 도입했다. 자율출근제 시행 이후 임직원들이 일률적인 출퇴근 시간 적용에서 벗어나 육아 등 개인 사정과 시간 활용 계획에 따라 업무 집중도를 높일 수 있게 됐다는 평을 듣는다. 2011년 5월에는 회사에 출근하지 않고도 일할 수 있는 '원격(재택)근무제'를 도입했다. 회사나 회사가 지정한 '원격근무센터(Satellite Office)'에서 재택근무를 자유롭게 병행할 수 있다. 삼성전자 관계자는 "스마트 기기가 늘면서 언제, 어디서나 업무가 가능해졌기 때문에 근무 시간이나 공간보다는 성과 중심으로 근무방식을 전환할 필요가 있다"며 "우수한 여성 인력의 효율적 활용을 위해서 시간과 장소 구분 없이 유연하게 일할 수 있는 근무 환경을 제공하는 것이 필요했다"고 설명했다. 삼성전자는 2012년 3월부터는 여성 임원의 경우 12세 이하의 초등학생 자녀를 두고 있다면, 육아휴직과 육아기 근로시간 단축제를 사용할 수 있도록 하고 있다.
>
> 출처 : 동아일보, 2014년 10월 23일 기사

(3) 갈등관리 ★★ 중요

① 갈등의 개념
- ㉠ 서로 다른 개인이나 그룹이 그들의 목표를 달성하기 위하여 서로를 봉쇄하거나 방해할 때 일어나는 불일치라고 한다.
- ㉡ 갈등은 한 당사자가 소중히 여기는 어떤 것에 대해 다른 사람이 부정적인 영향을 미쳤거나 미칠 것이라고 인식할 때 시작되는 과정이다.

② 갈등의 원인

상호의존성	상호의존성은 목표를 달성하는 데 있어서 집단 간에 서로 협조하거나 정보의 제공, 동조 또는 협력관계를 말한다. 부서 간에 협력관계가 순조롭게 진행되면 갈등이 발생되지 않으나, 과업수행에 차질이 생길 때 서로의 탓으로 돌리면 갈등의 가능성은 커지게 된다.
불균형 또는 불일치	조직 내에서 개인이나 집단의 가치, 역할기대, 지위 등에 있어서 차이가 과업수행에 불균형을 가져오고 이것이 갈등의 원인이 된다.
영역모호성	부서나 개인의 과업을 수행할 경우, 책임소재가 모호할수록 방향이 분명하지 않고 목표가 명료하지 못할 때 갈등이 생기기 쉽다.
자원부족	둘 이상의 부서가 공동자원을 사용할 때 자원에 대한 지나친 경쟁이 집단 간의 과업 수행에 갈등을 유발하는 원인이 된다.
목표의 차이	각 부서에서 추구하는 목표의 다양성은 갈등이 요인이 된다. 즉, 목표가 조화되지 않고 자기 부서의 목표만을 고집할 때 갈등이 발생한다.

③ 갈등의 유형
㉠ 개인적 갈등

욕구좌절의 갈등	• 개인의 목표를 달성할 수 없게 될 때 욕구좌절에 빠지게 된다. • 개인은 철회, 공격, 고정화 및 타협 등의 반응을 통하여 좌절된 욕구를 해소한다.
목표갈등	• 어떤 목표가 긍정적 및 부정적인 양면성을 가지고 있으나 서로 상충되는 복수목표로 인한 갈등이다. • 상호가 목표가 공유되지 않아서 불일치가 생긴다.
역할갈등	• 한 사람이 동시에 여러 지위를 갖거나, 한 가지 지위에 대하여 동시에 여러 가지 역할이 기대될 때 나타나는 역할모순이나 긴장 상태를 의미한다.

㉡ 조직적 갈등

대인적 갈등	• 구성원들의 목표와 가치 간의 차이에 발생하는 조직구성원 간의 갈등이다.
그룹 내 갈등	• 그룹, 팀 또는 부서 안에서 일어난 갈등을 의미한다.
그룹 간 갈등	• 그룹 간, 팀 간 또는 부서 간에서 발생하는 갈등을 가리킨다.
조직 간 갈등	• 기업과 경쟁기업 간의 갈등, 정부관련 부처와 기업 간의 갈등, 노동조합과 그 기업 간의 갈등이다. • 오늘날과 같이 조직체의 규모가 커지고 조직 내의 기능이 다양해지면서 조직 간의 관계는 더욱 복잡성을 띠고 갈등 역시 커지고 있다.

④ 갈등의 기능

갈등의 순기능	갈등의 역기능
• 갈등에 상응하여 구성원의 재능과 능력이 발휘된다. 흔히 사람들은 갈등에 직면하면 그렇지 않은 때보다 더 혁신적이 된다. • 갈등은 조직 내의 갈등을 관리하고 방지할 수 있는 유용한 방법을 터득하게 한다. • 갈등은 조직의 어느 곳에서 문제가 되고 있는가에 대한 사전정보를 제공한다. • 갈등은 새로운 화합의 계기가 된다. 예를 들면, 자주 다투는 두 부서는 대면을 통해 보다 협조적이 된다.	• 갈등은 자기이익에 급급하여 전체 조직을 희생케 하는 경우가 많다. • 개인들 간의 오래된 갈등은 그들의 감정적인 면과 육체적인 면에서도 해가 된다. • 갈등은 목표달성에 필요한 시간과 에너지를 낭비하게 한다. • 갈등의 여파는 재정상의 비용손실을 가져오고, 그로 인해 경영자의 불신이 높아지는 경우이다.

⑤ 갈등 프로세스
  ㉠ 1단계 : 갈등의 표면화
    • 커뮤니케이션 : 원만히 이루어지지 않으면 갈등이 발생할 잠재적 선행조건이 만들어진다.
    • 구조 : 기업의 규모, 전문화의 정도, 권한의 명확성, 리더십 스타일, 보상제도, 그룹 간의 의존도 등
    • 개인적 변수 : 개개인의 가치체계와 성격 등의 특성
  ㉡ 2단계 : 인지와 개인화
    • 인지와 갈등의 선행조건은 누군가가 갈등에 의해 영향을 받는다든가 의식하게 되면 갈등으로 발전하게 된다.
    • 갈등의 인지란 갈등이 일어날 조건이 존재함을 의식한 것이다.
    • 갈등의 감지란 불안, 긴장, 좌절 또는 적대감을 갖게 하는 갈등에 감정적으로 개입함을 의미한다.
  ㉢ 3단계 : 의도
    갈등해소를 위하여 어떻게 행동한 것인가를 결정하는 단계이다. 협력성(A가 B의 관심을 만족시키려는 정도)과 자기주장(A가 자기자신의 관심을 만족시키려는 정도) 차원에서 다섯 가지 의도를 설명하고 있다.

경쟁	자기 집단의 관심사를 충족시키기 위해 상대 집단을 압도해 갈등을 해결하려는 의도
협력	갈등 당사자의 관심사를 모두 만족시키려는 갈등해결 의도
타협	갈등의 당사자들이 서로 부분적 교환과 희생을 통해 만족을 취하려는 갈등해결 의도
회피	자신의 관심사나 상대 집단의 관심사마저도 무시하는 갈등해결 의도
수용	자신의 관심사보다 상대 집단의 관심사를 우선하는 갈등해결 의도

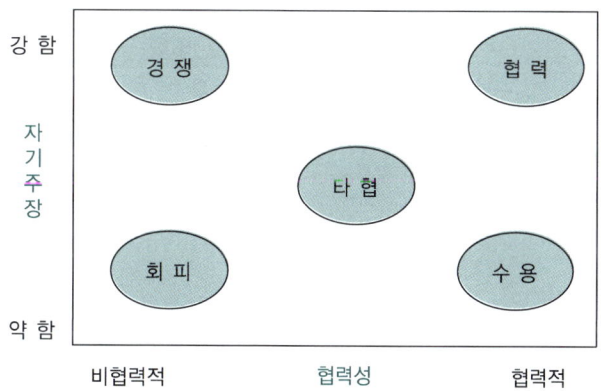

ⓔ 4단계 : 행동
- 갈등이 구체적으로 가시화된다.
- 행동단계에서는 갈등을 느낀 사람들의 반응이 문서상, 행동상으로 구체적으로 나타난다.

ⓜ 5단계 : 결과
- 갈등 당사자 간의 행동과 반응의 상호작용에 의해 마지막으로 그룹의 성과가 나타난다.
- 갈등의 순기능적 결과로서 의사결정의 질의 향상, 창의력과 혁신의 조장, 그룹 구성의 관심과 흥미 유발, 긴장해소 방법의 제공 등이 있다.
- 갈등의 역기능적 결과로서는 커뮤니케이션의 지연, 그룹 응집력의 감소, 그룹 목표보다 개인목표의 우선 등 극단적으로는 그룹의 생존을 위협할 수도 있다.

⑥ 갈등해결 방법

문제해결	• 갈등을 일으키는 집단끼리 직접 대면하여 문제를 분석하고 해결하는 방법이다. • 집단 간 상호이해와 타협을 통해 견해 차이를 좁히는 것이 아니라 문제를 해결하는 것이다.
상위목표 제시	• 갈등을 초월할 수 있는 상위목표를 제시하므로 갈등이 완화되며 집단 간의 공동노력이 조성된다. • 둘 이상의 부서가 노력하여 달성하는 목표를 말하며, 해당 부서 간에 상호의존적이어야 효과적이다.
자원의 확충	• 한정된 자원의 부족 때문에 갈등이 일어나면 자원의 공급을 늘려 갈등을 해소시키는 간단한 방법이다.
회피	• 갈등의 원인인 사안을 보류 또는 갈등 상황을 회피하거나, 감정을 억제하는 방법이다. 회피는 순간적인 모면에 불과하다.
무마(완화)	• 갈등당사자의 차이점을 축소하고 유사성이나 공동 관심사를 부각시켜 갈등을 해소하는 방법으로 회피와 상위목표 제시의 혼합형이다.
타협	• 서로가 양보와 희생을 통해 공동의 목표달성에 도달하는 방법이다.
조직전체에 걸친 평가와 보상	• 조직의 부서화가 심화됨에 따라 각 집단별로 다른 평가와 보상을 하기 때문에 갈등이 발생된다. • 경영자가 조직전체의 관점으로 공평하게 평가, 보상하여 갈등을 해소시킬 수 있다.
인적자원 변수의 변화	• 갈등을 유발시키는 사람을 교육, 훈련시켜 행동변화 기법으로 갈등을 해소시킬 수 있다.
구조적 변수의 변화	• 갈등을 일으키는 원인을 조직의 구조적 요인에 두고 갈등을 해결하고자 하는 방법이다. • 갈등이 있는 부서 간의 인사이동 실시, 작업흐름의 변화, 조정기구의 상설화 등을 통해 갈등을 해소한다.

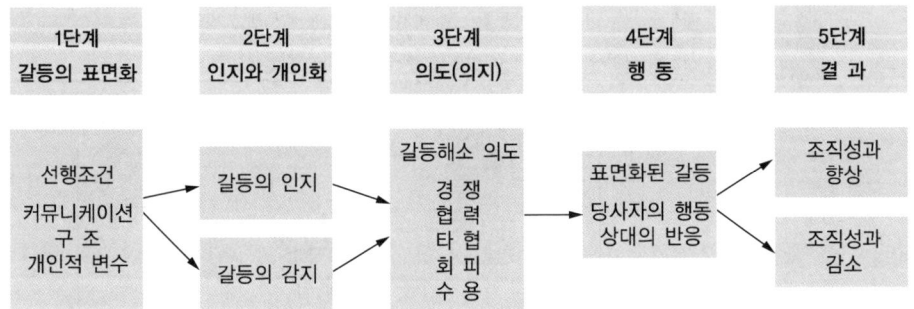

(4) 복리후생

① 복리후생의 의의
   ㉠ 조직이 구성원에게 부가적으로 급여하는 부가급여라고 하며, 조직구성원들이 경제적 안정과 생활의 질을 개선시키기 위해 기본급이나 제수당, 상여금 이외에 제공되는 간접적인 급부라고 한다.
   ㉡ 복리후생은 노동력 재생산과 조직구성원들의 생활안정 및 심리적인 욕구충족으로부터 더 나은 인간관계를 형성하고 조직에 대한 협력관계를 만들어 내는 인적자원관리의 중요한 수단이다.
   ㉢ 기업이 복리후생 프로그램을 운영함으로써 인적자원을 확보하고, 구성원의 사기와 충성심 양양, 이직과 결근의 감소, 조직체의 이미지개선, 노동조합의 영향력 감소, 정부의 개입감소 등의 효과를 얻을 수 있다.

② 복리후생의 목적
복리후생의 목적은 4가지 영역, 즉 경제적 목적, 사회적 목적, 정치적 목적, 그리고 윤리적 목적으로 분류할 수 있다.

경제적 목적	• 성과향상 • 신체적·정신적 성과창출능력 유지 • 조직 커미트먼트 증가 – 결근율, 이직률 감소 • 노동시장에서의 경쟁력 제고
사회적 목적	• 기업 내 주변인력 보호(청소년, 노령자 등) • 인간관계형성 지원 • 국가사회복지 보완
정치적 목적	• 기업에 대한 정부의 영향력 감소 • 노조의 영향력 감소
윤리적 목적	• 종업원의 생계지원

③ 복리후생의 기능
복리후생은 종업원들에게 임금 이외의 부가급부를 제공함으로써 종업원의 직무만족과 동기부여의 향상, 우수한 인재의 유치와 이직률 감소, 노사관계의 안정과 산업평화의 유지를 통하여 조직의 성과와 노동생산성을 제고하고 경쟁우위성을 확보하는 데 목적이 있다. 이와 같은 목적을 달성하기 위한 복리후생은 다음과 같은 기능을 수행하게 된다.
   ㉠ 근로생활의 안정
   ㉡ 근로의욕 및 동기부여 향상
   ㉢ 유능한 인재의 확보
   ㉣ 인간관계의 개선
   ㉤ 노사관계의 안정
   ㉥ 지역사회발전 및 기업이미지 제고

④ 복리후생의 유형
복리후생은 법정 복리후생과 법정 외 복리후생으로 나누어진다. 법정 복리후생은 국가의 법률에 의해 실시되고 있는 사회보장제도의 틀 속에서 각 기업이 의무적으로 실행해야 하는 복리후생이고, 법정 외 복리후생은 의무사항은 아니지만 개별기업 단위의 근로자 복지향상과 동기부여적 차원에서 구성되어지는 복리후생제도이다.

[복리후생제도]

법정 복리후생	• 건강보험 • 국민연금	• 산재보험 • 고용보험
법정 외 복리후생	• 주거비용 • 식사비용 • 보험료지원 • 학비보조비용 • 사내근로복지기금 • 종업원지주제도	• 의료보건비용 • 문화·체육비용 • 경조비지원 • 보육비지원 • 근로자휴양비용 • 기타법정 외 복리비

⑤ 선택적 복리후생제도

  ㉠ 선택적 복리후생제도는 선택적 기업복지제도 즉, 카페테리아 플랜을 말하는 것으로, 마치 카페테리아에서 자신이 원하는 음식을 선택하듯이 기업이 제공하는 복리후생 항목 중 일정금액 한도 내에서 직원들 자신의 필요에 맞는 복리후생 항목을 선택할 수 있게 한 제도이다.

  ㉡ 전통적인 복리후생제도가 모든 노동자에게 일률적으로 똑같은 복리후생제도를 적용하는 것이라면, 카페테리아 플랜은 다양한 복리후생제도의 종류 가운데 노동자가 원하는 것을 선택할 수 있도록 하는 것이라고 할 수 있다.

  ㉢ 기업입장에서는 직원의 개인별 복리후생 한도를 결정함으로써 기업의 총 복리후생 비용을 예측하고 효과적으로 운영할 수 있는 장점이 있고, 직원입장에서는 직원들의 필요성을 충분히 반영해 복지제도를 선택할 수 있다는 장점이 있다.

> **Tip** "신세계백화점, 직원 요구 반영한 복리후생제도 마련해"
>
> 신세계백화점 콜센터는 안정적인 조직 운영, 최고 서비스 품질 유지, 콜센터 직원 역량 강화, 업무 생산성 향상을 콜센터 운영 목표로 하고 있다. 백화점 품격에 걸맞은 고객 맞춤 상담을 위해 지속적인 외부 교육과 함께 내부 평가 활동으로 상담 품질 향상에 만전을 기하고 있다고 회사 관계자는 설명했다.
>
> 신세계백화점 콜센터의 특징적인 활동으로는 직급에 따른 다양한 직무교육, 고객만족 교육 등이 있다. 이를 통해 창조적이고 열정적인 전문 상담원을 길러낸다는 목표를 갖고 있다. 백화점 현장 견학과 고객 응대 경험을 통해 상담원이 좀 더 고객 위치에서 생각할 수 있도록 시스템을 갖추고 있으며, 본인 상담과 타 직원 상담 내용을 비교 분석한 고객 만족(CS) 자가 진단을 활용해 고객별 맞춤형 응대 기술을 지속적으로 향상시키는 데 주력한다.
>
> 신세계백화점은 감정 노동자인 콜센터 상담사가 안정적으로 근무할 수 있도록 정서 관리에도 힘쓰고 있다. 동호회 활동과 미니 도서관 운영을 통해 상담원이 스트레스를 극복하고 재충전할 수 있도록 지원하고 있다. 또한, 상담원 개인별 성격유형 검사를 통해 직원 간 소통을 활성화하는 데도 힘쓰고 있다.
>
> 근속연수에 연동한 차등 급여 지급으로 장기근속을 유도하는 한편, 우수 상담사 국내외 연수, 제휴 병원 할인, 생활 안전 자금 대출 지원 등 직원 니즈를 반영한 실질적 복리후생제도 마련에도 힘쓰고 있다. 신세계백화점 관계자는 "콜센터 상담사의 자긍심을 높이는 활동을 확대한 결과 콜센터 이용 고객들의 만족도도 높아지고 있다"고 말했다.
>
> 출처 : 한경BUSINESS, 2013년 6월 7일 기사

Part 04
Module C   서비스경영 전문가가 꼭 알고 있어야 하는 전문용어

- 인적자원관리(HRM ; Human Resources Management) : 기업의 경영 목적 달성에 필요한 인적자원의 선발, 개발, 배치, 유지, 평가 및 동기부여에 관한 일련의 과학적 관리기법을 의미함
- 인적자원계획(HRP ; Human Resource Planning) : 조직에서 각 사업이나 프로젝트에 필요한 인력을 시기적으로 판단하여 사전에 예측하고 결정하여, 내·외부의 인적자원을 수급, 배치(이동), 정리하는 인사기능으로, 인력계획(Manpower Planning) 또는 인사계획(Personnel Planning)이라고도 함
- 인적자원개발(HRD ; Human Resource Development) : 조직의 성과 창출을 위해 인적자원을 개발하고 개선시키는 최적의 방법을 결정하는 과정으로서 훈련, 개발, 교육 외적인 해결책(Non-training Interventions)의 총체적인 접근을 포함함. 인적자원개발의 최종 목표는 구성원의 역량개발과 업무수행개선을 통해 성과향상(Performance Improvement)을 이루는 것
- 인적자원활용(HRU ; Human Resource Utilization) : 인적자원을 조직 내에서 활용하는 것을 말하고 여기에는 승진, 평가, 부서이동, 보상이 포함. 또한, 인재의 현재능력과 가능성을 파악하고 효과적으로 활용하는 일도 병행
- 인적자원관리시스템(HRMS ; Human Resource Management System) : 인사관리프로그램에 인적자원개발(HRD)과 인적자원관리(HRM)를 포괄하는 기능을 확장하여 기업 내 인재들이 역량을 최대한 발휘할 수 있도록 지원하는 솔루션
- 전사적자원관리(ERP ; Enterprise Resource Planning) : 기업 내 생산, 물류, 재무, 회계, 영업과 구매, 재고 등 경영활동 프로세스들을 통합적으로 연계하여 관리해주고, 기업의 정보들을 공유하고 새로운 정보생성과 의사결정을 빠르게 할 수 있도록 도와주는 전사적 통합시스템
- 사내모집(Internal Recruiting) : 조직 내부에서 적격자를 찾는 방법으로, 인사고과기록을 이용하여 전직 또는 직무순환을 시키는 방법, 내부구성원이나 부서장의 내부추천, 사내게시판에 공개적으로 모집공고를 내는 사내공개모집제도 등이 있음
- 사외모집(External Recruiting) : 외부의 인력시장을 통해 선발대상자를 모집하는 것으로, 직원의 소개를 통한 추천모집, 교육기관의 추천, 인턴사원제, 채용사이트 공고게재 등 다양하게 이루어짐
- 구조화 면접 : 질문지나 테스트지 등을 이용하여 행하거나, 직무명세서를 기초로 미리 질문의 내용목록을 준비해두고 면접관이 차례로 질문해 나가는 유형
- 비구조화 면접 : 다루고자 하는 일정한 범위의 주제나 논제에 대해 개방적이고 대화적인 형식으로 진행하며, 자발적으로 의견을 말하게 하는 방식
- 반구조화 면접 : 탐색되어야 할 일련의 질문과 쟁점은 정하지만 명확한 표현이나 질문의 순서는 미리 정하지 않는 면접방식. 면담자가 여러 명이거나 연구결과의 신뢰성을 위해 양적인 자료가 필요한 경우 사용됨
- 다대다 면접 : 집단면접이라고도 하며, 지원자가 면접관에 비해 복수이거나 다수인 경우, 면접관이 다수의 지원자를 상대로 질문을 하기 때문에 시간이 절약되고 지원자 간 상대평가가 가능함

- 다대일 면접 : 패널면접 또는 위원회면접이라고도 하며, 한 명의 지원자가 여러 명의 면접관 앞에서 평가받는 경우, 평가 시 면접관 전원이 서로의 의견을 교환하기 때문에 광범위한 평가가 가능함
- 일대일 면접 : 개별면접, 1 : 1면접 등으로, 한 명의 지원자와 한 명의 면접관으로 진행되는 경우임. 단, 비교평가가 힘들고, 면접관의 주관이 많이 작용됨
- 직무평가 : 직무분석에 따른 직무기술서와 직무명세서 등의 정보자료를 바탕으로 조직 내 각 직무가 가지고 있는 숙련도, 책임, 난이도, 복잡성, 필요노력, 위험도 등을 가치를 상대적으로 평가하는 것
- 인사고과 : 직원의 근무성적과 능력을 평가하여 직원의 현재적 유용성과 잠재적 유용성을 체계적으로 파악하는 과정으로 근무평가, 업적평가라고도 함
- 보상 : 조직의 구성원으로서 개인이 조직체에서 수행한 직무 또는 성과에 대한 대가로서 받는 임금, 상여금, 복리후생 등 금전적인 것과 도전감, 책임, 안전, 성취감, 발전기회, 직무환경 등 비금전적 보상을 모두 포함
- 경영성과배분제 : 경영성과가 목표치를 넘어섰을 경우, 기업이 그 초과분을 특별보너스 등의 형태로 근로자들에게 돌려주는 제도
- 재해보상 : 일반적으로 근로자의 업무상의 재해(업무상의 사유에 의한 근로자의 부상·질병·신체장해 또는 사망 등)를 보상하는 것을 말함
- 민주적 노사관계 : 본질적으로는 자본주의 주도 아래에 있지만 산업사회에 있어서 대등한 지위를 당연한 것으로 보는 산업민주주의 이념이 형성된 오늘날 가장 바람직한 노사관계
- 노동조합 : 근로자가 주체가 되어 자주적으로 단결하여 근로조건의 유지·개선하고 근로자의 경제적·사회적 지위의 향상을 도모함을 목적으로 조직하는 단체
- 단체교섭 : 노사의 대표자가 근로자의 임금, 근로조건 등에 관하여 협정의 체결을 위해 평화적으로 타협을 모색하는 절차
- 노사협의제도 : 경영자와 근로자가 대등한 입장에서 단체교섭에서 취급되지 않은 사항으로서, 노사쌍방이 이해관계를 공통으로 하는 사항에 대하여 협의함으로써 상호의 이해를 넓히고 협력하는 기능을 가진 제도
- 직원만족도(ESI) : 기업 내부 직원의 만족도지수를 말한다. 이는 기업 구성원이 여러 가지 측면에서 느끼고 생각하는 바를 파악하게 해주고, 기업이 합리적인 인적자원관리와 경영의 방향을 정하는 데에 좋은 자료가 됨
- 직무설계 : 직무의 의미를 부여하고 만족감을 주어 조직의 목표를 보다 효율적으로 달성할 수 있도록 직무를 조화 있게 결합하는 활동을 의미함
- 직무순환 : 직원이 지금까지 담당했던 직무와는 기능, 작업조건, 권한, 책임 등에 있어서 다른 직무로의 이동을 의미함
- 직무확대 : 직무의 수를 늘리는 것으로 중심과업에 다른 관련 직무를 추가하여 수행함으로써 직무를 중심과업으로부터 넓게 확대하는 것

- **직무충실화** : 한 사람이 더 많은 종류의 과업을, 더 많은 책임과 권한을 가지고 수행하게 하는 개인 대상의 수직적 직무확대화
- **자유시간근무제** : 근로시간을 자율적으로 정할 수 있는 근무제도로, 선택적 근로시간제, 자유출퇴근제, 탄력적 근무제라고도 함
- **집중근무시간제** : 하루의 소정 근로시간 내에 일정시간 동안 고유업무에만 전념하도록 하는 제도
- **원격근무** : 정보기술(IT)을 활용하여 장소에 구애받지 않고 언제 어디서나 업무를 수행하는 새로운 근무방식
- **갈등** : 서로 다른 개인이나 그룹이 그들의 목표를 달성하기 위하여 서로를 봉쇄하거나 방해할 때 일어나는 불일치
- **복리후생** : 조직이 구성원에게 부가적으로 급여하는 부가급여라고 하며, 조직구성원들이 경제적 안정과 생활의 질을 개선시키기 위해 기본급이나 제수당, 상여금 이외에 제공되는 간접적인 급부
- **선택적 복리후생제도** : 선택적 기업복지제도 즉, 카페테리아 플랜을 말하는 것으로, 마치 카페테리아에서 자신이 원하는 음식을 선택하듯이 기업이 제공하는 복리후생 항목 중 일정금액 한도 내에서 직원들 자신의 필요에 맞는 복리후생 항목을 선택할 수 있게 한 제도

Part 04 Module C 출제유형문제

📋 일반형 문제

01 인적자원관리의 목표로 가장 적절하지 않은 것은?

① 공정한 보상
② 근로의욕 고취
③ 경쟁사 모니터링 강화
④ 핵심역량 강화 및 기업의 경쟁력 향상
⑤ 핵심인력의 육성 및 개발

> **해설** 인적자원관리의 목표는 유능한 인재의 확보 및 핵심인력 육성・개발, 핵심역량 강화 및 기업의 경쟁력 향상, 근로의욕 고취, 공정한 보상, 고용관리의 유연성, 조직 내 커뮤니케이션 활성화 등이다.

02 다음 중 인적자원관리의 중요성이 아닌 것은?

① 조직의 성패가 좌우되기 때문이다.
② 경쟁 우위를 확보할 때 중시되는 조직 역량이 인적자원을 통해 발현되기 때문이다.
③ 조직 역량이 조직 문화 차원으로 승화되어 갈 때 지속적인 경쟁의 원천이 되기 때문이다.
④ 인적자원은 기업의 가장 소중한 전략적 자산이다.
⑤ 고용 관리의 출발점이자 인사 관리의 첫 단계이다.

> **해설** ⑤ 모집 관리의 의의이다.

03 인적자원관리에 있어서 각자의 노력에 따른 성과가 능력평가에 반영될 수 있다는 데 근거를 두고 있는 원칙은?

① 능력주의의 원칙
② 전인주의의 원칙
③ 공정성의 원칙
④ 정보공개의 원칙
⑤ 참여의 원칙

> **해설** ② 직원의 인간적 측면의 중시 및 인간성 실현에 중점을 두고 있는 인적자원관리의 원칙
> ③ 인적자원관리의 실시과정 및 실시결과에 대한 공정한 평가와 함께 공정한 근로조건의 개선향상을 위해 요구되는 공정성 유지의 원칙
> ④ 기업의 경영문제에 대해 종사원의 참여 의욕을 고취시키기 위해 기업은 경영에 관한 최대한의 정보를 직원들에게 공개해야 한다는 원칙
> ⑤ 직원의 적극적인 참여와 의견수렴을 하는 원칙

04 다음 중 인적자원관리의 내용으로 옳지 않은 것은?

① 모집 및 선발
② 배치 및 전직·이동
③ 보상
④ 복리후생
⑤ 포상관광

해설) ⑤ 인적자원관리의 내용에 해당하지 않는다.

05 고용형태 중 기간제 근로자에 대한 설명으로 옳은 것은?

① 기간을 정하지 않은 계약을 맺고 전일제 근무를 하는 근로자이다.
② 근로계약을 체결한 근로자이다.
③ 직장의 업무를 제3의 장소에서 행하는 형태의 근로자이다.
④ 1주간에 12시간을 초과하여 근로시킬 수 없는 근로자이다.
⑤ 규칙성이 없이 일자리가 생겼을 경우 단기간 근무하는 근로자이다.

해설) ① 정규직원, ③ 재택근무자, ④ 단시간 근로자, ⑤ 일일근로자

06 다음 중 서비스인력의 선발절차가 바르게 나열된 것은?

① 접수 - 배경조사 - 서류전형 - 합격자발표 - 교육훈련
② 접수 - 선발시험 - 서류전형 - 합격자발표 - 교육훈련
③ 접수 - 선발시험 - 예비면접 - 합격자발표 - 교육훈련
④ 접수 - 면접전형 - 신체검사 - 합격자발표 - 교육훈련
⑤ 접수 - 배경조사 - 선발시험 - 합격자발표 - 교육훈련

해설) 서비스인력의 선발절차는 지원자의 입사지원서 접수 - 예비면접 - 입사원서 서류전형 - 선발시험 - 면접전형 - 배경조사 - 신체검사 - 최종면접전형 - 합격자발표 - 교육훈련의 순서이다.

07 질문 제시방식에 따른 면접의 유형 중 구조화 면접에 대한 설명으로 옳은 것은?

① 직무명세서를 기초로 미리 질문의 내용목록을 준비해두고 면접관이 차례로 질문해 나가는 면접 유형이다.
② 다루고자 하는 일정한 범위의 주제나 논제에 대해 개방적이고 대화적인 형식으로 진행하며, 자발적으로 의견을 말하게 하는 면접 유형이다.
③ 탐색되어야 할 일련의 질문과 쟁점은 정하지만 명확한 표현이나 질문의 순서는 미리 정하지 않는 방식의 면접 유형이다.
④ 면접관이 다수의 지원자를 상대로 질문을 하기 때문에 시간이 절약되고 지원자 간 상대평가가 가능한 면접 유형이다.
⑤ 패널면접, 위원회면접이라고도 한다.

해설 ② 질문 제시 방식 유형의 비구조화 면접
③ 질문 제시 방식 유형의 반구조화 면접
④ 면접 대상에 따른 유형의 다대다 면접
⑤ 면접 대상에 따른 유형의 다대일 면접

08 다음 중 그룹토론 면접 유형의 설명으로 옳지 않은 것은?

① 한 주제에 대해 토론을 진행하는 면접 방식이다.
② 지원자들이 일정기간 동안 한 장소에서 합숙을 하며 지내는 면접 방식이다.
③ 보통 5~6명의 지원자들끼리 발언을 하고, 합석한 면접관들이 평가를 하는 면접 방식이다.
④ 지원자의 인격, 태도, 가치관, 지식의 수준이 드러나는 면접 방식이다.
⑤ 리더십, 논리력, 사고력 등의 평가에 사용되는 면접 방식이다.

해설 ② 합숙면접에 해당한다.

09 다음 중 보상관리의 원칙으로 옳지 않은 것은?

① 적절성과 타당성
② 공정성과 안정성
③ 신뢰성
④ 균형성
⑤ 경제성

해설 ③ 보상관리의 원칙에 해당하지 않는다.

10 다음 중 직무평가의 요소로 옳지 않은 것은?

① 숙련
② 노력
③ 책임
④ 작업 조건
⑤ 효과성

해설 ⑤ 직무평가의 요소에 해당하지 않는다. 직무평가의 요소는 숙련도, 책임, 난이도, 복잡성, 위험도 등이다.

11 인사고과의 요소 중 업적성과에 대한 내용으로 옳지 않은 것은?

① 업적 달성력
② 업무 추진력
③ 업무 처리 내용
④ 섭외 활동 실적
⑤ 부하 육성

해설 업무 추진력은 업무수행능력의 인사고과 요소이다.

12 다음 중 인사고과 방법으로 옳지 않은 것은?

① 서열법
② 강제 할당법
③ 목표에 의한 관리법(MBO)
④ 요소 비교법
⑤ 다면 평가법

해설 요소 비교법은 직무평가의 방법이다.

13 다음 중 노동조합의 정치적 기능으로 옳은 것은?

① 최저임금제의 실시, 노동시간의 단축, 공해, 환경오염의 방지 등 많은 문제들이 포함되어 있다.
② 노동조합의 기능 중에서 가장 기본적인 기능으로 임금수준의 인상과 근로조건의 개선 등 종업원의 경제적 이익과 권리를 추구하기 위해 노동력의 판매자로서의 교섭기능이다.
③ 단체교섭 및 경영참가제도의 방법으로 기능을 발휘한다.
④ 복지증진의 일환으로 조합원의 질병, 재해, 사망, 실업 등으로 노동능력에 일시적 또는 영구적 변화가 발생하였을 때 상호부조하기 위하여 기금을 설치하고 상호 공제하는 활동이다.
⑤ 근로자들의 지적 능력의 향상과 의식수준의 향상을 도모하는 기능이다.

해설 ②·③ 경제적 기능, ④ 공제적 기능, ⑤ 교육 및 문화적 기능

14 다음 중 단체교섭의 기능으로 옳지 않은 것은?

① 작업현장의 제 규율을 설정·개정 및 운용하는 절차의 기능
② 경영 관리적 또는 경영 참가적 성격의 기능
③ 종업원들의 경제적 보상을 결정하는 과정의 기능
④ 협약유효기간 중 협약의 개시 또는 종료 시기에 발생하는 노사분규 해결수단의 기능
⑤ 노사의 일체감 조성과 근로자의 욕구불만을 조정하는 기능

해설 ② 노사협의제도의 기능에 대한 설명이다.

15 다음 설명에 대한 내용으로 옳은 것은?

> 근로자와 사용자와의 관계, 노동조합과 사용자 사이의 조직적인 관계를 의미하는 것으로 임금, 생산성, 고용보장 등 노동의 모든 영역을 포함하고 있다.

① 노사협의제도   ② 단체교섭
③ 노사관계   ④ 노동조합
⑤ 노사공존공영

해설 ① 경영자와 근로자가 대등한 입장으로 단체교섭에서 취급되지 않은 사항 및 노사쌍방의 공통적인 이해관계 사항에 대하여 협의함으로써 상호간의 이해를 넓히고 협력하는 기능을 가진 제도
② 노동자 대표로서의 노동조합과 사용자 간의 단체협약서 또는 임금협정서를 작성하기 위한 교섭과정
④ 근로자가 주체가 되어 자주적으로 단결하여 근로조건을 유지·개선하고 근로자의 경제적·사회적 지위의 향상을 도모함을 목적으로 조직하는 단체
⑤ 노사관계의 원칙으로 근로자 참여와 협력의 노사관계는 제도적·환경적 뒷받침이 이루어져야 한다는 원칙

정답 13 ① 14 ② 15 ③

16 다음 중 민주적 노사관계의 설명으로 옳은 것은?

① 자본주의 초기에 성행하여 19세기 중기까지 존재하던 형태로 흔히 공산주의 국가에서 볼 수 있는 형태이다.
② 19세기 초에서 20세기 초 사이에 존재하던 형태로 일명 친권적 노사관계라고 한다.
③ 생산성이 떨어지는 단계에 이르면 주택, 의료 등 복리후생시설을 제공하고, 근로자는 사용자가 베푸는 은혜를 보답함으로써 노사관계가 순조롭게 유지될 수 있다고 보는 관계이다.
④ 노동자의 힘이 부족하여 자본가들의 전제적인 속성을 완화시키는 정도에 그친 것으로 흔히 근대적 노사관계라고 한다.
⑤ 노동자의 고용형태가 달라지고 기계화, 표준화의 발달로 노동조합의 조직도 직업별 조직에서 산업별 조직형태로 변하게 되면서 오늘날 가장 바람직한 노사관계로 볼 수 있다.

해설) ① 전제적 노사관계, ② · ③ 온정적 노사관계, ④ 완화적 노사관계

17 직원만족과 관련된 직접적 요인이 아닌 것은?

① 기업의 비전 및 미션
② 교육 및 역량개발
③ 직무특성
④ 직무범위
⑤ 보상 및 보수체계

해설) ① 직원만족의 환경적 요인에 대한 설명이다.

18 갈등의 유형 중 개인적 갈등으로 옳은 것은?

① 대인적 갈등
② 목표 갈등
③ 그룹 내 갈등
④ 그룹 간 갈등
⑤ 조직 간 갈등

해설) ① · ③ · ④ · ⑤ 조직적 갈등에 대한 설명이다.

19 다음 중 직무충실화에 대한 설명으로 옳은 것은?

① 기업 구성원이 여러 가지 측면에서 느끼고 생각하는 바를 파악하게 해주고, 기업이 합리적인 인적자원관리와 경영의 방향을 정하는 데에 좋은 자료가 되도록 지수화한다.
② 기존직무에 의미 있는 과업이 추가되고 더 큰 책임과 복잡성이 포함하게 되면서 필요성이 커지는 활동을 의미한다.
③ 한 사람이 더 많은 종류의 과업을, 더 많은 책임과 권한을 가지고 수행하게 하는 개인 대상의 수직적 직무확대화이다.
④ 직원이 지금까지 담당했던 직무와는 기능, 작업조건, 권한, 책임 등에 있어서 다른 직무로의 이동을 의미한다.
⑤ 직무의 수를 늘리는 것으로 중심과업에 다른 관련 직무를 추가하여 수행함으로써 직무를 중심과업으로부터 넓게 확대하는 것이다.

[해설] ① 직원만족도, ② 직무재설계, ④ 직무순환, ⑤ 직무확대

20 다음 중 복리후생의 목적이 아닌 것은?

① 경제적 목적
② 사회적 목적
③ 정치적 목적
④ 신체적 목적
⑤ 윤리적 목적

[해설] ④ 복리후생의 목적에 해당하지 않는다.

21 다음 중 갈등 프로세스의 단계가 차례대로 나열된 것은?

① 갈등의 표면화 – 의도 – 인지와 개인화 – 행동 – 결과
② 갈등의 표면화 – 행동 – 인지와 개인화 – 의도 – 결과
③ 갈등의 표면화 – 의도 – 행동 – 인지와 개인화 – 결과
④ 갈등의 표면화 – 인지와 개인화 – 행동 – 의도 – 결과
⑤ 갈등의 표면화 – 인지와 개인화 – 의도 – 행동 – 결과

[해설] 갈등 프로세스의 단계는 갈등의 표면화 – 인지와 개인화 – 의도 – 행동 – 결과의 순이다.

O/X형 문제

22 경력개발관리는 개인적인 경력 목표를 설정하고 이를 달성하기 위한 경력 계획을 수립하여 조직의 욕구와 개인의 욕구가 합치될 수 있도록 경력을 개발하는 활동이다.

(① O / ② X)

23 모집 방법 중 인턴사원제, 실습 제도, 추천, 자발적인 응모는 내부모집이다.

(① O / ② X)

> 해설) 내부모집은 조직 내부에서 적격자를 찾는 방법이고, 광고, 추천, 직업소개소, 인턴사원제, 실습제도, 채용박람회 및 취업설명회, 추천 등은 외부모집이다.

24 인사고과 방법 중 다면 평가법은 기존의 방법에서 벗어나 피평가자가 자신, 동료, 상사, 하급자 등 다양한 계층을 서로 평가하는 방법이다.

(① O / ② X)

25 근로 조건의 유지 또는 개선을 목적으로 하는 임금 근로자의 지속적 단체는 노동조합이다.

(① O / ② X)

26 의사결정 과정에서 선택을 둘러싸고 곤란을 겪는 상황을 견해라고 한다.

(① O / ② X)

> 해설) 갈등이란 의사 결정 과정에서 선택을 둘러싸고 곤란을 겪는 상황으로 라틴어의 '콘플리게레'에서 나온 말로 '상대가 서로 맞선다'는 뜻을 의미한다.

정답) 22 O 23 X 24 O 25 O 26 X

연결형 문제

[27~31] 다음 단어에 대한 설명으로 알맞은 것을 각각 골라 넣으시오.

① 인적자원관리
② 사내모집
③ 요소 비교법
④ 노사협의제도
⑤ 직무설계

27 (　　)(이)란 인적자원의 선발, 개발, 배치, 유지, 평가 및 동기부여에 관한 일련의 과학적 관리 기법이다.

해설) 기업의 경영 목적 달성에 필요한 인적자원관리에 대한 설명이다.

28 (　　)은(는) 인사고과기록을 활용하여 전직 또는 직무순환을 시키는 것으로 조직 내부에서 적격자를 모집하는 방법이다.

29 (　　)(이)란 급여율이 가장 적정하다고 생각되는 직무를 기준직무로 선정하고, 조직 내 각 직무가 공통적으로 포함하고 있는 직무의 특징을 평가요소로 추출하여, 직무의 상대적 가치를 결정하는 방법이다.

30 (　　)은(는) 경영자와 근로자가 대등한 입장으로 단체교섭에서 취급되지 않은 사항 및 노사쌍방의 공통적인 이해관계 사항에 대하여 협의함으로써 상호간의 이해를 넓히고 협력하는 기능을 가진 제도이다.

해설) 노사협의제도에 대한 설명으로 노사협의회, 경영협의회, 종업원대표위원회, 기업위원회 등이라고도 한다.

31 (　　)(이)란 직무의 의미를 부여하고 만족감을 주어 조직의 목표를 보다 효율적으로 달성할 수 있도록 직무를 조화 있게 결합하는 활동을 의미한다.

27 ① 28 ② 29 ③ 30 ④ 31 ⑤ 정답

사례형 문제

32 다음은 MAT 회사 내에서 갈등을 겪고 있는 서경영 사원의 사례이다. 갈등의 유형 중 어디에 속하는가?

> - **서경영 사원** : 과장님. 이번 프로젝트 우리 부서가 힘겹게 성공했는데 어떠한 보상도 없어서 저는 고민입니다.
> - **김 과 장** : 그래 서경영 사원의 마음 나도 이해하네.
> - **서경영 사원** : 솔직히 저는 프로젝트 성공하면 진급할 줄 알았습니다. 대리 자리도 공석이고 해서요.
> - **김 과 장** : 나도 서경원 사원 능력은 인정하지만 어쩌겠나. 회사 방침이 그러한 것을…
> - **서경원 사원** : 아! 네…
>   '이 회사는 프로젝트를 성공해도 보상이 없구나. 내가 원하는 걸 이룰 수 없겠어.'

① 목표 갈등
② 역할 갈등
③ 욕구좌절의 갈등
④ 대인적 갈등
⑤ 조직 간 갈등

> **해설** 해당 사례는 목표를 달성할 수 없게 될 때 욕구좌절에 빠지게 되는 개인적 갈등 내 욕구좌절의 갈등이다.

※ 다음은 부서장 회의에서 직원의 만족도와 관련해 나눈 대화이다. ESI 회사의 부서장들이 모여 최근 퇴사율이 높아지는 원인과 해결방안에 대해 의논한 내용을 읽고 물음에 답하시오.

> - **부서장 1** : 최근 직원들의 퇴사율이 높아지고 있어 직원만족도를 조사한 결과 전년대비 5% 만족도가 떨어졌습니다. 원인이 무엇일까요?
> - **부서장 2** : 올해 복리후생비를 감소시켜서 그런듯합니다.
> - **부서장 3** : 제 생각에는 직원들에게 회사의 비전을 공유하지 않아서 그런 것 같습니다.
> - **부서장 1** : 저도 같은 생각입니다. 직원들에게 회사의 비전과 미션을 공유하면 조직이 활성화될 것으로 예상됩니다.
> - **부서장 4** : 네. 거기에 더불어 우리 부서장들이 적절한 리더십을 발휘해야 할 때라고 생각합니다.
> - **부서장 5** : 제 생각에는 직원들이 회사의 일원으로 참여의식을 느끼고 동기를 부여받는 것도 중요한 요인이라고 생각합니다.

33 부서장 5가 설명한 직원만족의 환경적 요인은?

① 기업문화 및 커뮤니케이션 전략
② 성과평가관리
③ 보상 및 보수체계
④ 인사체계
⑤ 교육 및 역량개발

> **해설** ②·③·④·⑤ 직원만족의 직접적 요인과 관련된 요인이다.

남에게 이기는 방법의 하나는
예의범절로 이기는 것이다.

- 조쉬 빌링스 -

PART 5

고객만족경영과 전략

- **01** 고객만족경영
- **02** 고객만족평가
- **03** 경영전략과 분석
- **04** 경쟁우위전략
- **04** 서비스 마케팅과 동태적 전략

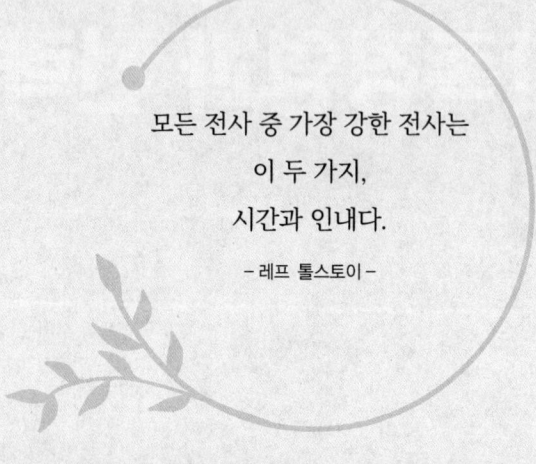

모든 전사 중 가장 강한 전사는
이 두 가지,
시간과 인내다.

– 레프 톨스토이 –

끝까지 책임진다! SD에듀!

QR코드를 통해 도서 출간 이후 발견된 오류나 개정법령, 변경된 시험 정보, 최신기출문제, 도서 업데이트 자료 등이 있는지 확인해 보세요! 시대에듀 합격 스마트 앱을 통해서도 알려 드리고 있으니 구글 플레이나 앱 스토어에서 다운받아 사용하세요. 또한, 파본 도서인 경우에는 구입하신 곳에서 교환해 드립니다.

PART 05 | 고객만족경영과 전략

▶ 무료 동영상 강의가 있는 SMAT Module C 서비스 운영전략

01 고객만족경영(CSM ; Customer Satisfaction Management)

(1) 고객만족경영의 이해 ★★

① 고객만족경영의 개념
  ㉠ 고객만족경영(CSM ; Customer Satisfaction Management)이란, 기업이 제공하는 상품이나 서비스에 대한 고객의 기대 대비 만족 수준을 높이기 위하여 계속적으로 고객들의 기대와 만족 수준을 조사하고, 이를 바탕으로 불만족 요인을 찾아 개선하여 고객의 만족을 높이는 경영활동이다.
  ㉡ 기업이 모든 의사결정에서 '고객중심'적으로 접근하고, 단순한 제품과 서비스를 생산하는 것이 아니라, 그 제품과 서비스를 통해 고객이 얻고자 하는 '가치'를 제공하고 고객을 만족하도록 하는 것이다.
  ㉢ 경영의 모든 부문을 고객의 입장에서 생각하고, 고객을 만족시키기 위한 진정한 방법을 통해 기업의 생존을 유지하고자 하는 경영전략이다. 이러한 고객만족 목표를 달성하기 위하여 기업경영의 모든 측면에서 고객지향적 사고가 반영되는 경영이라고 할 수 있다.
  ㉣ 중요한 것은, 고객만족경영은 말 그대로 경영체계이므로 마케팅의 분과나 하위개념이 아니라는 것을 구분하여야 한다.

[고객만족경영의 변천]

도입기 (1980년대)	• 기업중심 경영 시대 • 인적서비스를 운영하는 호텔 및 백화점 등에서 기초적인 '친절서비스'를 제공하는 데에 국한됨 • 1981년 스칸디나비아 항공사의 얀칼슨 사장이 MOT 도입 • 1980년대 후반 일본 고객만족경영 도입
성장기 (1990년대)	• 고객중심 경영 시대 • 공공기관을 포함한 대부분의 국내기업들도 도입 시작 • 1992년 LG의 고객가치창조 도입 • 1993년 삼성의 신(新) 경영 • 1990년대 중반 공기업 등 CS경영 도입
완성기 (2000년대)	• 고객감동 경영 시대 • 업종을 불문하고 고객감동 실천 및 CS경영 도입

② 고객만족경영의 철학
  ㉠ P-S-P 경영철학 ★★
     고객만족경영의 기본적인 원리는 'P-S-P 경영철학'에 근거한다.
     • People(사람) : 내부고객인 직원에게 지극히 잘 대해 주어야 한다.
     • Service(서비스) : 직원은 자신의 직무인 서비스를 열정적으로 수행할 것이다.
     • Profit(이익) : 직원의 열정적인 서비스를 이용하는 외부고객은 이에 만족하여 지속적인 재구매를 하게 될 것이다.

ⓛ P-S-P 경영철학에 근거한 선순환
- 내부고객에게 직원만족도를 높이면 우수한 인력을 확보하고 유지할 수 있으므로 이로 인해 인적자원의 파워가 형성되고, 조직의 부서 간 협력과 의사소통을 원활히 하여 조직의 자원을 고객만족을 위한 우선순위로 내부서비스품질을 높인다면 기업은 프로세스파워를 형성하게 될 것이다.
- 형성된 인적파워와 프로세스파워의 믹스를 통해 우수한 제품과 열정적인 서비스를 만들게 되면 기업은 외부고객이 선호하는 제품과 서비스를 산출해내는 아웃풋파워(Output Power)를 형성하게 될 것이다.
- 우수 제품 및 서비스를 이용한 고객은 이에 만족하여 해당기업을 선호하게 되고, 재구매와 지속적인 이용을 하게 되며, 기업은 시장에서 영향력 있는 제공자로 인식되어 마켓파워를 갖게 된다. 또한 상대적으로 우수한 성장을 통해 기업의 힘이 증가하게 될 것이다.
- 기업은 우수한 성과로 얻게 된 파워를 기반으로 자원을 획득하여 이를 다시 내부고객 서비스를 개선하고 종업원만족을 달성하게 되는 선순환의 구조를 갖게 된다는 것이다.

③ 고객만족의 결정요소

제품 및 서비스	• 제품 또는 서비스의 특징인 가격수준, 품질 등에 영향을 받는다. • 서비스접점의 분위기, 서비스종업원의 응대방식 등 감정적인 측면의 중요성이 점차 증가하고 있으며, 고객만족의 중요요소로서 거래시점의 서비스의 차이가 기업의 우위를 결정할 정도로 그 비중이 커지고 있다.
기업이미지	• 사회공헌 및 환경보호 등의 활동을 통한 기업이미지 제고는 고객에게 좋은 인상을 주며, 이러한 기업의 좋은 이미지는 간접적으로 고객만족에 기여하게 된다.
고객의 감정	• 고객이 서비스를 받기 전 감정, 체험을 하고 난 후의 감정은 서비스를 평가하고 지각하는 데 영향을 미친다.
귀인행동	• 고객이 기대한 것보다 인지한 제품 및 서비스에 만족 또는 불만족하였을 경우, 고객은 그 이유를 분석하고 평가하는데 이러한 평가는 고객만족에 영향을 미친다.
공평성	• 고객은 다른 고객들과 비교해보았을 때 공평한 서비스를 받았는지에 대해 생각한다. 고객만족은 서비스공평성 등의 상황적 요인에 의해서도 영향을 받는다.
구 전	• 다른 고객이나 가족 구성원 및 동료 등의 구전에 의해 고객만족에 영향을 받는다.

④ 고객만족의 3요소 ★★중요
   ㉠ 휴먼웨어(Humanware) : 종업원의 용모, 태도, 친절도, 신뢰도, 접객 매너 등
   ㉡ 소프트웨어(Software) : 기업의 상품, 서비스 절차, 업무처리, 서비스 프로그램 등
   ㉢ 하드웨어(Hardware) : 기업의 이미지, 주차시설, 매장의 분위기, 인테리어 등
⑤ 고객만족경영의 체계
   ㉠ 고객만족경영은 기업전반에 걸친 하나의 경영체계로 구축되어야만 기업의 이익을 높이고 직원과 고객의 만족을 달성할 수 있게 된다.
   ㉡ 고객만족경영의 체계를 이루는 기본적 철학은 올바른 고객만족경영의 방향성을 염두에 두는 것이다.
   ㉢ 기업의 상황별로 고객만족경영 체계는 달라지겠지만, 일정한 프레임을 갖고 이를 전개하면 도움이 될 것이다.

> **고객만족경영의 체계**
> - 고객 서비스의 존재목적과 이유 및 달성해야 할 바람직한 CSM 상태(Mission & Vision)
> - 구체적인 서비스 콘셉트(Service Concept)
> - 바람직한 서비스수행 표준, 서비스 콘셉트의 계량화(Service Standards)
> - 일련의 서비스 전달활동(Delivery Strategy)
> - 서비스접점별 상황에 맞는 전술(Contingency Tactics)

Tip 서비스 콘셉트(Service Concept)

서비스 콘셉트는 고객만족경영 비전의 달성을 위해서 기업의 서비스가 무엇을 지향해야 하는 것인가를 제시해야 한다.

- **서비스 콘셉트를 개발하는 유형**
  - 소비자중심의 콘셉트 : 속성/편익, 이미지, 사용상황, 사용자 중심의 콘셉트
  - 경쟁자 대응 콘셉트 : 경쟁자에 초점을 둔 콘셉트
  - 재콘셉트 : 기존의 서비스 콘셉트가 경쟁우위를 잃거나 원하는 방식으로 되어있지 않은 경우 재콘셉트를 한다.

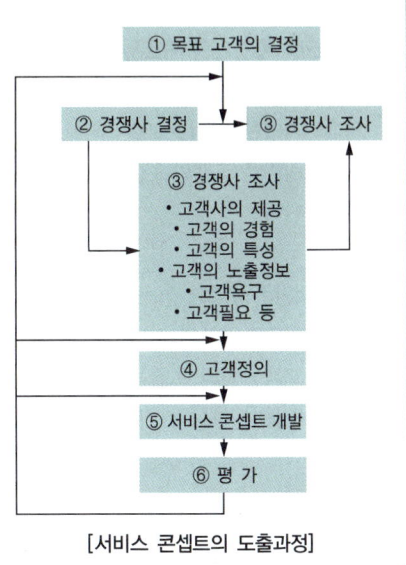

[서비스 콘셉트의 도출과정]

(2) 고객만족경영의 현상과 성공요인

① 고객만족경영의 현상 ★★ 주요

고객만족경영이 도입된 이후 20여 년간 진행되어 온 결과 고객만족경영의 성과는 어땠는지 그동안 나타난 현상들을 모아보면 아래와 같다.

세분화	고객의 다양한 요구는 점점 세분화되어 기업의 대응에 따른 비용증가가 나타난다.
경쟁자	서로 다투어 출혈경쟁의 심화로 기업의 마진구조는 점점 악화되고 있다.
평가요소	고객평가요소의 불합리성은 고객과 직원 모두에게 불편하게 받아들여지고 있다.
감정노동	직원들의 피로도는 점점 높아지고, 감정노동에 대한 피해가 발생하고 있다.
서비스 강도	새로운 경험을 제공하기 위해 창조적인 서비스는 점점 강도가 심화되고 있다.
성 과	고객만족경영에 대한 기업의 활동은 증가했으나 성과는 모호하다.
직원인식	직원들은 어떤 활동이 진정한 고객만족과 관련이 있는지 모호하게 인식하고 있다.

② 고객만족경영의 효과

재구매고객 창출	• 서비스에 만족한 고객들은 고객충성도가 향상되어 기업 및 서비스에 좋은 이미지를 가지게 되고 재구매를 유도할 수 있다.
마케팅효과 증대	• 만족한 충성고객은 구전을 통하여 신규고객을 창출하므로, 기업의 마케팅 효과를 증진시킨다.
비용절감의 효과	• 고객만족은 기존고객을 충성고객으로 이끌 수 있다. • 신규고객 창출보다 기존고객 창출에 더 적은 비용이 드므로, 비용절감이 가능하다.
기업성장의 기반	• 불만족한 고객을 만족시키기 위한 노력으로 기업은 불만족한 고객을 활용하여 오히려 기업의 성장에 보탬이 되며 성장의 기반이 된다.

③ 고객만족경영의 방향

고객만족경영의 새로운 방향은 모든 구성원들이 본질적인 욕구를 달성할 수 있어야 한다. 즉, 고객만족경영은 기업의 성장, 직원의 탁월한 서비스, 고객과 직원의 시민정신으로 수립되어야 한다.
㉠ 기업은 탁월한 서비스를 기반으로 우수한 성과를 달성할 수 있어야 한다.
㉡ 직원은 고객만족경영을 통해 업무의 편리성이 증가하고 성과향상에 따른 보상을 나눌 수 있어야 한다.
㉢ 고객은 가치 있는 제공자로 인해 지불한 비용대비 혜택이 높아질 수 있어야 한다.

④ 고객만족경영의 성공요인
㉠ 최고경영자의 리더십
㉡ 고객중심의 조직문화
㉢ 충분한 보상과 지원
㉣ 혁신적 프로세스 기법

⑤ 고객만족모델
㉠ 고객이 만족하게 되면 재구매로 이어지고 고정고객을 확보할 수 있다. 또한, 주변에 좋은 구전을 전파하여 신규고객도 창출되는 선순환의 효과로 매출이 증대된다.
㉡ 기존고객의 반복구매와 긍정적인 구전에 의한 신규고객의 창출되는 과정에서 판매비와 광고비 등의 비용절감도 할 수 있다.
㉢ 고객이 불만족하게 되면 재구매가 중단되어 고객을 상실하게 되고, 나쁜 구전을 주변에 전파함으로써 잠재고객까지도 상실되므로 매출의 감소를 유발한다.

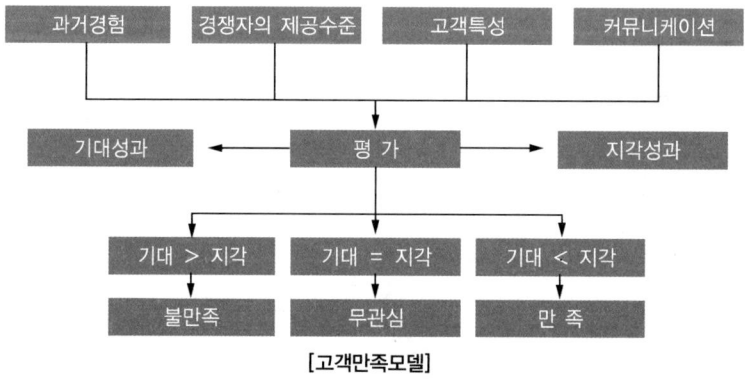

[고객만족모델]

(3) 충성고객과 고객충성도 ★★ 중요

① 충성고객의 개념과 특징
  ㉠ 고객만족이라는 개념을 일종의 태도와 연관된 개념이라고 한다면, 충성고객은 구매하는 행동적 측면에서 정의되는 개념이다.
  ㉡ 정기적으로 반복구매하거나, 한 기업의 다양한 품목의 제품과 서비스를 포괄적으로 구매하는 고객이다.
  ㉢ 다른 사람들에게 추천하는 고객이다.
  ㉣ 경쟁업체의 유인전략에 동요하지 않는 고객이다.
  ㉤ 충성고객이 되기 위해서는 일단 최초구매행동을 하고 반복적인 재구매 행동을 보여주어야 한다. 단, 집과 같이 평생 한두 번 정도의 구매가 이루어지는 경우는 식료품이나 세탁소와 다르게 좀 더 낮은 빈도의 상호관계를 갖는 것처럼, 제품이나 서비스의 특징에 따라 차이가 발생할 수 있다.

② 고객충성도 이론
  일반적으로 고객충성도는 동일 브랜드의 재구매를 의미하는 순환작용으로 정의되어 왔다.
  하지만 고객충성도를 측정하는 방법은 태도적 측면과 행동적 측면으로 다양하게 연구되고 있다. 일부 학자들이 연구한 이론들이 어떤 내용들이 있는지 살펴보자.

노만(Norman), 웨벨(Werbel)	• 충성고객은 한 브랜드만을 재구매하고 다른 정보를 찾으려 노력하지 않는 고객이라고 정의하였다.
올리버(Oliver)	• 충성도를 가진 고객을 재구매의 강렬한 욕구를 가진 사람으로 설명하였고, 충성도는 '인식 - 감성 - 행동단계'의 위계구조를 갖는다고 하였다. • 고객만족과 고객충성이 연관된 개념인 것은 명확하지만, 이 관계는 비대칭이라고 지적하였다. 충성고객은 대부분 만족한 고객이지만, 만족했다고 해서 모두 충성고객으로 전이되는 것은 아니라는 것이다. • 올리버는 만족이 충성차원으로 발전한 다음에는 서로 다른 개념이 되며, 충성은 단순한 만족 수준으로 떨어지지 않는다는 것을 주장하였다.
자코비(Jacoby), 체스트넛(Chestnut)	• 재구매와 같은 단순한 행동차원의 정의와 구분하기 위해 충성도에 심리적 의미를 부여하였다. • 단순한 반복구매만으로 충성도를 판단하는 것은 옳지 않다고 하며, 충성도를 올바르게 판단하기 위해서는 신뢰와 감정, 그리고 의도와 같은 부분들이 더 조명되어야 한다고 주장하였다. • 심리적인 측면의 충성도를 통합적으로 표현하는 개념으로 고객만족도보다는 좀 더 지속적이고 행동적인 측면과 관련된 것으로 정의하였다.

③ 고객구매단계별 충성고객 확보전략
  충성고객은 '고객 키우기' 과정에 의해 만들어진다고 할 수 있다. 고객의 각 구매단계는 서로 다른 욕구가 존재하며, 기업은 고객이 현재 어느 단계에 있는지 파악한 후 각 단계에 따른 욕구를 충족시켜줌으로써 '단순구매자'를 '충성고객'으로 키울 수 있다.
  ㉠ 최초구매고객
    • 최초구매고객과 기업은 거래의 신뢰가 아직 형성되지 않은 상태이기 때문에 기업은 최초구매고객의 기대에 부응하려 노력하는 것이 중요하다.
    • 특히 기업은 최초구매고객을 반복구매고객으로 키우기 위해 서비스와 지원활동을 통해 더 큰 가치를 제공해야 한다.
    • 최초구매고객은 사실 '시도자'에 불과하다.

- 최초구매고객은 새로운 제품이나 서비스를 시도해 본 후 만족스러운 평가가 나오면 두 번째 구매로 이어질 것이다.
  - 고객의 문제에 대한 순수한 관심을 가지고 경청한다.
  - 고객에게는 꼭 지킬 수 있는 것만 약속한다.
  - 고객의 기대감을 충족시킨다.
  - 고객의 재방문을 위해 비전을 제시한다.
  - 고객의 첫 거래에 대한 감사표현을 한다.
  - 고객에게 재방문할 것을 요청한다.

ⓒ 반복구매고객
- 반복구매고객에게 기업이 관심을 가져야 할 부분은 고객관계와 관계의 발전이다.
- 최초구매는 호기심으로 했다면, 두 번째 구매는 선호도를 가지고 했다고 볼 수 있다.
- 반복구매고객에서 기업이 취해야 할 행동들은 다음과 같은 것들이 있다.
  - 추가적인 고객혜택을 제공하여 고객의 욕구를 확인한다.
  - 부가적인 교차판매기회를 통해서 고객의 욕구를 확인하고 충족시킨다.
  - 고객충성도를 형성할 수 있는 제품 및 서비스를 판매한다.
  - 고객의 브랜드전환에 대한 방어 노력을 한다.
  - 고객기대의 진화에 대한 분석을 한다.
- 최초구매 후 불만족한 평가가 나타나게 되면 고객은 심리적인 부조화를 경험하게 된다. 이러한 심리적인 부조화 상태는 아래 몇 가지 요인에 의해 나타난다.
  - 구매결정이 중요한 것일수록 부조화 상태가 심화된다.
  - 구매 전에 고려했던 경쟁제품이 많을수록 부조화 상태는 심화된다.
  - 선택하지 않았던 경쟁제품의 조건이 좋을수록 부조화 상태는 심화된다.
  - 그 제품이나 브랜드의 구매빈도가 높을수록 부조화 상태는 약화된다.
  - 구매를 돌이킬 수 없을 경우 부조화 상태는 심화된다.
- 반복구매고객을 단골고객으로 만들기 위해서 기업들이 달성해야 할 3가지는 탁월한 운영, 고객과의 밀접성, 제품의 우월성을 갖추는 것이다.

ⓒ 단골고객
- 단골고객에게 기업이 관심을 기울여야 할 부분은 고객관계의 발전과 확대이다.
- 단골고객을 통해 충성고객을 확보하기 위해서는 기업의 운영원칙, 운영시스템의 탁월성, 고객지향성, 서비스탁월성, 제품의 우월성에 지속적인 도전을 하는 것을 의미한다.
- 단골고객은 총 고객의 15~20% 정도이며 기업이익의 70~80%가 단골고객으로부터 창출되며, 단골고객을 어떻게 관리하는지가 기업의 수익성과 직결된다고 할 수 있다.

ⓔ 옹호고객
- 옹호고객은 단골고객으로 기업에 관심을 가지고 주변에 좋은 기업이미지를 구전으로 전달하며, 다양한 방법으로 기업의 성장을 돕는다.
- 이 옹호고객을 위한 고객관계관리 시스템(CRM System)을 구축, 더 많은 혜택과 상호 성장하는 고마움의 표현을 체계화함으로써 지속적 매출과 성장에 함께 가는 동반자로서의 인식이 필요하다.

ⓘ 충성고객
- 충성고객에 대해 기업이 취해야 할 행동들은 다음과 같은 것들이 있다.
  - 고객화된 맞춤 제공을 개발한다.
  - 고객에게 제품 및 서비스의 고객화과정에 참여할 기회를 제공하고 적극적으로 수용한다.
  - 고객의 라이프 스타일과 비즈니스 스타일의 변화를 지원한다.
  - 충성고객의 레버리지 효과가 발휘될 수 있는 프로그램을 제시한다.
- 충성고객은 막대한 비용을 투입하는 마케팅프로그램을 활용하여 다른 고객을 빼앗아 오는 것이 아니라, 기존고객에 집중하여 내부적으로 육성하는 꿈나무라는 인식을 놓치지 말아야 한다.

> 고객충성도가 발전됨에 따라 기업은 단계별로 적절한 행동과 대응을 보여 주어야 한다. 그러한 기업의 반응이 효과적일 때 고객은 반복구매를 하게 되고, 충성도를 나타내게 된다. 이러한 고객의 단계가 발전되는 것은 기업의 입장에서는 수익성과 고객선호가 증대되는 것을 의미하며, 올바른 고객관계는 기존고객에게 집중해서 기업과 고객이 불필요한 마케팅 비용을 최소화하고 기존의 거래를 유지 및 확대시켜 나가며 공동의 이익을 추구하는 것이어야 한다.

Tip 고객만족과 고객충성의 관계

성공적인 비즈니스에서 고객만족은 분명 필요하지만 사실 고객만족만으로 충성고객을 확보할 수 있는 것은 아니다. 과거에는 고객만족경영의 저변에 반복구매를 유도하여 금전적 이익을 가져올 것이라는 기대감이 깔려 있었지만, 최근에는 고객만족 수준이 높아지더라도 반드시 반복구매와 판매증가로 이어지지 않는다는 연구결과들이 발표되면서 재조명받고 있다.

- **포럼 코퍼레이션**(The Forum Corporation)
  현재 사용 중인 제품이나 서비스에 만족하는 고객 중 40%가 기회가 된다면 주저 없이 다른 브랜드로 전환할 것이라고 보고하였다.

- **하버드 비즈니스 리뷰**(HBR ; Harvard Business Review)
  구매 브랜드를 바꾼 65~85% 정도의 고객들이 여전히 이전에 구매하던 브랜드에 만족하고 있었다고 발표되었다.

- **인텔리퀘스트社 피터 잰단 박사**
  전 세계 컴퓨터 제조회사 3만 곳을 대상으로 설문조사한 결과, 고객만족 수준이 전혀 반복구매의 척도가 되지 못한다는 결론을 얻었다.

- **주란 연구소**(Juran Institute)
  미국의 200대 기업 최고경영자를 대상으로 설문조사한 결과, 그들 중 90% 이상이 고객만족을 극대화하면 이윤과 시장점유율을 극대화시킬 수 있다는 점에는 동의하면서도, 손익향상을 확신하는 사람은 2%도 되지 않았다고 밝혔다. 즉, 고객만족수준과 반복구매 사이의 상관관계는 고객만족이 높아진다고 해서 반드시 판매와 이윤증가로 이어지지 않는 사례들을 보여주면서, 양자간의 균형적 상관관계의 신뢰성에 의문을 제기하게 되었다.

④ 고객만족점수와 고객충성도 ★★ 🔑

고객들이 아주 확실한 만족을 얻지 못한 상태라면 향후 그들의 의사결정은 일반적으로 불분명하며, 명확한 고객만족의 수준이 도달되지 못하면 반복구매의 발생 또한 명확하게 주장할 수 없다.

㉠ 고객만족점수의 문제점

고객만족 조사는 고객이 실제로 가지고 있는 기대치가 아닌 그 이상의 욕구를 파악하는 수단으로 사용될 때가 많다.

주란연구소의 연구	주란연구소가 200개 업체를 대상으로 한 연구결과에 의하면, 조사대상 중 70%가 고객들이 가장 불만족스럽다고 평가한 요소 중에 가격이 포함되어 있었다. 그러나 가격 때문에 브랜드를 바꾸었다고 응답하는 경우는 10%를 넘지 않았다. 즉, 불만족 수준에 있어서는 충성고객과 이탈고객 간에 별 차이가 없다는 것이다.
텍사스주립 대학의 연구	텍사스주립 대학의 로버트 피터스 박사의 연구에서 보면, 현재 만족하는 고객 중 85%가 여전히 다른 브랜드로 바꿀 의향을 가지고 있다는 결과를 제시하였다.
자기기입식 설문의 문제	고객만족수준의 측정은 대개 자기기입식이므로 고객은 이미 짜여진 설문 문항에 따라 대답하게 되기 때문이다. 이렇게 자기기입식으로 평가될 경우 주관적인 평가가 고객만족수준을 과장시킬 수 있다는 문제가 발생된다. 예를 들어, '얼마나 만족하십니까?, 얼마나 불만족스럽습니까?'라는 질문의 경우 응답의 방향이 다를 수 있으며, 실제로 대부분의 고객만족 조사의 설문은 긍정적 표현이나 긍정적인 용어들로 되어 있다.
고객의 실패인정 회피경향	고객들은 제품선택에 실패했다는 사실을 인정하기 싫어하는 경향이 있다. 따라서 고객들은 자신의 만족수준이 낮을 경우, 자신들의 구매행동과 구매결정이 잘못된 것으로 보여질 수 있다고 생각하며, 실제보다 높게 왜곡시킴으로써 스스로를 보상하려 한다는 것이다.

㉡ 베인 & 컴퍼니(Bain & Company)의 순추천지수(NPS ; Net Promoter Score)
- 베인 & 컴퍼니에 의하면, 1994년부터 2004년까지 10년 동안 매년 5% 성장이라는 실질적이고 지속적인 성장을 달성한 기업은 전 세계 선도기업의 22%에 불과하다고 한다.
- 많은 기업들이 단기이익 창출에는 익숙하지만 미래성장을 추구하는 지속적인 경영방식에는 여전히 미숙하다. 실제로 기업은 언제든지 돈으로 외형을 키울 수는 있지만, 그러한 교활한 마케팅 수법들은 결국 고객들에게 들통이 난다. 이렇게 나쁜 이익을 추구하는 기업에 대한 평가를 받게 될 것이며, 나쁜 이익과 동시에 생기는 비추천 고객들은 결국 회사 성장의 발목을 잡는다.
- 베인 & 컴퍼니는 고객만족점수가 반복구매와 충성고객을 측정하는 데에 한계점이 있다는 점을 지적하면서, 순추천지수라는 지표를 제시했다.
- 순추천지수는 어떤 기업이 충성도 즉, 로열티 높은 고객을 얼마나 보유하고 있는지를 측정하는 지표이며, 특정제품이나 서비스, 기업 혹은 브랜드에 대해 고객이 타인에게 추천하고자 하는 의지의 정도를 나타내는 지수이다.
- 베인 & 컴퍼니의 10여 년에 걸친 연구에 의하면, 비추천고객 대비 추천고객의 비중이 높은 기업일수록 해당 시장에서 높은 수익성과 건실한 성장세를 달성하고 있는 것으로 조사되었다.

㉢ 고객충성도와 마케팅비용
- 높은 고객충성도를 유지하는 기업들은 다른 경쟁업체와 비교할 때 마케팅과 신규고객 확보에 훨씬 적은 돈을 투자하는 한편, 기존고객에 대해 우수한 서비스를 제공하는 것을 최우선으로 하고 신규고객을 유치하는 데서도 매우 선별적인 접근법을 취한다.

- 충성고객을 확보한 기업들은 빠르게 성장할 수 있으며, 성장의 동력을 얻었기 때문에 매출 성장세를 이어가면서 동시에 더 높은 이익을 올릴 수 있다.
- 기업은 추천고객을 창출하는 책임소재를 명확히 하고 성과를 측정할 수 있는 단순하면서도 실용적인 방법이 없이 추상적인 고객만족점수만을 추구하는 경영은 시장과 고객의 진실을 외면하는 행동이다.
- 진정한 고객만족은 고객만족점수에 있는 것이 아니라 좋은 이익을 지속적으로 제공하고, 기존의 고객에게 충실한 거래관계를 창조하는 데에서 비롯된다.

(4) 고객가치증진

① 가치의 개념 ★★ 추요
  ㉠ 가치는 매우 다양한 의미를 내포하고 있다. 어떤 이들에게는 지불하는 비용에 비해 좋은 거래일 때 가치를 인식할 것이고, 어떤 이는 매우 혁신적인 혜택을 주는 서비스이거나 혹은 기존의 서비스를 뛰어넘는 혜택을 주는 서비스를 받았을 때 가치를 인식한다.
  ㉡ 가치에 대한 의미를 고객만족의 개념에서 이해할 때 고객은 지불한 비용을 초과하는 혜택을 느낄 때 가치를 인식한다.
  ㉢ 가치에 대한 기본공식은 '가치 = 혜택 − 비용'이다. 혜택과 비용 사이의 차이가 클수록 고객이 느끼는 가치는 높아진다. 혜택이란, 고객이 상품이나 서비스를 이용함으로써 얻게 되는 이익을 말한다.
  ㉣ 제품이나 서비스의 혜택이 경쟁사에서 제공하는 것보다 훌륭하거나 차별화되면서도 동일한 가격이라면 고객은 더 높은 가치를 인식할 것이다. 즉, 가치란 재화나 서비스를 사용함으로써 인식되는 혜택의 크기에 따라 결정되는 값어치라 말할 수 있다.

② 고객가치증진과 접근법
  ㉠ 고객가치증진(Customer Value Improvement Approach)이란 지각되는 고객가치를 높이는 방법으로서, 먼저 기존의 제품이나 서비스속성들에 부가적인 혜택을 제공하는 방법이다.
  ㉡ 고객가치증진 접근법은 제공하는 제품이나 서비스의 혜택이 경쟁사에서 제공하는 것보다 훌륭하거나 차별화되면서도 동일한 가격대로 제공함으로써 고객에게 더 나은 가치를 제공하는 방법이다.
  ㉢ 고객가치증진 접근법은 고객의 최초구매 이후 행동을 결정하는 데에 무엇보다 중요하다. 기존의 제품이나 서비스에서 고객에게 차별적인 제공을 통해 고객혜택에 대한 확실한 인식을 심어주어야 한다.
  ㉣ 고객가치증진 접근법의 단계
    - 기존 제품 및 서비스의 주요혜택을 도출한다.
    - 기존 제품 및 서비스의 주요혜택별로 경쟁사와 런차트(Run Chart)를 통해 비교분석한다.
    - 기존 제품 및 서비스의 주요혜택 중에서 어느 부분에 집중적인 차별화를 하는 것이 고객혜택에 대한 강한 인식을 줄 수 있는지 선택한다.
    - 고객가치증진을 위한 프로그램을 실행한다.
    - 고객가치증진 프로그램에 대한 고객인식을 평가한다.

③ 고객가치증진과 고객충성도

고객가치연장은 고객충성의 확보 및 유지에 매우 밀접한 관계를 갖고 있다. 충성고객의 단계를 구분하면서 반복구매고객을 충성고객의 단계로 높이기 위해 기업은 다음과 같은 노력을 지속해야 하며, 서비스 이전단계에서 이후단계까지 고객행동을 분석하여 추가적인 혜택을 제공하여 반복구매고객을 충성고객으로 발전시킬 수 있어야 한다.

㉠ 고객혜택 추가
㉡ 교차판매 기회 제공으로 고객과 기업의 공동이익추구
㉢ 전환비용 높이기
㉣ 고객진화에 대한 관찰

④ 고객가치증진 접근법의 주의점

㉠ 고객가치증진 접근법은 고객행동에 대한 분석을 기초로 새로운 서비스를 제공하는 것이며, 이러한 서비스의 개발은 고객화된 서비스를 제공할 수 있음을 의미한다. 즉, 고객의 행동을 분석하면 충족되지 못했던 욕구가 추가적인 서비스로 충족되는 방식이다.

㉡ 서비스의 고객화가 발생되지 못하는 대표적인 이유는, 서비스 개발이 고객행동기반이 아닌 기업의 서비스자원을 근거로 새로운 서비스가 발생되는 것이다. 그러나 여유가 있다고 새로운 서비스를 제공해보자는 접근법으로 새로운 서비스를 개발하다보면 고객의 요구사항과는 동떨어진 서비스가 생겨나게 된다.

㉢ 고객가치증진 접근법은 고객행동의 분석을 통해서 발견된 추가혜택에 대해 대응되는 새로운 서비스가 제시되기 때문에 고객화된 서비스 혹은 고객의 라이프스타일에 적합한 서비스를 개발하고 제공할 수 있게 된다.

⑤ 고객가치창조

㉠ 고객가치창조를 위한 혁신은 크게 두 가지로 나뉜다. 이 두 가지 혁신을 통해 고객가치를 창조한다면 가치는 더욱 높이고 비용은 더 낮출 수 있다.

가치혁신(Value Innovation)	비용혁신(Cost Innovation)
기업이 고객에게 제공하는 가치의 현재수준을 높이고자 하는 활동이라 할 수 있다.	같거나 더 높은 가치를 더 낮은 비용으로 창출하여 고객에게 제공하고자 하는 활동이라고 말할 수 있다.

㉡ 고객가치창조의 실행원리
- 고객의 입장과 관점에서 출발하여 고객의 통찰력(Insight)을 찾아야 고객가치창조가 가능하게 된다.
- 미충족된 고객니즈를 해결하여 고객이 반드시 구매 및 사용하는 실질적 가치가 제공되어야 한다.
- 절대적 가치보다는 상대적 가치를 추구하여 경쟁사의 벤치마킹을 넘어 진정한 새로운 가치를 만들어 내야 한다.
- 경쟁상품과는 차별화될 뿐 아니라 더 높은 가치를 창조하고 제공해야 성공적인 고객을 위한 혁신이 되고 고객가치창조가 된다.
- 가치 전달과정에서도 고객이 느끼고 있는 문제를 해결해야 고객가치창조가 이루어진다.
- B2B 사업에서도 최종 사용자와 소비자 관점에서 가치를 창조하고 제공해야 한다.

(5) 서비스지향성 및 고객가치창조 ★★ 중요

① 서비스지향성의 의의
   ㉠ 시장지향성이란, 시장의 욕구와 기회를 확인하기 위해서 고객과 경쟁자에 관한 정보를 지속적으로 획득 및 창출하고 수집된 모든 정보를 기업 전체구성원의 접근이 용이하게 하여 경쟁자보다 더 큰 가치로 대응할 수 있는 해결책을 만들기 위해 전사적으로 역량을 결집시키는 것을 말한다.
   ㉡ 시장지향성은 시장정보창출, 시장정보공유, 시장정보대응의 하위차원으로 구성되어 있다.

② 서비스지향성의 특징
   ㉠ 서비스지향성은 시장정보에 대한 전략적 반응이다. 무엇보다 탁월한 서비스가 최우선이라는 조직과 종업원의 믿음이라 볼 수 있다.
   ㉡ 서비스지향성에 영향을 주는 요인은 조직가치가 대표적이다. 조직가치에는 고객중심의 강조, 종업원 만족, 위험회피성향의 이해, 내부적 갈등 조절, 혁신성, 체계적인 서비스 노력 등이 중요하다.
   ㉢ 서비스지향성은 절대적인 개념이 아니라 상대적인 개념이다. 서비스지향성을 평가할 때에도 경쟁자와의 상대적 우위가 더 중요한 지표로 사용되어야 한다.
   ㉣ 서비스지향성은 접점에만 포커스를 두지 않는다. 접점은 서비스지향성을 구성하는 하나의 요소이며, 전사적으로 기획되어 설계된 서비스를 수행하는 여러 부분 중의 하나로 인식해야 한다.
   ㉤ 고객의 불만이 발생된 것은 서비스 제공에 대한 전사적인 실패로 인식되어야 한다. 그러므로 고객 불만의 해결책도 전사적인 관점에서 접근되어야만 본질적인 개선을 이룰 수 있을 것이다.
   ㉥ 서비스지향성을 통한 탁월한 서비스를 제공하는 것은 의외로 간단하다. 고객에게 핵심 가치를 제공하는 것이다. 본질적인 가치에 중심을 둔 서비스는 현란하게 포장된 서비스보다 우월하다.

> **Tip** 서비스삼각형
>
> 알브레히트는 서비스삼각형의 구조를 통해서 탁월한 운영의 기본 철학을 제시하고 있다. 서비스전략은 고객지향성을 기반으로 수립되어야 하며, 시스템은 고객을 중심으로 설계되어야 하고, 직원의 업무수행은 고객지향적 고품질 서비스를 기준으로 수행될 때 고객만족경영의 탁월한 성과를 달성할 수 있다.

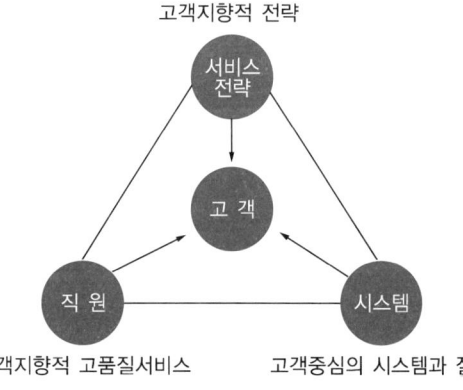

[서비스삼각형]

02 고객만족평가

품질관리의 권위자인 에드워드 데밍(Deming) 박사는 "측정할 수 없으면 관리할 수도 없다."고 하였다. 이처럼 품질의 정확한 측정이야말로 기업전략 수립의 첫걸음이라 할 수 있는데, 서비스의 경우도 마찬가지이다. 고객이 특정한 제품, 브랜드, 기업을 선택하는 핵심원인이 서비스 품질 경쟁력에 있고 이러한 서비스 품질 경쟁력을 향상시키기 위해서는 신뢰성(Reliability)과 타당성(Validity)이 확보된 평가지표가 필요하다. 따라서 서비스경영이 지속적인 경영성과로 연결되는 매개체는 고객만족지수의 향상에 있는 것이다.

(1) 국가고객만족지수(NCSI)의 이해 ★★⭐

> **Tip** 소비자만족지수(CSI ; Consumer Satisfaction Index)
> - 1972년, 미국 농산부에서 농산품에 대한 소비자만족지수를 측정 발표
> - 1975년, 미국의 리서치회사 J. D. Power에서 고객만족을 평가기준으로 자동차 부문의 기업순위를 발표

① NCSI(National Customer Satisfaction Index)의 정의와 개념
  ㉠ 국가고객만족지수 즉, NCSI는 한국생산성본부가 미국 미시간대학(University of Michigan) 경영대학원 산하 국가품질연구센터(National Quality Research Center)와 공동으로 개발하여 1998년부터 지금까지 매 분기별로 측정 및 발표되고 있다.
  ㉡ NCSI는 미시간대학 국가품질연구센터의 ACSI 측정방법론과 모델에 바탕을 두고 있다. NCSI 모델의 측정방법론은 미국, 일본, 싱가포르 등 11개국과 EU 16개국이 활용하고 있는 국제 표준(Global Standard)으로서 국가 차원의 고객만족 지수의 비교를 통해 국가 간 품질경쟁력 수준을 가늠할 수 있다.
  ㉢ NCSI는 현재 생산, 판매되고 있는 제품 및 서비스 품질에 대해 해당제품을 직접 사용해보고 이 제품과 관련된 서비스를 받아 본 고객이 직접 평가한 만족수준의 정도를 모델링에 근거하여 측정, 계량화한 지표이다.

② NCSI의 기능

품질경쟁력 평가 척도	NCSI는 고객만족도 평가지수로서 질적인 측면에서 경쟁력을 평가하는 데 유용하게 활용된다. 즉, NCSI는 단순히 만족도를 측정하는 평가 모델이 아니라 해당 기업의 품질경쟁력을 가늠할 수 있는 성과 평가 지표이다.
업종 간 고객만족도 비교	NCSI 모델은 품질요소의 합산방식이 아닌 전반적, 포괄적 개념으로 고객만족도를 측정하는 방식을 채택하여 동종업계 내뿐만 아니라 타 업종을 비교하여 서로 벤치마킹을 용이하게 하고 CS개선을 위한 다각적인 시각과 정보를 제공할 수 있다.
고객만족향상을 위한 전략 수립	NCSI를 통해 자사 및 경쟁사의 CS 강약점을 진단하고 문제점을 규명함으로써 고객만족향상을 위한 전략 수립이 가능하다. 또한, 고객만족에 대한 선행변수의 영향정도를 분석함으로써 고객만족향상을 위한 자원배분의 최적화를 이룰 수 있도록 한다. 즉, 업종 전체에 대한 CS 수준을 다차원적으로 분석함으로써 개별기업의 마케팅 전략수립에 유용한 정보를 제공한다.
고객만족향상을 통한 미래변화 전망	NCSI 측정을 통해 기업들은 시간경과에 따른 고객만족수준의 변화와 그 원인을 추적할 수 있으며, 고객만족도향상이 고객충성도와 고객유지율에 미치는 영향을 파악할 수 있다. 고객충성도와 고객유지율을 기업의 재정적 성과지표와 연동함으로써 NCSI 지표는 기업의 미래의 수익률을 예측하는 데 활용될 수 있다.

소비자 구매의사결정 지원	많은 소비자들은 NCSI 결과를 참고하여 제품이나 서비스를 선택하고 있다. 따라서 소비자에게는 소비자주권의 보호를 통한 삶의 질이 제고되고, 기업과 산업 측면에서는 품질 경쟁력을 높이는 기능을 수행한다.

(2) 고객만족지수의 모델과 변수

① NCSI 모델

모델측정의 주요목적은 현재와 미래의 사업성과(Business Performance)를 평가하는 데 있어 중요한 구성개념인 고객충성도를 설명하는 데에 있다.

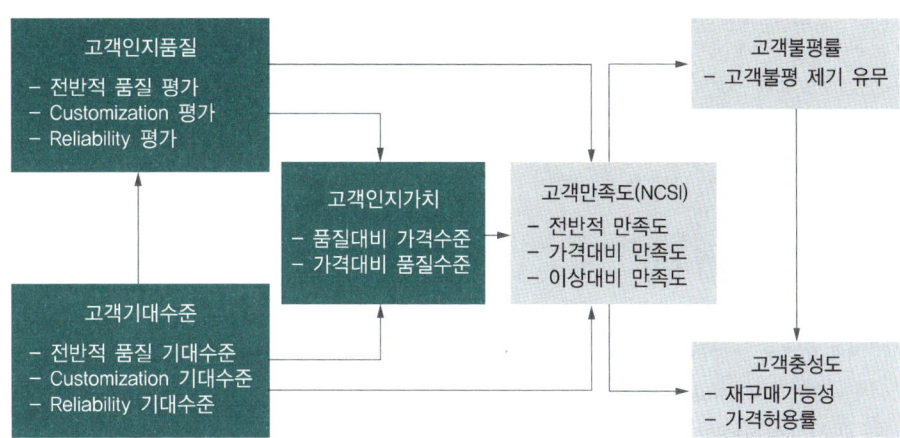

[NCSI 국가고객만족지수 모델]

② NCSI의 선행변수와 후행변수

㉠ NCSI 선행변수 – 시장품질 성과지표로서의 기능

고객만족도에 영향을 미치는 NCSI 모델의 선행잠재변수는 3가지가 있다. 이 잠재변수는 고객만족도에 영향을 미치는 선행변수이자, 이들의 수준을 높이고자 노력을 한 결과 고객만족도에 어느 정도 영향을 미쳤는지를 가늠할 수 있는 성과지표이다.

- 고객기대수준(Customer Expectation)
- 고객인지품질(Perceived Overall Quality)
- 고객인지가치(Perceived Value)

㉡ NCSI 후행변수 – 수익성 예측지표로서의 기능

- 고객만족에 대한 기업의 궁극적 목표는 고객에게 양질의 제품과 서비스를 제공하고 이를 통해 재구매를 유도함으로써 기업의 안정적인 수익을 확보하는 데 있다.
- 만족의 증가는 불평의 요소를 감소시켜야 하고 고객충성도 또한 높여야 한다.
- 고객충성도는 다음 기회에 특정 제품이나 서비스의 공급자로부터 구매하려는 고객의 심리적 구매경향이다. 고객충성도는 고객유지율과 이에 따른 이익가능성을 대변하는 가치 때문에 모델에서 최종 종속변수가 된다.

> **Tip** 고객만족 평가지표의 종류
>
> - **국가고객만족지수(NCSI ; National Customer Satisfaction Index)**
>   한국생산성본부의 고객만족지수는 국내 및 외국기업의 제품 및 서비스 간의 고객만족도를 비교할 수 있으며, 공공기관과 민간기업에 의해 제공되는 서비스 만족도도 비교할 수 있다. 또한 매 분기별로 조사 및 발표되고 있으며 대면 면접조사로 이루어진다.
> - **고객만족도(KCSI ; Korean Customer Satisfaction Index)**
>   한국능률협회 컨설팅에서는 고객만족도를 매년 조사 및 발표하고 있다.
> - **한국서비스품질지수(KS-SQI ; Korean Standard Service Quality Index)**
>   한국표준협회는 SERVQUAL과 SERVPERP 모델을 기초로 성과를 측정하고 있다. 상기 지수들 중 가장 최근에 등장하였다.

03 경영전략과 분석

서비스경영에서 성공하기 위해서는 고객만족경영을 펼치고 고객만족 평가지표를 통한 분석을 포함한 기업차원의 경영전략을 전개해야 한다. 이러한 전사적 차원의 경영전략을 펼칠 때는 다양한 분석의 틀을 활용해야 한다.

(1) 거시적 분석의 틀 ★★중요

① 환경분석의 개념
  ㉠ 일반 환경(General Environment)은 기업의 전략 선택에 영향을 주는 광범위한 동향들로 이루어진다.
  ㉡ 일반 환경의 대표적인 요소들은 기술적 변화, 인구통계적 동향, 문화적 동향, 경제적 환경, 법적 상황, 정치적 상황, 특정한 국제적 사건 등이다.

② S-C-P 모형
  ㉠ 1930년 미국의 경제학자들의 한 모임에서 기업의 환경과 행동, 그리고 성과 사이의 관계를 이해하기 위한 접근법을 개발하기 시작했다. 이 개발의 목적은 산업 내 경쟁을 저해하는 요인을 찾아내어 정부가 이 요인을 제거하고 산업 내 경쟁을 유도하는 정책을 펼 수 있도록 도와주는 데에 있었다.
  ㉡ 이들이 개발한 모형은 '구조 – 행위 – 성과 모형' 즉, 'S-C-P 모형'이라 불린다. 이 모형의 각각의 핵심요인은 다음과 같다.

구조(Structure)	산업구조를 말하며 산업 내 경쟁자의 수, 제품의 유사성, 진입과 퇴거의 비용 등으로 설명될 수 있다.
행위(Conduct)	산업 내에서 기업들이 행하는 전략 혹은 전략적 선택을 의미한다.
성과(Performance)	성과는 두 가지 의미를 갖는다. 개별기업의 성과와 전체 사회의 경제적 성과를 의미하는 성과에서 개별기업의 성과에 초점을 두고 있다.

③ Five-Force 모형
  ㉠ Five-Force 모형은 마이클포터 교수가 개발한 것으로 기업이 직면하게 되는 환경적 위협에 대한 요인을 찾아내고 그 위협의 크기를 결정짓는 상황을 설명하는 모형이다.
  ㉡ 경쟁우위를 추구하는 기업에 있어서 환경위협(Environment Threat)은 그 기업의 성과를 저해하는 외부의 개인, 단체 또는 조직을 말하며, 산업 내 경쟁을 늘려 기업의 성과를 경쟁등위의 수준으로 끌어내리는 세력들이다.
  ㉢ Five-Force 모형의 분석목적
    • 서비스 비즈니스 투자에 대한 의사결정이다. 즉, 5가지 위협요소를 모두 고려하였을 때 그 산업이 유망 산업분야라고 판단이 들어야만 해당 산업에 신규진출하거나 추가적 투자를 결정할 수 있다.
    • 전략적 대응방안의 수립이다. 이는 앞으로 경쟁자가 출현하거나 대체품이 등장한다는 판단이 들었을 때 그에 대비하는 전략적 방향을 정하고 실천적 대안을 마련할 수 있도록 한다.
  ㉣ Five-Force 모형의 구성요소

산업 내 경쟁자	같은 산업군 내 경쟁관계에 있는 모든 기업
잠재적 진입자	시장에 새롭게 진출할 가능성이 있는 후발기업
공급자	원자재나 부품 등을 공급하는 위치의 기업
구매자	관련 부품을 구매하는 위치의 소비자 혹은 기업
대체재	산업 내 생산 및 거래되는 대체 서비스의 수, 다양성의 정도

> **Tip** 시장방어전략
> • 저지전략(Blocking)
>   - 경쟁사의 진입비용 증가 및 예상수입량 희석이 목적이다.
>   예 서비스보증, 집중적인 광고, 입지 및 유통통제, 고객 DB 구축 등의 높은 전환비용 등
> • 보복전략(Retaliation)
>   - 경쟁사의 수익 확보 기회를 막고, 시장점유율 유지를 위한 공격적인 경쟁전략이다.
>   예 고객과의 계약기간 연장, 장기고객 요금할인, 가격인사, 판매촉진 등
> • 적응전략(Adaptation)
>   - 경쟁사가 이미 시장에 안착했을 경우, 시장잠식을 막기 위한 전략이다.
>   예 새로운 서비스의 추가, 서비스 패키지 강화, 경쟁우위 요소 개방 등

(2) 미시적 분석

기업차원의 전략분석의 틀은 가장 일차적이고 공통적인 기본분석으로 SWOT분석, 기업과 비즈니스의 상대적 위치를 분석하는 위상분석, 비즈니스 구성을 분석하는 분포분석, 시간의 변화나 수명주기의 진화에 따라 미래의 잠재적 성장동력이 어떻게 바뀔 것인가를 분석하는 동태분석 등이 있다.

① SWOT분석
  ㉠ 기본적인 기업 전략분석의 출발점으로서 외부의 기회와 위협, 내부의 강점과 약점을 분석하는 툴이 SWOT분석이다.

ⓒ SWOT분석은 Strength, Weakness, Opportunity, Threat의 첫 스펠링을 따서 만든 이름으로, 기업 내부의 강점과 약점, 외부환경에서의 기회와 위협 요인을 종합적으로 분석한다는 의미이다.
ⓒ SWOT 매트릭스의 영역을 통한 전략방향은 아래와 같다.
- SO영역 : 강점과 기회의 영역은 기업이 지닌 강점을 극대화하여 기회를 최대로 활용하는 Max-Max 전략을 수립한다.
- WO영역 : 약점과 기회의 영역은 기업이 지닌 약점을 최소화하기 위하여 기회를 최대로 활용하는 Min-Max 전략을 수립한다.
- ST영역 : 강점과 위협의 영역은 강점을 극대화하여 위협을 최소로 줄이는 Max-Min 전략을 수립한다.
- WT영역 : 약점과 위협 영역은 약점을 최소화하여 위협을 최소로 줄이는 Min-Min 전략을 수립하게 된다.

[SWOT 매트릭스]

외부 \ 내부	S(강점)	W(약점)
O(기회)	SO 강점을 가지고 기회를 살리는 전략	WO 약점을 보완하고 기회를 살리는 전략
T(위협)	ST 강점을 가지고 위협을 회피 및 최소화하는 전략	WT 약점을 보완하고 위협을 회피 및 최소화하는 전략

② 위상분석(포지셔닝)
ⓐ 위상분석은 분석과 조사 대상이 되는 중요한 요인들에 대해서 기업이나 서비스 비즈니스가 다른 기업이나 다른 서비스와 비교하여 상대적으로 어떤 위상(Position)을 차지하고 있는지 어느 영역에 존재하고 있는지를 살펴보는 분석이다. 따라서 위상분석을 'Position 분석 및 Positioning'이라고도 한다.
ⓑ 위상분석의 목적은, 상대적 경쟁력을 파악할 때 사용되며, 상대 비교의 핵심이 되는 요인을 기준으로 경쟁기업과 비교한 위치가 어디에 있는지 알아보고, 또 벤치마킹을 통하여 앞으로 나아가야 할 방향과 거리를 결정하는 것이다.
ⓒ 위상분석의 단계
- 1단계 - 분석의 핵심요인 선정
- 2단계 - 핵심요인 중 2가지를 X축과 Y축으로 하여 매트릭스 구성
- 3단계 - 비교대상의 기업의 수준을 측정하여 매트릭스 상에 표시
- 4단계 - 매트릭스 상 자사의 위치를 파악하고 향후 전략방향 제시

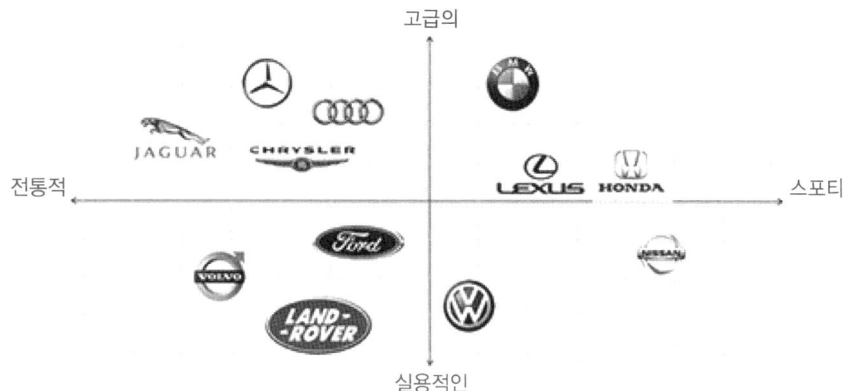

[자동차 시장 포지셔닝 맵의 예]

③ 분포분석
  ㉠ 분포분석이란, 기업이 현재 수행하고 있는 경영과제와 미래에 수행할 과제들이 전체적으로 어떻게 분포되어 있는지를 살펴보는 분석이다. 분포분석은 포트폴리오(Portfolio) 분석이라고도 한다.
  ㉡ 분포분석은 기업이 보유하거나 운영 중인 서비스라인이나 서비스 비즈니스 내용이 얼마나 균형적으로 구성되어 있는지 알 수 있는 분포도를 작성하여 전체적인 구성을 한눈에 파악할 수 있다.
  ㉢ 분포분석을 통해 어느 부분의 비중을 얼마나 늘리고 줄일지 등의 조정과 개선을 하며, 전략적 방향과 구체적인 비율을 결정하는 목적으로 사용한다.
  ㉣ 포트폴리오 분석을 하는 대상은 분석의 목적에 따라 다양하게 설정될 수 있는데, 다양한 종류의 서비스를 제공하는 경우에는 서비스유형이 대상이 될 수 있다. 전체적 분포도를 매트릭스나 지도형태로 만들고 그 위에 각각의 비즈니스나 서비스를 동그라미 형태로 그리는 방식으로 하여, 매출액, 자원투입, 투자비용 등의 요인으로 차이를 시각화한다.

④ 동태분석
  ㉠ 동태분석은 시간의 흐름을 하나의 축으로 설정하고, 분석대상이 되는 요인의 상태가 시간의 흐름에 따라 어떻게 변화하는지를 살펴보는 분석이다.
  ㉡ 동태분석은 방향과 변화율, 그리고 중장기적 성장성이나 경쟁력에 초점을 둔다.
  ㉢ 동태분석은 수행과정이나 방식을 정형화하는 것이 어렵지만 대개의 경우 시간축의 결정과 분석요인의 결정을 반드시 포함하고 있다.
  ㉣ 동태분석을 통해서는 시장진입과 퇴출전략을 선택할 수 있는데, 수명주기 상 진입과 퇴출의 시점을 결정하는 전략적 선택으로 크게 3가지가 있다.
    • 조기진입 – 후기퇴출 : 브랜드이미지 선점이나 시장표준 선도 등의 장점이 있으나, 수명주기에 따라 지속적으로 서비스 프로세스를 변경하는 전환비용이 크다는 단점이 있다.
    • 조기진입 – 조기퇴출 : 초기시장의 선점의 이득을 누리고 전환비용이 거의 없다는 장점이 있으나, 위험과 불확실성이 높고 규모의 경제 효과가 거의 없다는 단점이 있다.
    • 후기진입 – 후기퇴출 : 시장의 위험이 거의 없는 시기에 진입할 수 있다는 장점이 있으나, 후발기업으로 시장 진입에 따른 소요 자본규모가 매우 크다는 단점이 있다.

04 경쟁우위전략

기업은 시장에서 다른 기업들과 경쟁하고 그 경쟁에서 살아남아야 한다. 그러기 위해서는 전략을 수립하고 새로운 콘셉트를 도출하는 과정에서 고려해야 할 여러 요소 가운데 가장 먼저 그리고 가장 기본적으로 결정해야 할 것이 바로 서비스 경쟁우위의 획득이다. 기업이 선택할 수 있는 경쟁우위 중 가장 많이 사용되는 세 가지의 기본전략은 원가우위전략, 차별화전략, 집중화전략이다. 단, 현대의 기업들은 각각의 전략을 융합하여 복수의 전략을 사용하기도 한다. ★★

(1) 원가우위전략
① 원가우위전략은 서비스에 들어가는 원가를 줄이고, 서비스의 가격을 낮추어 경쟁우위를 확보하는 전략이다. 따라서 이 전략은 '저가전략'이라고도 부른다.
② 원가우위전략의 어려운 점
  ㉠ 목표고객 발견
  ㉡ 서비스시설투자
  ㉢ 원가관리와 비용통제
  ㉣ 적용범위의 제한성
  ㉤ 저가전략의 위험성
③ 서비스에서 원가주도전략
  ㉠ 고객서비스를 표준화한다.
  ㉡ 서비스전달에서 개인적 요소를 줄인다.
  ㉢ 네트워크 비용을 감소시킨다.
  ㉣ 오프라인 서비스 운영을 활용한다.

(2) 차별화전략
① 차별화전략은 소비자가 다른 서비스와는 다르다는 인식을 가질 수 있는 독특한 서비스를 제공함으로써 경쟁력을 확보하는 전략이다.
② 차별화전략은 가격의 차별화가 아니라 다른 서비스와는 무엇인가 분명하게 차이가 나는 서비스로부터 경쟁력을 찾는다.
③ 차별화전략이 서비스비용이나 가격을 무시한다는 것이 아니다. 다만 차별화된 서비스를 찾는 충성고객을 만들기 위해서는, 서비스의 무형적 요소를 유형화하여 고객에게 서비스에 대한 기억을 남기거나, 서비스와 관련된 정보를 사전에 제공하여 즐거움을 최대로 느끼게 하거나, 서비스과정에서 생길 수 있는 문제점이나 위험을 줄일 수도 있다.
  ㉠ 무형적 요소를 유형화한다.
  ㉡ 표준제품을 고객화한다.
  ㉢ 인식된 위험을 감소시킨다.
  ㉣ 서비스종업원의 훈련에 관심을 기울인다.
  ㉤ 품질을 통제한다.

(3) 집중화전략

① 집중화전략은 성격이 다양한 전체시장을 겨냥하기보다는, 크기는 작지만 성격이 분명한 목표시장에 집중하는 전략이다.
② 집중화전략을 사용하는 기업들은 기술력이나 마케팅에서 전문화가 가능한 경우가 대부분이다. 따라서 넓은 범위의 시장에 표준화된 서비스를 제공하기보다는 목표시장에 차별화된 서비스를 효율적으로 제공할 수 있다는 전제를 기반으로 하고 있다.
③ 먼저 목표시장이 정해지면 그 시장 안의 고객들이 원하는 특별한 요구를 만족시키는 서비스를 개발하여 제공한다.

> **Tip** 6시그마(식스시그마, Six Sigma)
>
> 식스시그마란, 시그마(Sigma : σ)라는 통계척도를 사용하여 모든 품질수준을 정량적으로 평가하고, 문제해결 과정과 전문가 양성 등의 효율적인 품질문화를 조성하며, 품질혁신과 고객만족을 달성하기 위해 전사적으로 실행하는 21세기형 기업경영 전략이다.
>
> 1980년대 말 미국의 모토롤라(Motorola)에서 품질혁신 운동으로 시작된 이후 GE(General Electric)·TI(Texas Instruments)·소니(Sony) 등 세계적인 초우량기업들이 채택함으로써 널리 알려지게 되었다. 국내에서도 삼성그룹·LG그룹·한국중공업 등에서 도입하여 품질혁신에 성공함으로써 많은 기업들이 도입에 적극적인 관심을 보이고 있다.
>
> 식스시그마를 효과적으로 추진하기 위해 고객만족의 관점에서 출발하여 프로세스의 문제를 찾아 통계적 사고로 문제를 해결하는 품질개선 작업과정을 '측정(Measurement)·분석(Analysis)·개선(Improvement)·관리(Control)' 4단계로 나누어 실시하고 있는데, 첫 글자를 따서 'MAIC'라고 부른다. 우선 측정과 분석을 통해 제품의 문제점을 찾아내고, 문제해결방법을 제시하여 실제로 개선작업을 실행한다. 마지막으로 이 과정을 제어·감시하여 품질의 개선상태를 유지하는 것이다.

05 서비스 마케팅과 동태적 전략

앞서 거론한 경영전략을 뒷받침하기 위해서는 전략적인 마케팅이 수립되어야 하며, 기술의 진보와 사회의 변화에 따라 경쟁조건과 시장환경이 계속 변하기 때문에 동태적 전략을 수립해야 한다.

(1) 서비스 마케팅 전략

① 시장조사와 소비자분석
시장조사와 소비자분석은 마케팅활동을 전개하기에 앞서 사전 준비로 수행하는 활동이다.
㉠ 시장조사
- 시장조사는 시장의 특성과 현황을 설명하는 정보를 수집, 분석 및 보고하는 활동을 의미한다.
- 시장조사의 구체적 내용으로는 시장가능성의 평가, 시장점유율의 분석, 시장특성의 분석, 지역별 특성의 조사, 점포의 조사 등을 들 수 있다.

ⓛ 소비자분석
- 시장조사가 거시적인 시장환경을 다루는 데 비해 소비자분석은 소비자 개개인의 개별적이고 내면적인 특성과 경향을 다룬다. 따라서 소비자분석은 마케팅활동의 일부이기도 하지만 동시에 새로운 서비스기획 및 개발활동과도 밀접한 관련을 맺고 있다.
- 소비자분석에서 중요한 분석 중 하나는 소비자행동분석이다. 소비자들이 원하는 것을 제공하고 시장에서 소비자에 의해 평가되어 수용된 제품은 시장에서 성공하고, 부정적인 평가를 받은 제품은 재구매되지 않음으로써 시장에서 자취를 감추게 되기 때문에 소비자행동의 분석을 필요로 한다.

[마케팅 전략 수립을 위한 소비자조사]

시장세분화 조사	기업은 소비자조사를 통해 추구하는 욕구가 서로 다른 복수의 세분시장을 파악하고 그 특성을 이해할 수 있다. 예 클래식 음악 구매고객 중 80% 이상이 45세 이상의 연령층 예 베이비붐 세대의 퇴직시기에 콘도회원권 구입 증가예상 등
제품포지셔닝 조사	소비자조사는 제품 포지션을 통해 목표하고 있는 소비자의 마음에 이미지를 구축하는 작업을 하는 데 도움을 준다. 예 집안청소에 대해 진지한 여성소비자를 겨냥한 스팀청소기 예 30대 캐주얼 브랜드에서 30대 비즈니스캐주얼 브랜드로 재포지셔닝
제품결정을 위한 조사	소비자의 욕구를 충족시키는 제품과 서비스를 개발하기 위해 기업은 제품의사결정과정에서 소비자조사를 활용한다. 예 일본소비자들은 거품이 많이 나는 미용제품을 선호하지 않음을 발견하고 거품이 덜 나는 비누를 출시 예 소비자들이 건강에 좋을 것이라는 생각이 드는 패키지를 선호한다는 결과를 얻고 패키지 디자인에 응용
광고·판촉을 위한 조사	소비자조사는 광고목표의 결정과 광고카피의 개발, 광고매체의 결정 등에도 활용된다. 예 조사결과 대부분의 소비자들이 당사브랜드를 모르고 있는 것으로 나타났다면, 브랜드 인지도 향상이 광고의 주요목표가 됨 예 P&G는 샴푸 신제품 출시 시 TV광고 대신, 두발관리에 집중하는 여성고객을 대상으로 무료샘플을 우편발송함
가격결정을 위한 조사	제품의 가격은 소비자의 구매의사결정에 큰 영향을 미치므로 가격변화에 대한 소비자 반응을 조사하여 활용해야 한다. 예 시장조사 결과 100원, 1,000원 등의 가격에 비해 99원, 5.99$ 등의 금액을 더 저렴한 것으로 지각함 예 소비자들은 패키지 가격으로 구매할 때 제품 단위당 원가가 낮은 것으로 느끼므로 묶음판매를 결정함
유통의사결정을 위한 조사	소비자조사는 소비자들이 어떻게 자사제품을 구매하는지 이해할 수 있게 한다. 예 소비자들은 구매편의성에 부여하는 가치가 높아 원하는 시간과 원하는 장소에서 제품을 구매하길 원하므로, 24시간 헬스클럽, 온라인 주문 등의 채널을 도입함 예 고객들은 유사한 특성과 용도에 근거하여 품목을 범주화하므로, 기저귀 옆에 화장실용 휴지를 진열함

② STP분석
　㉠ STP분석이란, 시장과 고객을 여러 영역으로 나누고 그 가운데에서 집중적으로 공략할 영역을 선택하며, 선택한 영역에서 차별적인 서비스를 제공하는 기준과 절차를 다루는 것이다.
　㉡ STP분석은 목표시장(Target Market)을 찾기 위해 수행하는 작업으로, 시장세분화(Segmentation), 목표시장선정(Targeting), 포지셔닝(Positioning)의 세 단계를 거쳐 수행된다.

시장세분화 (Segmentation)	• 고객의 욕구별로 집단을 나눔 • 소비주체의 인구통계학적 특성과 생활양식을 감안 • 개별화된 시장으로 세분화
목표시장선정 (Targeting)	• 세분화된 시장별 매력도 분석 • 마케팅 노력을 집중하고자 하는 특정시장 선택 • 경쟁자보다 우위의 경쟁력이 있는 시장 선택
포지셔닝 (Positioning)	• 고객의 마음속에 남기를 원하는 기업 및 제품의 이미지를 선택 • 지속적인 광고 또는 브랜드 관리를 통해 실시

　㉢ STP전략은 크게 두 가지 방향에서 활용될 수 있다. 신제품 콘셉트를 도출하기로 하고 STP를 미리 수립해보는 방안과 이미 도출된 신제품 콘셉트를 STP에 적용하는 방안이 될 수도 있다. 이러한 STP전략은 특히 시장의 변화에 따라 지속적인 추적 관리가 필요하다.

> **Tip** 틈새시장(Niche Market)
>
> • 틈새시장의 개념
> 　– 하나의 세분시장을 더 작은 하위 세분시장으로 나누어, 시장의 빈틈을 공략하는 새로운 상품을 시장에 내놓음으로써 시장점유율을 유지시켜 나가는 판매전략이다.
> 　– 마치 틈새를 비집고 들어가는 것과 같다는 뜻에서 붙여진 이름이다. '니치'란 '빈틈' 또는 '틈새'로 해석되며 '남이 아직 모르는 좋은 낚시터'라는 은유적 의미를 가지고 있다.
> 　– 이것은 특정한 성격을 가진 소규모의 소비자를 대상으로 판매목표를 설정하는 것으로 남이 아직 모르고 있는 좋은 곳, 빈틈을 찾아 그 곳을 공략하는 것이다.
>
> • 틈새시장의 전제조건
> 　– 높은 수익성을 보장할 수 있는 시장규모와 구매력이 있어야 한다.
> 　– 장기적인 시장 잠재력을 가지고 있어야 한다.
> 　– 틈새시장의 욕구를 충족시켜줄 기업의 능력과 충분한 자원을 보유하고 있어야 한다.
> 　– 경쟁자들의 관심이 덜한 곳이 이상적이다.
> 　– 소비자들의 신뢰관계가 돈독하여 경쟁자들을 방어할 수 있어야 한다.
>
> • 틈새시장의 특징
> 　– 끊임없이 변화된다.
> 　– 없어지거나 새로 만들어지기도 한다.
> 　– 여러 기업이 같은 틈새시장에서 공존하기도 한다.
> 　– 틈새시장이 예상 외로 대형시장을 형성하기도 한다.

③ 마케팅믹스의 결정

서비스 및 제품을 고객에게 홍보하고 판매하기 위한 세부적인 프로그램들을 마케팅믹스라고 하며, 서비스 마케팅 전략에서 마케팅믹스를 효율적으로 선택하고 운영하는 것도 아주 중요하다.

㉠ 4P 분석 : 4P's로 불리는 마케팅믹스는 1960년대 초 제롬 매카시(Jerome McCarthy) 교수에 의해 처음 제안되고, 필립 코틀러(Philip Kotler) 교수에 의해 널리 알려지게 되었다. 해당 4P 요소는 제품, 가격, 유통, 촉진이다.

제품(Product)	서비스 및 제품의 종류, 특성, 상표, 보증 등
가격(Price)	가격설정, 가격조정, 할인, 거래조건 등
유통(Place)	시연장소, 판매장소, 유통경로, 재고 및 보관 등
촉진(Promotion)	광고, 홍보, 판매원, 마케팅, DM 등

㉡ 7P 분석 : 기존의 4P(Product, Price, Place, Promotion) 믹스에 새로운 개념인 물적증거(Physical Evidence), 프로세스(Process), 사람(People)이 추가되어 확장된 마케팅믹스가 제시되기도 한다. 확장된 마케팅믹스는 7P라고 한다.

물적증거(Physical Evidence)	설계 및 장비, 표지, 명함, 팜플렛, 계산서 등
프로세스(Process)	서비스활동의 흐름, 전달단계의 복잡성, 고객의 참여 등
사람(People)	종업원 선발 및 교육, 고객의 교육, 의사소통, 문화, 가치 등

㉢ 4C분석 : 기존의 4P는 공급자가 소비자에게 일방적으로 전달하는 것에 중심을 두고 있는 반면, 4C는 제공자와 고객 간의 양방향 상호작용 중심이라는 주장으로 최근에는 4P를 4C로 대체해서 사용하기도 한다.

고객(Customer)	소비자 욕구 충족
비용(Cost)	단순 비용이 아닌 가치
편익(Convenience)	소비자의 편리
소통(Communication)	쌍방향의 커뮤니케이션

④ 통합적 마케팅 커뮤니케이션(IMC ; Integrated Marketing Communication) 전략

㉠ 전통적인 마케팅믹스 개념을 확장시킨 통합적 마케팅 커뮤니케이션은, 다양한 수단들을 통합하여 커뮤니케이션 효과를 극대화하는 총괄적인 마케팅 계획을 의미한다.

㉡ 특히 전술적 관점에서의 실행 방법들로, 광고, PR, 인적판매, 판촉 등의 마케팅 수단들을 통합적으로 사용할 수 있는 접근법을 일컬어 IMC라고 한다.

㉢ 최근에는 브랜드가 마케팅의 핵심 이슈가 되고 있기 때문에 브랜드를 강조하는 차원에서 '통합적 브랜드 커뮤니케이션'이라고도 한다.

㉣ IMC의 궁극적인 목표는 전략적 마케팅의 비전과 목표를 달성하기 위해 브랜드에 관한 일관성 있는 메시지를 제공하는 것이다. 그리고 이를 통해 소비자에게 명확한 브랜드 이미지를 제공함으로써 강력한 브랜드 자산을 구축하는 것이다.

(2) 동태적 전략

기업이 생존하기 위해서는 경쟁우위전략을 잘 선택하는 것도 중요하지만, 경쟁우위를 지속적으로 유지할 수 있어야 한다. 그러나 시간이 흐르면서 처음에 확보한 경쟁력의 효과는 점점 약해질 수밖에 없다. 따라서 남들이 치고 들어올 수 없는 진입장벽을 구축해야 한다.

① 지속적 경쟁우위
  ㉠ 지속적 경쟁우위(Sustainable Competitive Advantage)는 초기의 경쟁 전략에 덧붙여 새롭게 개발한 경쟁력이나 기존의 서비스를 바꾸면서 만들어낸 경쟁력을 의미한다.
  ㉡ 지속적 경쟁우위를 위한 방법으로는 다음과 같은 전략들이 있다.
    • 새롭고 독특한 가치의 창출
    • 대체가 어려운 서비스의 확보
    • 서비스 인프라의 구축
    • 진입장벽이 높은 서비스의 제공

> **Tip** 마켓 센싱(Market Sensing)
> 마켓 센싱이란, 기술의 흐름과 시장의 흐름 그리고 세계경제의 흐름의 변화를 실시간으로 파악하는 것이다. 기업의 마케팅 활동을 위해서는 리서치(Research)나 서베이(Survey)를 통해 마케팅분석을 철저히 해야 하는데 이러한 조사분석 활동 또한 마켓 센싱이라 할 수 있다.

② 서비스 확산분석
  ㉠ 서비스의 확산과정과 양상의 분석도 서비스전략에서 중요한 정보를 제공한다. 신서비스가 시장에 나와서 어떤 방향과 속도로 퍼져나가는지를 예측할 수 있다면 경영전략을 수립하는 데 큰 도움이 될 것이다.
  ㉡ 신서비스 확산의 정량적 모형은 '신서비스의 확산은 커뮤니케이션 채널을 통해서 이루어진다'는 가정을 기반으로 하며, 새로운 것이 사람들 사이에 알려지고 받아들여지는 과정에서 커뮤니케이션이 일어날 수 있도록 돕는 매개체 역할인 채널이 존재한다는 것이다.
  ㉢ 채널은 외부의 매스미디어 채널과 내부의 대인채널로 구분된다. 이러한 채널의 역할에 따라 다음 세 가지의 경우가 나타날 수 있다.
    • 외부채널을 통한 확산은, 광고나 인터넷 등을 통해 얻은 정보만을 가지고 구매 결정을 하는 것이다.
    • 내부채널을 통한 확산은, 이미 서비스를 사용하고 있는 사람들의 입소문을 통해서 구매 여부가 결정된다고 보는 것이다.
    • 외부채널과 내부채널 모두의 영향을 받아 일어난다고 보는 확산은, 가장 현실적이고 균형적인 접근법이다.
  ㉣ 바스(Bass) 모형
     바스 모형은 서비스 확산분석의 대표적인 함수모형으로서, 잠재적인 새로운 서비스의 채택자들이 두 가지 형태의 커뮤니케이션 채널에 의해 영향을 받고, 그 영향의 차이에 따라 크게 두 그룹으로 나눌 수 있다고 가정한다.
    • 혁신자(Innovator) : 외부채널에 영향을 받으며 독자적인 구매결정을 한다.
    • 모방자(Imitator) : 내부채널에 영향을 받으며 다른 사람들을 모방하여 구매결정을 한다.

> **Tip** 바스(Bass) 모형의 기본식
>
> 정량분석을 위해서는 개념적 모형을 수리적 모형으로 변환해야 한다. 우선 어느 시점에서 고객이 서비스를 구매할 가능성은 하나의 확률문제가 되므로 함수로 표현할 수 있다.
> 서비스가 처음 시장에 출시된 시점을 0이라고 하고, 시점 0에서 시작하여 그 서비스를 구매하게 될 t시점까지 걸리는 시간의 누적함수를 $F(t)$라고 한다. 누적함수 $F(t)$의 밀도함수는 $f(t)$가 된다. 신서비스를 채택할 수 있는 잠재고객의 모집단을 m이라고 하고 채택자의 수를 n이라고 하자. 그러면 시전 t에서의 채택자 수는 $m \times f(t) = n(t)$로 나타낼 수 있다. 그러므로 누적 채택자 수는 $m \times F(t) = N(t)$로 표시할 수 있다. 또한 $n(t)$는 $N(t)$의 미분값이 된다. 기본식은 다음과 같이 성립된다.
>
> $$n(t) = \frac{dN(t)}{dt} = p[m - N(t)] + \frac{q}{m} N(t)[m - N(t)]$$

③ 제품 – 서비스 통합전략
  ㉠ 산업 전반에 서비스의 비중이 커지고 중요성이 강조되면서, 전통적 제조중심의 기업들도 제품과 서비스를 묶어서 하나의 패키지로 제공하는 새로운 전략을 시도하고 있다.
  ㉡ 이러한 전략적 변화는 좁게는 단순히 서비스를 제품에 추가하여 제공하는 것에서부터 넓게는 근본적인 핵심역량을 제조중심에서 서비스중심으로 전환하는 경우까지 다양하게 나타나고 있다.
  ㉢ 협의에서 서비스화는 고객 서비스 전략을 들 수 있다. 제품판매 시점에서 정보서비스, 운송서비스, 결제서비스 등의 서비스를 추가적으로 제공함으로써 제품의 가치를 올리는 전략을 말한다. 또한 고장수리나 교육훈련, 유지보수 등의 사후 서비스 제공도 자주 이용된다.
  ㉣ 광의에서는 제품과 서비스를 통합하는 접근이다. 제품을 설계할 때부터 서비스와 연계한다든지 새로운 서비스를 개발할 때 특정 제품을 염두에 두고 프로세스를 설계하는 방식이다.
  ㉤ PSS(Product-Service System)
    • 제품과 서비스를 통합하는 PSS전략을 구사하게 된 가장 큰 원인은 비즈니스 모델과 소비추세의 변화로 볼 수 있다. 과거에는 제품이 경쟁력의 핵심이었으나, 가치의 창출이 서비스부분으로 이동하고 장기적인 고객관계를 통한 수익창출을 목표로 하면서, 고객만족을 위한 서비스가 새로운 비즈니스 모델의 원천이 된 것이다.
    • 제품의 효용과 기능은 품질이나 성능의 우수성에 의해 평가되는 것이 아니라 고객이 원하는 서비스를 제공할 수 있는가에 따라 결정된다는 것이다. 이러한 PSS전략을 3가지 유형으로 나누어 보면 다음과 같다.

제품중심의 PSS	제품을 판매하거나 사용하는 것을 촉진시키기 위해 서비스가 부가적으로 추가되어 제공되는 형태로서, AS제공, 유지보수 등이 대표적이다.
사용중심의 PSS	제품을 판매하는 대신, 사용이나 기능을 판매하는 형태로서, 자동차는 이동성을, 세탁기는 세탁기능을 사는 것처럼 고객이 기능을 구매했다 하더라도 소유권은 고객에게 이전되지 않고 제품의 관리 및 유지보수는 공급자가 맡아서 하는 것이다.
결과중심의 PSS	기능을 구매한다는 관점을 좀 더 발전시킨 것으로서, 제품을 구매하거나 사용하지 않은 채 그 제품으로부터 나오는 결과물만을 이용하는 것을 의미한다. 이 경우 고객에게 최종적으로 전달되는 것은 서비스의 결과물이다.

Part 05 / Module C 서비스경영 전문가가 꼭 알고 있어야 하는 전문용어

- **고객만족경영(CSM ; Customer Satisfaction Management)** : 기업이 제공하는 상품이나 서비스에 대한 고객의 기대 대비 만족 수준을 높이기 위하여 계속적으로 고객들의 기대와 만족 수준을 조사하고 이를 바탕으로 불만족 요인을 찾아내어 개선하여 고객의 만족을 높이는 경영활동
- **P-S-P 경영철학** : 고객만족경영의 기본적인 원리로, 내부고객인 직원에게 지극히 잘 대해주면, 직원은 자신의 직무인 서비스를 열정적으로 수행할 것이며, 직원의 열정적인 서비스를 이용하는 외부고객은 이에 만족하여 지속적인 재구매를 하게 될 것이라는 경영철학
- **서비스 패러독스(Service Paradox)** : 서비스 패러독스란 과거에 비해 서비스가 다양해지고 좋아졌음에도 불구하고, 오히려 소비자의 불만의 소리가 높아지는 아이러니한 현상을 말함
- **충성고객** : 정기적으로 반복구매하거나 한 기업의 다양한 품목의 제품과 서비스를 포괄적으로 구매하는 고객으로, 경쟁업체의 유인전략에 동요하지 않는 고객
- **최초구매고객** : 기업과 거래의 신뢰가 아직 형성되지 않은 상태로, 사실 '시도자'에 불과한 고객
- **반복구매고객** : 이 단계의 고객에게 기업이 관심을 가져야 할 부분은 고객관계와 관계의 발전이며, 호기심이 아닌 선호도를 가지고 구매했다고 볼 수 있는 고객
- **순추천지수(NPS ; Net Promoter Score)** : 어떤 기업이 충성도 즉, 로열티 높은 고객을 얼마나 보유하고 있는지를 측정하는 지표이며, 특정제품이나 서비스, 기업 혹은 브랜드에 대해 고객이 타인에게 추천하고자 하는 의지의 정도를 나타내는 지수
- **고객가치증진(Customer Value Improvement Approach)** : 지각되는 고객가치를 높이는 방법으로서 먼저 기존의 제품이나 서비스속성들에 부가적인 혜택을 제공하는 방법
- **가치혁신(Value Innovation)** : 기업이 고객에게 제공하는 가치의 현재수준을 높이고자 하는 활동
- **비용혁신(Cost Innovation)** : 같거나 더 높은 가치를 더 낮은 비용으로 창출하여 고객에게 제공하고자 하는 활동
- **시장지향성** : 시장의 욕구와 기회를 확인하기 위해서 고객과 경쟁자에 관한 정보를 지속적으로 획득 및 창출하고 수집된 모든 정보를 기업 전체구성원의 접근이 용이하게 하여 경쟁자보다 더 큰 가치로 대응할 수 있는 해결책을 만들기 위해 전사적으로 역량을 결집시키는 것
- **국가고객만족지수(NCSI)** : 한국생산성본부가 미국 미시간대학(University of Michigan) 경영대학원 산하 국가품질연구센터와 공동으로 개발하여, 현재 생산, 판매되고 있는 제품 및 서비스 품질에 대해 해당제품을 직접 사용해 보고 이 제품과 관련된 서비스를 받아 본 고객이 직접 평가한 만족수준의 정도를 모델링에 근거하여 측정, 계량화한 시표
- **S-C-P 모형** : 산업 내 경쟁을 저해하는 요인을 찾아내어 정부가 이 요인을 제거하고 산업 내 경쟁을 유도하는 정책을 펼 수 있도록 도와주는 데에 목적을 두고, 개발한 '구조 - 행위 - 성과 모형'

- **Five-Force 모형** : 마이클 포터 교수가 개발한 것으로 기업이 직면하게 되는 환경적 위협에 대한 요인을 찾아내고 그 위협의 크기를 결정짓는 상황을 설명하는 모형
- **저지전략(Blocking)** : 시장방어전략 중 하나로, 경쟁사의 진입비용 증가 및 예상수입량 희석이 목적임
- **보복전략(Retaliation)** : 시장방어전략 중 하나로, 경쟁사의 수익 확보 기회를 막고 시장점유율 유지를 위한 공격적 경쟁 전략임
- **적응전략(Adaptation)** : 시장방어전략 중 하나로, 경쟁사가 이미 시장에 안착했을 경우 시장잠식을 막기 위한 전략
- **SWOT분석** : Strength, Weakness, Opportunity, Threat의 첫 스펠링을 따서 만든 이름으로, 기업 내부의 강점과 약점, 외부환경에서의 기회와 위협 요인을 종합적으로 분석한다는 의미
- **위상분석** : 분석과 조사 대상이 되는 중요한 요인들에 대해서 기업이나 서비스 비즈니스가 다른 기업이나 다른 서비스와 비교하여 상대적으로 어떤 위상(Position)을 차지하고 있는지 어느 영역에 존재하고 있는지를 살펴보는 분석으로 'Position 분석'이라고도 함
- **분포분석** : 기업이 현재 수행하고 있는 경영과제와 미래에 수행할 과제들이 전체적으로 어떻게 분포되어 있는지를 살펴보는 분석으로, Portfolio 분석이라고도 함
- **동태분석** : 시간의 흐름을 하나의 축으로 설정하고, 분석대상이 되는 요인의 상태가 시간의 흐름에 따라 어떻게 변화하는지를 살펴보는 분석
- **원가우위전략** : 서비스에 들어가는 원가를 줄이고, 서비스의 가격을 낮추어 경쟁우위를 확보하는 전략으로 '저가 전략'이라고도 부름
- **차별화 전략** : 소비자가 다른 서비스와는 다르다는 인식을 가질 수 있는 독특한 서비스를 제공함으로써 경쟁력을 확보하는 전략
- **집중화 전략** : 성격이 다양한 전체시장을 겨냥하기보다는 크기는 작지만 성격이 분명한 목표시장에 집중하는 전략
- **식스시그마** : 시그마(sigma, σ)라는 통계척도를 사용하여 모든 품질수준을 정량적으로 평가하고, 문제해결 과정과 전문가 양성 등의 효율적인 품질문화를 조성하며, 품질혁신과 고객만족을 달성하기 위해 전사적으로 실행하는 21세기형 기업경영 전략
- **시장조사** : 시장의 특성과 현황을 설명하는 정보를 수집, 분석 및 보고하는 활동을 의미
- **마켓센싱** : 기술의 흐름과 시장의 흐름 그리고 세계경제의 흐름의 변화를 실시간으로 파악하는 것
- **STP분석** : 시장과 고객을 여러 영역으로 나누고 그 가운데에서 집중적으로 공략할 영역을 선택하며 선택한 영역에서 차별적인 서비스를 제공하는 기준과 절차를 다루는 것으로, 시장세분화(Segmentation), 목표시장선정(Targeting), 포지셔닝(Positioning)의 세 단계를 거쳐 수행됨
- **틈새시장** : 하나의 세분시장을 더 작은 하위 세분시장으로 나누어, 시장의 빈틈을 공략하는 새로운 상품을 시장에 내놓음으로써 시장점유율을 유지시켜 나가는 판매전략
- **4P 분석** : 1960년대 초 제롬 매카시(Jerome McCarthy) 교수에 의해 처음 제안되고 필립 코틀러 교수에 의해 널리 알려지게 된 마케팅믹스로 제품, 가격, 유통, 촉진을 의미
- **7P 분석** : 기존의 4P 믹스에 새로운 개념인 물적증거, 프로세스, 사람이 추가되어 확장된 마케팅믹스

- **4C 분석** : 고객, 비용, 편의, 소통을 나타내는 분석으로, 제공자와 고객 간의 양방향 상호작용 중심이라는 주장으로 최근에는 4P를 대신해서 사용함
- **통합적 마케팅 커뮤니케이션(IMC ; Integrated Marketing Communication)** : 전통적인 마케팅 믹스 개념을 확장시켜 다양한 수단들을 통합하여 커뮤니케이션 효과를 극대화하는 총괄적인 마케팅 계획을 의미
- **지속적 경쟁우위(Sustainable Competitive Advantage)** : 초기의 경쟁 전략에 덧붙여 새롭게 개발한 경쟁력이나 기존의 서비스를 바꾸면서 만들어낸 경쟁력을 의미
- **바스(Bass) 모형** : 서비스 확산분석의 대표적인 함수모형으로서, 잠재적인 새로운 서비스의 채택자들이 두 가지 형태의 커뮤니케이션 채널에 의해 영향을 받고, 그 영향의 차이에 따라 크게 외부채널과 내부채널 두 그룹으로 나눌 수 있다고 가정함
- **PSS(Product-Service System) 전략** : 제품과 서비스를 통합하는 것으로, 제품의 효용과 기능은 품질이나 성능의 우수성에 의해 평가되는 것이 아니라 고객이 원하는 서비스를 제공할 수 있는가에 따라 결정된다는 것

Part 05 Module C 출제유형문제

일반형 문제

01 다음의 거시적 분석 방법인 Five-Force 모형에 대한 특징에 대한 설명으로 옳지 않은 것은?

① 산업 내 경쟁자는 가격이나 기술면에서 경쟁을 유발시킨다.
② Five-Force 분석은 비즈니스 투자에 대한 의사결정을 돕는다.
③ 틈새시장과 같은 작은 규모의 시장은 Five-Force 분석요소에 해당하지 않는다.
④ 대체재가 존재할 경우 기업은 가격 정책을 활발히 펼치기 어렵다.
⑤ 경쟁자가 많아질수록 구매자의 교섭력은 높아진다.

> 해설) 틈새시장은 기존시장 내에서 성장잠재력이 있는 상품 및 서비스군을 특화시켜 시장에 새로이 진입하는 것이므로 Five-Force 요소 중 신규진입자에 해당한다.

02 SWOT분석 중 약점을 최소화하기 위하여 기회를 최대로 활용하는 MIN-MAX 전략으로 옳은 것은?

① W-T전략
② S-O전략
③ W-O전략
④ S-T전략
⑤ T전략

> 해설) W-O전략은 약점 - 기회의 영역으로, 기업이 지닌 약점을 최소화하기 위하여 기회를 최대로 활용하는 전략이다.

03 거시적 환경 분석에 대한 설명으로 옳은 것은?

① 기술적 변화, 사회문화적 환경, 정치적 및 경제적 환경, 법적 상황 등을 분석한다.
② 기업에 직접적으로 타격을 입히지 않는 매우 광범위한 환경을 분석한다.
③ 거시적 환경 요인들은 마케팅 전략으로 충분히 컨트롤할 수 있다.
④ 거시적 환경 분석의 목적은 일시적인 위협요소를 발견하는 데 있다.
⑤ 거시적 환경 분석에는 SWOT분석이나 Positioning분석을 활용한다.

> 해설) ① 거시적 환경 분석 요인에는 인구 통계적 요인, 경제적 환경, 자연 환경, 기술적 환경, 정치적 환경, 문화적 환경 등이 있다.

04 Five-Force 분석에 대응하는 시장방어 전략에 대한 설명으로 옳지 않은 것은?

① 저지전략은 경쟁사의 진입비용을 증가시키는 목적을 가지고 있다.
② 저지전략으로 서비스보증이나 집중적인 광고, 고객 DB 구축 등을 실행한다.
③ 통신사의 장기고객 요금할인이나 가격인하 등의 전략은 보복전략에 해당한다.
④ 적응전략은 경쟁사가 이미 시장에 안착했을 경우 시장 잠식을 막기 위한 전략이다.
⑤ 적응전략을 위해 기존 고객들과의 계약기간을 연장하는 등 유지전략을 펼친다.

해설 ⑤ 적응전략은 새로운 서비스의 추가 및 서비스 패키지 강화 그리고 경쟁우위 요소를 개발하는 전략을 펼쳐야 한다. 기존 고객들과의 계약기간을 연장하는 것은 보복전략 방법 중 하나이다.

05 미시적 분석기법들에 대한 설명으로 옳지 않은 것은?

① SWOT분석은 기업내부의 강점과 약점, 외부환경에서의 기회와 위험요인을 분석한다.
② 포지셔닝분석은 경쟁기업과 비교하여 자사의 위치가 어디에 있는지 파악하는 것이다.
③ 포지셔닝분석은 시장점유율과 같은 매출경쟁적인 위치를 표현한다.
④ 동태분석은 시장에 진입하거나 퇴출하기 위한 시점을 결정할 때 사용된다.
⑤ 동태분석의 단계는 시간축의 결정과 분석요인의 결정으로 이루어진다.

해설 ③ 포지셔닝분석은 외형적인 시장매출에 근거한 상대적인 경쟁적 위치를 표현하는 것이 아니라, 소비자심리에 기초한 브랜드들 간의 상대적인 위치를 나타내는 것이다.

06 다음 중 원가우위전략에 대한 설명으로 옳지 않은 것은?

① 원가우위전략은 특정 산업 내에서 원가우위를 달성하려는 전략이다.
② 원가 면에서 유리한 위치를 점하기 위해서는 원가인하 노력이 지속되어야 한다.
③ 관리비 통제 등의 원가절감 노력 또한 원가우위전략 실행방안 중 하나이다.
④ 원가우위 기업은 구매자의 압력에 용이하게 대처할 수 있다.
⑤ 원가우위 기업은 공급자에 대한 교섭력이 약해질 수 있다.

해설 원가우위 기업은 구매자의 압력에 용이하게 대처할 수 있고, 공급자에 대한 교섭력도 강화할 수 있다.

정답 ▶ 04 ⑤ 05 ③ 06 ⑤

07 다음 중 차별화전략과 집중화전략에 대한 내용으로 옳지 않은 것은?

① 집중화전략을 구사하더라도 대기업이 쉽사리 진출할 수 있다면 경쟁우위 확보는 어렵다.
② 집중화전략은 규모의 경제 효과를 누리지 못하는 소기업에 유리할 때가 많다.
③ 차별화전략을 통해 고객들의 브랜드 충성심을 이끌어 내도록 해야 한다.
④ 차별화전략을 통해서 타사와 경쟁적인 가격정책을 내놓는다.
⑤ 차별화전략을 위해 무형적인 요소도 유형화한다.

> **해설** ④ 차별화전략은 단지 가격 면에서 차별화전략을 펼치는 것이 아니라, 가격 이상의 가치를 창출하기 위해 고품질, 탁월한 서비스, 혁신적인 디자인, 기술력, 브랜드 이미지 등을 차별화하는 것이다.

08 마케팅 활동을 전개하기에 앞서 시장조사를 실시한 후 얻는 정보 중 성격이 다른 것은?

① 점포의 매출액
② 시장점유율 분석표
③ 특정지역의 인구분포
④ 고객들의 이동 동선
⑤ 정부의 각종 통계자료

> **해설** ④ 시장조사는 현장 시장조사와 탁상 시장조사로 나뉘는데, 고객들의 이동 동선은 현장 시장조사를 통해서만 파악할 수 있다.

09 다음 중 틈새시장에 대한 설명으로 옳지 않은 것은?

① 틈새시장은 하나의 세분시장을 더 작은 하위 세분시장으로 나눈 것이다.
② 니치(Niche)란 '남이 아직 모르는 좋은 낚시터'라는 은유적 의미가 있다.
③ 틈새시장은 경쟁자들의 관심이 많은 것이 이상적이다.
④ 틈새시장은 끊임없이 변화된다.
⑤ 틈새시장이 의외로 대형시장을 형성하기도 한다.

> **해설** 틈새시장은 경쟁자들의 관심이 적을수록 좋다.

10 다음 중 마케팅 전략에 대한 내용으로 옳지 않은 것은?

① IMC란 Intergrated Marketing Communication의 약자이다.
② ATL은 4대 미디어 매체인 TV, 라디오, 신문, 잡지 등을 활용한 방식이다.
③ BTL은 CATV, 위성TV, 인터넷 등을 활용한 방식이다.
④ IMC 전략을 통해 다양한 매체의 활용가능성이 높아진다.
⑤ IMC는 소비자와의 접촉을 통합적으로 지속하기 위한 마케팅 전략이다.

[해설] BTL은 Below The Line의 약자로, 전시, 이벤트, PR, DM 등을 통한 고객과의 직접적인 접촉 광고 방식이다.

11 다음 중 서비스 확산 분석에 대한 내용으로 옳지 않은 것은?

① 서비스의 확산 과정과 양상의 분석은 서비스 전략에서 중요한 정보를 제공한다.
② 신서비스 확산은 커뮤니케이션 채널을 통해서 이루어진다고 본다.
③ 사람들 사이의 커뮤니케이션 채널은 외부의 매스미디어채널과 내부의 대인채널로 구분된다.
④ 서비스 확산 분석에 대표적인 바스 모형은 혁신자와 비혁신자 그룹으로 나뉜다.
⑤ 바스 모형은 잠재적인 새로운 서비스의 채택자들이 두 가지 형태의 커뮤니케이션 채널에 의해 영향을 받는다고 가정한다.

[해설] 서비스 확산 분석에 대표적인 바스(Bass) 모형은 혁신자와 모방자 그룹으로 구분된다.

12 다음 중 제품과 서비스 통합전략에 대한 내용으로 옳지 않은 것은?

① 제조중심의 기업들도 최근, 제품과 서비스를 묶어서 하나의 패키지로 제공하는 새로운 전략을 시도하고 있다.
② 제품판매 시점에 정보서비스, 운송서비스, 결제서비스 등의 서비스를 추가적으로 제공하는 것은 제품과 서비스의 통합전략에 해당한다.
③ 고장수리, 유지보수 등의 사후 서비스는 A/S의 개념이므로 제품과 서비스의 통합전략에 해당되지 않는다.
④ 제품을 설계할 때부터 서비스와 연계한다든지 새로운 서비스를 개발할 때 특정 제품을 염두에 두고 프로세스를 개발하는 것이다.
⑤ 제품과 서비스를 통합하는 PSS(Product Service System)전략은 제품중심, 사용중심, 결과중심의 PSS로 나뉜다.

[해설] ③ 고장수리 및 유지보수, 교육훈련 등의 사후 서비스는 제품과 서비스의 통합전략에 해당하는 대표적인 사례이다.

13 다음 내용 중 고객만족경영의 변천 순서를 올바르게 나열한 것은?

> (가) LG의 고객가치창조 도입
> (나) 고객감동 실천 및 CS경영 도입
> (다) 스칸디나비아 항공사의 얀칼슨 사장이 MOT 도입
> (라) 삼성의 신(新) 경영

① (다) - (가) - (라) - (나) ② (다) - (라) - (가) - (나)
③ (가) - (나) - (라) - (다) ④ (라) - (나) - (다) - (가)
⑤ (라) - (다) - (나) - (가)

해설) 다. 1980년대 도입기에 스칸디나비아 항공사의 얀칼슨 사장이 MOT 도입
   가. 1992년 LG가 고객가치창조 도입
   라. 1993년 삼성의 신(新) 경영
   나. 2000년대 완성기에 업직종을 불문하고 고객감동 실천 및 CS경영 도입

14 다음 중 고객만족경영에 대한 설명으로 옳지 않은 것은?

① 계속적으로 고객들의 기대와 만족 수준을 조사하고, 불만족 요인을 찾아 개선하는 등의 경영활동이다.
② 제품과 서비스를 통해 고객이 얻고자 하는 '가치'를 제공하는 것이 더 중요하다.
③ 경영의 모든 부문을 고객의 입장에서 생각하고, 모든 측면에서 고객 지향적 사고가 반영되는 경영이다.
④ 고객만족경영은 말 그대로 경영체계이므로 마케팅의 일환이라고 할 수 있다.
⑤ 기업이 제공하는 상품이나 서비스에 대한 고객의 기대 대비 만족 수준을 높이기 위한 것이다.

해설) 고객만족경영은 말 그대로 경영체계이므로 마케팅의 분과나 하위개념이 아니라는 것을 구분하여야 한다.

15 고객만족을 결정하는 요소에 대한 설명으로 옳지 않은 것은?

① 고객만족은 제품 또는 서비스의 특징인 가격의 수준, 품질 등에 영향을 받는다.
② 사회공헌 및 환경보호 등의 활동을 통한 기업이미지 제고는 간접적으로 고객만족에 기여한다.
③ 고객은 다른 고객들과 비교해보았을 때 자신이 공평한 서비스를 받았는지에 대해 생각하는 것이 일반적이다.
④ 다른 고객이나 가족 구성원, 동료 등의 구전에 의해서 고객만족에 영향을 받는다.
⑤ 서비스종업원의 응대방식이나 친절보다는 접점의 인테리어 등 물리적인 환경이 최근 고객만족에 더욱 중요해졌다.

> 해설 ⑤ 물론 물리적인 환경도 무척 중요하지만, 서비스종업원의 응대방식 등 감정적인 측면의 중요성이 점차 증가하고 있다. 또한 거래시점의 서비스 차이가 기업의 우위를 결정할 정도로 그 비중이 커지고 있다.

16 고객만족경영이 도입된 이후 고객만족경영의 이면현상에 대한 설명으로 옳지 않은 것은?

① 고객의 다양한 요구로 인해 대응에 따른 비용증가가 나타난다.
② 직원들의 감정노동에 대한 피해가 발생하고 있다.
③ 경쟁의 심화로 기업의 마진구조는 점점 악화되고 있다.
④ 고객만족경영에 대한 기업의 성과는 모호해졌다.
⑤ 새로운 경험을 제공하기 위한 창의적인 서비스는 한계가 왔다.

> 해설 새로운 경험을 제공하기 위한 창의적인 서비스는 오히려 그 강도가 더욱 심해지고 있다.

17 고객가치증진 접근법에 대한 내용으로 옳지 않은 것은?

① 고객가치증진 접근법이란 지각되는 고객가치를 높이는 방법을 말한다.
② 기존의 제품이나 서비스보다 더 나은 신제품이나 신서비스를 창출하여 제공하는 방법이다.
③ 경쟁사에서 제공하는 것보다 훌륭하거나 차별화되면서도 동일한 가격대로 제공하는 것이 좋다.
④ 기업은 지속적으로 고객가치증진을 위한 프로그램을 실행해야 한다.
⑤ 고객가치증진 프로그램에 대한 고객들의 인식을 평가해야 한다.

> 해설 ② 무조건 새로운 제품이나 서비스를 창출하려는 것이 아니라, 기존의 제품이나 서비스에 보다 나은 혜택을 추가하는 것이 옳다.

18 다음 중 서비스지향성에 대한 내용으로 옳은 설명은?

① 시장정보에 대한 방어적 반응이다.
② 서비스지향성에 영향을 주는 요인은 조직체계가 대표적이다.
③ 서비스지향성은 서비스접점에만 무조건 포커스를 둔다.
④ 고객의 불만발생은 오히려 서비스개선을 할 수 있는 좋은 기회로 본다.
⑤ 고객에게 본질적인 핵심가치를 제공하는 것이 서비스지향성이다.

> [해설] ⑤ 고객에게 핵심가치를 제공하고, 본질적인 가치에 중심을 둔 서비스는 현란하게 포장된 서비스보다 우월하다.

19 NCSI(국가고객만족지수)의 기능에 대한 설명으로 옳지 않은 것은?

① 품질경쟁력 평가 척도
② 업종 간 고객만족도 비교
③ 고객만족향상을 위한 전략 수립
④ 고객만족평가를 통한 기업실적평가
⑤ 소비자 구매의사결정 지원

> [해설] NCSI는 과거 기업의 실적을 평가하기 위한 기능보다는, 고객만족향상을 통한 미래지향적인 변화를 전망하는 기능이 있다.

20 내부적으로 자사가 보유한 강점과 약점, 외부적으로 환경변화에 의한 기회 및 위협요인을 토대로 전략을 수립하는 방법은?

① 6시그마
② 동태분석
③ 포트폴리오분석
④ SWOT분석
⑤ 포지셔닝분석

> [해설] SWOT분석에 대한 설명이다.

21 다음 마케팅 기법 중 기존의 4P믹스가 아닌 4C믹스로 개선하자는 내용에서의 4Cs가 아닌 것은?

① Customer
② Cost
③ Communication
④ Convenience
⑤ Concept

> [해설] 4Cs
> 고객(Customer), 비용(Cost), 편익(Convenience), 소통(Communication)

O/X형 문제

22 기술의 흐름과 시장의 흐름 그리고 세계경제의 흐름 변화를 실시간으로 파악하는 조사분석 활동을 마켓 센싱(Market Sensing)이라 한다.

(① O / ② X)

23 지속적 경쟁우위(Sustainable Competitive Advantage)는 초기의 경쟁 전략에 덧붙여 새롭게 개발한 경쟁력이나 기존의 서비스를 바꾸면서 만들어낸 경쟁력을 의미한다.

(① O / ② X)

24 Five-Force 모형은, 마이클 포터 교수가 개발한 것으로 기업이 직면하게 되는 환경적 위협에 대한 요인을 찾아내고 그 위협의 크기를 결정짓는 상황을 설명하는 모형이다.

(① O / ② X)

25 분포분석은 시간의 흐름을 하나의 축으로 설정하고, 분석대상이 되는 요인의 상태가 시간의 흐름에 따라 어떻게 변화하는지를 살펴보는 분석이다.

(① O / ② X)

> 해설) 동태분석에 대한 설명이다. 분포분석은 기업이 현재 수행하고 있는 경영과제와 미래에 수행할 과제들이 전체적으로 어떻게 분포되어 있는지를 살펴보는 분석이다.

26 4P분석은 필립 코틀러에 의해 처음 제안되고, 1960년대 초 제롬 매카시 교수에 의해 널리 알려지게 된 마케팅믹스로 제품, 가격, 유통, 촉진을 의미한다.

(① O / ② X)

> 해설) 4P분석은 1960년대 초 제롬 매카시 교수에 의해 처음 제안되고, 필립 코틀러 교수에 의해 널리 알려지게 된 마케팅믹스로 제품, 가격, 유통, 촉진을 의미한다.

정답 ▶ 22 O 23 O 24 O 25 X 26 X

연결형 문제

[27~31] 다음 단어에 대한 설명으로 알맞은 것을 각각 골라 넣으시오.

① 국가고객만족지수(NCSI)　　② S-C-P 모형
③ 식스시그마　　　　　　　　④ 4C분석
⑤ PSS전략

27 (　　)은(는) 제품과 서비스를 통합하는 것으로, 제품의 효용과 기능은 품질이나 성능의 우수성에 의해 평가되는 것이 아니라 고객이 원하는 서비스를 제공할 수 있는가에 따라 결정된다.

28 (　　)은(는) 고객, 비용, 편의, 소통을 나타내는 분석으로, 제공자와 고객 간의 양방향 상호작용 중심이라는 주장으로 최근에는 4P를 대신해서 사용한다.

29 (　　)은(는) 통계척도를 사용하여 모든 품질수준을 정량적으로 평가하고, 문제해결 과정과 전문가 양성 등의 효율적인 품질문화를 조성하며, 품질혁신과 고객만족을 달성하기 위해 전사적으로 실행하는 21세기형 기업경영 전략이다.

30 (　　)은(는) 산업 내 경쟁을 저해하는 요인을 찾아내어 정부가 이 요인을 제거하고 산업 내 경쟁을 유도하는 정책을 펼 수 있도록 도와주는 데에 목적을 두고 개발한 '구조 – 행위 – 성과' 모형이다.

31 (　　)은(는) 한국생산성본부가 미국 미시간대학경영대학원 산하 국가품질연구센터와 공동으로 개발하여, 현재 생산, 판매되고 있는 제품 및 서비스 품질에 대해 제품을 직접 사용해 보고, 해당 제품과 관련된 서비스를 받아 본 고객이 직접 평가한 만족수준의 정도를 모델링에 근거하여 측정, 계량화한 지표이다.

정답 27 ⑤　28 ④　29 ③　30 ②　31 ①

사례형 문제

32 다음은 한 제약회사의 여드름 치료제 시장 진출을 위한 거시적 환경 분석결과이다. 이를 토대로 SWOT분석을 활용한 전략대안을 도출하고자 할 때 기회요인에 해당하지 않는 내용은?

구 분	내 용
정치적 환경	• 의료보험 규제강화 • 사보험 등의 증가 • 화학약품에 대한 환경적 규제강화
경제적 환경	• 소득수준의 증가 • 의료분야 소비액 증가
사회적 환경	• 한국 전체 인구수 증가율 정체 • 취업준비생 및 직장인 등 피부 및 미용, 이미지 분야 관심 고조 • 불규칙한 식생활과 스트레스 증가로 현대인의 성인여드름 증가 • 1인당 의료비의 급속한 소비 증가(OECD 국가 중 최고)
기술적 환경	• 나노 생명기술의 발달 • 천연 원료 성분 개발기술 향상
자연적 환경	• 대기오염 • 유전자 식품의 증가

① 친환경 제품을 이용하고자 하는 최근 소비자들의 분위기
② 1인당 의료비 지출 및 미용분야 소비액 증가
③ 현대 소비자들의 미용 및 이미지 메이킹에 대한 중요성과 관심 증가
④ 사보험의 증가와 보험보장내용 확대로 인한 진료비 보상이 용이
⑤ 10대에 해당되었던 여드름이 20~30대에도 발생하는 여드름 인구의 증가

> **해설** ④ 병원에서 진료를 받고 치료비 사용 후 사보험으로 쉽게 보장받을 수 있다면 여드름 치료제의 사용률은 저하될 수밖에 없다. 보험의 보장은 위협요인에 해당한다.

[33~34] 다음은 마케팅부서와 영업부서의 대화내용이다. 읽고 물음에 답하시오.

- 마케팅 1 : 이번 ○○서비스 런칭에 대한 3/4분기 전체예산이 결정되었습니다. 따라서 마케팅믹스에 어떻게 적절히 배분할 것인지 상의하고자 이 자리를 마련하였습니다.
- 영업팀 1 : 저희 영업팀에서도 예산안을 확인하였습니다만, 이번에는... 아무래도 요즘 추세에 따라 인적판매에 많은 부분을 할당하는 것이 좋겠다고 판단했습니다.
- 마케팅 2 : 신규 런칭하는 서비스를 인적판매만으로 얼마나 많은 고객들에게 알릴 수 있을지 모르겠지만, 광고보다 더 좋은 홍보효과는 없습니다....
- 영업팀 2 : 요즘은 고객들이 직접 사용해보고 느끼는 경험을 중시합니다. 그리고 서비스 체험 후 SNS나 온라인을 통해 공유하는 것을 더 선호하니, 서포터즈들을 동원해 직접 현장에 방문하여 고객들을 즐겁게 해주는 것이 긍정적인 구전을 형성하는 데 도움이 될 것입니다.
- 마케팅 3 : 일단, 저희가 준비한 촉진방법에 대한 내용을 들어보시죠.
- 영업팀 3 : 네, 참고하였습니다. 그럼 이번에는 저희 영업팀에서 진행하고자 하는 촉진방법을 말씀드려보겠습니다.

33. 위의 대화 내용은 기업들이 흔히 겪고 있는 마케팅부서와 영업부서 사이의 견해 차이이다. 이러한 경우 어떠한 방안이 최적의 해결책이 될 것인가?

① 각 부서의 상위 총괄책임자인 임원이 결정을 내릴 수 있도록 철저한 자료를 조사한 후 보고해야 한다.
② 통합적 마케팅 커뮤니케이션 관리 개념을 도입하여 각 촉진방법의 효과에 따라 활용정도를 결정한다.
③ 순차적으로 촉진방법의 시기를 달리하여 분기별 예산사용의 순서를 정한다.
④ 과거 자료에 근거하여 가장 효과가 좋았던 촉진방법대로 그대로 활용한다.
⑤ 예산을 공정하게 반으로 나누어 각 팀의 개별적인 촉진방법을 활용한다.

> [해설] ② 과거의 촉진예산 할당문제를 해결하기 위해 최근 선진적인 기업들은 통합적 마케팅 커뮤니케이션(IMC)을 적극 도입하여 활용하고 있다. 이는 산재되어 있는 예산의 과소비와 부적절한 사용을 통합적으로 관리하여 기업의 이익을 도모하는 데에도 유리하다.

34 위 내용의 각 부서에서 주장하는 여러 가지 촉진방법은 각기 다른 특성을 가지고 있다. 촉진방법에 대한 설명으로 옳지 않은 것은?

① 마케팅 3 - 광고는 장기간에 걸쳐 브랜드이미지를 구축해 나갈 수 있고, 단기간의 메시지 전달로도 넓게 분산된 소비자들에게 어필할 수 있는 장점이 있습니다.
② 영업팀 3 - 인적판매는 구매행동을 유도하는 단계에서 특히 중요한 촉진방법입니다. 소비자의 욕구와 반응을 즉각적으로 알 수 있는 방법입니다.
③ 마케팅 3 - TV 공중파 광고는 상당히 많은 비용을 필요로 하지만, 비교적 적은 예산을 들여 라디오광고나 케이블TV 광고로 전향할 수도 있습니다.
④ 영업팀 3 - 인적판매는 판매조직의 크기를 쉽게 변화시킬 수 있기 때문에 비용을 활용하기에 유동적으로 움직일 수 있습니다.
⑤ 영업팀 3 - 인적판매는 고객들 사이에서 의견의 상호교류가 일어나기 때문에 좀 더 신뢰관계를 만들 수 있습니다.

해설 ④ 인적판매는 판매조직의 크기를 변화시키기 어렵기 때문에 기업의 입장에서는 상당한 비용이 고정비용으로 묶이게 된다.

행운이란
100%의 노력 뒤에 남는 것이다.
- 랭스턴 콜만 -

부록

고공행진 모의고사

제1회 고득점 공략 행진 모의고사

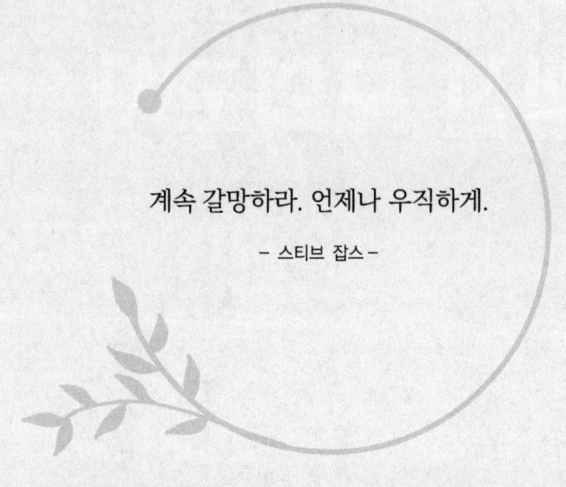

계속 갈망하라. 언제나 우직하게.

- 스티브 잡스 -

끝까지 책임진다! SD에듀!

QR코드를 통해 도서 출간 이후 발견된 오류나 개정법령, 변경된 시험 정보, 최신기출문제, 도서 업데이트 자료 등이 있는지 확인해 보세요! 시대에듀 합격 스마트 앱을 통해서도 알려 드리고 있으니 구글 플레이나 앱 스토어에서 다운받아 사용하세요. 또한, 파본 도서인 경우에는 구입하신 곳에서 교환해 드립니다.

제1회 고득점 공략 행진 모의고사

📋 일반형 24문항

01 다음 중 서비스 유형에 따른 관리 방안으로 가장 적절한 것은?

❶ 시중은행과 같이 많은 직원이 필요한 서비스업은 교육 및 인력관리가 중요하다.
② 고객접촉도가 높은 서비스업의 업무 효율성 제고를 위해 모든 부문의 접촉강화전략이 필요하다.
③ 상호작용과 고객화가 높은 서비스업은 직원의 이직률을 낮추기 위해 엄격한 상하관계관리가 중요하다.
④ 호텔 및 콘도와 같이 많은 자본투자가 이루어지는 서비스업은 성수기에 수요를 최대화하는 것이 중요하다.
⑤ 상호작용과 고객화가 낮은 서비스업은 서비스 제공 인력의 전문성을 높이고, 수평적 상하관계 관리가 필요하다.

> **해설** ② 고객접촉도가 높은 서비스업의 업무 효율성 제고를 위해 접촉이 꼭 필요한 부문은 접촉강화전략, 그렇지 않은 부문은 접촉감소전략을 활용하는 것이 필요하다.
> ③ 상호작용과 고객화가 높은 서비스업은 서비스 제공 인력의 전문성을 높이고, 수평적 상하관계관리가 필요하다.
> ④ 호텔 및 콘도와 같이 많은 자본투자가 이루어지는 서비스업은 성수기 수요를 비수기로 전환하는 수요관리가 중요하다.
> ⑤ 상호작용과 고객화가 낮은 서비스업은 표준화된 운영절차와 엄격한 상하관계관리가 필요하다.

02 다음 중 서비스업에 대한 내용으로 가장 적절한 것은?

① 서비스는 제조업체의 입장에서는 필요악이다.
② 도시화의 가속은 서비스업 성장의 저해요인이다.
❸ 새로운 직업의 대부분이 서비스에 의해 창출되고 있다.
④ 임대의 개념으로 서비스를 보는 관점은 적절하지 않다.
⑤ 첫 구매의 경우, 유형재로서의 제품에 비해 서비스의 경우 고객 기대관리가 더욱 용이하다.

> **해설** ① 서비스 산업과 제조업의 구분이 필요하며, 특히 최근 제조업의 산출물인 제품의 차별화를 위해 서비스가 활용되고 있다.
> ② 도시화가 진행됨에 따라 서비스 산업이 성장하였다.
> ④ 서비스의 경우 임대의 개념으로 보는 것이 적절하며, 예를 들어 의료서비스의 경우 병원의 시설과 의사의 전문지식을 빌리는 것으로 이해할 수 있다.
> ⑤ 서비스는 무형재이기에 첫 구매 시 기대형성이 어렵다.

03 다음 중 서비스 패러독스(Service Paradox)가 발생하게 된 원인으로 가장 적절한 것은?

❶ 셀프서비스 증가
② 고객의 기대 감소
③ 숙련된 서비스 제공자 일선 배치
④ 개인의 요구에 맞춘 서비스 개별화
⑤ 서비스 생산 및 제공 과정에서 인간 존중

> 해설 서비스 패러독스가 발생하게 된 원인으로는 서비스 표준화, 기술기반의 비인간적 서비스 증가, 숙련되지 않은 일선 근무자의 서비스 제공, 셀프서비스 증가, 일부 기업의 좋은 서비스로 인한 고객의 기대 증가, 약속한 양질의 서비스 미제공 등이 있다.

04 서비스 유형별 분류 매트릭스 작성에 필요한 것으로 가장 적절하지 않은 것은?

① 고객 접촉도에 따른 접점관리
② 부가 서비스 영역의 증가 주목
③ 고객의 적극적인 참여에 대한 독려
④ 서비스 수요 관리의 중요성 인지와 정보기술 활용
❺ 일괄적인 서비스 향상을 위해 통합 시스템을 구축

> 해설 서비스는 틀에 맞추어 구사하는 정형화에서 벗어나야 진정한 모습을 보이게 된다. 때와 장소에 따라 수많은 변형된 서비스가 필요한 이유이다.

05 다음 중 서비스품질 갭(GAP)에 대한 설명으로 가장 적절한 것은?

① 기대한 서비스와 경험(인지)한 서비스의 차이는 경영자 인지 격차이다.
② 기대된 서비스와 고객기대에 대한 경영진의 인식 차이는 서비스 전달 격차이다.
③ 서비스 전달과 경영진 인지의 품질명세화의 차이는 경영자 품질명세 격차이다.
❹ 서비스 전달과 고객에 대한 외적 커뮤니케이션의 차이는 시장 커뮤니케이션 격차이다.
⑤ 경영자 인식의 품질명세화와 고객기대에 대한 경영진의 인식 차이는 경험한 서비스 격차이다.

> 해설 ① 기대한 서비스와 경험(인지)한 서비스의 차이는 경험한 서비스 격차이다.
> ② 기대된 서비스와 고객기대에 대한 경영진의 인식 차이는 경영자 인지 격차이다.
> ③ 서비스 전달과 경영진 인지의 품질명세화의 차이는 서비스 전달 격차이다.
> ⑤ 경영자 인식의 품질명세화와 고객기대에 대한 경영진의 인식 차이는 경영자 품질명세 격차이다.

06 서비스 전달시스템을 효율적으로 설계하기 위해 고려해야 할 서비스 보증(Service Guarantee)에 대한 설명으로 가장 적절한 것은?

① 최소한의 보증은 무보증과 유사하다.
❷ 보증을 요구한 고객이 만족해 하는지를 명확하게 확인한다.
③ 효율성을 위해 서비스 설계 단계에서의 참여자를 최소화한다.
④ 법률적 용어를 사용하여 최대한 상세하게 보증조건을 제시한다.
⑤ 고객이 보증을 요구할 경우 다양한 상황을 충분한 시간을 가지고 검토한 후에 대응한다.

> 해설 ① 최소한의 보증은 무보증보다 효율적이다.
> ③ 서비스 설계단계에 고객과 종업원 등 모든 이해관계자를 포함시킨다.
> ④ 복잡한 법률적 언어는 피하는 것이 바람직하다.
> ⑤ 고객이 보증을 요구할 경우 즉각적으로 대응한다.

07 다음 중 서비스 품질 측정이 어려운 이유로 적절하지 않은 것은?

① 서비스 품질은 주관적임
② 전달 이전 테스트의 어려움
③ 고객으로부터 서비스품질에 대한 데이터 수집의 어려움
④ 고객은 프로세스의 일부이며 변화 가능성이 있는 요인으로의 인식
❺ 자원이 고객과 분리되어 이동하므로 고객이 자원의 변화를 파악하기 어려움

> 해설 자원이 고객과 함께 이동하므로 고객은 자원의 변화를 관찰할 수 있다.

08 다음 중 서비스 품질 격차(GAP) 모델에 대한 설명으로 가장 적절한 것은?

① 서비스 품질은 격차가 클수록 우수하다고 할 수 있다.
② 서비스 경험과 기대 사이에 발생 가능한 2가지 격차를 밝힌다.
③ 품질명세 격차는 고객 기대 수준을 조정함으로써 해결할 수 있다.
④ 품질명세 격차는 서비스 품질명세가 고객 기대와 불일치할 때 발생한다.
❺ 경영자 인지 격차는 서비스 경쟁에 대한 경영자의 올바른 이해를 통해 해결할 수 있다.

> 해설 ① 서비스 품질은 이 격차가 작을수록 우수하다고 할 수 있다.
> ② GAP 모델은 서비스 경험과 기대 사이에 발생 가능한 5가지 격차를 밝히는 것이다.
> ③ 품질명세 격차는 고객기대를 정확하게 품질명세화할 수 있는 계획과정의 확립이 전제되어야 해결할 수 있다.
> ④ 품질명세 격차는 서비스 품질명세가 경영자가 인지하는 고객 기대와 불일치할 때 발생한다.

09 다음 중 서비스 프로세스의 재설계 과정으로 적절하지 않은 것은?

① 편의성과 전달기능 향상을 위해 서비스 프로세스 중 물리적 요소를 재설계
❷ 고객별 서비스의 종류를 줄이고 다양성을 확보할 수 있도록 일관된 서비스를 제공
③ 서비스 속도를 증가시키고 접근성을 향상할 수 있는 방법으로 셀프서비스를 활용
④ 편의성과 접근성을 높일 수 있도록 고객에게 서비스를 직접 전달하는 과정을 창출
⑤ 서비스의 효율성과 제공 속도를 높이기 위해 부가가치를 창출하지 않는 서비스 전달 단계를 제거

해설 서비스 프로세스가 일관된 경우 각각의 고객들을 위해 서로 다른 서비스 제공 프로세스를 개발하여야 하므로 종류와 다양성이 증가하게 된다.

10 개선할 서비스 프로세스의 선정 방법으로 옳지 않은 것은?

① 어떤 서비스가 고객에게 가장 중요한가?
② 어떤 프로세스가 고객의 눈에 가장 잘 띄는가?
③ 서비스를 생산하는 프로세스는 어떤 것인가?
④ 어떤 프로세스가 고객이 설정한 성과기준에 가장 큰 영향을 미치는가?
❺ 서비스 제공자가 설정한 성과기준에 어떤 서비스가 가장 큰 영향을 미치는가?

해설 서비스 프로세스의 개선은 서비스 제공자의 입장이 아닌 고객의 입장에서 개선되어야 한다.

11 현재 프로세스의 성과와 이상적 프로세스의 성과 간의 차이를 무엇이라고 하는가?

① 프로세스 목표격차(Process Goal Gap)
② 프로세스 경로격차(Process Path Gap)
③ 프로세스 능력격차(Process Capability Gap)
④ 프로세스 인식격차(Process Perception Gap)
❺ 프로세스 성과격차(Process Performance Gap)

해설 현재 프로세스의 성과와 이상적 프로세스의 성과 간 차이를 프로세스 성과격차라고 한다.

12 서비스 수요의 특성으로 옳지 않은 것은?

① 서비스는 재고의 저장이 불가능하거나 어렵다.
② 서비스는 시간과 공간의 제약이 따르는 경우가 많다.
③ 서비스 수요량이 공급량을 넘어서면 넘치는 수요는 포기해야 한다.
④ 대부분의 서비스 수요는 눈에 보이지 않고 만들어지면 바로 소비된다.
❺ 서비스 수요는 즉시 제공되지 못해도 수요 자체가 사라져 버리지는 않는다.

해설 ⑤ 서비스 수요는 높은 변동성을 보인다. 월별, 주별은 물론 요일이나 시간대에 따라 수요가 변한다. 서비스 수요가 일정시점에 집중되거나 시간별로 급격한 변동을 보일수록 수요예측은 더욱 어려워진다.

13 다음 중 서비스 수요를 예측하거나 관리하는 것에 대한 설명 중 옳은 것은?

❶ 시간 경과에 대한 기준을 이용하여 서비스 수요를 파악하는 것이 좋다.
② 가급적 넓은 범위의 시장규모를 단위로 활용하여 수요를 확인하는 것이 좋다.
③ 날씨와 환경 등은 제품 수요에 비해 서비스 수요에는 영향을 미치지 않는다.
④ 동일시간을 기준으로 할 때 서비스 수요는 제품수요에 비해 변화의 폭이 적다.
⑤ 고객의 나이에 따른 특성은 거의 모든 시장에서 서비스 수요 예측을 위한 중요변수가 된다.

해설 서비스는 시간단위에 따른 변화가 크게 발생하기 때문에 가급적 시간경과의 세분화된 단위에 따라 수요를 예측하고 관리하는 것이 좋다.

14 수율관리의 적합성에 대한 설명으로 가장 적절하지 않은 것은?

① 가용능력 변경비용은 높고 한계판매비용은 낮은 상황에서 수율관리 적합성은 높아진다.
② 사전 판매 혹은 선불 판매를 할 수 있는 상황에서 수율관리의 적합성은 높아지게 된다.
③ 서비스 판매가 이루어지지 못하면 서비스 가용 능력이 소멸되는 경우에 수율관리가 더 적합하다.
④ 고객의 서비스 수요에 대한 변동성이 높아서 성수기와 비수기의 구분이 명확하고 계절적인 수요가 발생하는 상황에서 수율관리의 적합성은 높아진다.
❺ 서비스 공급이 제한되어 일정 수준 이상의 서비스 수요가 발생하여, 공급량 이상의 수요에 대해서는 포기해야 하는 상황에서는 수율관리 적합성이 낮아진다.

해설 서비스에서 수율(Yield)관리는 가용능력이 제한된 서비스에서 수요 - 공급의 관리를 통해 수익을 극대화하는 것을 말한다. 가용능력 변경비용은 높고 한계판매 비용은 낮은 상황, 서비스가용능력을 변경하는 비용이 높아서 수요의 변동에 맞추어 서비스공급능력을 쉽게 조절할 수 없는 경우, 즉 서비스공급이 제한되어 일정수준 이상의 서비스 수요가 발생되면 공급량 이상의 수요에 대해서는 포기해야 하는 상황에서 수율관리의 적합성은 높아진다.

15 서비스 대기행렬 이론과 관련된 설명으로 가장 옳지 않은 것은?

① 서비스를 처리하는 우선순위 규칙 중 FCFS의 장점은 단순성과 공정성에 있다.
② 고객대기비용(간접비용)은 서비스를 받기 위해 대기하는 장소 등의 관리비도 포함된다.
③ 대기는 '고객이 도착하는 간격'과 '서비스에 걸리는 시간'이 불확실할 때에도 발생할 수 있다.
④ 대기 시스템에서 발생하는 총비용을 최소화하는 서비스 용량의 수준을 찾는 것이 대기행렬이론의 목적이다.
❺ 대기행렬이론에서는 서비스 시스템이 한 고객을 처리하는 데 걸리는 서비스시간은 포아송분포를 따른다고 가정한다.

해설 대기행렬이론에서는 서비스 시스템이 한 고객을 처리하는 데 걸리는 서비스시간은 지수분포를 따른다고 가정한다.

16 서비스 인력의 선발 방법 중 '예측타당성이 높은 선발'에 대한 설명으로 가장 적절한 것은?

① 서비스 기업의 문화에 적절한 인재를 선발하였다.
❷ 입사 후 서비스 직무성과가 높을 사람을 선발하였다.
③ 서비스 기업의 인재상과 어울리는 사람을 선발하였다.
④ 입사 후 1년 이내 이직 가능성이 높은 사람을 선발하였다.
⑤ 입사 후 수행할 서비스 직무에 대한 지식이 많은 사람을 선발하였다.

해설 ② 선발도구가 입사 후 성과가 높을 사람을 선발하였다면 선발의 예측타당성이 높다고 할 수 있다.
①·③ 인재선발 방침과 관련이 있다.
④ 잘못된 선발의 예이다.
⑤ 선발방식에 대한 내용이다.

17 서비스 인력에 대한 성과를 측정하는 방법 중 하나는 조직몰입을 측정하는 것이다. 조직몰입의 유형 중 지속적 몰입이 높은 직원이 보여주는 행동에 가장 적절한 것은?

① 회사에 대한 애착이 지속적이다.
② 고객에 대한 애착이 지속적이다.
③ 회사의 규범을 지속적으로 잘 지킨다.
④ 자신의 일을 지속적으로 열심히 한다.
❺ 이직하지 않고 회사에 지속적으로 근무하고자 한다.

해설 ⑤ 조직몰입 유형 중 지속적 몰입에 해당한다.
① 조직몰입 유형 중 정서적 몰입에 해당한다.
② 조직몰입 유형에 해당하지 않는다.
③ 조직몰입 유형 중 규범적 몰입에 해당한다.
④ 조직몰입 유형에 해당하지 않는다.

18 인적자원관리의 성격과 중요성에 관한 다음의 설명 중 가장 옳지 않은 것은?

① 인적자원은 능동적이고 자율적인 성격을 띠고 있다.
② 인적자원관리는 직원이 창출하는 노동상품이 하나의 인격체라는 인식에서 출발한다.
❸ 각 개인의 노동력은 이질적인 것이 아니며, 각 인적자원은 그들이 담당할 수 있는 직무가 동일하다.
④ 조직의 구성원들은 목표를 달성하기 위하여 필수적이며, 구성원들을 어떻게 관리하는가에 따라 조직의 성패가 좌우된다.
⑤ 성공적인 인적자원관리를 위해서는 선발에서부터 평가와 보상에 이르는 전 과정을 통합적으로 계획하고 관리해야 한다.

해설 각 개인의 노동력은 동질적인 것이 아니며, 각 인적자원은 그들이 담당할 수 있는 직무가 다르고 직무 수행능력이 각기 다르다.

19 다음 중 외부모집에 대한 설명으로 적절한 것은?

① 훈련과 조직화 시간이 단축된다.
❷ 기업의 급격한 전환기에 효과적이다.
③ 성장기 기업은 유자격자의 공급이 어렵다.
④ 신속한 충원과 충원비용의 절감이 가능하다.
⑤ 조직 내부정치와 관료제로 인해서 비효율적이 될 수 있다.

해설 ①·③·④·⑤ 내부모집에 대한 설명이다.

20 다음 중 직무평가의 방법으로 적절한 것은?

① 요소 비교법은 간단하고 신속하다.
② 서열법은 기업들이 가장 많이 이용하는 직무평가방법이다.
③ 분류법은 평가요소를 기준직무의 평가요소와 결부시켜 비교하는 것이다.
❹ 분류법은 사전에 만들어 놓은 등급에 직무를 판정하여 맞추어 넣는 방법이다.
⑤ 요소 비교법은 직무요소마다 점수화, 통계화하여 직무가치를 평가하는 방법이다.

해설 ① 서열법의 장점이다.
② 기업들이 가장 많이 이용하는 직무평가방법은 점수법이다.
③ 평가요소를 기준직무의 평가요소와 결부시켜 비교하는 방법은 요소 비교법이다.
⑤ 직무요소마다 점수화, 통계화하여 직무가치를 평가하는 방법은 점수법이다.

21 다음 중 고객만족경영의 효과로 가장 적절하지 않은 것은?

① 재구매 고객 창출
② 마케팅 비용 절감
③ 임직원 이직률 감소
❹ 고객 전환비용(Switching Cost) 최소화
⑤ 고객에 의한 구전(WOM ; Word of Mouth)

해설 고객만족경영에서의 고객은 내부고객을 포괄하는 개념이며, 적극적인 관계마케팅을 통한 전환비용(Switching Cost) 극대화를 통해 고객의 재구매를 활성화시킬 수 있다.

22 다음 중 고객만족경영에 대한 설명으로 가장 적절한 것은?

① 기업이 제공하는 모든 활동에 대해 고객의 종합적 인식에 의한 판단평가이다.
② 시장을 세분화하여 다양한 고객의 소리를 청취하고, 시장의 변화를 파악하는 노력이다.
③ 기업이 고객을 발굴하고, 선정하고, 획득하고, 개발하고, 유지하는 모든 비즈니스 프로세스를 말한다.
④ 직원 만족도 / 충성도, 생산성, 고객 만족도 / 충성도, 수익 창출 및 지속 성장의 관계를 정의하는 것이다.
❺ 고객만족도를 정량적으로 파악하고, 객관적으로 판단하여 이를 제고하기 위한 경영 노력 그 자체를 말한다.

해설 ① 고객가치, ② 고객의 요구사항 파악, ③ 고객관계관리, ④ 서비스 수익체인(Service Profit Chain)

23 다음 중 고객을 계속 유지하기 위한 방법으로 가장 적절하지 않은 것은?

① 고객 서비스에 대한 원활한 정보전달
② 내부고객에게 제공하는 서비스 향상
❸ 종업원의 표준화된 서비스 제공을 위한 자율성 제한
④ 위험감수, 새로운 아이디어 창출을 위한 기업문화 조성
⑤ 모든 의사결정, 시스템 및 공정을 고객의 욕구와 기대에 초점

해설 고객을 계속 유지하기 위해서는 고객의 요구에 유연하게 대응할 수 있도록 종업원에게 높은 자율성을 부여해야 한다.

24 다음 중 고객의 불평과 불만을 피드백받기 위한 VOC의 성공조건으로 가장 적절하지 않은 것은?

❶ 고객만족관리 임원들만 VOC 이용
② 고객으로부터의 피드백 발생 시 반드시 기록
③ 고객 불평의 추세판단을 위한 통계보고서 작성
④ 고객으로부터의 피드백을 분류하여 신뢰성 제고
⑤ 제품과 서비스의 수명주기를 통해 적극적으로 추구

해설 모든 임원들이 VOC를 이용한다.

O / X형 5문항

25 슈메너의 서비스 프로세스 매트릭스 중 서비스숍은 노동 집약도의 정도가 낮고 상호작용과 고객화의 정도가 낮은 특성이 있다.

(① O ❷ X)

> 해설 서비스숍은 상호작용과 고객화의 정도가 높다.

26 서비스 수요와 공급의 불일치 조절을 위하여, 파트타임 종업원을 추가로 고용하는 것은 성수기 공급증대전략에 해당한다.

(❶ O ② X)

> 해설 성수기, 비수기의 수요, 공급 조정 전략 중 파트타임 종업원 추가 고용은 성수기 공급증대전략에 해당한다.

27 조직 및 집단 차원에서의 갈등은 무조건 비효율적이지는 않으며, 때로는 집단의 성과를 향상시키기도 한다.

(❶ O ② X)

> 해설 갈등의 전통적 견해는 모든 갈등이 나쁘다고 가정하였으나, 인간관계적 견해나 상호작용적 견해에서는 갈등의 긍정적 요소도 있다고 본다.

28 이직관리는 개인적인 경력목표를 설정하고 이를 달성하기 위한 경력계획을 수립하는 활동이다.

(① O ❷ X)

> 해설 경력개발관리에 대한 설명으로, 이직관리는 이직률의 증가를 막기 위하여 이직에 대한 관리를 하는 것을 말한다.

29 고객의 입장에서 기존의 마케팅 믹스인 4Ps를 4Cs로 대체하자는 주장이 있으며, 4Cs는 제공자와 고객 간의 양방향 상호작용 중심이라는 경향을 가지고 있다.

(❶ O ② X)

> 해설 4Cs는 Customer, Cost, Convenience, Communication을 의미하며 상호작용 성격이 있다.

연결형 5문항

[30~34] 다음 단어에 대한 설명으로 알맞은 것을 각각 골라 넣으시오.

> ① FCFS   ② P-S-P   ③ SWOT분석   ④ 제품의 서비스화   ⑤ 포지셔닝

30 융합상품의 개발 방식 중 정수기 판매회사에서 제품을 판매하는 대신 렌탈 서비스로 전환한 경우의 방식

(   )

해설 제품의 서비스화(Servitization)에 대한 설명이다.

31 고객을 잘 알고 직접 대면하는 접점 직원들에게 잘 대해 주면 내부고객인 직원은 자신의 직무인 서비스를 열정적으로 수행할 것이므로, 결국 외부고객에 대한 서비스가 향상되어 외부고객의 만족 및 재구매를 통한 이윤증대로 돌아온다는 경영철학

(   )

해설 P-S-P(People, Service, Profit) 경영철학에 대한 설명이다.

32 서비스를 처리하는 순서의 배정 규칙 중 먼저 온 순서대로 서비스를 제공하여 단순성과 공정성이 있는 기준

(   )

해설 FCFS(or 선착순 기준)에 대한 설명이다(유사 정답 : 선착순 규칙).

33 서비스 마케팅 전략 중 STP전략에서 목표시장 내 고객들에게 인지될 위치를 결정하는 것을 의미하는 용어

(   )

해설 포지셔닝에 대한 설명이다.

34 기업의 내부 환경과 외부 환경을 분석하여 강점, 약점, 기회, 위협 요인을 규정하고 이를 토대로 경영 전략을 수립하는 기법

(   )

해설 SWOT분석에 대한 설명이다.

📰 사례형 10문항

35 다음은 A가구 회사의 서비스에 대한 품질비용의 설명으로 가장 옳은 것은?

> • **직원 1** : 저희 회사가 직원들에 대한 교육 프로그램 중 가구의 설치 및 운반 능력 향상 교육 등을 다양화하고 횟수도 종전보다 30% 가량 늘린 결과, 직원들이 가구를 설치, 운반하는 등에 있어 고객들의 만족도가 높아진 것 같습니다.
> • **직원 2** : 그뿐만이 아니라, 실제로 가구를 납품, 설치 후에 문제가 있어 고객의 클레임을 처리하거나 A/S를 하는 비용이 실제로 감소하였습니다.

① 직원 1의 발언은 서비스에 대한 품질비용 중 평가비용과 관련이 깊다.
② 직원 2의 발언은 서비스에 대한 품질비용 중 예방비용과 관련이 깊다.
③ 직원 1의 발언은 서비스에 대한 품질비용 중 내부실패비용과 관련이 깊다.
❹ 직원 2의 발언은 서비스에 대한 품질비용 중 외부실패비용과 관련이 깊다.
⑤ 서비스 품질 관리가 우수한 기업의 품질비용은 일반적으로 A가구 회사와 같이 서비스 실패 사전 방지를 위한 비용의 비중이 낮다.

해설 ①·③ 직원 1의 발언은 예방비용과 관련 있다.
② 직원 2의 발언은 외부실패비용과 관련 있다.
⑤ 서비스 품질관리가 우수한 기업은 서비스 실패 사전 방지를 위한 비용의 비중이 높다.

36 다음의 커피 전문점 S사의 서비스 프로세스에 관한 내용 중 가장 옳지 않은 것은?

> 커피 전문점의 대표적인 S사는 일정한 가격으로 한정된 종류의 커피 등을 판매한다. 구매를 원하는 고객은 카운터에서 정해진 메뉴 내에서 직접 주문, 계산한 후 주문한 음료가 나오면 이를 받아 자신이 원하는 자리에서 음료를 마시거나 테이크아웃하여 나간다. 이러한 서비스 프로세스를 적용하기 위하여 종업원을 위한 매뉴얼 형태의 업무수행 방법이 존재한다.

① 사례에서 S사의 서비스 프로세스는 매우 표준화된 프로세스를 제공하고 있다.
② 사례와 같은 서비스 프로세스를 주로 적용하는 경우는 검증된 효율적인 방법이 존재할 가능성이 높다.
③ 사례의 S사와 같은 경우 이질적인 태도와 능력을 지닌 종업원들의 업무수행을 균질화하기 위한 노력이 필요하다.
④ 고객의 요구가 다양하고 이질적인 경우에는 상당히 정형화된 사례와 같은 프로세스만을 제공할 경우 바람직하지 못한 성과로 나타날 수 있다.
❺ S사와 같이 모든 고객에게 동일한 서비스 프로세스를 제공하는 경우, 서비스 제공자에게 많은 판단력이 요구되므로 종업원의 능력 수준이 높아야 한다.

해설 많은 판단력과 유연성이 요구되어 서비스 제공자의 능력수준이 높아야 하는 것은 고객화된 서비스 프로세스의 경우이다.

37 다음 신문 기사에 대한 내용으로 가장 옳지 않은 것은?

> 〈2014년 3월 P신문 기사 중 일부〉
> 항공권은 같은 날 같은 비행기에 나란히 앉아 같은 목적지에 가더라도 옆자리에 앉은 사람의 표와 가격 차이가 날 수 있다. 어떤 조건의 항공권을, 언제 예매했느냐에 따라 요금이 달라지기 때문이다. 항공권 예약을 일찍 할수록 요금은 더 저렴해진다. 항공사들은 선 구매를 조건으로 항공권을 할인해주는 '조기 발권(Early Bird)' 서비스를 상시화 운영하고 있다.

① 항공사의 정책은 성수기, 비수기 등의 수요의 변동성이 높은 경우에 보다 적합성이 있다.
❷ 수요에 따라 좌석을 바로 늘릴 수 없다는 특징은 기사 내용의 항공사 정책의 적합성을 낮추는 요인이 된다.
③ 항공사들은 '조기 발권' 정책 등을 활용하여, 가용능력이 제한된 서비스에서 관리를 통하여 수익 극대화를 추구한다.
④ 위와 같은 정책이 가능한 이유는 고객의 욕구, 가격지불의도 등에 따라 몇 개의 세분시장으로 구분될 가능성이 있기 때문이다.
⑤ 매번 항공기 좌석을 100% 채워서 운행할 수는 없는데, 이러한 빈 좌석은 소멸된다는 특성이 기사 내용의 항공사 정책의 적합성을 높인다.

해설 기사의 내용은 항공사의 정책 중 수율관리에 관한 내용에 해당한다.

38 다음 백화점 매장별 직원들 사이의 대화에서 옳지 않은 것은?

> • 모피 매장 직원 : 요즘 7월은 여름 더위가 한창이지만, 저희 매장은 대대적인 모피 할인 행사를 통하여 고객들을 끌고 있어요. 겨울에 모피를 구입하는 것에 비해 많은 할인 혜택이 있기 때문에 고객들이 여름에도 모피를 구입하러 많이들 옵니다.
> • 빙수 매장 직원 : 아, 그렇군요. 저희 빙수 매장은 여름철이 되니 빙수를 찾는 사람이 하루 기준 2배 정도 증가해서 일시적으로 파트타임 아르바이트생을 몇 명 더 채용했어요.
> • 명품 매장 직원 : 저희 매장의 이 가방은 일시 품절인데, 해외 본사로부터 재고 입고가 될 때까지 고객이 원할 경우 예약만 받고 있어요.
> • 곰탕 매장 직원 : 저희 매장은 여름이 상대적으로 손님이 적은 편이라 직원들이 여름휴가를 많이 가는 편입니다.
> • 화장품 매장 직원 : 그나저나 저도 여름휴가를 가려하니, 모든 호텔이 손님이 많아서인지 평소 가격보다 더 비싼 가격을 받더라고요.

① 모피 매장의 경우는 비수기 수요진작전략에 해당한다.
❷ 빙수 매장의 경우는 성수기 수요증대전략에 해당한다.
③ 명품 매장의 경우는 성수기 수요감소전략에 해당한다.
④ 곰탕 매장의 경우 비수기 공급조정전략에 해당한다.
⑤ 호텔의 경우는 성수기 수요감소전략에 해당한다.

해설 빙수 매장의 경우는 성수기 공급증대전략에 해당한다.

39 다음 관광지에 있는 호텔의 예약과 관련된 정책 중 가장 옳지 않은 것은?

> P호텔은 사전 객실 예약 접수를 받을 때, 실제 호텔에서 판매 가능한 객실 수가 250실임에도 그 이상인 260실까지 예약을 받고 있다. 이는 그동안의 호텔 운영 경험 상 갑작스러운 예약 취소, No-Show 발생 등을 감안하여 예약 가능 최대 객실 수를 결정하였기 때문이다.

① 호텔 객실 제공 서비스는 재고 저장이 불가능한 상품에 해당한다.
② 이러한 호텔의 정책은 수입 손실을 최소화하기 위한 노력으로 도입되었다.
❸ 호텔에 예약한 고객이 초과예약으로 인해 서비스 제공을 받지 못하여 발생하는 비용을 재고과잉비용이라 한다.
④ 예약한 고객이 예약 당일에 나타나지 않는 경우, 해당일에 그 호텔 객실은 가치를 잃게 되므로 이를 해결하기 위해 도입되었다.
⑤ 이러한 호텔의 정책은 실제 예약을 한 고객이 객실에 투숙할 수가 없는 상황이 발생하여 고객에게 나쁜 이미지를 심어줄 수가 있다.

해설 호텔에 예약한 고객이 초과예약으로 인해 서비스 제공을 받지 못하여 발생하는 비용을 재고부족비용이라 한다.

40 다음 사례에서 A회사가 신규 서비스 수요 예측을 위하여 적용한 기법은 어느 것인가?

> A회사는 신규로 고객들에게 제공할 IT서비스와 관련하여 수요를 예측하기 위해 다음과 같은 방법을 사용하였다. 먼저 해당 IT서비스와 관련된 교수, 마케팅 전문가 등 위원들을 선정하여 그들에게 설문조사를 통하여 의견을 제시하도록 하였다. 이후 각자의 설문지에 나타난 개인 응답내용을 전체적으로 수집·요약하여 통계적으로 분석 후 이를 다시 기존 위원들에게 반송한다. 위원들은 자신의 의견과 평균치를 비교하여 수정하거나 자신의 의견을 고수한 채로 설문지를 다시 제출하였다. 이러한 절차를 몇 번 반복하여 어느 정도의 일치된 의견으로 수렴한 결과를 사용하였다.

① 지수평활법
② 이동평균법
③ 시장조사법
❹ 델파이기법
⑤ 지명집단기법

해설 A회사가 적용한 기법은 델파이기법으로, 예상되는 효과를 평가하는 목적으로 개발되었다.

41 다음 사례의 부서에서 계획하고 있는 방법으로 팀원을 모집했을 경우에 대한 설명으로 가장 적절하지 않은 것은?

> - **부서장**: 우리팀이 맡은 대형 프로젝트가 계속해서 늘어나면서 업무가 과중한 것 같습니다. 그래서 팀원을 신규로 충원할까 하는데, 어떤 방식으로 선발하는 편이 좋을지 의견 있으시면 말씀해주세요.
> - **직원 1**: 제 생각에는 외부 경력자를 채용하는 방법도 있겠지만, 회사 내부의 옆 본부에 있는 사람을 뽑는 것이 보다 효율적일 것 같다는 생각입니다.
> - **직원 2**: 저도 그렇게 생각합니다. 마케팅 3팀의 김과장 같은 사람은 기존에 저희 업무를 해보았기 때문에 보다 업무를 효율적으로 할 수 있을 것입니다.

① 훈련과 조직화 시간을 단축할 수 있다.
② 능력이 충분히 검증된 사람을 채용할 수 있다.
❸ 시간 비용 및 충원 비용이 많이 든다는 단점이 있다.
④ 재직자의 개발 동기 부여와 장기 근속 유인을 제공한다.
⑤ 조직 내부 이동의 연쇄 효과로 인한 혼란이 야기될 수 있다.

해설 직원 1, 2가 계획하고 있는 방법은 내부모집에 해당하므로, 신속한 충원과 충원비용을 절감할 수 있는 장점이 있다.

42 다음 S회사에서 채용을 위하여 적용한 면접의 유형은?

> 미국에서 젊은 나이에 실력을 인정받아 젊은 나이에 은행 지점장에 올랐던 P씨가 국내에서 활동하기 위해 국내 증권사인 S사에서 인터뷰를 보았다. 면접관은 P씨에게 "미국에선 잘했을지 모르지만 한국시장이 호락호락할 것 같으냐?", "왜 외국계 은행도 많은데 국내 증권사인 S사에 입사하려 하느냐?", "한국에 쉬려고 온 것은 아니냐?" 등 상기와 같은 매우 곤혹스럽고 자존심을 건드리는 질문만 한 후 나중에 연락하겠다며 면접을 끝냈다.

① 패널 면접
② 심층 면접
③ 구조적 면접
❹ 스트레스 면접
⑤ 비지시적 면접

해설 사례의 면접 방법은 공격적이고 피면접자를 무시하여 좌절하게 만들어 감정의 안정성과 좌절에 대한 인내성을 관찰하는 등의 평가방법으로 스트레스 면접에 해당한다.

43 다음 사례에 적용된 인사고과 평가방법에 대한 설명으로 가장 옳지 않은 것은?

> 김대리는 이번 성과 평가 기간에 회사로부터 새로운 메일을 한 통 받았다. 김대리 팀의 팀장인 박부장에 대한 평가를 김대리에게 하도록 하는 내용의 메일이며, 조직 통솔력, 의견 수렴도, 업무 할당 및 지시 능력, 부하 육성 능력, 솔선수범, 고충 처리 능력 등이 평가 항목으로 있어 점수를 매기도록 되어 있었다.

① 부하 직원의 참여의식을 고취시킬 수 있다는 장점이 있다.
② 상사가 부하 직원에게 보복할 가능성이 있다는 단점이 있다.
❸ 평가 실시가 용이하며, 직계상사가 부하 직원을 잘 알고 있다는 장점이 있다.
④ 부하 직원이 직속 상사를 평가하므로, 상사의 입장에서 호의적이지 않을 수 있다.
⑤ 부하 직원이 본인이 좋아하는 상사에게만 좋은 평가를 주는 인기투표가 될 가능성이 있다.

해설 사례의 평가 방법은 부하평가(상향식 평가)에 대한 것으로 ③의 내용은 상사에 의한 고과에 대한 설명이다.

44 다음은 전략적 상황분석에 의한 SWOT 전략수립방법 중 사례와 잘 연결된 전략은?

> 가. 미국 최대 서적 체인점인 반즈앤노블은 최근 디지털 콘텐츠 시장의 급신장으로 온라인 시장에 진출하려 한다. 그러나 온라인 시장에서의 낮은 인지도와 고객 DB의 열세로 쉽게 아마존이 독점하는 온라인 시장을 잠식하기에는 역부족이다.
> 나. 삼성전자는 휴대폰 시장의 선도기업이다. 최근 시장 수요가 감소되고 후발 주자의 거센 추격으로 위협을 받고 있다. 특히 중국업체 중 화웨이, 레노버의 저가 가격공세가 거세다. 그럼에도 불구하고 삼성전자는 2020년 비전달성을 위해 매출목표 10% 성장을 목표로 하고 있다.
> 다. 에쓰오일은 국내 4대 정유회사 중 하나다. 지속되는 수요부진과 원유가격의 영향으로 매출 및 수익이 감소하고 있다. 최근 최대 주주인 사우디아람코의 적극적인 투자지원에 힘입어 저부가제품 생산구조에서 고부가제품 생산구조로 바꾸고 ODC 투자를 확대할 예정이다.

구분	가	나	다
①	시장침투전략	시장기회선점전략	제품다각화전략
②	시장기회선점전략	시장침투전략	전략적제휴전략
③	제품다각화전략	시장침투전략	시장기회선점전략
❹	전략적제휴전략	시장침투전략	제품다각화전략
⑤	전략적제휴전략	시장기회선점전략	제품다각화전략

해설 가. 전략적제휴전략(OW 또는 WO전략)
　　　나. 시장침투전략(TS 또는 ST전략)
　　　다. 제품다각화전략(OS 또는 SO전략)

통합형 6문항

[45~46] 다음 대화를 읽고 물음에 답하시오.

- A 점 원 : B매니저님, 이번에 출시한 저희 ○○파스타가 큰 인기를 누리고 있어서 멀리서도 찾아오고 있는 실정이에요.
- B매니저 : 이번 신제품은 고객의 니즈를 찾아 그에 적합한 제품을 제공해서 성공한 것이지.
- A 점 원 : 네 그런 것 같아요. ○○파스타의 인기가 치솟는 것은 좋은 일이지만 고객들이 주로 점심시간에 몰려서 문제예요. 고객들의 대기시간이 점점 길어지고, 그에 따른 불만이 늘어나고 있거든요.
- B매니저 : 오늘 점심 중에 있었던 고객과의 소란도 그 문제 때문이지?
- A 점 원 : 네. 맞아요. 고객들이 주문한 ○○파스타가 너무 늦게 나와서 일부 고객의 언성이 높아졌어요.
- B매니저 : 만약 그렇다면 이 문제를 시급하게 처리하지 않으면 안되겠군.

45 주문한 제품이 늦게 나오고 있어 고객들의 불만이 늘어나는 상황에서 B매니저가 선택할 수 있는 성수기 공급증대전략으로 적절하지 않은 것은?

① 종업원 교차훈련을 통해 생산성을 향상시킨다.
② 시설을 확충하여 시간당 공급 가능한 물량을 늘린다.
❸ 바쁘지 않은 시간대에 방문한 고객에게 인센티브를 제공한다.
④ 점심시간에 고객이 집중되므로 해당 시간에 활용할 파트타임직을 고용한다.
⑤ 종업원의 노동 시간을 확충하여 업무 시작 전 가능한 업무를 사전에 진행해둔다.

해설 비수기 인센티브를 제공하는 전략으로 성수기 수요감소전략에 해당한다.

46 마이스터는 실제 대기시간뿐만 아니라 고객에게 지각된 대기시간도 중요하다고 하였는데, 이에 대한 설명으로 적절하지 않은 것은?

① 구매 전 기다림은 구매 중 대기보다 더 길게 느낀다.
② 다 함께 기다리는 것보다 혼자 기다릴 때 더 길게 느낀다.
❸ 고객에게 원인을 설명해주었을 때 기다림을 더 길게 느낀다.
④ 제공받는 서비스에 더 큰 가치를 느낄수록 사람들은 기다림을 짧게 느낀다.
⑤ 아무 일도 하지 않고 있을 때, 무엇인가를 하고 있을 때보다 더 길게 느낀다.

해설 원인이 설명되지 않았을 때 기다림을 더 길게 느낀다.

[47~48] 아래 사례를 보고 문항에 답하시오.

> A리조트에서는 고객들이 참여하는 휴일 산속 체험(Activity) 프로그램에 대한 불만이 접수되었다. 임산부에게 적절한 설명이 제공되지 않아 아침 이슬에 젖은 산길에서 미끄러질 수도 있었으며, 출발장소에서 너무 멀게 산속으로 이동하는 것에 대해서도 적절한 설명이 없었다는 것이다. 담당 직원 모두 이러한 사항을 인지하지 못하였으며, 특히 고객이 불만족을 제기한 이후 몇 시간 동안 방치되어 많이 분노한 상황이 되었다.

47 다음 사항이 모두 최초 접근방법이라고 가정하는 경우, 이와 같은 불만족의 접수 후 어떻게 처리하는 것이 서비스 실패 회복 절차상 가장 좋은 방법인가?

① 리조트 본사의 책임자가 출근한 다음날 직접 고객에게 사과하는 것이 좋다.
② 재발방지를 위해 프로그램에 대한 보완을 실시한 후 고객에게 사과하는 것이 좋다.
③ 접수직원의 실수가 분명하기 때문에 접수직원이 직접 고객에게 사과하는 것이 좋다.
④ 체험(Activity) 프로그램을 진행하는 직원이 적절한 설명 없이 진행한 것에 대해 사과하는 것이 좋다.
❺ 프로그램 또는 리조트 담당 책임자가 직접 고객에게 전반적인 절차에 대해 사과하는 것이 좋다.

해설 프로그램 담당자가 직접 고객에게 전반적 사항을 고려하여 사과하며, 적절한 조치를 취하는 것이 적합하다. 최초 접수직원이나 프로그램 담당 직원들 모두 고객에게 사과하는 것이 필요하지만 서비스 실패 후에는 모든 사항에 대해 책임을 가지고 있으며, 서비스 실패 복구에 필요한 충분한 권한을 가진 책임자가 고객과 접촉하는 것이 필요하다. 빠른 시간 내에 적절한 조치가 필요하기 때문에 일선 서비스 제공자에게 권한을 위양하는 것도 좋은 방법이 된다.

48 현재의 조직 운영 과정을 쉽게 바꾸지 못하는 경우 서비스가 실패하는 과정에 대한 개선노력 중 가장 적절한 것은 무엇인가?

① 직원별로 서비스 품질 수준을 평가하여 인사고과에 반영한다.
② 외부에서 유능한 서비스 책임자를 영입하여 조직을 활성화시킨다.
③ 입사 오리엔테이션 교육 때 서비스 실패와 회복에 대한 교육을 실시한다.
❹ 가능한 모든 다양한 관점별로 분석한 후 서비스에 대한 제공과정을 재설계한다.
⑤ 외부기관 평가를 통해 제공되는 서비스 수준에 대해 평가하여 개선방법을 마련한다.

해설 서비스 실패에 대한 회복은 빠른 시간 내에 고객이 만족할만한 피드백을 제공해주는 것이 가장 좋은 방법이 된다. 고객이 만족할만한 피드백에는 고객이 공감할 수 있는 사과, 상황의 개선에 필요한 노력(충분한 권한위양이 필요함), 재발방지에 대한 성실한 표현 등이 포함된다. 이러한 상황을 쉽게 적용하지 못하는 경우에는 서비스를 설계하는 과정에서 충분한 논의를 거쳐 서비스 실패가 발생하지 않게끔 관리하는 것이 필요하다.

[49~50] 아래 사례를 보고 문항에 답하시오.

> 국내 굴지의 커피전문점인 S사에는 고객의 입맛에 맞지 않는 커피가 제공되면 언제든지 고객이 원하는 맛의 커피로 바꾸어주는 서비스를 제공하고 있다. 현재 지점에서 다음과 같은 상황이 발생하였다. 조금 전 한 고객이 회원들에게 무료로 제공되는 커피 샷 추가 서비스와 우유 추가 서비스를 통해 작은 사이즈의 커피를 주문하면서 마치 큰 사이즈의 커피와 같은 크기로 만들어 달라는 주문을 하였다. 평소 이와 같은 고객의 요구가 못마땅했던 매장 직원은 회사의 정책을 들어 해당 요구를 거절하였는데 고객은 매장 직원에게 강한 불만족을 표현하고 있는 상황이다.
>
> S사에서 제공하는 커피의 사이즈는 다음과 같다.
> • A size : 커피 샷 2개 + 우유
> • B size : 커피 샷 3개 + 우유

49 고객은 매장 직원이 거절하였을 때 큰 사이즈의 커피를 먹는 것보다 작은 사이즈의 커피에 샷 추가를 한 후 우유를 넣는 것이 입맛에 맞다며 고객이 원하는 방법으로 커피를 만들 것을 주문하였다고 하였다. 매장 직원은 이 고객의 요구를 어떠한 이유로 어떻게 처리하는 것이 가장 적합한 방법이 될까?

❶ 모든 고객의 입맛은 상황에 따라 변할 수 있어 고객의 요구를 들어주는 것이 맞다.
② 원하는 맛의 커피로 바꾸어주는 서비스가 있으므로 고객의 요구를 들어주는 것이 맞다.
③ 회사의 정책에서도 이 사례가 나와 있기 때문에 고객의 요구를 들어주지 않아도 된다.
④ 모든 고객의 입맛을 만족시키는 것은 불가능하므로 고객의 요구를 들어주지 않아도 된다.
⑤ 메뉴에 고객의 요구에 가장 근접한 제품이 있으므로 고객의 요구를 들어주지 않아도 된다.

> **해설** 서비스의 특성은 변동성을 주요 성격 중 하나로 정의하고 있다. 서비스 제공자나 수혜자 모두 각각의 상황에 따라 동일한 서비스도 서로 다르게 인지할 수 있다는 것을 포함하는 개념이다. 따라서 동일한 촉진제품에 대해서도 다르게 인지할 수 있다는 점을 감안하여 서비스매뉴얼에 포함시키는 것이 좋다. 올바른 서비스를 제공하려 한다면, 고객의 다양성을 감안하여 서비스 접점시스템과 대응프로그램을 마련하여야 한다.

50 서비스의 경우 고객의 요구에 맞게 서비스를 제공하지 못하는 경우 고객이 그 자리에서 강하게 불만족을 표출하여 일선 직원과 많은 마찰이 발생하곤 한다. 위에서 제시한 예와 같이 동일한 매뉴얼을 사용함에도 불구하고 발생하는 문제는 어떠한 원인으로 발생하는 것일까?

① 서비스를 제공하는 순간 사라져 버리는 현상 때문에 발생하게 된다.
❷ 서비스를 제공받는 고객들의 상황이 항상 일정하지 않기 때문에 발생하게 된다.
③ 서비스가 고객과 직접 접촉을 통해 제공되므로 고객의 불만족은 항상 발생하게 된다.
④ 서비스가 눈에 보이지 않아 실제 고객의 요구가 얼마나 충족되는지 알 수 없기 때문이다.
⑤ 서비스는 촉진제품을 사용하므로 촉진제품에 따라 고객의 불만족이 발생할 수 있기 때문이다.

> **해설** 서비스의 특성 중 변동성을 이유로 발생하는 상황에 대한 설명이다. 매뉴얼을 모든 고객에게 일률적으로 적용시키다보면 해당 서비스에 불만족한 고객이 예치치 않게 발생할 수 있다. 따라서 서비스 제공자에게 충분한 권한 위양을 통해 다양한 상황에 대해 대처할 수 있게 하는 것이 필요하다.

SMAT Module C 참고자료 목록

- 김성용, 〈관광마케팅〉, 기문사, 2006
- 박구현, 〈경영과학〉, 교보문고, 2001
- 박경종, 윤재홍 외 3명 저, 〈서비스경영〉, 이프레스, 2014
- 서범석, 〈관광경영전략론〉, 기문사, 2005
- 송재명, 〈자재관리〉, 한올출판사, 2001
- 윤진효, 〈R & D관리〉, 경문사, 2005
- 이정실, 〈외식기업경영론〉, 기문사, 2002
- 전하영, 〈리멤버십〉, 마인드북스, 2011
- JERRY R THOMAS 저, 김병식 역, 〈스포츠연구법〉, 대한미디어, 2004
- Jochen Wirtz, Patricia Chew 외 1명 저, 김재욱 외 2명 역, 〈서비스 마케팅〉, 시그마프레스, 2014
- Howells, J. 〈INNOVATION & SERVICE : NEW CONCEPTUAL RFAMEWORKS.〉 CRIC Disdussion Paper No. 38 pp.129
- 김경중 외, 〈사회조사방법론〉, 박영사, 1994
- 홍세희, 〈이항 및 다항 로지스틱 회귀분석〉, 교육과학사, 2008
- 김미리, 〈서비스혁신에 영향을 미치는 요인에 관한 탐색적 연구〉 서강대학교 경영전문대학원 글러벌서비스경영학과, 2012
- 서현숙, 〈직원의 서비스지향성과 고객인지 서비스품질의 관련성에 관한 연구 : 특급호텔서비스를 중심으로〉, 경기대학교 서비스경영전문대학원, 2005
- 송준혁,〈항공사 서비스품질과 고객만족 및 재이용 의사간의 관계에 관한 연구〉, 경기대학교 서비스경영전문대학원, 2005
- 원용석, 〈골프장의 서비스경영을 위한 서비스 접점 프로세스와 품질 허용영역 분석〉, 성균관대학교 박사, 2014
- 이유재, 〈서비스 마케팅〉, 학연사, 2004
- 노재범, 이팔훈, 이승현, 〈서비스 이노베이션 엔진, 6시그마〉, 삼성경제연구소, 2005
- 홍성희, 〈서비스디자인의 프로세스 확립을 위한 체계화 모델에 관한 연구〉, 중앙대학교 대학원, 2014
- 이준엽,〈서비스품질에 대한 소비자의 인식차이에 대한 연구〉, 서울대학교 대학원, 석사학위논문, 1994
- 한수련, 〈서비스디자인 측면에서 공공서비스 평가 방향 연구〉, 이화여자대학교 대학원, 2009
- 강정애, 〈조직행동론〉, 시그마프레스, 2013

- 구본장, 박계홍, 〈인적자원관리론〉, 형설출판사, 2003
- 구자룡, 〈지금 당장 마케팅공부하라〉, 한빛비즈, 2012
- 김경환, 〈호텔경영학〉개정판, 백산출판사, 2013
- 송재명, 〈자재관리〉, 한올출판사, 2001
- 오종석, 김종관, 〈인적자원관리〉, 탑북스, 2014
- 원융희, 〈관광인사관리〉, 백산출판사, 2004
- 육병석, 〈마케팅초보자가 꼭 알아야 93가지〉, 원앤원북스, 2011
- 윤진효, 〈R & D관리〉, 경문사, 2005
- 이광원, 〈관광학의 이해〉, 기문사, 2004
- 이상민, 〈고객만족경영 실전바이블〉, 랜덤하우스, 2010
- 이재규, 김진국, 김동조, 〈디지털시대의 인적자원관리론〉, 문영사, 2001
- 이재기, 〈세계지역연구〉, 한올출판사, 2004
- 이재기, 〈세계화 WTO FTA 포커스〉, 한올출판사, 2004
- 안광호, 이학식 외 1명, 〈소비자행동-마케팅전략적 접근〉, 법문사, 2010
- 임혜경, 〈자신의 가치를 높여주는 매너와 서비스〉, 새로운사람들, 2003
- 질 그리핀, 코리아리서치센터 역, 〈충성고객 이렇게 만든다〉, 세종서적, 1997
- 최승호, 〈전략기획 에센스〉, 새로운제안, 2005
- 추성엽, 〈마케팅엔진〉, 더난출판사, 2007
- 황규대, 〈인적자원관리〉, 박영사, 2004
- Richard B. Freeman and James L. Medoff, 〈What Do Unions Do?〉, Basic Books, 1984
- 양천여, 〈서비스 제공자의 언어적, 비언어적 커뮤니케이션이 고객감정, 관계품질과 브랜드 자산에 미치는 영향 : 서비스 속성의 조절효과를 중심으로〉 숭실대학교 경영학과 석사학위논문, 2013

2025 유선배 SMAT Module C 서비스 운영전략 합격노트

개정9판2쇄 발행	2025년 04월 15일 (인쇄 2025년 03월 14일)
초 판 발 행	2016년 01월 05일 (인쇄 2015년 11월 05일)
발 행 인	박영일
책 임 편 집	이해욱
저　　　자	한국서비스경영연구소
편 집 진 행	박종옥・오지민
표지디자인	김도연
편집디자인	하한우・차성미
발 행 처	(주)시대고시기획
출 판 등 록	제10-1521호
주　　　소	서울시 마포구 큰우물로 75 [도화동 538 성지 B/D] 9F
전　　　화	1600-3600
팩　　　스	02-701-8823
홈 페 이 지	www.sdedu.co.kr

I S B N	979-11-383-8810-8(13320)
정　　　가	17,000원

※ 이 책은 저작권법의 보호를 받는 저작물이므로 동영상 제작 및 무단전재와 배포를 금합니다.
※ 잘못된 책은 구입하신 서점에서 바꾸어 드립니다.

서비스 분야 자격 Master를 원한다면?

국가공인 CS리더스관리사

CS Leaders

CS리더스관리사
한권으로 끝내기

CS리더스관리사
적중모의고사 900제

Win-Q CS리더스관리사
단기합격

CS리더스관리사
총정리 문제집

※ 도서의 이미지 및 구성은 변경될 수 있습니다.

MAT (경영능력시험) 전국 지역센터

구분	지역센터	연락처	시험시행 담당지역	주소
수도권 (11곳)	서울남부	02-2607-9402	강서구, 양천구, 구로구, 동작구, 금천구, 영등포구, 관악구, 서초구	서울시 양천구 목동동로 293, 18층 1802호
	서울동부	02-972-9402	도봉구, 강북구, 노원구, 중랑구, 성동구, 동대문구, 광진구	서울시 중랑구 동일로946 신도브래뉴오피스텔 4층 420호
	서울서부	02-719-9402	은평구, 종로구, 서대문구, 마포구, 중구, 용산구, 성북구	서울시 서대문구 신촌로 119 신영스카이텔 4층(401호)
	서울강남	02-2226-9402	강남구, 송파구, 강동구	서울시 송파구 백제고분로 509 대종빌딩 13층 1308호
	인천	032-421-9402	인천시(강화군 제외)	인천광역시 남동구 남동대로935 리더스타워 A동 902호
	경기북부	031-853-9408	고양시, 의정부, 동두천, 파주, 연천, 포천, 남양주, 가평, 양주, 양평, 구리	경기도 의정부시 추동로 9 휴먼시티빌딩 509호
	경기동부	031-781-9401	성남시, 용인시, 하남시, 광주시, 이천시, 여주시	경기도 성남시 분당구 판교로 592번길 33, 1층
	경기남부	031-236-9402	수원시, 평택시, 오산시, 화성시, 안성시	경기도 수원시 영통구 영통로 217번길 11 명성빌딩 4층
	경기중부	031-429-9402	안양시, 과천시, 군포시, 의왕시, 안산시	경기도 군포시 군포로787-1 세화빌딩 3층
	경기서부	032-323-9402	인천광역시 강화군, 부천시, 김포시, 시흥시, 광명시	경기도 부천시 부흥로 339 (중동, 스타팰리움) 101동 스타오피스센터 B101호
	강원	033-731-9402	강원도 내 전지역	강원도 원주시 황금로 2, 5층 404호(반곡동, 센트럴파크원)
대전·충청 (3곳)	대전	042-222-9402	대전시, 공주시, 청양군, 보령시, 부여군, 논산시, 계룡시, 서천군, 금산군, 세종시	대전광역시 중구 대흥로 20 선교빌딩 602호
	충청북부 (천안)	041-903-9402	천안시, 아산시, 당진시, 예산군, 서산시, 홍성군, 태안군	충남 천안시 서북구 오성2길 30 코스모빌딩 203호
	충북	043-265-9402	진천군, 증평군, 청주시, 청원군, 보은군, 옥천군, 영동군 이상 7개 시군지역	충북 청주시 흥덕구 월명로 212 (봉명동 2449), 가동 A156호

구분	지역센터	연락처	시험시행 담당지역	주소
부산·경남 (4곳)	부산동부	051-313-9402	금정구, 동래구, 해운대구, 수영구, 남구, 기장군	부산광역시 해운대구 재송1로 60번길 43 2층
	부산서부	051-465-9402	부산진구, 북구, 사상구, 강서구, 동구, 서구, 중구, 사하구, 연제구, 영도구	부산광역시 연제구 명륜로 10, 한양타워빌 801호
	경남	055-762-9402(진주) 055-287-9402(창원)	경상남도 내 전지역(밀양, 양산시 제외)	경남 진주시 범골로 54번길 30-9 드림IT밸리 B동 515호
	울산	052-223-9402	울산시 전지역	울산광역시 남구 굴화4길 시그마빌딩 4층
대구·경북 (4곳)	대구	053-622-9402	경산시(경북), 대구시(달서구, 동구, 남구, 중구, 수성구)	대구광역시 달서구 달구벌대로 301길 14 3층
	대구경북서부	054-451-9402	구미시, 김천시, 상주시, 칠곡군, 고령군, 대구시(북구), 대구시(서구), 성주군, 청도군	경북 구미시 신시로 14,진덕빌딩 6층
	경북북부	054-841-9402	대구광역시 군위군, 문경시, 봉화군, 안동시, 영양군, 영주시, 예천군, 의성군, 청송군	경북 안동시 경북대로 391
	경북동부	054-277-9402	경주시, 영덕군, 영천시, 울릉군, 울진군, 포항시	경북 포항시 북구 양학로 70-22 보성아파트 상가 2층
광주·호남 (6곳)	전북	063-286-9402	전라북도 내 전지역	전북 전주시 완산구 우전로 334 노스페이스 신도시점 3층
	광주	062-603-4403	광주광역시(남구, 동구, 북구, 서구)	광주광역시 서구 매월2로 53 광주산업용재유통센터 29동 209호
	전남서부	061-283-9402	목포시, 무안군, 영암군, 장흥군, 강진군, 해남군, 완도군, 진도군, 신안군	전남 목포시 통일대로 37번길 38 2층
	전남동부	061-745-9402	순천시, 광양시, 보성군, 고흥군, 여수시	전남 광양시 광양읍 인덕로 993 2층
	광주전남북부	062-973-9402	광주광역시(광산구), 장성군, 담양군, 화순군, 영광군, 함평군, 곡성군, 구례군, 나주시	광주광역시 북구 첨단과기로208번길 43-22, 와이어스파크B동 1901호
	제주	064-726-9402	제주도 내 전지역	제주특별자치도 서광로 289-1 하나빌딩 1층

전국 총 28개 MAT 지역센터 (상기 지역 외 거주자는 가까운 지역센터를 통해서 시험문의 가능)

※ 주소 및 연락처는 변경될 수 있습니다.

나는 이렇게 합격했다

자격명: 위험물산업기사
구분: 합격수기
작성자: 배*상

나는 할 수 있다
69년생 50중반 직장인 입니다. 요즘 자격증을 2개 정도는 가지고 입사하는 젊은 친구들에게 일을 시키고 지시하는 역할이지만 정작 제 자신에게 부족한 점이 많다는 것을 느꼈기 때문에 자격증을 따야겠다고 결심했습니다. 처음 시작할 때는 과연 되겠냐? 하는 의문과 걱정이 한가득이었지만 시대에듀 인강을 우연히 접하게 되었고 잘 차려진 밥상과 같은 커리큘럼은 뒤늦게 시작한 늦깎이 수험생이었던 저를 합격의 길로 인도해 주었습니다. 직장생활을 하면서 취득했기에 더 욱 기뻤습니다.
감사합니다!

합격은 시대에듀

당신의 합격 스토리를 들려주세요.
추첨을 통해 선물을 드립니다.

QR코드 스캔하고 ▷ ▷ ▶
이벤트 참여해 푸짐한 경품받자!

베스트 리뷰	상/하반기 추천 리뷰	인터뷰 참여
갤럭시탭/ 버즈 2	상품권/ 스벅커피	백화점 상품권

합격의 공식